高水平开放进程中的
国际金融风险管理

杨胜刚　明　雷　著

科学出版社

北京

内 容 简 介

本著作系国家自然科学基金应急管理项目（批准号：71850006）和国家自然科学基金重大项目（批准号：71790593）的资助成果，是一部充分体现高水平对外开放进程中防范和化解国际金融风险问题研究的学术专著。其特色与创新体现在，既从宏观的角度系统研究国际金融领域的重大现实问题，也从实证的角度深入研究国际金融领域的重大理论问题。

本著作既可以作为财经类各专业、各层次的学生认识与了解中国金融高水平开放及风险管理问题的重要学习资料；也可以作为党政领导干部、金融从业人员、社会各界人士认识与理解中国金融高水平开放与发展问题的重要参考读物。

图书在版编目（CIP）数据

高水平开放进程中的国际金融风险管理 / 杨胜刚，明雷著. —北京：科学出版社，2023.9

ISBN 978-7-03-075998-6

Ⅰ. ①高…　Ⅱ. ①杨…　②明…　Ⅲ. ①国际金融—风险管理　Ⅳ. ①F831

中国国家版本馆 CIP 数据核字（2023）第 127347 号

责任编辑：王丹妮 / 责任校对：贾娜娜
责任印制：张　伟 / 封面设计：有道文化

科 学 出 版 社 出版
北京东黄城根北街 16 号
邮政编码：100717
http://www.sciencep.com

北京中科印刷有限公司 印刷
科学出版社发行　各地新华书店经销

*

2023 年 9 月第　一　版　开本：720×1000　1/16
2024 年 1 月第二次印刷　印张：19
字数：384 000

定价：209.00 元

（如有印装质量问题，我社负责调换）

作 者 简 介

杨胜刚，1965 年生，湖南常德人，武汉大学经济学博士、厦门大学金融学博士后、台湾大学经济学访问学者、美国迈阿密大学金融学高级访问教授。现为湖南大学工商管理学院二级教授、博士生导师，湖南省首批特色专业智库——湖南大学金融发展与信用管理研究中心主任兼首席专家。兼任教育部高等学校金融类专业教学指导委员会委员、中国金融学会理事、中国金融教育发展基金会理事、中国金融学年会常务理事。2006 年入选"新世纪百千万人才工程"国家级人选，2009 年被评为第五届国家级教学名师，2011 年入选湖南省"芙蓉学者计划"特聘教授，2013 年入选国家首批"万人计划"领军人才，2017 年入选湖南省首批智库领军人才，2020 年入选湖南省第七届优秀社会科学专家。

明雷，1987 年生，湖北十堰人，湖南大学金融学博士、美国佐治亚理工学院访问学者。现为湖南大学金融与统计学院副教授、博士生导师，中国人民大学经济学博士后。主持国家自然科学基金青年项目等 4 项，作为主要成员参与国家自然科学基金重大项目、国家社会科学基金重大项目、国家自然科学基金重点项目多项，在《经济研究》、《经济学（季刊）》、《管理科学学报》、《金融研究》、《系统工程理论与实践》和 *Journal of Futures Markets* 等国内外代表性学术期刊发表学术论文 20 余篇。2017 年获得湖南大学岳麓学者（晨星岗），2019 年获评湖南省优秀博士学位论文，2021 年入选湖南省湖湘青年英才计划，2023 年获得全国优秀博士后学术成果奖。

前　言

改革开放 40 多年来，中国经济高速增长，金融业在改革与开放中稳步发展，取得了显著成就。然而，当前我国还存在金融制度不完善、金融市场化发展不充分、金融监管不到位等问题，使得中国的金融与实体经济、金融体系内部存在很多风险隐患。特别是中国经济进入新常态以后，国家面临着经济增长由速度向质量发展转变、市场化和国际化程度的日益提高以及外部不确定性增加等方面的严峻挑战。前期积累的一些潜在风险开始显现，也衍生出一些新的金融风险。若风险逐渐累积并演化成系统性金融风险，将有可能引发金融震荡，严重影响经济社会发展，危及国家安全。2017 年 7 月，习近平在全国金融工作会议上指出，"要积极稳妥推动金融业对外开放""要深化人民币汇率形成机制改革，稳步推进人民币国际化，稳步实现资本项目可兑换""金融安全是国家安全的重要组成部分""要把主动防范化解系统性金融风险放在更加重要的位置""着力完善金融安全防线和风险应急处置机制"[1]。2017 年底的中央经济工作会议将"防范化解重大风险"列为三大攻坚战之首，并明确指出"重点是防控金融风险"[2]。2018 年 4 月的中央财经委员会第一次会议明确提出"打好防范化解金融风险攻坚战"[3]。

在此背景下，国家自然科学基金委员会管理科学部为贯彻落实党和国家的重大战略部署，于 2018 年设立国家自然科学基金应急管理项目群"防范和化解金融风险"并面向全国招标。项目群的定位是策略和政策研究，坚持目标导向和问题导向，围绕防范和化解金融风险方面提出一些新的理念、新的看法、新的认识，形成一些具体的有针对性的可操作性的策略和政策建议。该项目群的总负责人由中国人民银行原行长、中国金融学会第七届理事会会长周小川担任，全国共有 13 家单位中标。湖南大学研究团队在杨胜刚教授的领衔下，以"基于外部冲击的汇率市场波动、跨境资本流动及其风险防范问题研究"为题申报了该项目群研究领域（三），并从全国近百个申报项目中脱颖而出成功立项。

---

[1] 《全国金融工作会议在京召开》，http://www.gov.cn/xinwen/2017-07/15/content_5210774.htm，2017 年 7 月 15 日。

[2] 《中央经济工作会议在北京举行》，http://www.gov.cn/xinwen/2017-12/20/content_5248899.htm，2017 年 12 月 20 日。

[3] 《习近平主持召开中央财经委员会第一次会议》，http://www.gov.cn/xinwen/2018-04/02/content_5279304.htm，2018 年 4 月 2 日。

我们的研究目标定位在，结合中国经济发展的新常态和国际经济环境的不确定性，研究中国金融在开放过程中的人民币汇率市场变化、跨境资本流动所带来的金融风险及其防范问题。以政策研究为重点，从基于外部冲击的汇率市场波动与跨境资本流动风险的特征识别和传导机制、基于逆周期管理的汇率市场波动与跨境资本流动风险的监测和预警、基于复杂经济环境的汇率波动风险预期管理、基于宏观审慎的跨境资本流动风险管理、基于人民币汇率双向波动背景下的企业外汇风险管理等五个方面，从环境变化与内在机理、管理理论与监测方法、政策建议与应对策略三个维度，通过与实际外汇管理部门及金融机构的实质性合作，在充分占有和科学运用汇率市场变化与跨境资本流动相关数据的基础上，综合运用金融风险管理的分析方法，采取模拟仿真的实验技术，对汇率市场变化与跨境资本流动的风险管理问题进行全面深入系统的研究，快速提出科学、可靠的研究结论和可行的政策建议。

经过近 4 年的艰苦努力，研究团队紧紧围绕课题研究目标，坚持"智库研究和基础研究相结合、学术研究和人才培养相结合、宏观研究和微观研究相结合"的"三结合"研究思路，从四个方面开展了卓有成效的研究工作。第一，新冠疫情在全球大范围内暴发，全球经济遭遇供需双侧冲击，课题组研究了如何有效控制疫情冲击下的汇率波动与跨境资本流动风险。第二，面对庞大的资本流动，课题组对汇率市场波动、跨境资本流动下的外汇市场风险传换与在岸人民币衍生品市场深化发展的创新思路进行了系统研究。第三，课题组从静态和动态两个维度，测度了全球外汇市场中的总波动率和方向波动率，研究了稳定币相对于传统加密货币的对冲和避险属性以及包括人民币在内的汇率市场的波动预测。第四，在我国资本市场不断开放的背景下，课题组针对境外投资者如何影响企业发展以及开放后的汇率波动所带来的外汇风险如何影响企业绩效进行了深入研究。

截止到 2022 年 9 月，课题组成员在 *Journal of Futures Markets*、*Journal of Multinational Financial Management*、*Research in International Business and Finance*、《金融研究》、《世界经济》、《管理科学学报》等国内外高水平学术期刊发表论文 43 篇；在《政务信息专报》、《决策参考·湖南智库成果专报》等智库平台发表研究报告 19 篇并完成研究咨询报告多篇。

在本项目的支持下，课题组新进站博士后 5 名，新招收博士生 9 名，新招收硕士研究生 42 名；出站博士后 5 名，毕业博士 14 名，毕业硕士 90 名。依托本项目指导的学生获评湖南省优秀博士学位论文 1 篇、湖南省优秀硕士学位论文 3 篇，获评湖南大学"杰出博士后"称号 2 人、湖南大学优秀博士学位论文和湖南大学优秀硕士学位论文 7 篇。

总体而言，在国家自然科学基金委员会和湖南大学的大力支持下，课题组在科学研究、智库服务和人才培养等方面取得了丰硕的成果，较好地实现了课题立项所确定的预期目标。

尽管国家自然科学基金应急管理项目已经顺利结题，但我们也在研究过程中深深感到，对国际金融前瞻性问题的深入研究永无止境。尤其是进入2022年以来，中国加快金融高水平开放步伐带来的不确定性风险、新冠疫情在全球范围的肆虐带来的跨境贸易困境、俄乌冲突带来的大宗商品价格飙涨、中美贸易争端带来的人民币汇率波动性加剧、衍生金融产品运用带来的企业外汇风险管理难度加大等国际金融领域出现的新情况、新问题，提醒我们要深刻认识开放进程中风险管理问题的重要性和紧迫性。

基于此，课题组觉得有必要在顺利完成国家自然科学基金应急管理项目的基础上，以高水平开放进程中的国际金融风险管理为主题，在更加凸显研究视角的多元性、研究主题的逻辑性、研究问题的前瞻性、研究方法的创新性的基础上，以团队协作的方式，完成一部体现新时代中国特色的国际金融风险管理的学术著作，这既是对课题组承担的国家自然科学基金应急管理项目的系统总结，也是面对当今复杂国际经济金融环境变化的学术回应。

本著作的创新与特色体现在，研究团队从中国金融高水平开放进程中面临的主要问题及其风险防范着手，以开放篇、宏观篇、微观篇和对策篇四个维度，既从宏观的角度系统研究金融高水平对外开放与经济高质量发展、金融高水平对外开放与人民币国际化进程、"一带一路"倡议与人民币的国际影响力、国际金融新格局与人民币国际化变化趋势等国际金融领域的重大现实问题，也从实证的角度深入研究外部冲击对人民币汇率波动风险的影响、外汇市场风险传染强度及其影响因素、人民币避险作用与人民币国际化、外汇风险对冲与企业的融资约束等国际金融领域的重大理论问题。在此基础上，提出不断深化金融市场双向开放、加快推进人民币国际化进程、提升企业汇率风险管理能力等提升中国国际金融风险管理能力的相关对策。应该说，本著作是一部坚持目标导向和问题导向，充分体现新时代特色、专注防范和化解国际金融风险问题、体现理论创新特色的学术专著。

本著作由国家自然科学基金应急管理项目"基于外部冲击的汇率市场波动、跨境资本流动及其风险防范问题研究（批准号：71850006）"的研究团队成员共同完成，同时也得到国家自然科学基金重大项目"互联网环境中金融市场效率与监管理论（批准号：71790593）"的资助。全书由作者确定研究思路框架、协调团队成员分工合作、负责总撰并最终审定。参与初稿写作的团队成员具体分工如下：第1章由杨胜刚、明雷负责，第2章由戴鹏毅负责，第3章由钟先茜负责，第4章由余诺、杨萍负责，第5章由徐照宜负责，第6章由申瑶、张鑫然负责，第7章由董珉怡、田心怡负责，第8章由李海彤负责，第9章和第10章由王芍负责，

第 11 章由张少勇、卢宛君负责，第 12 章由兰晓梅、吴苏林负责，第 13 章由张欣琦负责。

本著作在写作过程中得到国家自然科学基金委员会管理科学部、中国人民银行研究局、湖南大学、国家外汇管理局湖南省分局、中国银行股份有限公司湖南省分行等单位的领导和同事的鼎力支持与宝贵意见，在此一并表示衷心感谢！特别感谢科学出版社在本著作出版过程中提供的无私帮助和专业指导！

杨胜刚　明　雷

2022 年 11 月

目　录

开　放　篇

对 策 篇

第1章 绪　论

1.1　选题背景

党的二十大报告指出，"坚持高水平对外开放，加快构建以国内大循环为主体、国内国际双循环相互促进的新发展格局""稳步扩大规则、规制、管理、标准等制度型开放"[①]。毫无疑问，对外开放是我国长期坚持的一项基本国策，也是我国经济发展取得举世瞩目的成就的重要法宝。

进入新时代以来的十余年，我国对外开放进程明显加快。2013 年"一带一路"倡议的提出，得到国际社会广泛认同和关注。同年中国（上海）自由贸易试验区的获批，开启了中国自贸试验区的新篇章。2013~2022 年，全国先后设立 21 个自贸试验区及海南自由贸易港[②]。在资本市场领域，2014 年和 2016 年先后开始试点实施"沪港通"和"深港通"，建立起沪深两市股票市场与香港股票市场的互联互通机制。2018 年我国 A 股正式被纳入 MSCI[③]新兴市场指数；同年，我国 A 股被纳入富时罗素指数。在人民币国际化方面，2016 年人民币正式被纳入国际货币基金组织（International Monetary Fund，IMF）的特别提款权（special drawing right，SDR），权重仅次于美元和欧元。2013 年以来，跨境人民币贸易结算、货币互换协议和人民币清算协议等也加快推进。在金融基础设施方面，2012 年我国组建了人民币跨境支付系统（cross-border interbank payment system，CIPS），2015 年亚洲基础设施投资银行正式成立。

应该看到，对外开放给我国经济社会发展注入强大动力的同时，也带来了诸多的不确定性和风险挑战。一方面，现阶段我国经济面临着需求收缩、供给冲击和预期减弱三重压力，经济将在一段时间内处于下行周期，经济不确定性正在上升。另一方面，中美贸易争端、新冠疫情和俄乌冲突等一系列事件，导致了金融运行环境的不稳定因素在增加。

扩大金融业高水平对外开放是实现金融强国的必要条件，是我国金融高质量

[①] 《习近平：高举中国特色社会主义伟大旗帜 为全面建设社会主义现代化国家而团结奋斗——在中国共产党第二十次全国代表大会上的报告》，https://www.gov.cn/xinwen/2022-10/25/content_5721685.htm，2022 年 10 月 25 日。

[②] 《近十年全国已设立 21 个自贸试验区及海南自由贸易港》，https://m.gmw.cn/baijia/2022-04/20/35672269.html，2022 年 4 月 20 日。

[③] 其全称为摩根士丹利资本国际公司（Morgan Stanley Capital International），又译明晟。

发展的必由之路，也是我国经济高质量发展的内在需求。在当下不确定性、不稳定性加剧的背景下，统筹安全与发展就显得尤为重要。那么，我国对外开放会对经济金融造成什么样的影响和经济后果？"一带一路"倡议的实施，对人民币国际影响力有什么样的影响？外部冲击对人民币汇率波动风险产生怎样的影响？外汇市场风险传染影响因素有哪些？外汇风险对冲对企业绩效和融资约束又会带来什么样的影响？如何加快推进人民币国际化进程？企业如何提升外汇风险管理能力？对这些问题的科学回答和深入研究，具有重要的理论意义和现实意义。

1.2　概　念　界　定

1. 金融开放

金融开放（financial openness）的概念起源于发展经济学中的金融自由化理论。金融自由化理论也称金融深化理论，由美国经济学家 McKinnon（1973）、Shaw（1973）在 20 世纪 70 年代提出。该理论认为，发展中国家若要发挥金融对经济发展的促进作用，就应当逐渐放松对本国金融市场的行政管控，减少对利率和汇率的干预，降低非必要的交易成本，进而推行"金融自由化"。

金融自由化理论为后续关于金融开放问题的研究奠定了理论基础。目前，金融自由化的相关研究主要包括对内自由化和对外自由化两部分。其中，对内自由化主要指消除国内金融抑制、促进国内金融业竞争等。对外自由化主要指消除国际金融抑制以及推动国际金融市场一体化，如放宽跨境资本流动限制、完善汇率市场化形成机制等具体措施，均属于金融开放的一般范畴。从概念上来看，根据金融自由化理论中的定义，广义的金融开放包含各类金融市场对外开放，表现为资本市场对外开放和外汇市场对外开放等不同形式。

2. 外汇风险对冲

在金融学领域，对冲（hedging）也被称为套期保值（套保），是风险管理的主要形式。具体而言，风险对冲是指通过购买与标的资产收益波动呈负相关的某项资产或衍生产品，来冲销标的资产潜在风险损失的一种风险管理策略（Stulz，1984；Smith and Stulz，1985）。其中，外汇风险对冲是指保护现有或预期头寸不受汇率波动影响的风险对冲交易。目前，外汇风险对冲广泛地被各类市场参与者使用，包括投资者、交易员和企业等。对于长期持有外汇或者预期将会使用外汇交易的个人或组织，通过合适的外汇风险对冲措施，可以免受汇率向上或向下浮动的影响。需要注意的是，外汇风险对冲的目的是防止损失，而不是获得盈利。

3. 人民币国际化

货币国际化是指某种货币通过扩大流通范围成为国际货币的动态过程，即货币在发行区域以外流通（Mundell，1961）。IMF 指出，货币国际化是指货币在发行国以外的国际贸易、投资和金融领域的交易中发挥度量单位、交易中介和价值储藏职能（Ozeki and Tavlas，1992）。根据货币国际化的定义，李稻葵和刘霖林（2008）将人民币国际化的含义分为三个方面：第一，人民币在境外可以具有一定的流通性；第二，人民币计价的金融产品成为国际主要金融机构的投资工具，使人民币计价的金融市场规模达到一定水平；第三，人民币结算的交易在国际贸易中达到一定比重。由此可见，人民币国际化是指人民币能够在境外流通，成为国际上普遍认可的计价、结算及储备货币的过程。

1.3 研究进展

在对相关概念进行界定后，将从市场开放与人民币国际化、汇率波动与外汇市场风险传染以及企业外汇风险对冲与风险管理等三个方面对已有研究展开论述。

1.3.1 市场开放与人民币国际化

改革开放四十余年来，中国对外开放程度日益增加，与我国资本市场对外开放相关的研究也逐渐深入。这些研究按不同的市场可以分为三类：股票市场、债券市场和商品期货市场。此外，随着对外开放带来的国际贸易、资本流动等经济活动愈加频繁，人民币的国际地位也在不断提升，因此研究人民币国际化也是研究我国对外开放进程中的重要一环。接下来分别从资本市场对外开放和人民币国际化两方面展开综述。

1. 资本市场对外开放

1）股票市场

关于我国股票市场对外开放的研究主要从合格机构投资者制度和金融基础设施互联互通两方面展开。前者主要指合格境外机构投资者（qualified foreign institutional investor，QFII），后者主要指沪港股票市场交易互联互通机制（即"沪港通"）。

20 世纪 90 年代初，在股票市场还处于起步阶段的时候，我国即推出了 B 股，以便于境外投资者以美元或港币进行买卖。2002年，国家外汇管理局会同中国证券监督管理委员会等部门推出QFII制度，允许符合条件的境外机构投资者在核定投资额度内投资A股市场，由此也正式开启了我国资本市场对外开放的大门。关于QFII的研究主要集中在QFII对股市波动的影响和对企业的影响两个方面。

QFII对股市波动的影响可以分为直接影响和间接影响。直接影响是指QFII的持股直接影响了股票价格波动率。Kwan和Reyes（1997）利用我国台湾地区股市的股票价格对台湾股市在QFII开放后股票价格的波动率水平进行研究，结果发现QFII的进入显著降低了股市的波动率。而Chen（1993）认为QFII对一个地区的股市投资也会带来羊群效应，从而使该地区证券市场价格趋于不稳定，并通过对我国台湾地区资本市场的研究发现，QFII的引入会大幅提高资本市场上股票价格的波动率。2008年全球金融危机之后学者开始关注各类机构投资主体对市场波动性的影响。程天笑等（2014）对比了QFII和我国证券市场上存在的其他机构投资者，发现不仅仅是个人投资者，机构投资者也存在羊群效应，而QFII在众多机构投资者的羊群效应中处于"从羊"地位，即境内机构投资者被QFII追随购买股票的现象。一个可能的解释是QFII获得我国证券市场信息滞后于境内机构投资者，导致QFII不得不追随中国境内机构投资者。

QFII对股市波动的间接影响指QFII持股可以通过影响上市公司管理层而对公司业绩产生影响，进而间接地影响股票在二级市场的价格。该部分的相关研究与QFII对企业的影响重合，故在下一段介绍。

关于QFII对企业的影响，国内外研究的重点有差异。国外大量研究发现境外机构投资者在公司治理中有重要作用。Ng等（2016）发现境外机构投资者增加了股票流动性；Gillan和Starks（2003）发现与境内机构投资者相比，境外机构投资者更能改善公司治理；Ferreira和Matos（2008）发现境外机构投资者通过监督经理人来减少企业的资本支出，从而抑制企业的过度投资；Ferreira等（2010）发现境外机构投资者可以降低公司和被收购方之间的交易成本与信息不对称，从而增加跨国并购；Aggarwal等（2011）发现境外机构投资者可以通过投票权和威胁出售股票（用脚投票）来改善公司治理和影响董事会的决定；此外，Luong等（2017）发现境外机构投资者通过扮演监督的角色、容忍创新项目失败的风险以及跨国知识的溢出效应来促进企业创新。

国内的研究侧重于QFII对公司业绩、企业监督、企业创新等方面。唐跃军和宋渊洋（2010）发现QFII有较强的价值选择能力，而其因未能有效参加公司治理，故不能改善公司中长期业绩，即价值创造能力较弱。李蕾和韩立岩（2014）发现QFII并没有激励其参与公司治理，故不能带来价值创造。Huang和Zhu（2015）发现在股权分置改革过程中，QFII由于没有政治压力，更容易对国有企业进行监督。饶育蕾等（2013）发现QFII持股多于一年时，可以降低公司的股价同步性。

张惠琳和倪骁然（2017）发现 QFII 持股可以通过提升股价信息含量和激励经理人来促进企业创新。由此看出国内外有关 QFII 对企业的影响研究存在争论，这也是未来该领域研究可以深入创新的切入点。

2014 年"沪港通"开启后，相关研究持续关注该政策实施后对我国资本市场的影响及其机制。部分学者研究了"沪港通"对股票价格及股价信息含量的影响。例如，许从宝等（2016）认为"沪港通"短期内加剧了股价波动性，但长期来看却是降低了股价的波动性；Chan 和 Kwok（2017）认为"沪港通"有助于防范金融风险，提高股票定价效率；Sohn 和 Jiang（2016）认为"沪港通"能够提高价格发现能力；钟覃琳和陆正飞（2018）发现资本市场开放有助于提高股票价格的信息含量，降低股价同步性，从而增强价格对资源配置的引导作用，提高资本市场的运行效率；钟凯等（2018）、阮睿等（2021）均表明"沪港通"促使企业提高信息披露质量；戴鹏毅等（2021）认为"沪港通"提升企业全要素生产率的核心机制是增加股价特质信息含量，而非提高股价信息传递效率。另一部分学者侧重于研究"沪港通"对企业的影响。例如，Deng 等（2020）认为"沪港通"实施后企业的审计质量提高；邹洋等（2019）发现企业"沪港通"通过改善公司的信息环境或优化公司的治理结构，从而提高公司的违规成本、减少公司的违规行为；连立帅等（2019a）发现"沪港通"交易通过优化投资者结构与提高股价信息含量，增强了股价的资源配置功能，并通过股价信息反馈与融资机制增强了资本市场对实体经济的引导作用，提高了资本市场效率；陈运森和黄健峤（2019）的研究发现股票市场开放通过公司信息质量分析师预测准确度的提高改善了公司的投资效率，提高了对实体经济的服务能力。

2）债券市场、商品期货市场

我国债券市场开放主要经历了三个阶段。

第一阶段是初始起步阶段。2002 年 11 月，中国证券监督管理委员会和中国人民银行联合发布《合格境外机构投资者境内证券投资管理暂行办法》，自此境外机构可以通过 QFII 的方式参与债券市场，从而拉开了我国债券市场对外开放的序幕。2005 年 2 月，中国人民银行、财政部、国家发展和改革委员会、中国证券监督管理委员会联合发布了《国际开发机构人民币债券发行管理暂行办法》，针对境外机构在我国境内发行的人民币债券（俗称"熊猫债"）做出了相关规定，涵盖发行准入条件、募集资金投向等方面。

第二阶段是稳步推进阶段。2010 年 8 月，中国人民银行发布《关于境外人民币清算行等三类机构运用人民币投资银行间债券市场试点有关事宜的通知》，标志着我国银行间债券市场正式对外开放，由此开启了境外投资者投资我国债券市场的"全球通"模式。2011 年，人民币合格境外机构投资者（RMB qualified foreign institutional investor，RQFII）境内证券投资试点开启。试点机构可以参与银行间和交易所债券市场交易。2012 年 7 月，QFII 的投资范围也被拓宽至银行间债券市场。

第三阶段是全面开放阶段。2016 年 2 月，中国人民银行发布公告允许境外各类金融机构投资银行间债券市场，开展债券现券交易以及基于套期保值需求的债券借贷、债券远期、远期利率协议、利率互换等交易，并取消了额度限制。2017 年 7 月，作为"全球通"模式的补充，"债券通"落地。2021 年 9 月 24 日，"债券通"中的"南向通"正式启动。

我国商品期货市场对外开放起步比较晚。2015 年，经国务院批准，我国拟在境内开展原油期货交易，并引入境外投资者，但由于市场形势发生变化，直到 2018 年原油期货交易才正式推出，这也是商品期货市场真正意义上的对外开放。截至 2020 年末，外资可参与交易的境内期货品种包括特定品种期货（原油、铁矿石、精对苯二甲酸、20 号胶、低硫燃料油、国际铜、棕榈油）和股指期货（仅限 QFII/RQFII 套期保值）。

从对外开放起步的时间、交易标的流动性以及数据可得性等方面来看，研究债券市场和商品期货市场的对外开放难度更大。现有文献大部分是关于我国股票市场的对外开放，其中对 QFII 的研究集中在 2010 年前后，相距现在有一定的时间；关于"沪港通"（类似的还有"深港通"）的研究是近年来的热点之一。因此，从文献结构来看，有关债券市场和商品期货市场的研究有大片空白待填补。未来关于债券市场对外开放的研究可能与股票市场类似，即以某一政策为切入口；商品期货市场可能会和大宗商品市场挂钩，涉及风险传染等方面的问题。

2. 人民币国际化

随着我国对外开放程度增加，国际贸易中以人民币结算也更加频繁，人民币国际化也是学术界关注的重点之一。在国外的研究中，Cohen（1971）首次总结了货币国际化的定义，他指出，若一国货币的交换媒介、价值储藏和记账单位职能拓展到该货币发行国以外的别国公共部门和私有部门时，可认为该货币满足国际化定义。Kenen（1983）在 Cohen（1971）的基础上稍做改进，将三大职能定义为交易媒介、价值尺度和价值储藏。陈雨露等（2005）也认为，作为国际货币的标准应当是该国货币能在其他国家履行计价单位、交易媒介和贮藏手段三大职能。

目前关于人民币国际化的程度和影响因素的研究，主要从以下两种思路展开分析：一是根据国际货币职能，分析货币国际化的影响因素；二是构建人民币国际化指数，即选取反映人民币国际化使用情况的指标进行加权构建指数来衡量人民币国际化程度。

在第一种思路中，大部分学者沿袭了 Chinn 和 Frankle（2005）的分析框架，基于国际货币三大职能（即交换媒介、价值储藏和记账单位）利用计量回归模型分析出影响货币国际化的主要因素有 GDP、金融地位、外汇交易量、资本账户自由化、通货膨胀率、汇率波动和实际利率等（李稻葵和刘霖林，2008；石巧荣，2011；Lee，2014）。白钦先和张志文（2011）利用广义矩估计（generalized method of moments，GMM）构建基准模型，发现日本高额的外汇储备对日元国际化具有很大的负面影响，而黄金储备和 SDR 对日元国际化具有积极作用。Cruz 等（2014）认为国内金融市场发展是决定一国货币国际地位的关键因素。Ito 和 Kawai（2016）研究表明，主要货币发行国与其他经济体的贸易联系程度对该国货币的贸易结算份额具有正向影响，金融发展程度和开放度的提高有助于促进该国货币在国际贸易结算中的使用。一些学者根据人民币在国际市场的使用情况分析了人民币国际化程度，李建军等（2013）比较了各国货币在跨境贸易结算、外汇市场交易和储备货币中的占比情况，发现相比于世界主要货币，人民币国际化程度较低。然而，上述研究只能分别衡量人民币履行各项国际货币职能的情况，通常只考虑了国际货币三大职能中的一种，无法综合度量人民币国际化程度，也无法直观反映人民币与其他货币国际化程度的差异。

　　第二种思路则解决了这一问题，即构建人民币国际化指数。李瑶（2003）采用相同的权重对本币境外流量指数、本币境外流通范围指数和本币储备占比指数进行加权平均构建了货币国际化指数。Tung 等（2012）构建了基于储备货币占比、外汇交易占比、国际债券投资占比等七个指标的货币国际化程度指数。林乐芬和王少楠（2015）将主要的国际货币以及部分"一带一路"沿线国家货币分别计算出对应的货币国际化指数，发现人民币与主要的国际货币相比，国际化程度有差距，但相对于新兴市场国家国际化程度较高。构建以上指数时比较关键的是如何客观地确定各项指标的权重。对此，部分学者提出利用主成分分析法设置权重，如彭红枫和谭小玉（2017）将影响货币国际化的因素分为经济基本面因素和结构性因素，利用主成分分析法构建了货币国际化总量指数，以此测算八种主要货币的国际化程度，发现现阶段推进人民币国际化的关键在于完善我国制度体系和金融市场等结构性因素；也有部分学者认为从加权国际货币三种主要职能的角度赋予权重缺乏理论依据，应当建立新的国际货币计量体系，如吴舒钰和李稻葵（2018）从国际金融投资视角出发，测算 41 种货币计价的资产在国际金融体系中的比重并以此作为衡量货币国际化的指标。

　　上述研究的重点是研究一国的某些指标对该国货币国际化的影响，还有一些学者认为，不能忽视货币网络外部性的影响，即考虑各国形成的货币网络带来的关联影响。Dowd 和 Greenaway（1993）、Flandreau 和 Jobst（2009）指出货币网络外部性是指市场交易量越高的国家，其货币交易成本越低，搜寻匹配率越高，加之货币的使用有惯性，许多交易主体就越会选择该国货币作为国际计价结算或者储备货币。杨胜刚和李欢（2018）从货币网络外部性视角解释了人民币国际地位与我国经济贸易地位不对等的现状，并且发现货币网络外部性是影响人民币国际化的第一大因素，其他因素包括经济实力、贸易规模等。

1.3.2　汇率波动与外汇市场风险传染

党的十九大报告中指出，"要坚决打好防范化解重大风险、精准脱贫、污染防治的攻坚战"[①]。中央经济工作会议提出，"打好防范化解重大风险攻坚战，重点是防控金融风险"[②]。结合开放篇所述，近年来伴随着人民币国际化进程的推进，不确定性因素的增加带来了不可估量的金融（外汇）风险，因此从宏观层面关注外汇风险有助于稳步推进人民币国际化，同时也是防范化解重大风险的必然要求。本节将从外部冲击与人民币汇率波动和外汇市场风险传染两方面展开。

1. 外部冲击与人民币汇率波动

外部冲击与汇率波动的相关研究大部分是国外文献，对后来研究人民币汇率波动产生了重要的影响。国外最早关于外部冲击与汇率关系的研究是 Meade（1952）的研究，其发现合理、灵活地调整汇率有利于阻挡外部冲击的影响，可以作为抵挡外部冲击的缓冲器。Pourroy（2013）对新兴经济体、Shevchuk（2014）对中东欧诸国的外汇市场进行研究发现，浮动汇率有利于对抗外部的真实冲击，但对缓解外部的货币和金融冲击则无济于事。Berkmen 等（2012）研究发现灵活的汇率政策有利于缓解经济危机带来的外汇市场压力和经济冲击。

有关外部冲击与人民币汇率波动关系的研究，国内外均有一系列的成果。Xiong 和 Han（2015）研究发现，人民币外汇市场与股票市场的动态价格溢出存在负相关关系，在人民币持续升值或人民币持续震荡两个阶段都存在非对称波动溢出效应，且这种效应随着时间推移不断下降。Azimi（2016）利用加权最小二乘法（weighted least squares，WLS）研究了汇率的集群波动性及其对外冲击的脉冲性，解释了整个观测期间的外部冲击对批发物价指数（wholesale price index，WPI）未来波动性的作用。姚小义和易静为（2015）通过分位数回归模型发现净资本流入和总资本流出的发生均会导致人民币汇率贬值，前者在汇率较高位时冲击效应大，后者在汇率较低位时冲击效应大。谭小芬和金玥（2017）以 2015 年 8 月的

人民币对美元汇率中间价报价机制改革为背景，探究外商直接投资（foreign direct investment，FDI）利润汇回、企业偿还外债、非居民人民币资产变化以及我国居民海外资产配置四种类型的资本流出对我国汇率市场的影响。张谊浩和沈晓华（2008）发现人民币升值和上证指数上涨是热钱流入中国的主要原因，但热钱流入中国不是人民币升值和上证指数上涨的原因。刘粮和陈雷（2018）利用面板固定效应模型和面板随机效应模型对浮动汇率制度的外部冲击缓冲器作用进行研究，并发现了跨境总资本流动的"二元悖论"假象。

此外，还有一些学者研究了人民币汇率波动风险的传导机理。例如，戴觅等（2013）发现汇率波动会通过出口收益渠道和进口成本渠道影响我国制造业发展，且对我国劳动密集型企业、低生产率企业影响最为显著。刘永余和王博（2015）发现利率冲击能够假借资本形成影响产出，其中利率冲击对我国经济的影响较汇率冲击更为持久。刘立新和李鹏涛（2019）认为人民币升值时，会通过外商直接投资、进出口的渠道对我国经济产生影响。陈琳等（2020）发现人民币汇率波动增加，减少了中国企业对外直接投资的可能性，也抑制了投资规模，并且人民币汇率波动对中国企业对外直接投资的影响有异质性。田巍和余淼杰（2017）发现人民币贬值时显著提升了企业进行贸易服务型投资的动机。

总的来说，国内外已有一系列关于外部冲击与人民币汇率波动的研究成果，包括影响人民币汇率波动的因素、人民币汇率波动的传导机制等。但近年来，随着人民币国际化进程的推进，外部冲击与人民币汇率波动的关系也可能因此发生变化，相关追踪研究比较少。此外，早期国外文献的研究对象以欧美国家为主，少数研究选取了东欧国家作为研究对象，这与我国外汇制度、所处的宏观环境、基本国情等不符，因此相关结论不能直接套用在人民币汇率波动的研究中，这也是国内研究与国外研究的主要区别之一。

2. 外汇市场风险传染

作为金融风险领域的研究重点，外汇市场风险传染一直受到国内外学者的广泛关注。对于外汇市场风险传染的定义，Gerlach 和 Smets（1995）将外汇市场风险传染定义为一国货币遭受攻击后导致其他国家货币遭受投机攻击的现象。Eichengreen 等（1996）认为一国发生货币危机的情况下，其他国家发生货币危机的可能性增加的现象为外汇市场风险传染。

早期不少学者运用皮尔逊相关系数法研究金融危机前后金融市场间相关性的变化来判断风险传染的程度（King and Wadhwani，1990）。Baig 和 Goldfajn（1999）则认为由于大多数金融市场的收益波动存在异方差，对皮尔逊相关系数会产生一定的偏误，可能会导致金融风险传染被误判。Forbes 和 Rigobon（2002）提出修正的相关系数来解决这个问题，研究发现1997年亚洲金融危机等几次危机期间仅存在金融市场间的相依性，并未发生风险传染。Chiang 等（2007）对亚洲金融危机期间九个亚洲国家股市之间的联动特征进行测度，发现危机期间股市间的联动性显著增加，存在风险传染效应。

近年来，网络分析理念已广泛应用于包括外汇市场在内的金融市场，部分文献利用网络分析等方法，对金融市场的系统性金融风险进行测算。周开国等（2021）构建了我国金融市场（包括外汇市场）的关联性指标和风险溢出指标，并对二者进行比较分析，研究发现通过风险溢出指标能够更全面地刻画金融市场之间的风险传染机制。杨子晖等（2020a）构建"全球金融市场与经济政策不确定性"的非线性关联网络，结果发现，股票市场是风险的主要输出方，而外汇市场则是风险的主要接受者，两者之间存在非对称传染效应。谢赤等（2021）通过有向加权复杂网络刻画各个子市场之间的极端风险溢出演化规律，发现子市场间的极端风险溢出效应具有时滞性，在风险溢出网络中越极端的风险，传播能力越强、效率越高。王纲金等（2022）基于改进的 PageRank 算法，提出网络-市场-账面相结合的系统性风险贡献测度思想，从系统整体、部门行业、机构个体三个层面对网络关联性展开实证分析，结果表明行业内的关联性水平总体而言高于行业间的关联性水平，但在极端情况下跨行业风险溢出强度会增大；银行和保险机构相对证券机构而言对系统性风险的贡献程度更高。

除了收益率溢出，波动溢出也是风险传染的重要组成部分。张志波和齐中英（2005）运用基于向量自回归（vector autoregression，VAR）模型的格兰杰因果检验和脉冲响应函数，对东南亚金融危机期间外汇市场的风险传染现象进行分析，除中国内地和中国香港外的其他亚洲国家和地区受到不同程度的传染。Engle 等（1990）运用广义自回归条件异方差（generalized autoregressive conditional heteroskedasticity，GARCH）模型分析了日元/美元汇率的变化情况。Edwards（1998）运用 GARCH 模型分析了资本管制对墨西哥危机传染的影响。

外汇市场与其他金融市场之间的传染效应也是其中的研究方向之一。部分文献对外汇市场与其他市场之间的传染效应进行了研究。Ming 等（2022）探讨了在几次原油市场发生暴跌时，原油期货市场和美元汇率之间的传染与安全资产转移效应。熊正德等（2015）研究了国内汇市与股市之间的波动溢出关系，实证结果表明两大市场存在显著的波动溢出效应，短期来看股市向汇市有单向传递效应，随周期变长发展为双向溢出，其中汇市向股市的波动溢出效应更为显著。周爱民和韩菲（2017）测度了中国内地和香港两地股市和汇市四个市场两两间的风险溢出效应，结果表明，同一类别金融市场间的风险溢出效应最大，同一地区（不同市场）间的风险溢出次之，跨地区、跨市场的最小。杨子晖等（2020b）采用条件自回归风险价值模型，测度了全球 45 个主要国家（地区）的股票市场与外汇市场的尾部风险。

部分文献还对各国外汇市场之间的联动性进行了研究。朱孟楠和严佳佳（2007）在利用 GARCH 模型测算人民币汇率波动率的基础上，将人民币与美元、日元、菲律宾比索、马来西亚林吉特和新加坡元进行互动性比较分析。余博和管超（2020）基于 1999~2018 年全球 50 种主要货币，引入复杂网络模型以及静态与动态两类相关系数算法，分析了汇率网络的总体关联性及各货币风险吸收效应和外溢效应。

此外，还有学者对外汇市场风险传染的影响机制进行了研究。Masson 和 Org（1998）研究发现，金融市场风险发生传染主要有三个方面的原因：季风效应、溢出效应和净传染效应。Fratzscher（2003）比较拉美和东南亚金融危机对新兴市场的影响，认为金融和贸易联系是区域间危机传染的核心因素。程棵等（2012）对风险传染的影响因素进行研究，发现信用风险、流动性风险、汇率的系数显著为正，经济周期的系数显著为负。在此基础上，李立等（2015）研究发现在影响风险传染效应的因素中，资本流动的系数显著为正。

关于外汇市场风险传染的研究早期集中于如何测算传染效应以及各金融市场间的相关性，其测度方法已经十分丰富，但这些研究往往仅运用 GARCH、VAR、Copula、条件在险价值（conditional value-at-risk，CoVaR）等模型中的一种测度外汇市场风险传染效应，没有稳健性检验，可能导致结论的不准确。近年来网络分析法运用比较广泛，国内研究聚焦于考察国内各个金融市场的风险传染、风险关联性，关于跨国外汇市场的研究相对缺乏，随着全球一体化进程的加快，对系统性风险展开跨国研究有助于防范外部性输入风险对我国外汇市场的冲击。

目前人民币汇率波动的研究已经包括了人民币汇率波动成因、影响人民币汇率的因素等重要方面，但分析时往往只考虑国内某些指标的影响，没有把各国形成的货币网络纳入分析范畴，未来或许可以引入复杂网络分析法，更深入地把握人民币汇率波动的特征，使研究更严谨、准确。

1.3.3 企业外汇风险对冲与风险管理

随着人民币汇率机制改革的推进，特别是在 2015 年的"8·11"汇改之后，人民币汇率弹性明显增大，汇率双向波动逐渐加剧，使我国许多企业受到汇率波动带来的显著影响。汇率波动不仅可能使企业产生汇兑损失，造成直接的经济损失，还可能使企业面临较大的不确定性，不利于企业正常的经营管理。因此，汇率对企业市场价值影响（即外汇风险暴露）的量化估计便成为学术界的重要研究主题。早期一些研究就对外汇风险给出了定义以及分类，如 Adler 和 Dumas（1984）从股东和分析者的角度给出外汇风险暴露的定义：外汇风险暴露是指有可能遭受外汇风险的公司价值大小。通常来讲，汇率变动对公司价值的影响可以区分为交易风险、折算风险和经济风险。本节主要探讨外汇风险对企业的影响等微观层面的问题，主要包括外汇风险暴露的主要影响因素、外汇风险暴露的测度以及企业对冲外汇风险三个方面。

1. 外汇风险暴露的主要影响因素

1）时间区间

Dumas（1978）明确指出，外汇风险暴露是一定时间、区间内的风险暴露，公司外汇风险暴露水平直接取决于相应的投资区间。Martin 和 Mauer（2003）将外汇风险暴露分解成短期和长期，认为显著的长期暴露比显著的短期暴露更为普遍。还有部分研究是考察外汇风险暴露在金融危机前后的不同时期的变化。Kiymaz（2003）比较发现所有行业在危机后的外汇风险暴露低于危机前的外汇风险暴露，这意味着公司可能在危机发生后更加关注其外汇风险暴露。Lin（2011）考察了包含 1997 年亚洲金融危机和 2008 年全球金融危机时期的六个新兴市场国家的外汇风险暴露，结果显示危机期间外汇风险暴露水平更高、显著性更强。

2）套期保值

Chow 和 Chen（1998）认为公司的经营特点和套期保值行为交互影响着外汇风险暴露的程度，发现拥有高杠杆、低流动性和高现金红利的公司有较高的风险暴露。Crabb（2002）认为海外业务和金融套期保值策略是度量外汇风险暴露的显著变量，金融套期保值减少了外汇风险暴露。Hsin 等（2007）在度量美国非金融上市公司外汇风险暴露水平时，发现套期保值多样化的公司面临的外汇风险暴露要小，而对于规模较大的公司，套期保值所带来的收益更具有风险抵补的作用。Choi 和 Jiang（2009）也发现，经营套期保值策略是减少公司外汇风险暴露的有效工具，从而能够增加公司的股票收益，而跨国公司相比于非跨国公司，对经营套期保值策略的运用更加普遍。Bartram 等（2010）构建了一个全球性公司的外汇风险暴露，研究发现公司会将汇率变动部分传递给消费者，同时利用经营的和金融的套期保值工具规避风险。

3）宏观经济因素

Lee 和 Solt（2001）认为影响实际汇率变动的因素有贸易条件变动和宏观经济冲击（生产力、总需求、利率）。Patro 等（2002）发现较高的出口对汇率贬值有更多的正暴露，而较高的进口对汇率贬值有更多的负暴露；一国信用等级的提高会降低其外汇风险暴露；税赋较重的国家有更高的外汇风险暴露。Vygodina（2006）认为股价和汇率变动均受宏观经济变量（利率、通货膨胀水平、货币政策等）的影响，且认为货币政策的变化对股价-汇率关系的影响很强。Chue 和 Cook（2008）研究发现，外汇风险暴露的影响因素包括公司层面（市值、标普投资评级、外币负债与市值比、总负债与市值比、股票流动性）和国家层面（出口额/GDP、进口额/GDP、M2/GDP、外债/GDP、外汇储备/外债)。

4)行业结构

Marston（2001）通过考察一个双寡头垄断市场来研究行业的经济结构如何决定公司的外汇风险暴露，认为行业结构是经济暴露的重要影响因素，公司间的竞争类型决定了汇率如何影响它们的现金流。Krishnamoorthy（2001）也将对外汇风险暴露的研究由以往的公司层面扩展到行业层面，研究了行业结构的两种形式：一是竞争性行业与寡头垄断行业；二是面向单个消费者的行业与面向机构购买者的行业。结果也证明了行业结构是行业组合回报中外汇风险暴露的重要影响因素，全球竞争的行业和经济体中主要服务消费者的行业有显著的外汇风险暴露。

此外，还有很多学者针对不同行业、不同国家的外汇风险暴露分别进行了研究。Martin（2000）对主要金融机构和特定国家组合以及全球组合的外汇风险暴露进行了评估，结果发现，大多数金融机构个体是显著风险暴露的，而国家间外汇风险暴露是有差异的，这对区分监管要求可能有所帮助。Kiymaz（2003）探究发现土耳其的公司有较高的外汇风险暴露，且暴露程度较为显著的行业有纺织、机械、化学和金融业，而进出口公司的外汇风险暴露最高。Li 等（2009）运用现金流量法专门研究了美国保险业的外汇风险暴露，该研究发现美国保险业寿险和非寿险部门面临的外汇风险没有系统性差异，此外，相当大比例的美国保险公司对主要的保险业贸易国的货币有显著的外汇风险暴露。倪庆东和倪克勤（2010）研究汇改后我国上市企业各行业的外汇风险暴露情况，发现所选样本行业中具有显著的外汇风险的比率有 56%，且外汇风险暴露均为正，其中，竞争程度高的行业受外汇风险影响的程度较大，区域性或受国家照顾行业的企业外汇风险程度较弱。李梦和陈奉先（2017）发现资源密集型和技术密集型的企业对汇率波动具有较强的敏感性，劳动密集型的企业敏感性相对较弱。

2. 外汇风险暴露的测度

度量外汇风险暴露的实证模型基本可以分为两类：现金流量法和资本市场法。现金流量法通过估算公司现金流或经营收入对汇率变动的敏感程度来衡量其外汇风险暴露，而资本市场法则是通过估算公司的股票收益率对汇率变动的敏感程度来衡量其外汇风险暴露。由于现金流量法不仅依赖于企业的财务数据，而且以历史现金流为基础，并不能很好地衡量企业的市场价值，故已有研究以资本市场法为主。

国外关于外汇风险暴露测度方面的研究起步较早，并且以资本市场法为主。Adler 和 Dumas（1984）认为度量外汇风险暴露的最好方法是统计回归法，企业的外汇风险可由企业的未来市场价格对同期汇率的线性回归求得（A-D 模型）。Jorion（1990）在 A-D 模型的基础上，将股票价格作为公司价值的代理变量，研究了跨国公司的外汇风险暴露情况，为了控制宏观经济因素对股价报酬率的影响，还在 A-D 模型中加入了市场平均收益率来估计企业的外汇风险暴露。Bodnar 和 Wong（2000）进一步修正了 A-D 模型，加入市场收益率因素，以超额收益率衡量公司价值，通过汇率变动与超额收益率间的回归系数反映公司的外汇风险暴露程度。Williamson（2001）在 Bodnar 和 Wong（2000）研究的基础上提出了公司股票收益率与市值加权市场组合收益率及多种货币汇率变动的计量模型，外汇风险暴露测量的精确性得到了提高。

国内学者关于外汇风险暴露测度的研究则主要集中在行业层面。倪庆东和倪克勤（2010）研究了我国金属业等九个行业的外汇风险暴露问题，发现 56% 的行业存在显著的外汇风险暴露，且都受到人民币升值的负面冲击。江春和万鹏博（2018）发现我国所有行业均存在显著的长期或者短期的外汇风险暴露，且外汇风险暴露程度较大。王芍等（2021）运用非线性自回归分布滞后（non-linear autoregressive distributed lag，NARDL）模型从非线性与非对称角度测度了"8·11"汇改后我国上市企业外汇风险暴露程度，发现 63.63% 以上的企业市值与人民币汇率指数间存在长期协整关系，54.76% 的企业有显著的长期风险暴露。此外，极少学者对我国企业层面的外汇风险暴露进行了研究，陈晓莉和高璐（2012）研究了我国上市金融机构"7·21"汇改后的外汇风险暴露状况，发现我国上市金融机构面临显著的外汇风险暴露，人民币升值对其股票收益和现金流均具有不利影响。谷任和朱琳慧（2016）基于两种非线性效应的研究表明，与线性暴露相比，我国进出口企业和纯本土企业存在更普遍的非线性暴露。

外汇风险暴露的测度问题一直以来是学术界争论的焦点。Bartram 和 Bodnar（2007）、张瑞君和徐展（2016）的研究表明汇率的意外变化不仅会影响国际化企业的市场价值，还会影响本土化企业的市场价值。然而，大量的实证研究发现汇率对企业的市场价值影响不显著（Adler and Dumas，1984；Jorion，1990；郭飞等，2014）。Bartram 和 Bodnar（2007）将这种现象称为"汇率暴露之谜"。国外学者对此也进行了丰富的研究，主要体现在以下三个方面：第一，控制变量的选择上。Krapl 和 O'Brien（2014）认为在 Adler 和 Dumas（1984）的资本市场法的基础上引入市场指数或 APT（arbitrage pricing theory，套利定价理论）因子等控制变量，可以降低外汇风险暴露系数估计的标准差。第二，汇率效应被错误定价。一方面，Bartov 和 Bodnar（1994）发现滞后的汇率变量对企业市场价值的影响更为显著。另一方面，虽然主流研究多选择使用贸易加权的多边汇率指数数据，但 Miller 和 Reuer（1998）认为使用贸易加权的多边汇率指数可能分散了一个企业的外汇风险暴露。第三，模型设定的问题。Allayannis 和 Ihrig（2001）认为企业外汇风险暴露具有时变性，Bartram（2004）则认为企业现金流量是汇率的非线性函数，外汇风险暴露估计的传统方法都是线性的，没有考虑到汇率变动对企业价值影响的非线性以及非对称性。

3. 企业对冲外汇风险

由于以上风险的存在，外汇风险管理受到了企业和学术界的关注。已有许多研究发现，企业风险管理可能通过多种途径对企业价值与经营情况产生影响。首先，若企业能够有效管控外汇风险，则企业面临的不确定性会减小，那么企业破产的概率以及财务困境成本也会随着整体风险的减小而降低，进而使预期的现金流量和企业价值得到增大（Smith and Stulz, 1985; Carter et al., 2006; Arnold et al., 2014）。其次，企业外汇风险对冲能够显著降低企业收入的波动性，减少企业财务绩效中的噪声，进而缓解企业股东与债权人之间的代理问题。这种影响有利于促使企业增大内源性融资，并能够投资更多净现值为正的项目，同时帮助企业减小对外部融资的依赖程度，缓解企业的投资不足问题和资本成本升高问题（Aretz and Bartram, 2010）。在采取风险对冲措施的同时，企业的股权融资成本可得到降低，并且该作用在对冲外汇风险的企业中更加显著（Gay et al., 2011）。杨胜刚等（2021）发现外汇风险对冲能够显著提升企业整体的绩效水平，并且该影响在海外业务收入占比高的企业和具有外币债务的企业中更为明显；在作用机制上，企业进行外汇风险对冲显著提升了企业的营运效率和商业信用融资能力，进而促进了企业绩效的提升。Chen 和 King（2014）、郭飞等（2020）研究表明外汇风险对冲降低了企业的债务融资成本，其主要渠道在于外汇风险对冲可以降低投资者与企业管理者间的信息不对称程度和企业破产发生的概率。郝项超和梁琪（2019）认为外汇风险对冲降低了公司的债务融资成本，进而提高了企业创新的数量与质量。

实证研究关于衍生工具使用和公司价值的关系没有得出一致的结论。Allayannis 和 Weston（2001）发现在 720 家美国跨国公司中，使用外汇远期合约的公司的价值平均高 5%。Allayannis 等（2001）发现跨国多元化（经营对冲的一种）只有和外汇衍生品使用结合起来才能增加公司价值。Nain（2004）发现在外汇衍生品广泛使用的行业中，不使用衍生品的公司的价值约降低 5%。Kim 等（2006）发现金融对冲和经营对冲都增加公司价值，但后者的价值效果是前者的五倍多。Allayannis 等（2008）研究了外汇衍生品价值溢价和公司治理间的关系，他们发现外汇衍生品使用所产生的价值溢价（9%~20%）只存在于那些具有良好公司治理（公司层面和国家层面）的跨国公司。Clark 和 Judge（2009）发现使用外汇衍生品能够增加公司价值，但不同类型的风险对冲工具（远期、期权、掉期和外币债务）的价值效果不等（11%~34%）。Bartram 等（2009）发现衍生工具的使用对公司价值有积极作用，但这一关系对内生性和遗漏变量很敏感。

也有少量研究怀疑风险对冲的价值效果，如 Guay 和 Kothari（2003）认为与公司现金流和公司规模相比，金融工具所产生的潜在收益很小，套期保值对公司价值的积极影响被高估了，前述所观察到的公司价值溢价可能来自其他风险管理活动或者是不真实的。Magee（2009）发现在控制了公司价值的时间影响后，外汇衍生品使用带来的价值溢价消失了。

国内不少实证研究测度人民币汇率波动对股票市场、行业以及上市公司的影响（倪克勤和倪庆东，2010；郭彦峰等，2008；罗航和江春，2007；吕江林等，2007），但很少研究公司层面外汇风险管理的价值影响，其主要原因可能是无法获取公司外汇衍生工具的使用情况、出口比例以及其他经营信息。中国人民银行货币政策司（2006）在2005年7月汇改后对我国10个省市的323家企业的汇率风险管理状况进行了调查，结果显示，汇改后企业的汇率避险意识大大增强，企业最主要的汇率避险方式是贸易融资和外汇衍生品（主要是远期结售汇），但外汇衍生品的使用规模仍然偏小，企业的避险能力有待进一步增强。贾炜莹和陈宝峰（2009）以上市公司2007年年报披露的衍生工具使用信息为基础，首次考察了衍生工具使用和公司业绩及价值的关系，他们发现使用衍生工具对公司每股收益有较好的提升作用（对净资产收益率和资产收益率有微弱提升），对公司价值则有微弱的负面影响。郭飞和王小平（2009）认为中国跨国公司整体的风险对冲策略可能有问题。郭飞和徐燕（2010）基于2008年沪深300非金融公司研究发现，外汇风险是我国上市公司使用衍生品管理的主要风险（商品价格风险次之，利率风险再次之），而公司主要使用远期结售汇和外汇期权合约来加以对冲。

国外学者对外汇风险的关注较早，且相关研究涵盖了概念界定、风险测度、影响因素、外汇风险管理手段、对冲交易等多个方面。相比之下，由于人民币汇率制度改革直到2005年才拉开序幕，加上国内衍生品市场发展缓慢，国内关于汇率波动与其影响因素及影响机制的研究也相对匮乏，且就国内研究而言，外汇风险微观层面的研究更多关注大型企业、上市公司，对于中小企业因数据可得受限而很少被提及。未来随着我国外汇市场与衍生品市场的成熟、企业风险管理意识增强、相关数据更加全面，有关我国企业对冲外汇风险的研究会更加丰富，也能为我国对外开放提供宝贵的意见。

1.4　结　构　安　排

本书研究内容可以归纳为四个方面：一是金融市场开放的影响；二是汇率市场波动及其风险；三是外汇风险对企业的影响，这三方面的内容分三篇展开研究，分别是开放篇、宏观篇和微观篇；四是通过前三篇的实证研究，提出开放进程中我国国际金融风险管理的对策与建议（即对策篇，本书的第四篇）。具体框架结构见图1-1。

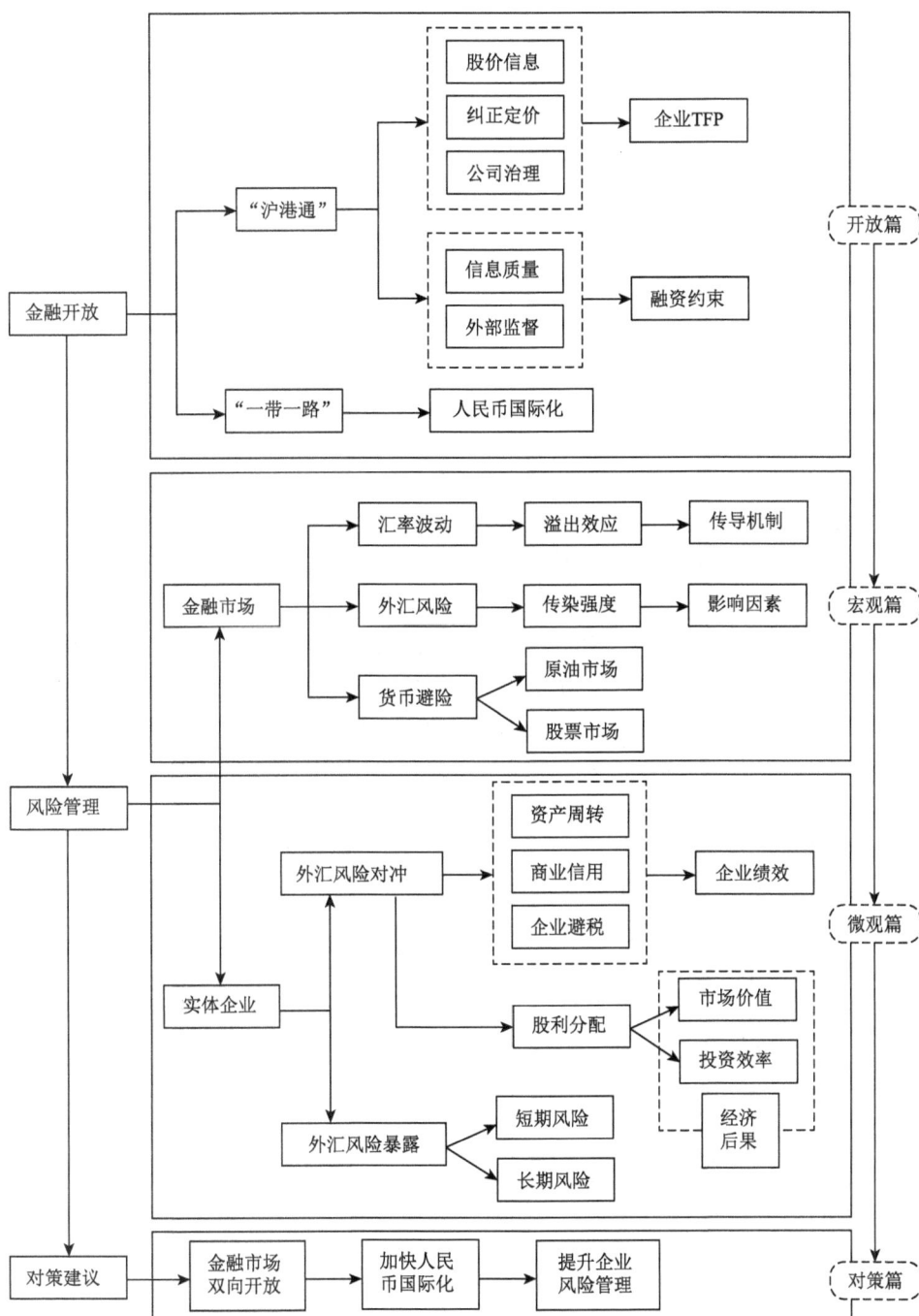

图 1-1　本书的逻辑框架图

TFP：total factor productivity，全要素生产率

1）开放篇

开放篇主要由"沪港通"的实施和"一带一路"倡议两个代表性的开放政策展开，前者是金融市场开放的代表，后者是我国全方位开放的代表。

首先，以"沪港通"的实施作为资本市场开放的准自然实验，考察资本市场开放对企业 TFP 的影响以及作用机制。在此基础上，进一步研究"沪港通"的实施对企业融资约束的影响。

其次，选取了"一带一路"沿线国家数据，构建修正的 Frankel-Wei 模型，检验了"一带一路"倡议的推进对人民币国际化影响力的影响。

2）宏观篇

宏观篇围绕人民币及汇率展开，分别从人民币汇率波动、外汇市场风险传染及其影响因素以及货币避险三个角度展开。

首先，构建外部冲击指标体系，研究外部冲击对人民币汇率波动风险的溢出效应，以及外部冲击对人民币汇率波动风险的传导机理及传导路径。在实证研究的基础上，提出防范人民币汇率波动风险溢出的政策建议。

其次，采用多边价格方法、关联性指标和风险溢出指标，对全球主要货币的风险传染效应进行了测度，判断外汇市场风险传染的强度和方向，并基于此，对外汇市场风险传染的影响因素进行了分析。

最后，选取 2005 年汇改至 2020 年的数据，检验了人民币对股票和原油两个市场的避险能力，并比较了主要避险货币的避险作用。基于货币避险的视角，对我国深化人民币市场化汇率形成机制改革提出对策建议。

3）微观篇

微观篇主要从企业外汇风险对冲和企业外汇风险暴露两个角度开展研究。

首先，检验了外汇风险管理对企业绩效的影响，揭示了外汇风险对冲对中国企业绩效的作用机制，并检验了企业外汇风险对冲在不同金融业市场化水平环境中的差异。在此基础上，从股权投资者回报视角，运用手工搜集的外汇风险对冲数据，研究了外汇风险对冲对现金股利分配的影响，并检验了融资约束在外汇风险对冲对现金股利分配影响中的作用以及外汇风险对冲对现金股利分配在不同企业的差异影响。

其次，针对我国企业存在的外汇风险暴露的典型事实，研究了人民币升贬值对企业市场价值的差异化影响，从非线性与非对称性的视角解释了企业"汇率暴露之谜"的原因。

4）对策篇

在实证研究的基础上，从不断深化金融市场双向开放、加快推进人民币国际化进程和提升企业外汇风险管理能力等方面提出对策建议。

1.5 创新之处

本书的创新之处主要体现在以下四个方面。

首先，从微观视角揭示了资本市场开放对企业全要素生产率和融资约束等行为的影响及作用机制，这为新发展阶段下资本市场充分发挥资源配置功能、提高金融服务实体经济的能力和效率提供了理论支撑，为中国进一步加大金融开放和深化金融体制改革奠定了理论基础。

其次，构建起"汇率波动风险→风险传染→货币避险"的外汇风险分析框架，系统研究了我国外汇风险的特征及影响因素，为未来加强外汇市场的风险传染监测与管理、稳妥有序推进金融领域对外开放提供了参考。

再次，从企业风险管理的视角，研究了外汇风险对冲对中国企业绩效以及现金股利分配的影响及作用机制，丰富了有关外汇风险对冲的经济后果以及影响渠道的研究文献，为有关外汇衍生工具影响企业经营发展的研究提供了理论证据。

最后，在研究方法上，本书从实际研究的科学问题出发，科学灵活地选择研究方法。在开放篇和微观篇，系统运用双重差分法（difference-in-difference，DID），更加准确地估计出政策效应，并且较好地识别了因果关系。在宏观篇，通过采用动态随机一般均衡（dynamic stochastic general equilibrium，DSGE）建模以及局部高斯相关性估计等方法，研究外汇风险的特征及影响因素。

开放篇

中国金融对外开放与经济高质量发展

资本市场对外开放与企业融资约束

"一带一路"倡议与人民币的国际影响力

第2章 中国金融对外开放与经济高质量发展

2.1 资本市场开放的制度变迁

基于股票市场的重要性和复杂性，股票市场对国外投资者的开放程度历来是金融市场开放的重心（陈雨露和罗煜，2007），而我国金融市场的对外开放也始于股票市场，1992 年上海证券交易所和深圳证券交易所开始发行外资股（B 股），这不仅能为境外投资者投资中国股票市场提供可行渠道，还能避免境外投资者进入而引发的 A 股市场的过度波动，对于我国资本市场开放具有重要意义。

2001 年，中国正式加入世界贸易组织，金融开放进程也逐步迈入新阶段。我国积极履行入世承诺，放宽银行业、证券业和保险业对外资的限制，过渡期后基本上实现了金融服务业的全面开放。2002 年，中国证券监督管理委员会、中国人民银行发布《合格境外机构投资者境内证券投资管理暂行办法》，QFII 制度试点正式实施。作为一项过渡性的资本市场开放制度，QFII 将投资额度分配给通过主体资格认定的境外机构投资者，为其投资于中国 A 股市场提供了可行路径。与之相对的是，合格境内机构投资者（qualified domestic institutional investor，QDII）制度也于 2006 年正式推出，为境内机构投资者投资于境外资本市场提供了可能途径。2011 年，中国证券监督管理委员会、中国人民银行和国家外汇管理局联合颁布《基金管理公司、证券公司人民币合格境外机构投资者境内证券投资试点办法》，RQFII 试点推出，允许境外机构投资者通过离岸人民币账户投资于境内证券市场。经过十多年的发展，QFII 和 RQFII 获批的投资限额不断增加，对中国 A 股市场的参与度持续提升，为进一步扩大中国资本市场的开放程度，2019 年 QFII 和 RQFII 的投资额度限制取消（表 2-1）；2020 年 QFII、RQFII 资格和制度规则合二为一，在加强持续监管的条件下，逐步扩大其投资范围。与 A 股市场的规模相比，QFII、QDII 和 RQFII 的投资额度有限，但在我国货币没有完全实现可自由兑换、资本项目尚未开放的情况下，这些制度通过主体资格审核首次实现了 A 股市场对外资开放。

表 2-1 中国资本市场主体资格开放的制度变迁

开放制度	时间	比例限制		额度限制		说明
		总量	单家	总量	单家	
QFII	2002 年	20%	10%	40 亿美元	8 亿美元	试点实施
	2005 年	20%	10%	100 亿美元	8 亿美元	投资总额度第一次扩大
	2006 年	20%	10%	100 亿美元	8 亿美元	100 亿美元额度近满,暂停审批
	2007 年	20%	10%	300 亿美元	8 亿美元	投资总额度第二次扩大
	2008 年	20%	10%	300 亿美元	8 亿美元	审批再度开始
	2009 年	20%	10%	300 亿美元	10 亿美元	单家投资额上限提高;允许 QFII 机构开设不同性质和类型的资金账户
	2010 年	20%	10%	300 亿美元	10 亿美元	配置股票比例不低于 50%、现金比例不高于 20%
	2011 年	20%	10%	300 亿美元	10 亿美元	允许基于套期保值参与股指期货市场
	2012 年	30%	10%	800 亿美元	10 亿美元	持股比例限制提升,投资总额度第三次扩大
	2013 年	30%	10%	1500 亿美元	10 亿美元	投资总额度第四次扩大
	2016 年	30%	10%	1500 亿美元	取消限制	放宽单家机构投资额度上限,将机构资产规模或管理的资产规模的一定比例作为其获取投资额度的依据;取消股票投资比例 50% 限制,锁定期从 1 年缩短为 3 个月
	2018 年	30%	10%	1500 亿美元	取消限制	取消资金汇出 20% 比例限制;取消本金锁定金要求;允许开展外汇套期保值
	2019 年	30%	10%	3000 亿美元	取消限制	投资总额度第五次扩大
		30%	10%	取消限制	取消限制	投资总额度限制取消
RQFII	2011 年	—	—	200 亿元	—	试点实施
	2012 年	—	—	2700 亿元	—	额度 4 月增加 500 亿元,11 月增加 2000 亿元
	2013 年	30%	10%	2700 亿元	—	明确持股比例限制;投资范围扩容
	2014 年	30%	10%	6400 亿元	—	试点扩大到中国香港地区、英国、新加坡、法国、韩国和德国
	2016 年	30%	10%	1.51 万亿元	—	试点扩大到 18 个国家和地区
	2017 年	30%	10%	1.74 万亿元	—	中国香港额度增至 5000 亿元
	2018 年	30%	10%	1.94 万亿元	—	试点扩大到日本,额度 2000 亿元
	2019 年	30%	10%	1.99 万亿元	—	试点扩大到荷兰,额度 500 亿元
		30%	10%	取消限制	—	取消额度、国家和地区限制

为进一步推动中国高水平资本市场开放，加快融入全球金融市场的步伐，2014 年 11 月 17 日，"沪港通"即沪港股票市场交易互联互通机制正式启动，上海证券交易所和香港联合交易所有限公司（以下简称香港联合交易所）允许中国内地和香港的投资者通过当地证券公司买卖在对方交易所上市的标的股票，首批沪港通标的股包括上海证券交易所上证 180 指数、上证 380 指数成份股和 A＋H 股公司股票在内的 568 只股票。作为中国资本市场开放的重要步骤，"沪港通"的制度安排不同于 QFII 制度和 RQFII 制度等以机构投资者为载体，而是以两地交易所为载体，同时实现机构投资者和个人投资者的跨市场投资。"沪港通"有利于吸引境外投资者参与中国境内 A 股市场交易，即不仅包括中国香港本地投资者，还能够使其他国家和地区的境外投资者依托中国香港金融市场进入中国境内 A 股市场。而与境内投资者相比，境外投资者的信息优势主要表现为信息搜集、分析与处理能力较强。境外投资者能够以较低的成本搜集全球信息，特别是得益于发达国家的技术领先优势，其投资者更易获取技术前沿信息（连立帅等，2019a，2019b）。不仅如此，在获取相同信息的条件下，境外投资者具有先进的投资理念、丰富的投资经验和较强的分析处理能力，能够深入和全面地分析与解读信息，使股价中的信息含量增加（Edmans，2009；Dumas et al.，2017；钟凯等，2018；钟覃琳和陆正飞，2018）。为此，作为资本市场双向开放的标志性举措，"沪港通"的设立不仅能够优化中国 A 股市场的投资者结构，还可提高股价信息含量和资本市场的定价效率。"沪港通"制度标志着我国资本市场进入双向开放的新阶段，紧接着 2016 年开启了深港股票市场交易互联互通机制，实现了港、深、沪的三大交易所相互连通；2019 年"沪伦通"正式启动，上海证券交易所和伦敦证券交易所上市公司可通过发行存托凭证形式在对方交易所上市。伴随着投资额度限制的取消（表 2-2），沪深港通制度对外资的吸引力不断增强，还能够优化我国 A 股市场的投资者结构，对于深化我国金融体制改革具有重要意义。

表 2-2　中国资本市场管道式开放的制度变迁

开放制度	时间	投资方向	比例限制		总额度限制	每日额度限制	说明
			总量	个股			
沪港通	2014 年	沪股通 港股通	30%	10%	3000 亿元 2500 亿元	130 亿元 105 亿元	正式启动
	2016 年	沪股通 港股通	30%	10%	取消限制	130 亿元 105 亿元	总额度限制取消
	2018 年	沪股通 港股通	30%	10%	取消限制	520 亿元 420 亿元	每日额度上限提高
深港通	2016 年	深股通 港股通	30%	10%	—	130 亿元 105 亿元	正式启动，不设总额度限制
沪伦通	2019 年	东向业务 西向业务	—		2500 亿元 3000 亿元	—	正式启动

正基于此,"沪港通"为研究资本市场开放对全要素生产率的影响提供了良好的准自然实验环境。在制度实施之前,中国资本市场并不存在境内境外两地股票市场交易互联互通机制,境外机构投资者只能通过 QFII 和 RQFII 等间接参与中国证券市场交易,中国证券市场仍处于相对封闭的状况。而"沪港通"实施后标的股和非标的股的差别则为本章提供了天然的处理组和控制组,可通过构建双重差分模型缓解资本市场开放与企业全要素生产率之间的内生性问题。

自 20 世纪 80 年代新兴市场国家对外开放资本市场以来,学术界关于资本市场开放经济效应的讨论存在正反两方面的观点。

一方面,资本市场对境外投资者的开放将促进经济增长(Bekaert et al.,2005),影响路径有三。一是境外投资者的引入能够优化投资者结构,而来自成熟金融市场的境外机构投资者,在信息获取和资产估值等方面具有优势,对上市公司来讲,能够提高股价信息含量和信息披露质量,改善资本市场的定价效率(Fang et al.,2015;钟覃琳和陆正飞,2018)。二是境外投资者可通过参与东道国市场交易,获取公司决策权,发挥有效的监督作用,约束管理层自利的机会主义行为,通过加强公司治理给企业发展和经济增长带来积极影响(Ferreira and Matos,2008)。三是境外投资者中价值投资者占比较高,其长期价值投资偏好能够提高股票市场的稳定性,缓解股票市场的过度波动,降低股价崩盘风险(钟凯等,2018;李沁洋和许年行,2019)。

另一方面,资本市场开放也加剧了经济体与国际市场之间的风险传染效应(Angkinand et al.,2010),造成金融体系动荡,进而对实体经济产生负面影响。尤其是在经历金融危机之后,金融自由化的经济效应遭到强烈质疑(Bae et al.,2012)。具体而言,境外投资者虽然在信息搜集和分析方面的专业能力更强,但文化壁垒、制度障碍和地理距离可能使其难以获取有效的本地信息(Choe et al.,2005)。正是基于这样的信息劣势,境外投资者追求短期投资收益,采取盲从的投资策略,并进行频繁的市场交易,继而加剧股票市场波动(Bae et al.,2004)。考虑到管理层的风险厌恶特征,股票市场波动和不确定性的增强,将进一步诱发管理层的投资短视行为,从而抑制企业长期投资(Panousi and Papanikolaou,2012)。

事实上,以上研究结论存在分歧的根本原因在于对以下问题存在分歧:境外投资者与境内投资者相比,究竟是具有信息优势还是信息劣势?资本市场开放引入的境外投资者是否能够缓解股票错误定价、增加股价特质信息含量并提高信息传递效率?股价信息质量的改善,能否带来企业全要素生产率的提升?从股价信息机制视角考察资本市场开放如何影响全要素生产率的研究较少,且多采用跨国面板数据进行实证检验(Bekaert et al.,2011)。然而,跨国经验研究易受到东道国经济政策、金融发展水平、制度环境、司法体系等固有因素的影响,遗漏变量和双向因果关系将使回归结果出现偏误(钟覃琳和陆正飞,2018)。为此,本章将"沪港通"的开启作为准自然实验，构建双重差分模型，结合 2011～2019 年中国 A 股上市公司数据，考察资本市场开放对企业全要素生产率的影响效应及其作用机制。

本章可能的贡献包括如下三方面。第一，为金融自由化和资本市场开放影响经济增长和全要素生产率的研究提供了微观经验证据，为中国进一步加大金融开放和深化金融体制改革提供理论依据。已有研究大多基于跨国经验数据考察资本市场开放和全要素生产率的关系（Bekaert et al.，2011），难以避免遗漏变量造成的估计偏误，无法识别资本市场开放对不同类型企业的异质性作用。而本章从微观视角解释资本市场开放对企业行为的影响及作用机制，不仅能够有效控制宏观环境对资本市场的影响、排除遗漏变量造成的估计偏误，还将为中国持续深化金融制度改革、积极扩大金融开放提供理论依据。第二，丰富了"沪港通"经济效应和经济后果的相关文献，拓宽了该领域的研究边界。为缓解双向因果关系引致的内生性问题，选取"沪港通"作为准自然实验检验资本市场开放经济效应的研究并不少见，但以往研究多集中于资本市场开放对股价信息含量（钟覃琳和陆正飞，2018）、资本成本（Henry，2000）、投资效率（陈运森和黄健峤，2019；连立帅等，2019a）和公司治理（Ferreira and Matos，2008）等方面的影响。而中国资本市场开放的目的是使金融更好地服务于实体经济，目前少有文献探讨"沪港通"与企业全要素生产率的关系。本章将研究对象延伸至企业全要素生产率，有助于理解资本市场开放如何更好地服务于经济高质量发展，从而实现双循环新发展格局目标。第三，从股价信息视角重新诠释了资本市场开放对企业全要素生产率的影响机制，剖析"沪港通"如何通过增加股价特质信息含量，缓解股票错误定价，以便使资本市场更好地发挥公司治理功能，继而提升信息披露质量，从而递进作用于全要素生产率的机制。

2.2　资本市场开放对企业全要素生产率的影响机制分析

金融开放对经济增长的促进作用早已在跨国经验研究中得到广泛验证（Bekaert et al.，2005）。具体而言，金融开放主要通过增加投资和促进全要素生产率提升两类渠道促进经济增长：一方面，根据新古典增长理论，金融开放能够缓解国内金融抑制程度，降低资本使用成本，引导经济体投资增长（Henry，2000）；另一方面，金融开放能够促进金融发展，提高信息披露质量，缓解上市公司与金融机构的信息不对称程度，改善公司治理水平（Beck et al.，2000），在此基础上，金融市场开放能够促进资源有效配置，向融资约束企业提供资金支持，增加企业的研发资本投入，促进全要素生产率提升（Varela，2018；Larrain and Stumpner，2017）。进一步对比两类作用渠道的效应强弱，金融开放对全要素生产率提升的正向促进作用远超投资增长效应（Bekaert et al.，2011）。

作为中国资本市场有序开放的关键步骤，"沪港通"通过引入境外投资者，对股价特质信息含量和信息传递效率产生正向影响。由于企业最优决策取决于内部信息和外部信息，因此管理层才有动机从股价中学习和吸收外部信息，这也构成了股价影响企业实际决策的重要基础（Edmans et al.，2012）。为此，蕴含在股价中的特质信息含量增加，能够矫正股票错误定价，进一步提升企业信息披露质量，管理层能从股价中提取更多有价值的信息，股价更能有效引导企业实际决策，使实际决策更接近于最优决策，从而更有利于促进企业全要素生产率提升。具体的影响机制如下。

首先，"沪港通"可增加股价特质信息含量和提高股价信息传递效率，并通过信息反馈效应影响企业全要素生产率。与境内投资者相比，境外投资者究竟是具有信息优势还是具有信息劣势是一个重要且具有争议的问题。当资本市场开放时，股票市场交易同时受本地信息和全球市场信息的共同驱动（Albuquerque et al.，2009）：一方面，在信息不对称条件下，境外投资者进入东道国市场存在信息壁垒，境内投资者在获取本地信息方面更具优势（Choe et al.，2005；Bae et al.，2004）；另一方面，境外投资者拥有强大、专业化的投资团队，并在搜集、处理与分析全球信息方面更具优势，而境内投资者对全球信息反应滞后（Edmans，2009；Chen et al.，2013）。境外投资者能否发挥信息优势关键取决于全球信息和本地信息对股票价格的影响强弱，当全球信息能够对本地信息形成有益补充时，境外投资者能够发挥信息优势（Bae et al.，2012）。同时，信息不对称形成的市场摩擦，导致境外投资者进入东道国资本市场存在准入成本，因而境外投资者进入的前提条件是信息优势带来的投资收益能够弥补准入成本，使投资活动有利可图（Kacperczyk et al.，2005）。因此，本章认为"沪港通"实施后，引入的境外投资者能及时地发挥信息优势，通过交易行为将特质信息迅速反馈到股价中，一方面，提高股价特质信息含量和资本市场定价效率，抑制股价异质性波动；另一方面，降低股价对信息调整的响应时滞，提高信息传递效率，强化股价信息效应（Bae et al.，2012；钟覃琳和陆正飞，2018；钟凯等，2018）。

投资者将根据特质信息进行市场交易，因而能使信息变化反映在股价波动中。蕴含着特质信息的股票价格将进一步发挥反馈效应，引导管理层从股价信息中学习和利用信息来调整投资和创新决策，从而提高公司价值（Chen et al.，2007，2013；郝项超等，2018）。这一反馈效应的逻辑在于，虽然管理层了解企业的内部信息，但企业最优决策取决于内部信息和外部信息，如市场需求、行业前景及与其他公司的协同效应等外部信息将对最优决策形成重要影响，而股价中体现着外部投资者释放的特有信号，由此形成管理层利用股价信息的核心动机（Edmans et al.，2012）。同时，股价信息含量增加还能够进一步提高公司收入，降低运营成本和劳动力成本，从而促进企业全要素生产率提升（Bennett et al.，2020）。

其次，"沪港通"能够矫正股票的错误定价，改善企业投资效率，促进企业全要素生产率提升。股票价格是金融市场引导资本合理流动的关键，但资本市场的非理性行为会导致股价偏离真实值而出现错误定价，引致企业投资效率和全要素生产率下降。Shleifer 和 Vishny（1997）发现资本市场开放能够引进境外的理性投资者，使股票价格中反映更多的理性信息和非财务信息，增加股价中的特质信息含量，从而能够较为准确地反映其内在价值，提高资本市场定价效率（Edmans，2009；Edmans et al.，2012）。"沪港通"有助于市场发现二级市场中被低估或高估的股票价格，通过市场交易将信息快速反馈至股价中，使股价回归至合理水平，提高资本市场定价效率（钟覃琳和陆正飞，2018）。基于企业基本面信息对管理层实际投资决策存在重要影响，当股价能够体现更多基本面信息并反映企业真实价值时，股价变化与企业投资决策的正向关系更强。随着股价信息含量的增加和错误定价的修正，企业投资决策对股价变化的敏感度增强，企业投资效率提升（Chen et al.，2007；连立帅等，2019b）。投资效率是影响企业生产率的重要因素之一，如过度投资带来投资效率下降，使企业利用要素的边际回报率降低，最终对企业全要素生产率形成负面影响（王克敏等，2017；钱雪松等，2018；张莉等，2019）。

最后，"沪港通"能够提高信息披露质量，加强公司治理，提升企业全要素生产率。资本市场开放能够诱导投资者深入挖掘企业特质信息，并通过市场交易及时反馈至股价变化中（Karpoff and Lou，2010）。在股价波动的条件下，企业更有动机强化公司治理和市值管理（钟凯等，2018）。信息披露质量是企业治理机制和对外提供信息的重要组成部分，较高的信息披露质量能够降低企业内外部的信息不对称，有效缓解逆向选择和道德风险问题（谢志华等，2014），因而资本市场开放与上市公司信息披露质量之间具有显著的正相关关系（李春涛等，2018）。不仅如此，被境外投资者选中的企业，其财务状况和管理层的行为决策将受到公众和会计师事务所的额外关注，通过对企业声誉的监督，可以有效提升信息披露质量（Chung et al.，2002）。为此，在"沪港通"实施的背景下，管理层为了获得更多的国际资本，将主动披露其财务信息，以提高境外投资者的关注（Yoon，2017）。整体而言，"沪港通"能够倒逼企业提高信息披露质量，遏制企业财务违规行为，有效提高公司治理水平。

加强公司治理是上市公司提升全要素生产率的重要路径（Tian and Twite，2011），而作为公司治理机制的重要组成部分，信息披露质量的改善也能更好地反映出管理者的努力程度和经营成果，从而提高其薪酬业绩敏感性（唐雪松等，2019）。Bushman 等（2004）发现信息披露质量的提高，可以促进公司各项监督和激励机制有效运行，降低与技术创新相关的交易成本，监督和激励长期技术创新，从而使企业全要素生产率提升（李春霞等，2020），如图 2-1 所示。

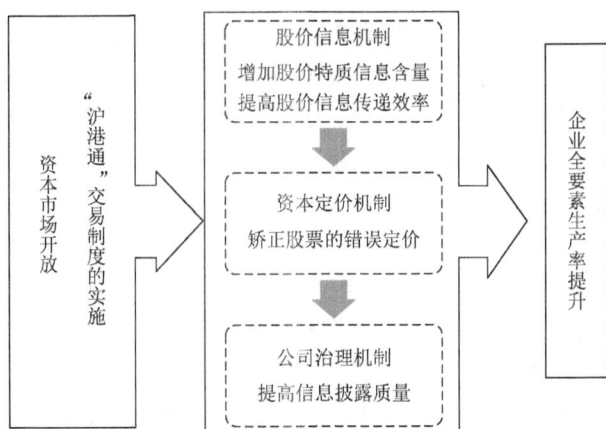

图 2-1　资本市场开放影响企业全要素生产率的作用路径

基于上述理论分析，本章提出如下研究假设。

H1："沪港通"能够有效提升企业全要素生产率。

H2：增加股价特质信息含量和提高股价信息传递效率、矫正股票的错误定价与提高信息披露质量是"沪港通"提升企业全要素生产率的主要机制。

2.3　研究设计

2.3.1　样本选取与数据来源

本章选取 2011～2019 年 A 股上市公司作为初始研究样本，"沪港通"标的股票名单来源于香港联合交易所官网，其他财务数据来源于 CSMAR 数据库（China stock market & accounting research database，中国经济金融研究数据库）和 Wind 数据库。根据以下原则对初始样本进行筛选：①剔除金融行业上市公司样本；②剔除样本期间内 ST[①]公司样本以及企业未分配利润为负的公司样本；③剔除 2014 年 11 月 17 日之后新加入"沪港通"的公司以及调出"沪港通"的公司；④剔除相关财务数据缺失的样本。最终得到 14 510 个样本观测值。此外，本章对所有的连续性变量进行上下各 5% 的 Winsorize 处理。

2.3.2　计量模型设计

本章主要通过双重差分模型检验"沪港通"对企业全要素生产率的影响。

---

① ST 表示特别处理（special treatment），境内上市公司如果连续亏损两年就被监管机构标为 ST；如果连续亏损两年，并且除去非经常性损益之后的收益依然亏损，则被监管机构标为 ST*。

$$TFP_{it} = \beta_0 + \beta_1 Treat_i \times Post_t + Controls_{it} + \eta_i + Industry_j \times Year_t + \varepsilon_{it} \quad (2\text{-}1)$$

其中，被解释变量 TFP_{it} 表示公司 i 在 t 年的全要素生产率（对数形式）；$Treat_i$ 表示是否为"沪港通"标的股票，当 $Treat_i = 1$ 时，表示公司 i 位于处理组，是"沪港通"标的股票，当 $Treat_i = 0$ 时为非标的股票；$Post_t$ 表示"沪港通"的启动时间，定义 2014 年及之后 $Post_t = 1$，否则 $Post_t = 0$；本章主要关注的是交互项 $Treat_i \times Post_t$ 的系数符号，若系数 β_1 显著大于 0，则表明"沪港通"的实施能够促进企业全要素生产率提升，支持 H1；$Controls_{it}$ 表示公司层面的控制变量；η_i 表示公司个体固定效应。为了控制行业层面随时间变化的不可观测因素的影响，在模型中引入时间固定效应 $Year_t$ 与行业固定效应 $Industry_j$ 的交乘项。

2.3.3　变量定义

模型中的被解释变量为企业全要素生产率（TFP_{it}），考虑到企业层面的全要素生产率估计存在同时性偏误，即企业可以观测到生产率并及时调整要素投入，要素投入和生产率之间的双向因果关系导致直接采用普通最小二乘法（ordinary least squares，OLS）估计生产函数获得的全要素生产率有偏。为此，本章采用 Olley 和 Pakes（1996）提出的 OP 方法估算对数形式的企业全要素生产率。增加值的选取则参考赵健宇和陆正飞（2018）的做法，以公司营业收入代表增加值，借鉴鲁晓东和连玉君（2012）的做法，采用公司总部所在地的工业生产者出厂价格指数剔除物价波动的影响；采用固定资产净额测度资本投入，即构建固定资产、无形资产和其他长期资产支付的现金扣除处置固定资产、无形资产和其他长期资产收回的现金，其均经过固定资产价格指数进行平减以剔除价格波动的影响；使用上市公司员工人数代表劳动力投入，上述指标取对数之后再进行估计。同时，本章也采用 LP 法（Levinsohn and Petrin，2003）、Wooldridge（2009）提出的联合估计方法以及 ACF 法（Ackerberg et al.，2015），重新测算企业全要素生产率，以检验结果的可靠性。

核心解释变量为"沪港通"变量（$Treat_i \times Post_t$），"沪港通"标的股票（$Treat_i$）包括上证 180 指数、上证 380 指数成份股和 A＋H 股公司股票。由于"沪港通"于 2014 年 11 月开始正式启动，因而 2014 年及之后取 $Post_t = 1$，否则 $Post_t = 0$。

其他控制变量的选择参考陈运森和黄健峤（2019）、Bennett 等（2020）的研究，包括公司规模（Size）、公司年龄（Age）、资产收益率（ROA）、成长性（Growth）、资产负债率（Lev）、托宾 Q 值（TQ）、营业现金比率（Cash）、董事会规模（Board）、独立董事占比（Indep）、股权集中度（Top1）、分析师跟踪人数（Report）等。本章相关变量的具体定义如表 2-3 所示。

表 2-3　变量定义

变量名称	变量符号	变量含义
企业全要素生产率	TFP	OP 法计算的对数形式的企业全要素生产率
"沪港通"标的股票	Treat	"沪港通"标的股票取 1，否则取 0
"沪港通"的启动时间	Post	"沪港通"开启之后取 1，否则取 0
公司规模	Size	年末公司总资产（元）的自然对数
公司年龄	Age	公司年龄的自然对数
资产收益率	ROA	公司净利润/年末总资产
成长性	Growth	公司营业收入的增长率
资产负债率	Lev	公司年末总负债/年末总资产
托宾 Q 值	TQ	公司市场价值/账面总资产
营业现金比率	Cash	公司经营活动产生的现金流量净额/营业收入
董事会规模	Board	公司年末董事会总人数的自然对数
独立董事占比	Indep	公司独立董事人数/董事人数
股权集中度	Top1	第一大股东持股比例
分析师跟踪人数	Report	分析师跟踪人数的自然对数

2.3.4　描述性统计分析

表 2-4 为主要变量的描述性统计结果：企业全要素生产率（TFP）的各项数据与胡海峰等（2020）的测算结果相近。"沪港通"标的股票变量 Treat 的平均数为 0.2070，表明样本内有 20.7%的公司股票是"沪港通"标的股票。其他控制变量的大小也在合理区间。总的来说，样本具有良好的区分度。

表 2-4　描述性统计

变量	样本量	平均数	标准差	最小值	中位数	最大值
TFP	14 510	10.053 7	0.989 5	8.320 9	10.012 6	11.999 1
Treat	14 510	0.207 0	0.405 1	0	0	1.000 0
Size	14 510	22.366 4	1.178 4	20.548 4	22.212 4	24.855 5
Age	14 510	2.789 7	0.324 9	2.079 4	2.833 2	3.258 1
ROA	14 510	0.040 9	0.038 4	−0.031 6	0.034 8	0.124 5
Growth	14 510	0.140 1	0.244 1	−0.249 1	0.104 5	0.758 3
Lev	14 510	0.449 8	0.195 8	0.123 5	0.449 2	0.789 3
TQ	14 510	1.847 7	0.887 4	0.978 4	1.535 2	4.258 4
Cash	14 510	0.090 5	0.135 7	−0.167 7	0.075 4	0.395 8

变量	样本量	平均数	标准差	最小值	中位数	最大值
Board	14 510	2.266 3	0.152 6	1.945 9	2.302 5	2.564 9
Indep	14 510	0.371 3	0.048 7	0.333 3	0.333 3	0.500 0
Top1	14 510	36.065 5	14.329 0	14.040 0	34.652 5	63.620 0
Report	14 510	1.911 4	1.421 0	0	1.945 9	4.189 6

2.4　基准回归结果、机制检验与异质性分析

2.4.1　基准回归

为检验"沪港通"对企业全要素生产率的影响，根据式（2-1）进行双重差分估计，回归结果如表 2-5 所示。第（1）列为全样本检验结果，核心解释变量 Treat×Post 的系数显著为正，说明"沪港通"的实施有利于提高企业全要素生产率，从而印证了 H1。

表 2-5　"沪港通"对企业全要素生产率的影响

变量	（1）全样本	（2）PSM	（3）全样本	（4）PSM
Treat×Post	0.037 0*** (3.623 5)	0.037 8*** (3.708 9)		
Treat×year2012			−0.007 3 (−0.311 4)	−0.008 9 (−0.380 3)
Treat×year2013			0.015 8 (0.696 6)	0.016 0 (0.704 8)
Treat×year2014			0.039 5* (1.798 3)	0.040 1* (1.821 5)
Treat×year2015			0.070 8*** (3.146 5)	0.070 8*** (3.135 9)
Treat×year2016			0.059 6*** (2.595 4)	0.059 5*** (2.582 5)
Treat×year2017			0.017 1 (0.776 7)	0.017 7 (0.801 5)
控制变量	控制	控制	控制	控制
公司固定效应	控制	控制	控制	控制
Industry×Year 固定效应	控制	控制	控制	控制
样本数	14 510	14 373	14 510	14 373
R^2	0.395 6	0.400 1	0.396 2	0.400 7

注：小括号内为 t 统计量，限于篇幅，未报告控制变量结果

*、***分别表示 10%、1%的显著性水平

由于本章的处理组和控制组涵盖了各个行业的公司，公司的规模和盈利能力等指标均存在明显的差异，难以满足"沪港通"实施前处理组和控制组个体特征相同的理想情境，样本可能存在"选择性偏差"。为降低样本选择性偏差，减少非随机性引起的内生性问题，使结果更加准确，本章结合倾向得分匹配法（propensity score matching，PSM）和双重差分模型进行重新检验。其核心思想是选择处理组和控制组，即将那些参与"沪港通"的公司与另外一组具备相同特征但没有参与"沪港通"的公司进行比较，从而最大限度地替代处理组的"反事实状态"。本章采用一对一有放回的配对方法且允许并列，为"沪港通"标的股寻找控制组，对比两类企业全要素生产率的差异，评估"沪港通"的实施效果。表2-5第（2）列报告了基于倾向得分匹配的双重差分结果，Treat×Post对企业全要素生产率的系数仍然在1%的水平上显著为正，估计结果基本与全样本回归结果一致。

此外，为检验处理组和控制组在"沪港通"实施前是否具有相似趋势，本章设置六个年份虚拟变量year2012、year2013、year2014、year2015、year2016和year2017，并将其与 Treat 相乘，所得到的交乘项引入式（2-1）以替换原交互项 Treat×Post重新进行估计，结果如表2-5第（3）列、第（4）列所示，前者为全样本估计结果，而后者为倾向得分匹配后的结果。交乘项Treat×year2012、Treat×year2013 的系数并不显著，而 Treat×year2014、Treat×year2015、Treat×year2016 的系数均显著为正，说明"沪港通"实施前，处理组与控制组样本之间的全要素生产率并不存在显著差异，而在"沪港通"实施后，处理组的全要素生产率相对于控制组样本存在显著差异，平行趋势假定得到满足。

2.4.2　稳健性检验

为保证研究结论的稳健性，本章将从如下五方面对回归结果进行稳健性检验，回归结果见表2-6。

表 2-6　稳健性检验

变量	（1）	（2）	（3）	（4）	（5）	（6）	（7）
	TFP_{t+1}	TFP_IND	LP	ACF	WRDG	TFP	TFP
Treat×Post	0.023 7** (2.344 2)	0.027 5** (2.392 9)	0.023 5** (2.492 3)	0.021 1* (1.712 8)	0.063 9*** (7.200 5)		0.040 9*** (3.784 6)
Treat×Post_3						0.027 5 (1.357 5)	
控制变量	控制	控制	控制	控制	控制	控制	控制

续表

变量	（1）	（2）	（3）	（4）	（5）	（6）	（7）
	TFP_{t+1}	TFP_IND	LP	ACF	WRDG	TFP	TFP
公司固定效应	控制	控制	控制	控制	控制	控制	控制
Industry×Year 固定效应	控制	控制	控制	控制	控制	控制	控制
样本数	10 859	14 044	14 044	14 044	14 044	14 044	12 419
R^2	0.284 8	0.425 4	0.575 6	0.289 2	0.897 5	0.395 8	0.395 8

注：小括号内为 t 统计量，限于篇幅，未报告控制变量结果

*、**和***分别表示 10%、5%和 1%的显著性水平

（1）考虑到"沪港通"效应发挥作用可能存在时滞性，故在稳健性检验中将被解释变量替换为 $t+1$ 期的全要素生产率。回归结果如表 2-6 第（1）列所示，Treat×Post 的系数显著为正，进一步验证了"沪港通"对企业全要素生产率的正向影响。

（2）考虑到要素弹性的行业差别，但受限于细分行业的公司样本数量，本章分产业重新估计参数并测算企业全要素生产率。回归结果如表 2-6 第（2）列所示，Treat×Post 的系数显著为正，说明考虑到生产要素弹性的产业差别后，"沪港通"依然对企业全要素生产率存在显著的正向影响，证明本章结论稳健。

（3）替换企业全要素生产率指标，进一步采用 LP 方法、ACF 方法和 Wooldridge（2009）提出的联合估计法（简称 WRDG 法）重新测度企业全要素生产率。回归结果如表 2-6 第（3）～（5）列所示：Treat×Post 的系数均显著为正。在替换企业全要素生产率的测度指标后，"沪港通"的实施对企业全要素生产率依然存在显著正向影响，本章结论稳健。

（4）安慰剂检验。若"沪港通"标的公司全要素生产率在任何时间都会出现相同的变化趋势，那么前文中的回归结果就不一定是由"沪港通"政策实施所导致。为此，需要排除处理组和控制组公司固有属性差异对研究结果的干扰。本章假定"沪港通"实施的时间点为 2012 年，观察参与"沪港通"的公司和未参与"沪港通"的公司全要素生产率是否呈现出相同的变化趋势。检验结果如表 2-6 第（6）列所示，Treat×Post_3 的回归系数未达到 10%的显著性水平，这意味着假设 2012 年实施"沪港通"，参与"沪港通"的公司全要素生产率并未发生显著变化。所以，排除了公司固有特征对全要素生产率上升的影响，本章研究结论稳健有效。

（5）删除"沪港通"实施当年的样本。考虑到"沪港通"正式启动的时间为 2014 年 11 月 17 日，2014 年企业的全要素生产率可能未受到"沪港通"的影响。

因此，本章删除 2014 年样本，重新进行双重差分估计，回归结果如表 2-6 第（7）列所示：Treat×Post 的系数在 1%的水平上显著，表明本章的回归结果稳健可靠。

2.4.3　机制分析

1. 股价信息机制：增加股价特质信息含量和提高股价信息传递效率

本节首先检验"沪港通"的实施能否通过股价信息机制提升企业全要素生产率。"沪港通"实现了资本市场双向开放，吸引了更多的境外投资者进入中国 A 股市场，从而优化了中国 A 股市场投资者结构（钟凯等，2018）。如前文理论分析部分所述，"沪港通"实施后，境外投资者能及时发挥信息优势，通过市场交易行为将信息迅速反馈至股价中，增加股价中的特质信息含量（钟覃琳和陆正飞，2018）。

为此，本节分别从股价特质信息含量和股价信息传递效率两个维度表征股价信息机制。参考 Bae 等（2012）、Xu 等（2013）的研究，本节首先对公司 i 的股票周收益数据进行回归：

$$R_{iwt} = \alpha_0 + \alpha_1 R_{Mwt} + \alpha_2 R_{M,w-1,t} + \alpha_3 R_{Iwt} + \alpha_4 R_{I,w-1,t} + \varepsilon_{iwt} \qquad (2\text{-}2)$$

其中，R_{iwt} 表示公司 i 的股票在 t 年第 w 周考虑现金红利的投资收益率；R_{Mwt} 表示中国 A 股市场全部公司股票第 t 年第 w 周根据流通市值加权的市场平均收益率；R_{Iwt} 表示公司 i 第 t 年第 w 周所在行业 I 的平均收益率，即剔除公司 i 后将行业内其他公司股票按照流通市值加权获得的平均收益率，行业分类以 2012 年中国证券监督管理委员会发布的行业分类标准为依据。对式（2-2）进行回归后得到方程的可决系数 R^2。据此，可测算公司 i 在 t 年的股价同步性指标（Syn_{it}）为

$$\text{Syn}_{it} = \ln\left(R_{it}^2 \big/ \left(1 - R_{it}^2\right)\right) \qquad (2\text{-}3)$$

股价同步性指标（Syn_{it}）是股价特质信息含量的逆向指标，即股价同步性指标 Syn_{it} 越大，股价波动与市场波动的同步性越高，股价中蕴含的特质信息越少。根据式（2-2），可进一步测算公司 i 的股票在 t 年的股价延迟度指标（Delay_{it}）如下：

$$\text{Delay}_{it} = 1 - R\_r_{it}^2 \big/ R_{it}^2 \qquad (2\text{-}4)$$

其中，$R\_r_{it}^2$ 表示在有限制条件的情形下，即直接设置市场收益率滞后项 $R_{M,w-1,t}$ 和行业收益率滞后项 $R_{I,w-1,t}$ 的系数 α_2 和 α_4 为零，根据式（2-2）再进行回归得到的新的可决系数。股价延迟度指标（Delay_{it}）可衡量市场信息的传递效率，即股票价格响应市场信息变化的调整速度。该指标是股价信息传递效率的逆向指标，即个股 Delay_{it} 越大，股票价格响应市场信息变化的调整速度越慢，股价信息传递效率越低。

为考察"沪港通"的实施能否影响股价特质信息含量和股价信息传递效率，

本节将式（2-1）中的被解释变量替换为股价同步性指标（Syn_{it}）和股价延迟度指标（$Delay_{it}$）再次进行回归，结果见表2-7。

表 2-7 机制检验

变量	（1）	（2）	（3）	（4）	（5）	（6）	（7）	（8）
	全样本	PSM	全样本	PSM	全样本	PSM	全样本	PSM
	Syn	Syn	Delay	Delay	VP	VP	C_Score	C_Score
Treat×Post	−0.046 9**	−0.043 8*	−0.005 9	−0.006 2	−0.058 1***	−0.057 0***	0.021 6***	0.021 3***
	（−1.969 2）	（−1.837 5）	（−1.231 4）	（−1.296 9）	（−4.037 9）	（−4.002 2）	（18.139 9）	（17.882 2）
控制变量	控制	控制	控制	控制	控制	控制	控制	控制
公司固定效应	控制	控制	控制	控制	控制	控制	控制	控制
Industry×Year 固定效应	控制	控制	控制	控制	控制	控制	控制	控制
样本数	14 044	13 954	14 044	13 954	12 852	12 775	14 044	13 954
R^2	0.382 1	0.384 1	0.088 0	0.088 8	0.377 3	0.385 7	0.647 4	0.646 1

注：小括号内为 t 统计量，限于篇幅，未报告控制变量结果

*、**和***分别表示10%、5%和1%的显著性水平

表 2-7 中第（1）、（2）列的被解释变量均为股价同步性指标，前者为全样本估计结果，而后者为经过倾向得分匹配后的估计结果。回归结果显示 Treat×Post 的回归系数均显著为负，说明实施"沪港通"能够通过引入境外机构投资者，优化投资者结构，使公司层面的特质信息得到充分挖掘，并反馈至股价变化中，从而有效降低股价同步性，增加股价波动中的特质信息含量。而第（3）、（4）列的被解释变量则为股价延迟度指标，分别采用全样本和经倾向得分匹配后的样本进行双重差分估计，Treat×Post 的系数均未达到 10%的显著性水平，"沪港通"与股价延迟度之间并不存在稳定负向关系，这表明"沪港通"的开启未能有效提高股价信息传递效率。这一结论与 Bae 等（2012）的研究相吻合，境外投资者在处理国际市场信息方面具有优势，因而能够促进国际市场信息向新兴市场扩散，但难以影响本地市场信息的传递效率。

上述回归结果已经验证"沪港通"能够降低股价同步性，提高股价中的特质信息含量。股价特质信息含量可通过反馈效应影响企业投资和创新行为，继而影响企业全要素生产率：一是管理层可以利用股价中蕴含的外部特质信息，及时调整生产经营和投资策略，促进企业技术创新，从而提升企业全要素生产率（郝项超等，2018；Bennett et al.，2020）；二是股价特质信息含量的增加还能够促进投

资效率提升，继而提高企业全要素生产率（王克敏等，2017；钱雪松等，2018；张莉等，2019）。整体而言，"沪港通"可提高股价特质信息含量，并通过信息反馈效应影响企业全要素生产率。

2. 资本定价机制：矫正股票的错误定价

"沪港通"引进的境外投资者能够通过二级市场交易行为，使股票价格中反映更多的特质信息，较为准确地反映其真实价值和内在价值，提高资本市场的定价效率，减少股票错误定价现象（Edmans，2009）。为此，本节参考 Dong 等（2016）的做法，选取股票的市场价格（P）与剩余价值（V）之比的自然对数的绝对值衡量错误定价程度（VP）。首先，借鉴 Frankel 和 Lee（1998）、黄俊威（2020）的做法，利用分析师预测得到剩余价值，采用年末收盘价 P 与剩余价值 V 的比值，再取自然对数：$\ln P/V$ 越接近于 0 表示定价效率越高，当 $\ln P/V$ 大于 0 时，表示股价高估，$\ln P/V$ 越大，股价高估程度越大；而 $\ln P/V$ 小于 0 时表示股价低估，$\ln P/V$ 越小，股价低估程度越大；当 $\ln P/V$ 等于 0 时，表示公司的市场价格与剩余价值相等，股票被正确定价。在此基础上，本节对 $\ln P/V$ 取绝对值以衡量股票错误定价的绝对程度 VP，即 VP 越大，资本市场的定价效率越低。

其次，为考察"沪港通"的实施能否进一步影响股票定价效率，将式（2-1）中的被解释变量替换为错误定价指标 VP，回归结果如表 2-7 中第（5）、（6）列所示，第（5）列为全样本估计，第（6）列为经过倾向得分匹配后的估计结果，回归结果显示：核心变量 Treat×Post 的回归系数分别为−0.0581 和−0.0570，且均在1%的水平上显著，这说明"沪港通"不仅能够通过引入境外投资者增加股价中的特质信息含量，而且能够较为准确地反映其内在价值，矫正股票的错误定价，进一步提高资本市场定价效率。股价中蕴含的信息越多，越接近于其内在价值，则越能够提高企业投资效率（Wurgler，2000；Campello and Graham，2013）。作为企业全要素生产率的重要构成，企业投资效率的改善能够促进企业全要素生产率提升（钱雪松等，2018；张莉等，2019）。综上所述，"沪港通"能够矫正股票的错误定价，提高投资效率，从而促进企业全要素生产率提升。

3. 公司治理机制：提高信息披露质量

上文已经验证了"沪港通"的实施能够通过吸引境外投资者进入中国 A 股市场，提高股价特质信息含量和资本市场定价效率。股价对于特质信息的整合和反映，是资本市场发挥监督和管理功能的重要基础，因而在股价波动的条件下，资本市场开放还能进一步倒逼企业提高信息披露质量，加强公司治理机制（Karpoff and Lou，2010）。

为此，本节借鉴 Ball 和 Shivakumar（2005）、钟凯等（2018）的做法，采用

会计信息稳健性来衡量公司的信息披露质量，考察"沪港通"的启动能否改善公司的治理机制、提高信息披露质量继而影响企业全要素生产率。参考 Khan 和 Watts（2009）的研究，采用扩展的巴斯模型衡量会计信息稳健性，会计信息稳健性越强，表示公司信息披露质量越高。为进一步检验"沪港通"的实施对信息披露质量的影响，将式（2-1）中的被解释变量替换为会计信息稳健性，分别采用全样本和经过倾向得分匹配后的样本进行双重差分估计，回归结果如表2-7中第（7）、（8）列所示：第（7）列中 Treat×Post 的系数在 1%的水平上显著性为正；而第（8）列的估计结果基本与第（7）列一致，交互项 Treat×Post 的系数依然在 1%的水平上显著为正，表明"沪港通"的实施对会计信息稳健性存在显著正向的影响。这说明"沪港通"的确能够通过提高股价特质信息含量和资本市场定价效率，激励企业强化公司治理，从而提高信息披露质量。

加强公司治理是上市公司提升全要素生产率的重要路径（Tian and Twite，2011），而信息披露质量的提升可改善公司治理机制，从而使企业全要素生产率提升（Bushman et al.，2004；Fang et al.，2014；李春霞等，2020）。整体而言，"沪港通"可通过提升信息披露质量和加强公司治理，促进企业全要素生产率提升，这一机制也在其他国家和跨国研究中得到验证（Koke and Renneboog，2005；Min and Smyth，2014；Moshirian et al.，2021）。

2.4.4　异质性分析

上文研究发现，"沪港通"的实施能够通过增加股价特质信息含量，促进企业全要素生产率提升。然而，在利用"沪港通"所释放的股价特质信息时，各类企业的能力和动机存在明显差异。因此，本节从公司的风险承担能力、成长性和市场竞争程度三个维度，进一步考察"沪港通"促进企业全要素生产率提升的作用是否存在异质性，计量模型如下：

$$\text{TFP}_{it} = \delta_0 + \delta_1 \text{Treat}_i \times \text{Post}_t \times \text{FH}_{it} + \delta_2 \text{Treat}_i \times \text{Post}_t + \delta_3 \text{FH}_{it} + \text{Controls}_{it}$$
$$+ \eta_i + \text{Industry}_j \times \text{Year}_t + \varepsilon_{it} \tag{2-5}$$

其中，FH_{it} 表示公司 i 在 t 年的异质性特征变量，具体包括公司的风险承担能力、成长性和市场竞争程度，其余变量的含义与上文一致。本节需要重点关注 $\text{Treat}_i \times \text{Post}_t \times \text{FH}_{it}$ 三项交乘的系数符号，以检验"沪港通"对企业全要素生产率的异质性影响。

借鉴苏坤（2015）的做法，本节采用公司的年化日收益率标准差再取对数，测度其风险承担能力，并定义风险承担能力的虚拟变量 CRT_d，按照公司风险承担能力的中位数进行赋值，若企业年度的风险承担能力指标高于行业中位数则赋值为1，低于或等于行业中位数则赋值为0。

公司成长性的指标测度参考方芳和蔡卫星（2016）的做法，以营业收入增长率代表公司成长性，定义公司成长性虚拟变量 Growth_d，若公司成长性指标高于其行业年度中位数则取值为1，低于或等于其行业年度中位数则取值为0。市场竞争程度结合文献的通用做法，采用市场集中度指数（Herfindahl-Hirschman index，HHI）衡量，若高于行业中位数则赋值为1，低于或等于行业中位数则赋值为0。将公司的风险承担能力、成长性和市场竞争程度设置为公司异质性指标 FH_{it}，根据式（2-5）进行回归分析，结果如表 2-8 所示。

表 2-8　异质性检验

变量	风险承担能力		成长性		市场竞争程度	
	（1）	（2）	（3）	（4）	（5）	（6）
	TFP	TFP	TFP	TFP	TFP	TFP
	全样本	PSM	全样本	PSM	全样本	PSM
Treat×Post×FH	0.026 3** (2.438 2)	0.026 0** (2.403 3)	0.024 7** (2.265 1)	0.024 2** (2.211 3)	−0.033 7*** (−2.716 3)	−0.034 1*** (−2.748 6)
Treat×Post	0.025 5** (2.279 2)	0.026 5** (2.367 7)	0.025 3** (2.212 2)	0.026 4** (2.313 2)	0.054 6*** (4.647 4)	0.055 6*** (4.737 1)
FH	−0.006 2 (−1.074 1)	−0.006 0 (−1.041 8)	−0.004 8 (−0.778 6)	−0.004 3 (−0.701 6)	−0.007 3 (−0.867 1)	−0.006 4 (−0.760 1)
控制变量	控制	控制	控制	控制	控制	控制
公司固定效应	控制	控制	控制	控制	控制	控制
Industry×Year 固定效应	控制	控制	控制	控制	控制	控制
样本数	14 510	14 373	14 510	14 373	14 510	14 373
R^2	0.395 8	0.400 3	0.395 8	0.400 3	0.395 9	0.400 5

注：小括号内为 t 统计量，限于篇幅，未报告控制变量结果

、*分别表示5%、1%的显著性水平

风险与收益紧密相连，高收益往往伴随着高风险。风险较高的项目能够为公司带来更高的资本回报，加快公司的资本积累并促进企业技术进步与生产率提高（John et al.，2008）。对于经营高风险项目的企业而言，内部信息的不确定性较高，因此更加依赖于体现在股价中的信息（Bennett et al.，2020）。上文已经验证"沪港通"的实施确实能够提升企业全要素生产率。为此，本节认为"沪港通"对企业全要素生产率的促进作用在风险承担能力较强的企业中更加明显。引入风险承担能力指标（CRT_d）后，分别采用全样本和经过倾向得分匹配后的样本进行双

重差分估计，估计结果如表 2-8 中第（1）、（2）列所示。以全样本回归结果为例，三项交乘 Treat×Post×FH 系数在 5%的水平上显著，说明随着企业风险承担能力的提升，"沪港通"通过股价信息机制促进企业全要素生产率提升的作用增强。企业风险承担能力增强，可放大"沪港通"提升企业全要素生产率的效应。

高成长性企业的营业收入、利润和资产规模会快速增加，为了迅速扩大市场份额、提升竞争能力，该类企业需要不断进行业务扩张。因此，高成长性企业更有动机从股价中提取特质信息。"沪港通"启动后，高成长性企业的管理层更能够从股价波动中捕捉丰富的特质信息，更善于利用股价反馈效应来提升企业全要素生产率。因此，"沪港通"对企业全要素生产率的正向激励效应在高成长性企业中更加显著。将表 2-8 中第（1）、（2）列的异质性指标替换为成长性虚拟变量（Growth_d），重新进行估计，估计结果见第（3）、（4）列，以全样本为例，三项交乘 Treat×Post×FH 系数均在 5%的水平上显著，说明"沪港通"促进企业全要素生产率提升的作用在成长性较高的企业中更强，企业成长性提高能够增强"沪港通"对于企业全要素生产率提升的激励效果。

为应对激烈的市场竞争，企业更有意愿从股价中学习和吸收信息，从而调整投资经营决策。因此，资本市场开放对面临激烈市场竞争的企业全要素生产率的正向影响更强。将表 2-8 中第（1）、（2）列的异质性指标替换为市场竞争程度的虚拟变量（HHI_d）后重新进行回归，估计结果如第（5）、（6）列所示，无论是全样本还是经过倾向得分匹配后的样本，三项交乘 Treat×Post×FH 的系数均在 1%的水平上显著为负，这表明对于面临激烈市场竞争的企业而言，"沪港通"对企业全要素生产率的促进作用更强。

2.5　本　章　小　结

本章以中国资本市场"沪港通"的实施为准自然实验，构建双重差分模型，选取 2011～2019 年中国 A 股上市公司财务数据，检验资本市场开放对企业全要素生产率的影响及作用机制。研究发现，"沪港通"启动后，参与"沪港通"的公司的全要素生产率显著提升，在进行一系列稳健性检验后结论仍然成立。影响机制分析发现，资本市场开放能够增加股价特质信息含量，但难以提高股价信息传递效率；蕴含在股价波动中的特质信息含量增加，可矫正股票的错误定价，提升企业信息披露质量，最终促进企业全要素生产率提升。异质性检验发现，"沪港通"对企业全要素生产率的促进作用在风险承担能力强、成长性高和面临激烈市场竞争的企业中更强。

本章的研究具有丰富的理论内涵。首先，将"沪港通"与企业全要素生产率相联系，为资本市场开放与经济增长的研究提供了新的微观经验证据，丰富了金融开放与经济增长领域的文献。其次,本章解释了"沪港通"对企业全要素生产率的作用,并通过构建双重差分模型缓解内生性问题,能够更加全面地认识资本市场开放对微观企业升级乃至经济增长的重要影响。最后,本章从股价特质信息含量、股票错误定价和信息披露质量三个维度,考察了"沪港通"对企业全要素生产率的影响路径;在此基础上,进一步检验"沪港通"在异质性企业中的不同作用效应,为政策制定提供了理论基础。本章的研究证明了"沪港通"能够推动中国实体经济的高质量发展。

本章的研究结论对于正确理解我国资本市场开放路径,进一步推进更高水平的资本市场开放具有重要的政策内涵:首先,坚持资本市场对外开放原则,这对于提升金融服务实体经济效率、实现经济高质量增长至关重要。政府应当以 QFII 等主体资格开放和沪深港通等局部管道式开放为基础,逐步实现双向开放、广覆盖开放和高层次开放,使资本市场能够更好地服务于实体经济。其次,完善开放条件下的风险防范机制,以高水平开放推动资本市场高质量发展。研究结果显示高水平资本开放能够通过股价信号、市场定价和公司治理机制促进企业全要素生产率的提升。为此,应当以更高水平的制度开放推动我国资本市场高质量发展,进一步扩大资本市场开放程度,放宽外资投资比例和门槛限制,引导优质成熟的境外投资者进入我国股票市场,这样才能够形成有效的股价信号、合理的市场定价以及完善的公司治理机制。但不断提高的开放水平也将增加资本市场的不确定性,所以应加强监管领域的国际合作,从信用评级制度、会计准则和法治环境等多个维度完善金融基础设施建设,切实保护投资者权益。最后,作为中国资本市场对外开放的重大制度创新,"沪港通"所取得的显著成效不仅坚定了中国特色社会主义金融发展的道路自信和制度自信,还对其他新兴市场国家的资本市场发展和开放具有借鉴意义。

第3章　资本市场对外开放与企业融资约束

3.1　研　究　背　景

目前关于"沪港通"的影响研究大致分为两类,一类研究"沪港通"开通对资本市场定价效率的影响(钟覃琳和陆正飞,2018;连立帅等,2019b);另一类则侧重于研究"沪港通"开通给公司运营带来的经济效应,但大多集中在投资效率、股利政策和股价波动等方面(钟凯等,2018;陈运森和黄健峤,2019),鲜有文献探讨"沪港通"与企业融资约束两者之间的因果关系,即"沪港通"开通后,进入标的股票名单的企业是否能更为容易地获取外部融资。

根据 Fazzari 等(1988)的定义,融资约束是指不完备市场环境下企业外部融资成本提高,企业投资收益和风险无法达到最优匹配的情况。大量研究表明,充足的资金支持是项目投资和创新活动的必要前提(王红建等,2016)。"沪港通"开通后企业投资需求和审计收费等增加(连立帅等,2019b;罗栋心和伍利娜,2018),这对企业融资来源和融资成本提出了新的挑战。另外,由于信息不对称(Myers and Majluf,1984)、投资者保护法律不完善(Claessens et al.,2008)等市场不完备因素,企业的外部融资成本较高,往往会面临不同程度的外部融资约束。再加上新冠疫情的冲击,我国部分企业经营状况下滑,融资难、融资贵等问题愈发明显。综上,我国资本市场对外开放是否能缓解企业融资约束这一课题值得深入研究。基于此,本章选用 2012～2017 年我国沪深 A 股上市公司财务数据,主要研究"沪港通"开通对企业融资约束的影响,以完善关于资本市场开放的经济后果研究,并为改善我国企业融资约束困境提供实证支持。

3.2　"沪港通"制度对企业融资约束的影响

根据"信息不对称"理论,在现实的资本市场中,受限于信息不对称等因素,理性的外部投资者会通过提高融资成本、限制企业贷款规模等方式对企业进行约束,这导致企业无法获得期望的信贷资金配给,从而陷入融资约束困境(Myers and Majluf,1984)。一方面,企业会计信息质量的差异性加剧了外部投资者信息甄别和分析的难度,降低了企业外部融资的可获得性(Akerlof,

1970）；另一方面，债权人和债务人之间的利益冲突会使企业支付一定的额外资本溢价，受限于代理问题的严重程度越高，企业获取外部融资的难度系数越大。这与 Jensen 和 Meckling（1976）提出的"委托代理"理论所得结论保持一致。

现有的研究成果显示，资本市场开放会对企业投融资产生重大影响（林曙和叶海春，2014）。"沪港通"作为资本市场对外开放的重要举措之一，吸引了大量境外投资者涌入我国资本市场。Wind 数据库统计，2015～2017 年境外投资者通过"沪港通"实现的净买入额分别为 183.12 亿元、455.11 亿元和 629.73 亿元，呈逐年增加趋势。这些境外投资者通常来自中国香港、欧美等发达资本市场，拥有更加丰富的投资经验、强大的技术团队和专业的投资能力，可以利用其获取、解读信息方面的优势去改善公司信息环境（李春涛等，2018），减少投资者和经理人之间的代理冲突（Henry，2000）。企业信息风险和代理风险的降低均可以有效缓解企业融资约束程度，并提升企业经营绩效。

具体来看，第一，"沪港通"可以通过提高企业信息质量的方式来释放企业融资约束。境外投资者大多倡导价值投资（李蕾和韩立岩，2014），凭借其专业的信息搜集和分析能力来促进整个资本市场对公司财务和非财务信息的理解。根据"信号传递"理论，得到境外投资者投资的企业可能会向市场传递未来收益较高、公司治理水平较高等信号，从而帮助其他投资者有效识别值得投资的企业（Ross，1977）。例如，随着"沪港通"北上交易资金规模的增加，不少境内投资者开始将"沪港通"北上交易资金动向当作下一步投资的风向标。因此，"沪港通"标的企业出于吸引境内外投资者资金注入等目的，均会积极进行企业信息披露，维持较高的信息透明度和会计稳健性。企业信息披露质量越高，其未来现金流入预测的可信度越高，企业贷款在未来违约的概率越低（Hope et al.，2011），即使企业经营状况出现问题，投资者均能得到及时的信息反馈，并据此调整投资计划，规避投资损失，从而投资者要求的风险补偿程度下降，企业陷入融资约束困境的概率也大幅降低（LaFond and Watts，2008；张金鑫和王逸，2013）。第二，"沪港通"开通还凭借外部监督的渠道来影响企业融资约束。中国香港等成熟资本市场上的投资者大多为机构投资者，具有较好的投资机构形象和市场重视程度，能够凭借"用脚投票"、薪酬激励等方式限制经理人的不当行为，发挥机构投资者的监督作用（Hartzell and Starks，2003），从而降低企业和投资者之间的债务代理成本，缓解企业融资约束。另外，受"沪港通"这一资本市场开放政策的影响，"沪港通"标的企业的财务状况和公司特质性信息被置于会计师事务所和公众的监督之下，进而通过企业"声誉效应"等方式有效约束企业行为，提升市场对资源的配置效率（张纯和吕伟，2007），降低企业融资约束。

　　另外一种观点认为，由于地理位置、文化和时区差异等因素，境外投资者难以对我国上市企业的运营状况做出准确判断，企业信息搜集和分析的投入成本大大提高。在投资决策方面，境外投资者也更多地表现为价格接受者和跟随者（陈运森和黄健峤，2019），注重短期股价表现，易引起股票市场的波动，导致企业融资风险和融资成本相应变化。当融资成本较低时，企业容易进行盲目扩张。"沪港通"开通后，市场对企业普遍呈乐观预期，导致企业的经营投资策略可能趋于激进化，再加上资本市场上大量投资机会涌现，刺激企业过度投资，甚至出现"羊群效应"。在该情况下，若企业资金需求大于融资所得，面临的融资约束程度将会加剧（张新民等，2017）。基于上述分析，本章提出一组对立性研究假设。

　　H1a："沪港通"开通显著降低了企业融资约束程度。

　　H1b："沪港通"开通显著提升了企业融资约束程度。

　　若"沪港通"开通能有效打破企业融资约束，那么该效应在不同类型企业上的体现可能具有差异性。"沪港通"的到来意味着资本市场上资金供给更充足，投资者保护政策和法律更完善。此时，对于非国有企业，不仅信贷渠道更为通畅，同时由于成为"沪港通"标的企业以及信息透明度的提高和监督成本的降低，也更容易获得投资者的青睐进而释放自身融资约束。从国际化程度的视角出发，由于企业规模、信息不对称性、交易成本等一系列因素，具有境外收入的跨国企业在进行外源融资时更容易吸引境外投资者的参与。因此，相对于非跨国企业而言，跨国企业的融资渠道更加多样化，面临的融资约束强度更低。然而，本章认为"沪港通"的开通提高了企业信息质量和外部监督强度，加深了境外投资者对中国企业的了解，为非跨国企业进一步扩宽融资渠道提供了良好契机。

　　H2：与国有企业、跨国企业样本相比，"沪港通"开通对企业融资约束的释放效应在非国有企业样本、非跨国企业样本中表现得更为显著。

　　在司法效率较高的地区，较为完善的司法制度能有效监督和制约交易双方，提升企业信息披露质量，降低交易成本（钟覃琳和陆正飞，2018）。与此同时，良好的法律制度保障也有利于企业获得投资者授信，进而缓解融资约束。另外，地区市场化程度越高，意味着地区金融发展越好，外部融资成本越低，企业越难以陷入融资约束。金融市场欠发达会使企业更依赖于内源融资而不是外源融资（Khurana et al.，2006），而在金融发展较好、金融生态环境较优的地区，企业的融资约束程度显著降低（魏志华等，2014）。综上，"沪港通"开通带来的积极效应主要集中在地方司法效率高、市场化发展水平高的地区。

　　H3：与地方司法效率较低、市场化发展水平较低的企业样本相比，"沪港通"开通对企业融资约束的释放效应在地方司法效率较高、市场化发展水平较高的企业样本中表现得更为显著。

3.3　变量选取与模型设计

3.3.1　样本选取与数据来源

本章选取 2012～2017 年沪深 A 股所有上市公司作为研究样本。标的股票名单来自香港联合交易所的官网，其他财务数据均来自 CSMAR 和 Wind 数据库。首先，本章根据以下原则筛选样本：①剔除金融类上市公司；②剔除 ST、ST[*] 和 PT[①]类上市公司；③剔除 2014 年 11 月以后新调入或者移出"沪港通"标的股票名单的上市公司；④剔除相关财务数据缺失的样本值。其次，参考 DeFond 等（2015）的研究，对上一步所得样本采用倾向得分匹配法，基于式（3-2）中选用的所有控制变量如资产收益率、成长性、公司规模等确定相应控制组样本，即采用最邻近且无放回、卡尺值为 0.01 的倾向得分匹配法对"沪港通"标的企业和 A 股非标的企业进行一一匹配，从而得到本章的主要研究样本，共计 4112 个。最后，对所有连续变量按 1% 的标准进行 Winsorize 处理。

3.3.2　变量衡量

1. 融资约束

参照姜付秀等（2016）、徐思等（2019）的研究，借鉴 Kaplan 和 Zingales（1997）建立的模型，本章采用 KZ 指数来度量企业融资约束：

$$KZ = -1.001\,909 \times OCF/Asset + 3.139\,193 \times Leverage - 39.367\,8 \times Dividends/Asset$$

$$-1.314\,759 \times Cash/Asset + 0.282\,638\,9 \times \text{Tobin's Q} \tag{3-1}$$

其中，OCF 表示经营性净现金流；Asset 表示期初总资产；Dividends 表示应付股利；Cash 表示现金持有水平；Tobin's Q 表示托宾 Q 值。KZ 指数越大，说明企业面临的融资约束程度越高。

2. 控制变量

多数学者通过研究发现，企业财务状况和治理特征会对企业融资约束造成一定影响（魏志华等，2014；姜付秀等，2016；徐思等，2019）。因此，本章控制了其他可能影响企业融资约束的因素，详见表 3-1。

---

① PT 的全称为 particular transfer（特别转让）。

表 3-1　主要变量定义

变量名称	变量符号	变量定义
企业融资约束	KZ	参见上文计算方法
是否为"沪港通"标的股票	Treat	虚拟变量，进入"沪港通"标的股票名单则取值为 1，否则取 0
"沪港通"开通时间	Post	虚拟变量，2015 年之后取值为 1，之前取值为 0
资产收益率	Roa	年末公司净利润/年末公司总资产
资产负债率	Leverage	年末公司总负债/年末公司总资产
成长性	Growth	（本期营业收入−上期营业收入）/上期营业收入
公司规模	Size	年末公司总资产的自然对数
公司年龄	Age	公司至本期上市年数的自然对数
职工薪酬	Wage	年末应付职工薪酬的自然对数
市值账面比	Mb	权益市场价值/权益账面价值
第一大股东持股比例	Top1	年末第一大股东持有股份占公司总股份的比重
董事会规模	Board	年末公司董事人数的自然对数
独立董事比例	Indep	年末公司独立董事人数/年末公司董事人数
两职合一	Dual	虚拟变量，当董事长和总经理为同一人时，取值为 1；否则，取值为 0

3.3.3　模型设计

本章参考钟覃琳和陆正飞（2018）的研究，以"沪港通"标的企业作为实验组，倾向得分匹配法构建的样本作为控制组，建立双重差分模型进行回归：

$$KZ = \beta_0 + \beta_1 Treat \times Post + \beta_2 Treat + \beta_3 Post + \sum Controls$$
$$+ Ind\_F.E + Year\_F.E + \varepsilon \qquad (3\text{-}2)$$

本章主要关注 Treat 和 Post 的交乘项系数 β_1 的正负情况。如果 β_1 小于 0，则说明"沪港通"开通能有效缓解企业的融资约束程度。另外，本章从企业财务状况和治理特征两方面出发，控制了资产收益率等一系列公司层面特征变量。本章还控制了行业固定效应（Ind_F.E）和年度固定效应（Year_F.E），并在公司的维度上对数据进行 Cluster 处理，以减弱序列自相关的影响。

3.4　"沪港通"制度影响企业融资约束的实证分析

3.4.1　描述性统计

表 3-2 显示了本章主要变量的描述性统计结果。由表 3-2 可得，KZ 指数的均

值为 1.247，最小值为–2.193，最大值为 3.548，这说明企业面临的融资约束程度存在较大差异。Treat 的均值为 0.639，这说明倾向得分匹配的结果在实验组和控制组之间较为平衡。Leverage 的均值为 0.470，但标准差达到 0.201，这说明样本企业的资产负债率各异。Roa、Growth 和 Mb 的均值分别为 0.038、0.156 和 1.844，均超过中位数，这说明本章样本中大部分企业的经营状况较好。

表 3-2　主要变量描述性统计

变量	样本量	均值	中位数	标准差	最小值	最大值
KZ	4112	1.247	1.398	0.988	−2.193	3.548
Treat	4112	0.639	1	0.480	0	1
Post	4112	0.503	1	0.500	0	1
Roa	4112	0.038	0.033	0.045	−0.114	0.183
Leverage	4112	0.470	0.477	0.201	0.062	0.879
Growth	4112	0.156	0.091	0.384	−0.487	2.368
Size	4112	22.759	22.638	1.429	19.879	26.727
Age	4112	2.485	2.639	0.530	1.099	3.219
Wage	4112	9.330	9.446	1.177	4.658	11.921
Mb	4112	1.844	1.285	1.811	0.169	10.050
Top1	4112	0.366	0.349	0.157	0.088	0.763
Board	4112	2.172	2.197	0.212	1.609	2.708
Indep	4112	0.376	0.364	0.055	0.333	0.571
Dual	4112	0.195	0	0.396	0	1

3.4.2　主要回归结果分析

本章将"沪港通"开通作为准自然实验，建立双重差分模型实证"沪港通"开通对企业融资约束的影响，结果见表 3-3。第（1）列为引入主回归模型的控制变量但是未控制行业固定效应的结果，第（2）列为进一步控制行业固定效应的结果。不管是否控制行业固定效应，Treat 和 Post 的交乘项均在 1%的显著性水平上为负，这说明相比未进入"沪港通"标的股票名单的企业，"沪港通"开通显著降低了标的企业的融资约束，H1a 得到验证。

表 3-3　"沪港通"开通对企业融资约束影响的实证结果

变量	KZ		
	（1）	（2）	（3）
Treat×Post	−0.125*** （−3.25）	−0.127*** （−3.30）	
Treat	−0.022 （−0.49）	−0.031 （−0.69）	−0.071 （−1.34）
Post	0.105** （2.35）	0.108** （2.44）	
Treat×year2012			0.083 （1.57）
Treat×year2013			0.046 （0.90）
Treat×year2015			−0.122** （−2.04）
Treat×year2016			−0.107** （−2.05）
Treat×year2017			−0.041 （−0.77）
常数项	−0.041 （−0.10）	−0.020 （−0.05）	−0.026 （−0.06）
控制变量	是	是	是
Year_F.E	是	是	是
Ind_F.E	否	是	是
样本数	4112	4112	4112
调整 R^2	0.674	0.675	0.675

注：括号内为经过聚类调整的 t 值

***、**分别表示 1%、5%的显著性水平

　　另外，参考陈运森和黄健峤（2019）的研究，以 2014 年作为基准年，同时设置了 year2012、year2013、year2015、year2016 和 year2017 共五个虚拟变量，即当年份分别为 2012～2013 年、2015～2017 年时，上述虚拟变量分别取 1，否则取 0。然后将 Treat 变量与这五个虚拟变量的交乘项一并加入式（3-2）中进行回归，得到的结果如表 3-3 第（3）列所示。可以发现 Treat×year2012 和 Treat×year2013 的系数均不显著，Treat×year2015、Treat×year2016 的系数反而均显著为负。这进一步说明了"沪港通"开通之前实验组和控制组样本在企业融资约束方面并不存在显著性差异，"沪港通"开通后，实验组样本面临的企业融资约束程度相比控制组样本而言显著降低。

3.4.3　异质性检验

受不同企业性质、政治关系和经济环境等因素的影响,"沪港通"的作用强度或许会有一定差别。因此,本章分别从企业产权性质、地方司法效率以及市场化发展水平等角度出发,采用分组回归的方法考察"沪港通"开通对企业融资约束影响的横截面差异。

首先,基于企业产权性质进行分析。本章根据企业实际控制人情况将样本划分为非国企和国企两组进行回归,结果见表 3-4 第(1)、(2)列。可以发现,非国有企业的交乘项系数在 5% 的水平下显著为负,而国有企业的交乘项系数为负但是不显著。这说明"沪港通"开通对融资约束的缓解作用在具有"融资难"的非国有企业中表现得更加明显。另外,参考郭飞(2012)的研究,本章将出口收入占主营业务收入的比重达到 10% 以上的样本划分为跨国企业,其余样本视为非跨国企业,同样得到类似结果。故 H2 得到验证。

其次,基于地方司法效率和市场化发展水平进行分析。本章将样本按地方司法效率水平高低划分两组,相关数据来自世界银行公布的中国各地区司法效率指数[①]。由表 3-4 第(5)、(6)列的实证结果可得,"沪港通"开通对于企业融资约束的影响主要集中在地方司法效率高的一组;从市场化发展水平来看,根据王小鲁等(2019)发布的《中国分省份市场化指数报告(2018)》,本章将样本按照各省(自治区、直辖市)市场化指数排序分为两组,所得结论类似。综上,H3 得到验证。

表 3-4　横截面差异分析

变量	KZ							
	非国企	国企	跨国企业	非跨国企业	司法效率低	司法效率高	市场化发展水平低	市场化发展水平高
	(1)	(2)	(3)	(4)	(5)	(6)	(7)	(8)
Treat×Post	−0.154** (−2.46)	−0.029 (−0.59)	−0.105* (−1.73)	−0.132*** (−2.76)	−0.104 (−1.47)	−0.118** (−2.58)	−0.154 (−1.61)	−0.114*** (−2.72)
Treat	−0.114 (−1.56)	−0.028 (−0.50)	0.011 (−0.16)	−0.045 (−0.80)	0.061 (−0.66)	−0.089* (−1.84)	0.130 (−1.25)	−0.094** (−2.09)
Post	0.080 (−1.21)	0.094* (−1.66)	0.106 (−1.58)	0.109** (−1.97)	0.084 (−1.08)	0.086* (−1.71)	0.172* (−1.67)	0.030 (−0.60)
常数项	−0.426 (−0.62)	1.148** (−2.28)	−0.578 (−0.94)	0.180 (−0.36)	1.793* (−1.87)	−0.753** (−1.98)	2.642** (−2.48)	−0.768** (−2.14)

---

① 参见世界银行公布的"Doing Business in China 2008"报告。世界银行在全面搜集中国各地区法院处理商业纠纷所耗用时间和成本的相关数据基础上,构建了中国各地区司法效率指数。

续表

变量	KZ							
	非国企	国企	跨国企业	非跨国企业	司法效率低	司法效率高	市场化发展水平低	市场化发展水平高
	(1)	(2)	(3)	(4)	(5)	(6)	(7)	(8)
控制变量	是	是	是	是	是	是	是	是
Year_F.E	是	是	是	是	是	是	是	是
Ind_F.E	是	是	是	是	是	是	是	是
样本数	1877	2235	1145	2967	1168	2944	816	3296
调整 R^2	0.613	0.756	0.718	0.666	0.695	0.672	0.673	0.688

注：括号内为经过聚类调整的 t 值

***、**和*分别表示 1%、5%和 10%的显著性水平

3.4.4 内生性及稳健性检验

（1）内生性检验。"沪港通"交易机制采用的是分批次确认标的股票名单的形式，这为本章实证研究提供了类似错层的外生事件情境，有利于解决内生性问题，避免遗漏变量和识别误差的影响。借鉴 Beck 等（2010）、连立帅等（2019b）的研究，本章建立多期双重差分模型来实证"沪港通"开通对企业融资约束的影响，结果见表 3-5 第（1）列。可以发现，"沪港通"开通（Open）在 1%的显著性水平下降低了企业融资约束，该结果与前文结论基本一致。

表 3-5　内生性及稳健性检验结果

变量	KZ						SA	Arsr
	多期 DID	安慰剂检验	考虑其他解释变量		沪深对照	删除 2014 年的观测值	更换被解释变量	
	(1)	(2)	(3)	(4)	(5)	(6)	(7)	(8)
Treat×Post		−0.04 (−0.91)	−0.070* (−1.93)	−0.127*** (−3.31)	−0.122*** (−3.96)	−0.152*** (−3.50)	−0.018* (−1.74)	−0.033*** (−2.92)
Open	−0.072*** (−2.95)							
Treat		−0.068 (−1.32)	−0.064 (−1.60)	−0.031 (−0.69)	0.001 (−0.04)	0 (−0.01)	0.158*** (−7.86)	−0.035** (−2.08)
Post		−0.096* (−1.72)	0.048 (−1.17)	0.108** (−2.44)	0.142*** (−4.01)	0.126*** (−2.70)	0.178*** (−13.04)	0.096*** (−6.57)
Cash				−1.620*** (−12.97)	0.055 (−0.16)			
Foreigndebt				−0.100 (−0.43)				

续表

变量	KZ						SA	Arsr
	多期 DID	安慰剂检验	考虑其他解释变量		沪深对照	删除 2014 年的观测值	更换被解释变量	
	(1)	(2)	(3)	(4)	(5)	(6)	(7)	(8)
Value							-0.041^{***} (-4.57)	
常数项	-1.157^{*} (-1.87)	0.150 (-0.36)	0.349 (-0.95)	-0.031 (-0.08)		0.040 (-0.10)	4.469^{***} (-21.13)	0.981^{***} (-6.52)
控制变量	是	是	是	是	是	是	是	是
Year_F.E	是	是	是	是	是	是	是	是
Ind_F.E	是	是	是	是	是	是	是	是
样本数	12 341	3 781	4 112	4 112	5 740	3 390	4 112	4 112
调整 R^2	0.444	0.644	0.704	0.675	0.665	0.669	0.234	0.216

注：括号内为经过聚类调整的 t 值

***、**和*分别表示 1%、5%和 10%的显著性水平

$$KZ = \beta_0 + \beta_1 Open + \sum Controls + Ind\_F.E + Year\_F.E + \varepsilon \qquad (3\text{-}3)$$

其中，Open 表示"沪港通"标的股票名单的虚拟变量，若是则取 1，不是则取 0；其他变量定义与式（3-2）一致。

（2）安慰剂检验。假定企业融资约束程度的改善不是因为"沪港通"开通，而是由随着时间推移，企业自身经营状况的好转造成的，那么前文的实证结果可能存在随机性。为排除该可能性，本章将"沪港通"的开通时间往前推两年，构建虚拟政策年份①进行安慰剂检验，结果见表 3-5 第（2）列，其虚假政策年份与 Treat 的交乘项并不显著，这说明之前的回归结果并不是由公司固有特征导致的。

（3）其他稳健性检验。第一，考虑其他解释变量。为避免遗漏解释变量对实证结果的干扰，本章将现金持有（Cash）和外币债务（Foreigndebt）两个变量分别重新加入式（3-2）进行实证。表 3-5 的第（3）、（4）列结果表明，Treat×Post 的系数符号未发生变化，说明在控制现金持有和外币债务的潜在影响下，本章结论基本不变。第二，改变实验组和控制组样本的构建方法。以"沪港通"标的公司作为实验组样本（Treat = 1），以"深港通"标的公司作为控制组样本（Treat = 0），其他假设条件不变，建立双重差分模型进行回归，所得结论仍然稳健。相关结果报告于表 3-5 中第（5）列。第三，删除 2014 年的观测值。由于"沪港通"正式开通的时间是 2014 年，考虑稳健性因素，将 2014 年的所有样本企业观测值删去，并重新对式（3-2）进行检验。表 3-5 的第（6）列结果显示，本章

---

① 样本区间为 2010～2015 年，2010 年、2011 年和 2012 年，Post 取 0；2012 年之后，Post 取 1。

主要回归结果仍然成立。第四，更换被解释变量。参考现有文献（Hadlock and Pierce，2010；江静，2014），本章还采用 SA 指数和应收账款占比（Arsr）作为衡量企业融资约束的代理变量。SA 指数的构建方法为 Size 和 Age 的线性组合，这两种变量具有较强外生性，有利于反映企业长期融资约束情况；Arsr 为企业应收账款和主营业务收入的比值，其更多地从企业自身经营状况和现金流动角度出发，反映企业短期融资约束情况。SA 指数和 Arsr 数值越小，企业融资约束强度越弱。另外，考虑到 SA 指数与控制变量中的 Age 和 Size 相关，为了减少变量内生性，将 Age 从式（3-2）的控制变量行列中剔除，并将 Size 替换成企业总市值的自然对数（Value）。回归结果见表 3-5 的第（7）、（8）列，Treat×Post 的系数分别在 10%和 1%的情况下显著为负，与前文主要回归结果相比并无实质性差异。

3.4.5　机制检验

1. 基于公司信息质量的渠道

本章参考以往研究（Aboody et al.，2005；周晓苏和吴锡皓，2013），使用公司信息透明度和会计稳健性衡量公司信息质量，并根据行业和年度特征将研究样本分别划分为信息透明度低和信息透明度高两组，以及会计稳健性低和会计稳健性高两组，分组检验"沪港通"开通对企业融资约束的影响。

借鉴 Bartov 等（2000）的研究，建立修正琼斯模型衡量公司信息透明度。分行业和年度采用最小二乘法估计式（3-4）中的回归系数，并将结果代入式（3-5）中得到不可操控应计盈余（$NDA_{i,t}$）。然后，用总应计盈余减去不可操纵应计盈余得到可操纵应计盈余（$DA_{i,t}$）。最后，加总前三年可操纵应计盈余的绝对值，作为公司信息透明度（$INF_{i,t}$）的代理变量。

$$TA_{i,t}/A_{i,t-1} = \varphi_0 \times \left(1/A_{i,t-1}\right) + \varphi_1 \times \left(\Delta REV_{i,t}/A_{i,t-1}\right) + \varphi_2 \times \left(PPE_{i,t}/A_{i,t-1}\right) + \varepsilon_{i,t} \quad (3\text{-}4)$$

$$NDA_{i,t}/A_{i,t-1} = \varphi_0 \times \left(1/A_{i,t-1}\right) + \varphi_1 \times \left(\Delta REV_{i,t} - \Delta REC_{i,t}/A_{i,t-1}\right)$$
$$+ \varphi_2 \times \left(PPE_{i,t}/A_{i,t-1}\right) + \varepsilon_{i,t} \quad (3\text{-}5)$$

$$DA_{i,t} = TA_{i,t}/A_{i,t-1} - NDA_{i,t}/A_{i,t-1} \quad (3\text{-}6)$$

$$INF_{i,t} = \left|DA_{i,t}\right| + \left|DA_{i,t-1}\right| + \left|DA_{i,t-2}\right| \quad (3\text{-}7)$$

其中，$TA_{i,t}$ 表示总体应计营业利润与经营活动现金流的差额，即总应计盈余；$A_{i,t-1}$ 表示上一年度期末资产总额；$\Delta REV_{i,t}$ 表示主营业务收入变动额；$PPE_{i,t}$ 表示固定资产原账面价值；$\Delta REC_{i,t}$ 表示应收账款变动额；$INF_{i,t}$ 表示公司信息透明度，该值越小，表明公司可操纵性利润越少，公司信息质量越高。

会计稳健性是衡量公司信息质量的指标之一。本章参考 Khan 和 Watts（2009）

的研究，对巴斯模型进行扩展：

$$\text{EPS}_{i,t}/P_{i,t-1} = \beta_1 + \beta_2 \text{DR}_{i,t} + \beta_3 R_{i,t} + \beta_4 \text{DR}_{i,t} \times R_{i,t} + \varepsilon_{i,t} \qquad (3-8)$$

$$\text{G\_Score} = \beta_3 = \gamma_1 + \gamma_2 \text{MB}_{i,t} + \gamma_3 \text{SIZE}_{i,t} + \gamma_4 \text{LEV}_{i,t} \qquad (3-9)$$

$$\text{C\_Score} = \beta_4 = \alpha_1 + \alpha_2 \text{MB}_{i,t} + \alpha_3 \text{SIZE}_{i,t} + \alpha_4 \text{LEV}_{i,t} \qquad (3-10)$$

其中，$\text{EPS}_{i,t}$ 表示每股盈余；$\text{MB}_{i,t}$ 表示账面市值比；$\text{SIZE}_{i,t}$ 表示公司规模；$\text{LEV}_{i,t}$ 表示股本结构；$P_{i,t-1}$ 表示上一年度末股票收盘价；$R_{i,t}$ 表示股票收益率；$\text{DR}_{i,t}$ 表示虚拟变量，$R_{i,t} < 0$ 即"坏消息"发生时取 1，反之取 0；β_2 表示会计盈余对公司"坏消息"反应的敏感程度；G_Score 即 β_3 表示会计盈余对公司"好消息"反应的敏感程度；C_Score 即 β_4 表示相对于"好消息"，会计盈余对"坏消息"的增量确认及时性，因此，该值越大，表明会计盈余对公司负面消息和正面消息的反应系数没有显著差异，会计稳健性越大，公司信息质量越高。

表 3-6 第（1）、（2）列结果显示，无论信息透明度高低，"沪港通"开通对企业融资约束均有显著性负面影响，并且信息透明度低组别的交乘项系数绝对值更大；由第（3）、（4）列结果可得类似发现。这表明当公司信息透明度和会计稳健性较低，即公司披露的信息质量较低时，"沪港通"开通更能有效降低企业融资约束程度。这验证了"沪港通"开通对企业融资约束的缓解效应主要依靠信息渠道发挥作用。

表 3-6　影响机制分析

变量	KZ							
	信息透明度低	信息透明度高	会计稳健性低	会计稳健性高	机构持股占比低	机构持股占比高	未来自四大	来自四大
	（1）	（2）	（3）	（4）	（5）	（6）	（7）	（8）
Treat×Post	−0.230***	−0.081*	−0.115**	−0.086*	−0.173***	−0.059	−0.135***	−0.002
	(−2.92)	(−1.82)	(−2.11)	(−1.68)	(−2.78)	(−1.17)	(−3.29)	(−0.01)
Treat	0.061	−0.062	−0.006	−0.109**	0.000	−0.067	−0.024	−0.069
	(−0.73)	(−1.36)	(−0.10)	(−2.50)	(0.00)	(−1.17)	(−0.50)	(−0.65)
Post	0.230***	0.064	0.117*	0.005	0.161**	0.038	0.112**	0.131
	(−2.85)	(−1.27)	(−1.92)	(−0.09)	(−2.38)	(−0.64)	(−2.38)	(−0.87)
常数项	1.664*	−0.570	−0.021	−0.891	0.362	−0.105	0.213	−0.360
	(−1.88)	(−1.60)	(−0.03)	(−1.02)	(−0.49)	(−0.22)	(−0.43)	(−0.45)
控制变量	是	是	是	是	是	是	是	是
Year_F.E	是	是	是	是	是	是	是	是
Ind_F.E	是	是	是	是	是	是	是	是
样本数	1282	2830	2535	1577	1389	2723	3647	465
调整 R^2	0.648	0.697	0.672	0.638	0.669	0.685	0.677	0.724

注：括号内为经过聚类调整的 t 值

***、**和*分别表示 1%、5%和 10%的显著性水平

2. 基于外部监督的渠道

根据前文研究，资本市场开放通过加强公司面临的外部监督来缓解企业融资约束。因此，本章采用机构持股占比和审计师是否来自国际四大会计师事务所两类指标来衡量外部监督程度。其中，机构持股占比根据行业和年度将样本划分为高低两组进行实证研究；审计师是否来自国际四大会计师事务所这一指标本身是虚拟变量，无须按行业和年度进行分组，直接按照是否来自国际四大会计师事务所分为两组检验"沪港通"开通对企业融资约束的影响。

由表3-6第（5）～（8）列可得，在机构持股占比低的一组中，Treat×Post 的系数在 1% 的水平上显著为负；而在机构持股占比高的一组中，Treat×Post 的系数为负但不显著；比较另一指标回归结果，仍得到类似结论。这说明"沪港通"交易机制通过提高企业机构持股占比、增加审计师来自国际四大会计师事务所的概率等方式来降低企业面临的融资约束，即"沪港通"效应的外部监督渠道得到验证。

3.5　本　章　小　结

在新冠疫情席卷全球、各国经济形势持续走低的背景下，如何率先"用活增量，盘活存量，促进资本流动，助力企业复苏"至关重要。"沪港通"作为我国近年来资本市场对外开放的里程碑事件之一，吸引大量境外投资者涌入市场进行交易，增加了企业积极披露公司信息的概率，强化了企业面临的外部约束，并降低了企业的信息风险和代理成本。这有利于企业更好地获取投资者信任，缓解融资困境。以上研究表明：①"沪港通"开通能够显著降低企业融资约束。在考虑了内生性问题，进行安慰剂检验、替换被解释变量等后，这一结论仍然成立。②基于此，本章进行异质性检验，发现"沪港通"对企业融资约束的缓解效应在非国有企业、非跨国企业、地方司法效率较高和市场化发展水平较高的样本中表现得更为显著。③机制分析表明，"沪港通"开通有利于提高企业信息披露质量，加强企业受到的外部监督，进而有效释放企业融资约束。

政策建议方面，我国政府及相关部门应进一步深化资本市场双向改革开放，在同等条件下给予非国有企业、非跨国企业更多调入"沪港通"标的名单的机会，并加快金融、会计和法律等相关配套服务的国际化进程，以充分发挥"沪港通"对企业融资约束的缓解效应。与此同时，及时解决"沪港通"标的企业和市场投资者的合理诉求，引导企业加强会计信息质量和信息透明度建设，提倡投资者树立风险承担意识和对企业行为的外部监督意识，从而降低市场信息不对称，弱化企业委托代理风险，优化企业融资环境。

第4章 "一带一路"倡议与人民币的国际影响力

4.1 "一带一路"倡议与人民币汇率改革

随着经济实力的不断增长，中国的国际地位明显提升，人民币也在国际上寻求更多的话语权。"一带一路"倡议的提出开辟了我国对外投资新渠道，为人民币拓展影响力提供了新平台。以美元作为本位货币的国际货币体系，在 2008 年全球金融危机爆发期间，暴露出了许多弊端，对世界各国产生了较为严重的负面影响。当前世界范围内都在讨论如何对现有的国际货币体系进行改革，以此来化解由美元本位带来的输入性的系统性风险。中国的经济总量在当今世界居于第二位，外汇储备规模居全球之首，随着经济实力的不断增长，中国的国际地位明显提升，也在各领域取得了更多的话语权。在国际货币市场上，人民币也在谋求更多的影响力。在这样的背景下，人民币国际化的发展受到了广泛的关注（彭红枫等，2015）。

2005 年 7 月 21 日，中国人民银行宣布，自即日起，我国开始实行以市场供求为基础、参考一篮子货币进行调节、有管理的浮动汇率制度。人民币放弃之前直接与美元挂钩的做法，转而变为参考一篮子货币对汇率进行调节。从那时起，人民币开始了长达十年的升值走势。2007 年 6 月，第一支人民币债券在中国香港发行，中国香港就此成为人民币的离岸金融市场。2008 年 7 月，中国人民银行在原有职能司的基础上增设汇率司，并赋予汇率司"根据人民币国际化的进程发展人民币离岸市场"的职能。这也是中国货币当局首次正式提出"人民币国际化"一词，政策推动人民币国际化的大幕从此拉开（陈雨露，2015）。2008 年遭受全球金融危机波及之后，人民币自身的国际化发展被不断提及，人民币的使用排名在国际货币的各项指标中都有所上升。2016 年 10 月 1 日，人民币被 IMF 正式纳入 SDR，占比达到 10.92%，在货币篮子中，人民币的权重大于日元和英镑，排名第三位（林乐芬和王少楠，2016）。截至 2021 年末，中国人民银行与累计 40 个国家和地区的中央银行或货币当局签署过双边本币互换协议，使人民币可用于贸易融资和流动性援助。所有这些努力都使人民币在国际范围内能够得到更广泛的使用。

2008 年 8 月～2010 年 6 月这一阶段人民币受到外部环境影响实际上重新盯住美元，直至 2010 年 6 月 19 日人民币汇率改革被重新开启。2015 年 8 月 11 日中国人民银行宣布将人民币汇率的定价机制调整为"收盘价 + 篮子汇率"的定价模式。此举的目的在于为日后人民币汇率定价市场化做铺垫，但是这一举措的推出产生了一系列超出预期的市场反应,人民币的汇率在当天大幅下跌,这一事件在国际货币市场也产生了巨大的反响。

建设"丝绸之路经济带"的构想于 2013 年 9 月首次提出。习近平在出访哈萨克斯坦期间创新性地指出:"20 多年来,随着中国同欧亚国家关系快速发展,古老的丝绸之路日益焕发出新的生机活力,以新的形式把中国同欧亚国家的互利合作不断推向新的历史高度。远亲不如近邻。中国同中亚国家是山水相连的友好邻邦。中国高度重视发展同中亚各国的友好合作关系,将其视为外交优先方向。"[1]习近平在同年 10 月,再次发表相关演讲,表示"东南亚地区自古以来就是'海上丝绸之路'的重要枢纽,中国愿同东盟国家加强海上合作,使用好中国政府设立的中国—东盟海上合作基金,发展好海洋合作伙伴关系,共同建设 21 世纪'海上丝绸之路'。中国愿通过扩大同东盟国家各领域务实合作,互通有无、优势互补,同东盟国家共享机遇、共迎挑战,实现共同发展、共同繁荣"[2]。建设"海上丝绸之路"的理念就此提出,并在之后成为"一带一路"倡议中的重要组成。2013 年 11 月,党的十八届三中全会正式确定要建设"丝绸之路经济带"和"海上丝绸之路",自此"一带一路"倡议正式提出,成为中国重要的顶层设计方案。本章期望以"一带一路"沿线国家宏观数据为基础,定量分析"一带一路"倡议进程中的人民币影响力水平,为研究人民币在"一带一路"沿线国家的影响力提供切实可行的实证经验,用实证经验为相关研究提供支持。

在已有的研究基础上,本章将人民币国际化和"一带一路"倡议这两个热点问题充分结合起来,研究人民币国际化与"一带一路"倡议相互促进、共同发展的实现路径。在系统梳理人民币国际影响力现状的基础上,利用 Kawai 和 Pontines(2016)提出的基于两步实现的修正的 Frankel-Wei 模型,研究人民币在"一带一路"沿线国家的总体影响力,并且分段考察人民币在"一带一路"沿线国家的影响力。

4.2 人民币国际影响力的现状

4.2.1 人民币结算业务发生额持续增长

从结算来看,人民币结算业务发生额持续增长,表现为跨境贸易人民币结算

---

[1] 《习近平在纳扎尔巴耶夫大学的演讲(全文)》,http://www.xinhuanet.com//politics/2013-09/08/c_117273079.htm,2013 年 9 月 8 日。

[2] 《习近平:共同建设二十一世纪"海上丝绸之路"》,http://www.scio.gov.cn/ztk/wh/slxy/gcyl1/Document/1442461/1442461.htm,2013 年 10 月 3 日。

业务发生额和直接投资人民币结算业务发生额持续增长。如表 4-1 所示，2021 年，经常项目下跨境贸易人民币结算业务发生额达到 7.94 万亿元，同比增长 17.3%。其中，以人民币进行结算的跨境货物贸易发生 5.77 万亿元，同比增长 20.5%；以人民币进行结算的服务贸易及其他经常项目发生 2.17 万亿元，同比增长 9.6%。在我国 2021 年对外货物和服务进出口总额中，人民币结算占比为 18.5%。全球范围内，2021 年国际贸易的人民币结算份额为 2.85%，与上年基本持平。2021 年中国直接投资人民币结算业务发生额为 5.80 万亿元，同比增长 52.2%。其中，以人民币进行结算的对外直接投资 1.64 万亿元，同比增长 56.2%；以人民币进行结算的外商直接投资发生 4.16 万亿元，同比增长 50.7%。2021 年人民币结算业务各项发生额保持增长态势，各项目结算数额创历史新高。

表 4-1　2017～2021 年中国人民币结算业务发生额及增长率

项目	2017 年	2018 年	2019 年	2020 年	2021 年
跨境贸易人民币结算业务发生额/万亿元	4.36	5.11	6.04	6.77	7.94
增长率	—	17.2%	18.2%	12.1%	17.3%
直接投资人民币结算业务发生额/万亿元	1.64	2.66	2.78	3.81	5.80
增长率	—	62.2%	4.5%	37.1%	52.2%

资料来源：中国人民银行

4.2.2　人民币加入 SDR

2015 年 12 月 1 日，IMF 正式宣布人民币于 2016 年 10 月 1 日加入 SDR，至此人民币成为美元、欧元、英镑和日元以外的第五大国际货币。人民币加入"一篮子货币"，使其成为首个被 SDR 接纳的新兴经济体货币，这也反映了全球经济格局的变化，体现了中国在国际货币体系中话语权的上升。

2022 年 5 月，IMF 公布最新 SDR 定值审查结果，将人民币份额从入篮时的 10.92% 上调到 12.28%，表明人民币的国际使用程度在过去五年中稳步提高。根据最新完成的审查，执董会决定维持现有 SDR 篮子货币构成不变，即仍由美元、欧元、人民币、日元和英镑构成，但是在各类货币的比重上进行了调整，除了人民币权重由 10.92% 上调至 12.28% 之外，美元的权重由 41.73% 上升到 43.38%，欧元、日元、英镑的权重均有所下降，欧元由 30.93% 下降至 29.31%，日元由 8.33% 下降至 7.59%，英镑由 8.09% 下降至 7.44%。调整后的人民币权重仍然保持在第三位。新的 SDR 货币篮子在 2022 年 8 月 1 日正式生效，并于 2027 年开展下一次 SDR

定值审查。人民币在 SDR 中的权重上调反映了中国在国际贸易中的重要性有所提升，同时人民币在 SDR 中的权重提升有助于进一步增强人民币的国际认可和接受程度，从而增强人民币资产的国际吸引力。

4.2.3　人民币国际储备职能持续加强

截至 2021 年底，全球已有超过 75 个国家和地区的货币当局将人民币纳入官方外汇储备，全球官方外汇储备中的人民币资产增至 3361 亿美元，同比增长 25%，人民币在全球储备占比达到 2.79%；2022 年第一季度，人民币官方外汇储备占比进一步提高到 2.88%。截至 2021 年底，境外主体持有境内人民币股票、债券、贷款及存款等金融资产金额合计为 10.83 万亿元，同比增长 20.5%[①]。人民币国际使用规模与市场认可程度总体延续增长态势。

4.2.4　CIPS 稳步发展

自 2015 年上线运行以来，CIPS 保持安全稳定运行，境内外接入机构数量增多，类型更为丰富，系统的网络覆盖面持续扩大，业务量逐步提升，为跨境支付结算清算领域的参与主体提供了安全、便捷、高效和低成本的服务。2020 年，CIPS 新增直接参与者 9 家（其中 4 家为境外人民币清算行），新增间接参与者 147 家。截至 2020 年末，共有境内外 1092 家机构通过直接或间接方式接入 CIPS，其中直接参与者 42 家，较 2015 年 10 月上线初期增加 23 家；间接参与者 1050 家，较 2015 年上线初期增加了约 5 倍。

从机构类型看，截至 2020 年末，CIPS 的 42 家直接参与者中包括境内外银行 37 家（其中 5 家是境外人民币清算行）、金融市场基础设施 5 家。1050 家间接参与者覆盖全球 99 个国家和地区，境内境外间接参与数量占比大体相当。截至 2020 年末，通过直接参与者和间接参与者，CIPS 实际业务可接触全球 171 个国家和地区的 3300 多家法人银行机构，其中 1000 多家机构来自"一带一路"沿线国家。自上线至 2020 年末，CIPS 累计为各类参与者处理业务 751.35 万笔，金额达 125.04 万亿元。

4.2.5　"一带一路"倡议下国际合作成果显著

"一带一路"倡议从正式提出算起，到 2022 年已走过了 9 个年头，相关发

---

① 《2022 年人民币国际化报告》，https://www.gov.cn/xinwen/2022-09/24/content_5711660.htm，2022 年 9 月 24 日。

展成果显著, 成效明显。"一带一路"倡议取得的成果主要分为以下几点: 在国际合作的拓展方面, 中国先后与 80 余个国家和国际组织签订了超过 100 份关于共同建设"一带一路"倡议的合作文件, 在基于已经签署的"一带一路"倡议合作文件的基础上, 形成了诸多具体的涉及基础设施、能源、金融等领域的合作成果。例如, 在基础设施方面, "一带一路"倡议合作的标志性项目巴基斯坦瓜达尔港的建设, 对于中国和巴基斯坦未来国家战略都具有非凡的意义。在经贸往来方面, 在中欧班列、中国-白俄罗斯工业园等一系列标志性经贸合作项目的带动下, 中国与"一带一路"沿线国家的贸易联系更为密切。中欧班列的开通有效地促进了中国与铁路沿线多个欧洲国家的经贸往来, 并且该条线路的贸易额还在继续保持大幅增长, 以中国-白俄罗斯工业园项目为代表的中外企业工业园区合作为未来中资企业在境外直接投资打下了良好的基础。此外, 中国与"一带一路"沿线国家的进出口贸易额也常年保持高速的增长势头。在对外投融资项目方面, 截至 2020 年 10 月, "丝路基金"累计签约项目 47 个, 承诺投资金额 178 亿美元。投资领域广泛涉及制造业、能源资源、基础设施、农业、服务业等, 表现出投资力度大、涉及行业覆盖面广的投资特点。同时在融资的过程中, 推动投资币种的多元化, 有助于拓展人民币在投资目标国的货币影响力。

2020 年, 中国与"一带一路"沿线国家人民币跨境收付金额超过 4.53 万亿元, 同比增长 65.9%, 占同期人民币跨境收付总额的 16%。其中货物贸易收付金额 8700.97 亿元, 同比增长 18.8%, 直接投资收付金额 4341.16 亿元, 同比增长 72.0%。截至 2020 年末, 中国与 22 个"一带一路"沿线国家签署了双边本币互换协议, 在 8 个"一带一路"沿线国家建立了人民币清算机制安排[①]。

4.3　研　究　设　计

4.3.1　数据来源

本章中使用的汇率数据均来源于 IMF 的国际金融数据库。综合考虑数据的可得性和完整性, 本章共选取了 18 个"一带一路"沿线国家汇率的日度数据进行分析。18 个样本国家包括: 巴林、文莱、捷克、印度、以色列、科威特、韩国、南非、菲律宾、马来西亚、阿曼、波兰、卡塔尔、俄罗斯、沙特阿拉伯、新加坡、泰国和阿联酋。上述国家可以按如下区域进行划分。

---

① 资料来源:《2021 年人民币国际化报告》。

中西亚地区（7 个）：巴林、以色列、科威特、阿曼、卡塔尔、沙特阿拉伯、阿联酋。

亚太地区（7 个）：文莱、马来西亚、新加坡、泰国、韩国、印度、菲律宾。

东欧地区（3 个）：捷克、波兰、俄罗斯。

其他地区（1 个）：南非。

在 2018 年与中国的贸易额排名"一带一路"沿线国家前 10 位的国家中，有 7 个来自上述样本国家，且上述 18 个国家在 2018 年与中国的贸易往来占比达到同期"一带一路"沿线国家总额的 70%以上。回归分析范围为 2005 年 7 月 21 日～ 2021 年 12 月 31 日，按照人民币汇率改革进程的时间节点和中美贸易争端的时间节点，分阶段对数据进行分析整理。

4.3.2 模型选取

由于官方政府往往不会公开披露正式或非正式汇率货币篮子中重要国际货币的构成权重，研究人员尝试对货币的权重进行推断。Frankel 和 Wei（1994）的研究开辟了建立计量模型进行货币权重研究的先河，创新性地提出了利用 Frankel-Wei 模型来度量一篮子货币中不同国家货币的隐含权重，以此判断货币篮子中不同币种的影响力大小。计量模型如式（4-1）所示：

$$\Delta \log\left(\frac{x}{\text{CHF}}\right) = \alpha_0 + \alpha_1 \Delta \log\left(\frac{\text{USD}}{\text{CHF}}\right) + \alpha_2 \Delta \log\left(\frac{\text{EUR}}{\text{CHF}}\right)$$
$$+ \alpha_3 \Delta \log\left(\frac{\text{JPY}}{\text{CHF}}\right) + \alpha_4 \Delta \log\left(\frac{\text{GBP}}{\text{CHF}}\right) + \mu \qquad (4\text{-}1)$$

其中，$\Delta \log\left(\frac{k}{\text{CHF}}\right)$（$k = x, \text{USD}, \text{EUR}, \text{JPY}, \text{GBP}$）表示货币 k（某种特殊的新兴市场国家货币 x、美元、欧元、日元和英镑）每瑞士法郎汇率的对数变化。汇率采用对数形式，并转换为一阶差分形式，以确保平稳性。主要的国际锚货币在式（4-1）的右边，这些锚货币的估计系数代表它们在一个特定经济体货币篮子中的正式或非正式权重，也就是国际货币对一种特定货币的影响。

后续的回归研究主要在 Frankel 和 Wei（1994）的研究基础上，加入人民币或其他货币作为锚货币。李晓和丁一兵（2009）参考 Frankel-Wei 模型，构建出东亚国家货币的日度汇率回归模型，计算美元、欧元、日元、韩元和人民币在东亚国家货币的隐含货币权重，进而分析人民币与世界主要货币及东亚国家货币的汇率变动关系。研究指出：人民币有条件地成了东亚地区的锚货币，即需要保持与美元汇率的相对稳定，才能保持人民币在东亚各国显著的货币权重。

Kawai 和 Pontines（2016）运用修正的 Frankel-Wei 模型，探讨在亚洲各国间

是否存在具备人民币区域影响力的"人民币区"。该模型针对人民币影响力的研究需要,对 Frankel-Wei 模型进行了改进:

$$\Delta \log\left(\frac{x}{\text{CHF}}\right) = b_0 + b_1 \Delta \log\left(\frac{\text{USD}}{\text{CHF}}\right) + b_2 \Delta \log\left(\frac{\text{EUR}}{\text{CHF}}\right) + b_3 \Delta \log\left(\frac{\text{JPY}}{\text{CHF}}\right)$$
$$+ b_4 \Delta \log\left(\frac{\text{GBP}}{\text{CHF}}\right) + b_5 \hat{\mu} + v \tag{4-2}$$

其中,$\hat{\mu}$ 表示剔除了美元、欧元、日元和英镑对于人民币汇率变动影响后,人民币汇率的变动情况。实证结果表明,美元在东亚地区依旧是各国主要的锚货币,具有绝对的影响力,人民币的当前区域影响力尚不足以支持其成为东亚地区的锚货币。

4.3.3　模型构建

本章选取了 Kawai 和 Pontines(2016)在研究人民币区域影响力时所采用的实证模型。Kawai 和 Pontines(2016)在 Frankel 和 Wei(1994)的研究基础上将人民币加入到货币篮子中,基于 Frankel 和 Wei(1994)的成果提出了一种基于两步实现的修正的 Frankel-Wei 模型。

第一步,在式(4-2)中利用 Frankel-Wei 模型来度量一篮子货币对于人民币的隐含权重,并且计算出该式中对应的残差项 $\hat{\mu}$:

$$\Delta \log\left(\frac{\text{CNY}}{\text{CHF}}\right) = \alpha_0 + \alpha_1 \Delta \log\left(\frac{\text{USD}}{\text{CHF}}\right) + \alpha_2 \Delta \log\left(\frac{\text{EUR}}{\text{CHF}}\right) + \alpha_3 \Delta \log\left(\frac{\text{JPY}}{\text{CHF}}\right)$$
$$+ \alpha_4 \Delta \log\left(\frac{\text{GBP}}{\text{CHF}}\right) + \mu \tag{4-3}$$

第二步,在 Frankel-Wei 模型中的一篮子货币的基础上,尝试将人民币引入到货币篮子中,设计出适用于研究人民币国际化问题的修正的 Frankel-Wei 模型:

$$\Delta \log\left(\frac{x}{\text{CHF}}\right) = b_0 + b_1 \Delta \log\left(\frac{\text{USD}}{\text{CHF}}\right) + b_2 \Delta \log\left(\frac{\text{EUR}}{\text{CHF}}\right) + b_3 \Delta \log\left(\frac{\text{JPY}}{\text{CHF}}\right)$$
$$+ b_4 \Delta \log\left(\frac{\text{GBP}}{\text{CHF}}\right) + b_5 \hat{\mu} + v \tag{4-4}$$

其中,

$$\hat{\mu} = \Delta\log\left(\frac{\mathrm{CNY}}{\mathrm{CHF}}\right) - \left[\begin{array}{l}\alpha_0 + \alpha_1\Delta\log\left(\dfrac{\mathrm{USD}}{\mathrm{CHF}}\right) + \alpha_2\Delta\log\left(\dfrac{\mathrm{EUR}}{\mathrm{CHF}}\right)\\[2mm] +\alpha_3\Delta\log\left(\dfrac{\mathrm{JPY}}{\mathrm{CHF}}\right) + \alpha_4\Delta\log\left(\dfrac{\mathrm{GBP}}{\mathrm{CHF}}\right)\end{array}\right]$$

假设式（4-4）等号右边的货币的权重之和为 1，即

$$b_1 + b_2 + b_3 + b_4 + b_5 = 1$$

在上述的两步完成之后，对式（4-4）的两边同时减去残差项 $\hat{\mu}$，得出基于两步实现的修正的 Frankel-Wei 模型变形公式：

$$\Delta\log\left(\frac{x}{\mathrm{CHF}}\right) - \hat{\mu} = b_0 + b_1\left[\Delta\log\left(\frac{\mathrm{USD}}{\mathrm{CHF}}\right) - \hat{\mu}\right] + b_2\left[\Delta\log\left(\frac{\mathrm{EUR}}{\mathrm{CHF}}\right) - \hat{\mu}\right]$$
$$+ b_3\left[\Delta\log\left(\frac{\mathrm{JPY}}{\mathrm{CHF}}\right) - \hat{\mu}\right] + b_4\left[\Delta\log\left(\frac{\mathrm{GBP}}{\mathrm{CHF}}\right) - \hat{\mu}\right] + v \quad (4\text{-}5)$$

估计修正的 Frankel-Wei 模型得出隐含的人民币系数为 $b_5 = 1 - b_1 - b_2 - b_3 - b_4$。

本章选取新西兰元（NZD）作为中间货币以使数据具有中立性，以各主要国际货币（美元、欧元、日元、英镑、人民币）汇率的日度数据作为解释变量，分析其对"一带一路"沿线国家货币的影响。实证模型如式（4-6）所示：

$$\Delta\log\left(\frac{x}{\mathrm{NZD}}\right) - \hat{\mu} = b_0 + b_1\left[\Delta\log\left(\frac{\mathrm{USD}}{\mathrm{NZD}}\right) - \hat{\mu}\right] + b_2\left[\Delta\log\left(\frac{\mathrm{EUR}}{\mathrm{NZD}}\right) - \hat{\mu}\right]$$
$$+ b_3\left[\Delta\log\left(\frac{\mathrm{JPY}}{\mathrm{NZD}}\right) - \hat{\mu}\right] + b_4\left[\Delta\log\left(\frac{\mathrm{GBP}}{\mathrm{NZD}}\right) - \hat{\mu}\right] + v \quad (4\text{-}6)$$

4.4　人民币汇率改革与人民币国际影响力的实证检验

4.4.1　单位根检验结果

本章采取 ADF 检验（augmented Dickey-Fuller test，增广迪基-富勒检验），对各变量取对数及其一阶差分后的数据做平稳性检验，检验了各变量序列以及一阶差分后是否存在单位根，结果表明各变量在一阶差分下是平稳序列，不存在单位根。除了对时间序列数据做上述平稳性检验外，本章对分阶段讨论的数据也分别做了平稳性检验，各阶段一阶差分后的数据均为平稳序列。ADF 检验结果如表 4-2 所示（表 4-2 中货币符号见表 4-3）。

表 4-2　ADF 检验结果

变量	ADF 检验值	检验结论	变量	ADF 检验值	检验结论
log(BHD)	−0.1756	非平稳序列	Δlog(BHD)	−31.8402***	平稳序列
log(BND)	−1.7027	非平稳序列	Δlog(BND)	−37.5074***	平稳序列
log(CZK)	−0.5134	非平稳序列	Δlog(CZK)	−32.1889***	平稳序列
log(INR)	1.0190	非平稳序列	Δlog(INR)	−32.8079***	平稳序列
log(ILS)	−1.4293	非平稳序列	Δlog(ILS)	−32.8554***	平稳序列
log(KWD)	0.0687	非平稳序列	Δlog(KWD)	−34.1165***	平稳序列
log(KRW)	−2.2560	非平稳序列	Δlog(KRW)	−18.9405***	平稳序列
log(ZAR)	−1.0369	非平稳序列	Δlog(ZAR)	−63.0809***	平稳序列
log(PHP)	−1.4272	非平稳序列	Δlog(PHP)	−34.8664***	平稳序列
log(MYR)	0.2786	非平稳序列	Δlog(MYR)	−31.8696***	平稳序列
log(OMR)	−0.1756	非平稳序列	Δlog(OMR)	−31.8390***	平稳序列
log(PLN)	−0.0409	非平稳序列	Δlog(PLN)	−32.8422***	平稳序列
log(QAR)	−0.1756	非平稳序列	Δlog(QAR)	−31.8406***	平稳序列
log(RUB)	0.3666	非平稳序列	Δlog(RUB)	−8.9589***	平稳序列
log(SAR)	−0.1756	非平稳序列	Δlog(SAR)	−31.8411***	平稳序列
log(SGD)	−1.7027	非平稳序列	Δlog(SGD)	−37.5074***	平稳序列
log(THB)	−1.1205	非平稳序列	Δlog(THB)	−36.9971***	平稳序列
log(AED)	−0.1757	非平稳序列	Δlog(AED)	−31.8396***	平稳序列

注：除了对时间序列数据做上述平稳性检验外，本章对分阶段讨论的数据也分别做了平稳性检验，各阶段一阶差分后的数据均为平稳序列，故不再赘述

***表示在 1%的水平上显著

表 4-3　本章中所使用到的国家或组织的货币名称及其缩写

国家或组织	货币中文名称	货币英文名称	缩写
巴林	巴林第纳尔	Bahraini dinar	BHD
文莱	文莱元	Brunei dollar	BND
捷克	捷克克朗	Czech koruna	CZK
印度	印度卢比	Indian rupee	INR
以色列	以色列新谢克尔	Israeli new shekel	ILS
科威特	科威特第纳尔	Kuwaiti dinar	KWD
韩国	韩元	Korean won	KRW
南非	南非兰特	South African rand	ZAR

续表

国家或组织	货币中文名称	货币英文名称	缩写
菲律宾	菲律宾比索	Philippine peso	PHP
马来西亚	马来西亚林吉特	Malaysian ringgit	MYR
阿曼	阿曼里亚尔	Omani rial	OMR
波兰	波兰兹罗提	Polish zloty	PLN
卡塔尔	卡塔尔里亚尔	Qatari rial	QAR
俄罗斯	俄罗斯卢布	Russian ruble	RUB
沙特阿拉伯	沙特里亚尔	Saudi riyal	SAR
新加坡	新加坡元	Singapore dollar	SGD
泰国	泰铢	Thai baht	THB
阿联酋	阿联酋迪拉姆	United Arab Emirates Dirham	AED
瑞士	瑞士法郎	Swiss Franc	CHF
新西兰	新西兰元	New Zealand dollar	NZD
美国	美元	US dollar	USD
欧盟	欧元	Euro	EUR
日本	日元	Yen	JPY
英国	英镑	Great Britain Pound	GBP
中国	人民币	Chinese Yuan	CNY

注：后文中统一使用各国货币的字母缩写，表示该国货币所对应的以新西兰元为基准的汇率

4.4.2 修正的 Frankel-Wei 模型回归

本章选取 2005～2021 年日度汇率数据①，根据人民币汇率改革的时间进程和中美贸易争端发生的时间节点，将样本中各时间序列数据分为五个阶段进行比较分析：第一阶段以 2005 年 "7·21" 汇改为起点，到 2008 年 7 月 31 日；第二阶段为 2008 年 8 月 1 日到 2010 年 6 月 19 日，在这一阶段人民币受到外部环境影响又重新盯住美元，并且到 2010 年 6 月 19 日宣布重新开启人民币汇率改革；第三阶段为 2010 年 6 月 20 日到 2015 年 8 月 11 日，因为在 2015 年 8 月 11 日这一时点，人民币开启了新一轮的汇率改革；第四阶段为 2015 年 8 月 12 日到 2018 年 3 月 22 日，即中美贸易争端开始于 2018 年 3 月 23 日凌晨，美国总统特朗普在白宫正式签署对华贸易备忘录；第五阶段为 2018 年 3 月 23 日到 2021 年 12 月 31 日，从中美贸易争端开始直至 2021 年末。按照上述划分方式，利用上文中所设定的修

---

① 本章中的汇率数据来源均为 IMF 官方网站上提供的国际金融数据库。

正的 Frankel-Wei 模型, 对样本数据分阶段进行回归分析。本章中所使用到的国家或组织的货币名称及其缩写如表 4-3 所示。

4.4.3　实证结果分析

如表 4-4 所示, 从总体上来看, 2005 年 "7·21" 汇改之后, 在本章选取的 5 个主要货币国家和组织中, 美元依旧处于影响力主导的地位, 对巴林、阿曼、卡塔尔、沙特阿拉伯、阿联酋等 5 国的货币具有绝对的影响力, 除捷克、波兰等 2 国之外, 美元在其他样本国家的权重占比均高于其他货币; 欧元对于捷克和波兰等 2 国货币表现出了绝对影响力, 表现出了仅次于美元的影响力; 日元对文莱、印度等 5 个国家表现出了显著的权重占比, 对应的数值均低于人民币的权重数值, 但高于英镑; 英镑在选取的 5 个主要货币中, 表现最为弱势; 人民币对文莱、科威特、马来西亚、俄罗斯等 8 个国家的货币表现出了显著的影响力, 在数值上高于英镑和日元, 显著低于美元, 且未对任何国家表现出绝对的影响力。

表 4-4　2005 年 7 月 21 日～2021 年 12 月 31 日 "一带一路" 沿线国家货币权重

项目	USD	EUR	JPY	GBP	CNY	R^2
BHD	1.0000***	0.0000	0.0000	0.0000	0.0000	1.0000
BND	0.5187***	0.1832***	0.0750***	0.0501***	0.3210***	0.8949
CZK	0.0714***	1.0771***	0.0045	0.0166	0.0244	0.8265
INR	0.7297***	0.0791***	0.0966***	0.0686***	0.1675*	0.6726
ILS	0.4955***	0.3368***	0.0070	0.0455*	0.2024**	0.7103
KWD	0.8167***	0.1138***	0.0460***	0.0056	0.0618***	0.9827
KRW	0.9851***	0.0064	0.0207	0.0024	0.0399	0.8978
ZAR	0.9863***	0.0029	0.0083	0.0122	0.0016	0.9335
PHP	0.7127***	0.0730**	−0.0327	0.0109	0.1140	0.6106
MYR	0.6259**	0.1024***	−0.0063	0.0579***	0.6053***	0.7353
OMR	0.9999***	0.0000	0.0000	0.0000	0.0000	1.0000
PLN	0.2000	1.0013***	0.1010	0.1353***	0.1756	0.6122
QAR	1.0000***	0.0000	0.0000	0.0000	0.0000	1.0000
RUB	0.5337***	0.2729***	0.0669	0.0863	0.4627***	0.2975
SAR	1.0000***	0.0000	0.0000	0.0000	0.0000	1.0000
SGD	0.5187**	0.1832***	0.0750***	0.0501***	0.3209***	0.8949
THB	0.7381***	0.0317*	0.0827***	0.0182	0.1598**	0.8672
AED	0.9999***	0.0000	0.0000	0.0000	0.0000	1.0000

*、**和***分别表示参数的估计值在 10%、5% 和 1% 的水平上显著

第一阶段为 2005 年 7 月 21 日～2008 年 7 月 31 日,如表 4-5 所示。从数据中可以看出,在这个时间段内:美元对巴林、南非、阿曼、卡塔尔、沙特阿拉伯、阿联酋等 6 国的货币具有绝对的影响力;欧元对文莱、捷克、以色列、韩国、波兰、俄罗斯、新加坡、印度、马来西亚等 9 国的货币具有相对的影响力;日元对文莱、捷克、印度、以色列、科威特、韩国、俄罗斯、新加坡、泰国、菲律宾等 10 国货币具有相对的影响力;英镑对文莱、菲律宾、印度、波兰等 4 国货币具有相对的影响力;人民币对文莱和俄罗斯的货币具有一定影响力。

表 4-5　2005 年 7 月 21 日～2008 年 7 月 31 日"一带一路"沿线国家货币权重

项目	USD	EUR	JPY	GBP	CNY	R^2
BHD	1.0000***	0.0000	0.0000	0.0000	0.0001	1.0000
BND	0.5879***	0.1277***	0.0914***	0.0481**	0.4884***	0.9253
CZK	0.0317	0.9520***	0.0597***	0.0223	0.1006	0.8697
INR	0.8321***	0.0658**	0.0624***	0.0918***	0.1539	0.8397
ILS	0.5158***	0.3169***	0.0688**	0.0048	0.1334	0.6526
KWD	0.9074***	0.0357	0.0556***	0.0228	0.4698	0.9793
KRW	0.5231***	0.2988***	0.0872***	0.0088	0.2259	0.9529
ZAR	0.9944***	0.0163	0.0051	0.0127	0.0519	0.9587
PHP	0.7376***	0.0574	0.0617*	0.1338**	0.2926	0.6505
MYR	0.7461***	0.0962**	0.0085	0.0415	0.2166	0.8891
OMR	0.9999***	0.0000	0.0000	0.0000	0.0000	1.0000
PLN	0.1261***	0.6817***	0.0541	0.1537***	0.1114	0.6529
QAR	1.0000***	0.0000	0.0000	0.0000	0.0000	1.0000
RUB	0.5231***	0.2987***	0.0872***	0.0088	0.1259***	0.9529
SAR	1.0000***	0.0000	0.0000	0.0000	0.0000	1.0000
SGD	0.5902***	0.1262***	0.0901***	0.0496	0.3818	0.9265
THB	0.8457***	0.0493	0.0690**	0.1099	0.0442	0.8227
AED	0.9999***	0.0000	0.0000	0.0000	0.0000	1.0000

注:在分阶段的实证结果中,剔除了样本中固定汇率制国家的实证结果

*、**和***分别表示参数的估计值在 10%、5%和 1%的水平上显著

从 2005 年的第一次汇率改革开始,到 2008 年全球金融危机爆发,在这一时间段内,人民币的影响力在多数样本国家是不显著的(王国刚,2014)。这一时期,各国货币主要还是选择盯住美元,美元对大部分"一带一路"沿线国家主权货币的权重占 70%以上,其次是欧元和日元。英镑和人民币在"一带一路"沿线国家的货币地位并不明显,美元还是"一带一路"沿线各国的主要锚货币。在此阶段,

人民币的权重只在少数国家较为明显,究其原因,一方面是人民币与"一带一路"沿线各国缺乏实质性的汇率合作,另一方面是人民币自身汇率的改革还处于试水阶段,人民币的国际化仍主要停留在理论阶段。

第二阶段为 2008 年 8 月 1 日~2010 年 6 月 19 日,如表 4-6 所示。从数据中可以看出,在这一时间段内:美元对巴林、南非、阿曼、卡塔尔、沙特阿拉伯、阿联酋等 6 国的货币具有绝对的影响力,同时对文莱、印度、马来西亚等 3 国货币的影响力进一步扩大,美元在这一阶段的影响力得到了进一步的拓展;而欧元对多数样本国家货币的影响力均有一定程度的提升;日元的影响力在这一阶段相对弱化,仅对 4 国货币保持了相对的影响力;人民币在这一阶段,仅对文莱元和新加坡元保持了相对的影响力。

表 4-6 2008 年 8 月 1 日~2010 年 6 月 19 日 "一带一路" 沿线国家货币权重

项目	USD	EUR	JPY	GBP	CNY	R^2
BHD	1.0000***	0.0000	0.0000	0.0000	0.0004	1.0000
BND	0.6636***	0.2343***	0.0069	0.0379*	0.2957***	0.9353
CZK	0.0611	0.9879***	0.0171	0.1554**	0.0498	0.8268
INR	0.9117***	0.1599***	0.2110***	0.0378	0.2335	0.7655
ILS	0.3020***	0.3417***	0.1037**	0.1428***	0.0647	0.8141
KWD	0.7860***	0.1214***	0.0568***	0.0046	0.1874	0.9872
KRW	0.3793***	0.5056***	0.0352	0.1089	0.3053	0.6105
ZAR	1.0013***	0.0192	0.0149	0.0135	0.4143	0.9837
PHP	0.6572***	0.2612***	0.1946	0.1601	0.3048	0.4569
MYR	0.7601***	0.1580***	0.0626	0.0026	0.2705	0.9001
OMR	0.9999***	0.0000	0.0000	0.0000	0.0000	1.0000
PLN	0.1589	1.0023***	0.3112	0.4093	0.1287	0.6197
QAR	1.0000***	0.0000*	0.0000	0.0000	0.0000	1.0000
RUB	0.3792***	0.5056***	0.0352	0.1089	0.1705	0.6105
SAR	0.9999***	0.0000	0.0000	0.0000	0.0000	1.0000
SGD	0.5154***	0.2367***	0.0321	0.0437	0.2250***	0.9361
THB	0.8131***	0.0341	0.0769***	0.0611	0.2151	0.9665
AED	0.9999***	0.0000	0.0000	0.0000	0.0000	0.9999

*、**和***分别表示参数的估计值在 10%、5%和 1%的水平上显著

全球金融危机在 2008 年爆发后产生的恶劣影响波及全球,为了减小全球金融危机对中国经济造成的负面影响,维持金融市场的稳定,人民币暂停了汇率改革的进程。在全球金融危机期间,中国暂时取消了汇率改革时提出的与一篮子货币挂钩

的汇率政策，重新将人民币与美元挂钩，此举在全球金融危机期间有效地保护了我国金融市场。在此期间，美元对"一带一路"沿线国家的影响力有所提升，欧元对样本中各国的影响力没有发生显著变化，对比来看依然明显超过日元、英镑和人民币的影响力，而日元和人民币对"一带一路"沿线国家的影响力则有明显下降。

第三阶段为 2010 年 6 月 20 日～2015 年 8 月 11 日，如表 4-7 所示。从数据中可以看出，在这一时间段内：美元对巴林、南非、阿曼、卡塔尔、沙特阿拉伯、阿联酋等 6 国的货币依然保持着绝对的影响力，对以色列、科威特、韩国、菲律宾、波兰、俄罗斯等 6 国货币的影响力呈现出进一步扩大的趋势，与此同时，美元对文莱、印度、马来西亚、新加坡、泰国等 5 国货币的影响力有略微下降；欧元对文莱、印度、俄罗斯、新加坡、菲律宾、马来西亚等 6 国货币的影响力有较为明显的下降，对菲律宾及马来西亚货币的影响力甚至变为不显著；日元的影响力在这一阶段有所提升，对 7 个国家的货币显现出了显著的货币权重；英镑在这一阶段对 10 个国家的货币显现出了显著的货币权重。人民币在这一阶段上升势头明显，对 10 个国家的货币显现出了显著的货币权重，其中，对于多数国家的货币权重占比仅次于美国，但若是具体到数值进行比较，则与美元有明显差距。

表 4-7 2010 年 6 月 20 日～2015 年 8 月 11 日"一带一路"沿线国家货币权重

项目	USD	EUR	JPY	GBP	CNY	R^2
BHD	0.9999***	0.0000	0.0000	0.0000	0.0000	1.0000
BND	0.5199***	0.1480***	0.0647***	0.0771***	0.2783***	0.8865
CZK	0.1314	1.0277***	0.0056	0.0036	0.0515	0.8750
INR	0.6657***	0.0629**	0.0987***	0.1364***	0.2578**	0.5789
ILS	0.5185***	0.3285***	0.0234	0.0847**	0.1707**	0.7184
KWD	0.7884***	0.1237***	0.0474***	0.0294**	0.0410	0.9786
KRW	0.3905***	0.1912**	0.1878***	0.3466***	0.1026***	0.3909
ZAR	0.9778***	0.0237	0.0119	0.0042	0.0536	0.8973
PHP	0.8278***	0.0126	0.0084	0.0548*	0.3884***	0.7389
MYR	0.7477***	0.0324	0.0037	0.1506***	0.2709***	0.6752
OMR	0.9999***	0.0000	0.0000	0.0000	0.0000	1.0000
PLN	0.2387***	0.8221***	0.0759***	0.2068	0.1151***	0.6207
QAR	1.0000***	0.0000*	0.0000	0.0000	0.0000	1.0000
RUB	0.3905***	0.1912**	0.1878***	0.1466***	0.1026**	0.3909
SAR	1.0000***	0.0000	0.0000	0.0000	0.0000	1.0000
SGD	0.4799***	0.0876***	0.0958***	0.1141***	0.3921***	0.8251
THB	0.7271***	0.0621***	0.0071	0.0657***	0.1390***	0.8424
AED	1.0000***	0.0000	0.0000	0.0000	0.0000	1.0000

*、**和***分别表示参数的估计值在 10%、5%和 1%的水平上显著

第四阶段为 2015 年 8 月 12 日～2018 年 3 月 22 日，如表 4-8 所示。从数据中可以看出，在这一时间段内：美元对巴林、阿曼、卡塔尔、沙特阿拉伯、阿联酋等 5 国的货币仍然具有绝对的影响力，在此期间美元的区域影响力依旧稳固；欧元的货币影响力有所下降；日元对 8 个样本国家体现出了显著的货币影响力，综合影响力在这一阶段居于人民币和英镑之间，弱于人民币而强于英镑；英镑在这一阶段的数据中，对 2 个样本国家体现出了显著的货币影响力。人民币在这一阶段上升势头明显，对 9 个国家的货币显现出了显著的货币权重，且相较于上一阶段，在数值上与美元的差距也有一定程度的缩小。

表 4-8　2015 年 8 月 12 日～2018 年 3 月 22 日 "一带一路" 沿线国家货币权重

项目	USD	EUR	JPY	GBP	CNY	R^2
BHD	0.9999***	0.0000	0.0000	0.0000	0.0000	1.0000
BND	0.5486***	0.0721***	0.0499***	0.0156	0.1558***	0.9513
CZK	0.8756***	0.4099***	0.0122	0.0146	0.0384	0.9412
INR	0.5727***	0.0535***	0.0629**	0.0135	0.1128***	0.8695
ILS	0.6421***	0.1339***	0.0077	0.0212	0.0446	0.8219
KWD	0.4466***	0.0203***	0.0164***	0.0035	0.0252***	0.9932
KRW	0.3836***	0.0289	0.0523**	0.0046	0.1272**	0.6443
ZAR	0.7158***	0.1274*	0.0403	0.0382	0.0623	0.4064
PHP	0.4055***	0.0155	0.0198	0.0113	0.0366	0.8576
MYR	0.5315***	0.0529***	0.0219*	0.0126	0.1262***	0.9062
OMR	0.9999***	0.0000	0.0000	0.0000	0.0000	1.0000
PLN	0.8011***	0.3458***	0.0179	0.0112	0.1331***	0.8590
QAR	1.0000***	0.0000	0.0000*	0.0000	0.0000	1.0000
RUB	0.7272***	0.0481	0.0485	0.0938***	0.2274***	0.5880
SAR	1.0000***	0.0000	0.0000	0.0000	0.0000	1.0000
SGD	0.5491***	0.0722***	0.0498***	0.0157**	0.1564***	0.9513
THB	0.5039***	0.0436***	0.0439***	0.0087	0.0971***	0.9205
AED	1.0000***	0.0000	0.0000	0.0000	0.0000	1.0000

*、**和***分别表示参数的估计值在 10%、5%和 1%的水平上显著

第五阶段为 2018 年 3 月 23 日～2021 年 12 月 31 日，如表 4-9 所示。从数据中可以看出，在这一时间段内：美元对巴林、捷克、南非、阿曼、波兰、卡塔尔、俄罗斯、沙特阿拉伯、阿联酋等 9 国的货币仍然具有绝对的影响力，对于样本国家货币的区域影响力有小幅度的上升，在此期间美元的区域影响力依旧稳固；欧元的影

响力同样也没有发生根本性的改变,在篮子货币中居于第二位;日元对 7 个样本国家体现出了显著的货币影响力,综合影响力在这一阶段居于人民币和英镑之间,弱于人民币而强于英镑;英镑在这一阶段对 5 个样本国家体现出了显著的货币影响力,且对应的权重数值多数略高于日元。人民币在这一阶段仍维持了对样本国家的货币影响力,对 9 个国家的货币显现出了显著的货币权重,其中,对文莱、印度、以色列、南非、马来西亚、俄罗斯、新加坡、泰国等 8 国货币的权重占比仅次于美国。

表 4-9　2018 年 3 月 23 日～2021 年 12 月 31 日"一带一路"沿线国家货币权重

项目	USD	EUR	JPY	GBP	CNY	R^2
BHD	0.9999***	0.0000	0.0000	0.0000	0.0000	1.0000
BND	0.5883***	0.0648***	0.0342***	0.0378***	0.1153***	0.9693
CZK	1.0179***	0.4633***	0.0279	0.0926***	0.0361	0.8798
INR	0.5598***	0.0423***	0.0128	0.0185	0.1354***	0.9046
ILS	0.6265***	0.1423***	0.0126	0.0514**	0.1744***	0.6963
KWD	0.4454***	0.0215***	0.0248***	0.0067***	0.0010	0.9978
KRW	0.4140***	0.0161	0.0477**	0.0021	0.0012	0.7825
ZAR	0.9214***	0.2997***	0.0651	0.0185	0.3382**	0.3569
PHP	0.4015***	0.0061	0.0381***	0.0083	0.0214	0.8964
MYR	0.5476***	0.0305**	0.0084	0.0116	0.1254***	0.9199
OMR	0.9999***	0.0000	0.0000	0.0000	0.0000	1.0000
PLN	1.0077***	0.3925***	0.0212	0.1363	0.1011**	0.8352
QAR	1.0000***	0.0000	0.0000*	0.0000	0.0000	1.0000
RUB	0.9652***	0.1709*	0.1652**	0.0681	0.3345**	0.3844
SAR	1.0000***	0.0000	0.0000	0.0000	0.0000	1.0000
SGD	0.5785***	0.0639***	0.0397***	0.0358***	0.1114***	0.9699
THB	0.5906***	0.0769***	0.0104	0.0103	0.1636***	0.8923
AED	1.0000***	0.0000	0.0000	0.0000	0.0000	1.0000

*、**和***分别表示参数的估计值在 10%、5%和 1%的水平上显著

4.4.4　稳健性检验

考虑到本章在中间货币的选择上可能对最终的实证结果造成影响,我们选取瑞士法郎(CHF)作为另一种中间货币,用来替换原公式中的新西兰元(NZD),重新使用基于两步实现的修正的 Frankel-Wei 模型对样本数据进行测算,具体结果如表 4-10 所示。

表 4-10　2005 年 7 月 21 日～2021 年 12 月 31 日"一带一路"沿线国家货币权重
（替换中间货币）

项目	USD	EUR	JPY	GBP	CNY	R^2
BHD	0.9999***	0.0000	0.0000	0.0000	0.0000	1.0000
BND	0.5883***	0.0648***	0.0342***	0.0378***	0.1153***	0.9693
CZK	1.0179***	0.4633***	0.0279	0.0926***	0.0361	0.8798
INR	0.5598***	0.0423***	0.0128	0.0185	0.1354***	0.9046
ILS	0.6265***	0.1423***	0.0126	0.0514**	0.1744***	0.6963
KWD	0.4454***	0.0215***	0.0248***	0.0067***	0.0010	0.9978
KRW	0.4140***	0.0161	0.0477**	0.0021	0.0012	0.7825
ZAR	0.9214***	0.2997***	0.0651	0.0185	0.3382**	0.3569
PHP	0.4015***	0.0061	0.0381***	0.0083	0.0214	0.8964
MYR	0.5476***	0.0305**	0.0084	0.0116	0.1254***	0.9199
OMR	0.9999***	0.0000	0.0000	0.0000	0.0000	1.0000
PLN	1.0077***	0.3925***	0.0212	0.1363	0.1011**	0.8352
QAR	1.0000***	0.0000	0.0000*	0.0000	0.0000	1.0000
RUB	0.9652***	0.1709*	0.1652**	0.0681	0.3345**	0.3844
SAR	1.0000***	0.0000	0.0000	0.0000	0.0000	1.0000
SGD	0.5785***	0.0639***	0.0397***	0.0358***	0.1114***	0.9699
THB	0.5906***	0.0769***	0.0104	0.0103	0.1636***	0.8923
AED	1.0000***	0.0000	0.0000	0.0000	0.0000	1.0000

*、**和***分别表示参数的估计值在 10%、5%和 1%的水平上显著

通过使用瑞士法郎（CHF）替换新西兰元（NZD）作为中间货币，对 2005 年 7 月 21 日～2021 年 12 月 31 日样本数据进行重新计算，对比表 4-4 中的原公式计算结果，发现改变中间货币后测算结果总体上未出现明显差异，这也表明本章采用的线性计量模型的稳健性较好。

4.5　本 章 小 结

中国通过提出"一带一路"倡议，加强与"一带一路"沿线国家的互惠合作，以这一倡议为纽带，中国与"一带一路"沿线各国在现有合作的基础之上进一步拓展合作空间，加强在金融服务、基础设施、科学技术、文化教育等各领域的务实合作，以和平友好的方式拓展中国在当今世界的影响力（王国刚，2014）。随着一系列国际合作的不断深入推进，中国在世界舞台上将会越来越具有影响力。在

此背景下，人民币的国际影响力也得到了相当程度的提升。本章共选取了 18 个"一带一路"沿线国家的日度汇率数据，分别按照汇率改革的时点以及"一带一路"倡议提出的时点，运用基于 Frankel 和 Wei（1994）的模型两步实现的修正的 Frankel-Wei 模型进行实证分析，得出如下结论。

第一，美元在"一带一路"沿线国家依旧占主导地位。所有的分析都显示出美元在货币篮子中的权重长期都高于人民币，美元的国际地位近年来在"一带一路"沿线国家并没有受到明显挑战，随着时间推移并未出现减弱趋势。而人民币始终保持了对其中半数国家主权货币具有显著影响力，但尚且无法撼动美元的主导地位，中国在"一带一路"沿线国家货币影响力的提升势必是一个长期的、循序渐进的过程。

第二，"一带一路"倡议下，近几年来人民币在"一带一路"沿线国家区域影响力始终保持稳定。通过实证分析可以看出，虽然美元在样本国家的影响力依旧处于无可撼动的地位，但是人民币对于样本国家货币的影响力也并未受到来自欧元、日元和英镑等国际货币的实质性挑战，且日元和英镑在"一带一路"沿线国家的影响力水平始终处于较低的状态。

第三，人民币与美元之间的联系依旧紧密。随着人民币加入 SDR 货币篮子，为了不断提高人民币国际地位，必然要求减少资本项目管制，从而进一步推进资本项目可兑换。根据三元悖论，若要选择货币政策独立和保持资本的自由进出，必须要放弃固定汇率制度。同时，我们也应看到：人民币的影响力是有限的，人民币汇率与样本中各国的权重关系有加强趋势，但总体来说影响力并不强，人民币的国际化进程仍面临着许多严峻的挑战。

宏观篇

第5章　外部冲击对人民币汇率波动风险的影响

5.1　外部冲击与人民币汇率市场波动

当前，世界经济正处于深度调整和再平衡阶段，各发达经济体由于经济危机后遗症等因素复苏缓慢，新兴经济体则同样表现疲弱。由于经济形势不明朗，发达经济体多采取宽松货币政策，且保护主义抬头，地缘局势复杂化，不确定性因素增多，导致国际金融市场震荡剧烈、频繁，全球金融市场的外部冲击对中国等新兴市场金融稳定带来诸多影响。美国作为世界第一大经济体，其主权货币美元作为全球中心货币，这些因素决定了其包括货币政策在内的政策调整会对其他市场带来显著的溢出效应，尤其是中国这样的新兴市场。2008 年，美联储货币宽松政策导致大量跨境资本流入新兴市场；2015 年的新一轮加息，导致美元升值，新兴市场面临汇率贬值、资本外流等巨大压力；2018 年，美国悍然发起大规模对华贸易争端，先后通过所谓的"301 调查"结果、"战略竞争法案"等一系列操作，对我国商品进行大规模的大额关税征收。诸如以上种种事件，均对我国外汇市场和国内经济产生巨大的冲击。

关于外部冲击对汇率影响的理论自 20 世纪中叶开始被学者重视。1936 年，凯恩斯提出经济发展过程中必然存在周期性波动的理论，且经济周期主要受资本边际效率和资本有效需求的影响。尽管以今天的眼光来看，凯恩斯提出该理论时对外部冲击因素考虑并不够完善，但该理论为后来的研究提供了一个分析框架。Kydland 和 Prescott（1977）提出真实经济周期（real business cycle，RBC）理论，在凯恩斯理论基础上引入经济体系之外的因素对经济周期变动产生影响，如技术创新带来的冲击，总结并提出"外部冲击"概念；将外部冲击分为需求冲击和供给冲击两种，更进一步还分为了促进的正冲击和导致衰退的负冲击。我国关于外部冲击较为系统的研究是刘金全（2000）、刘树成（2005）的研究。其中，前者将经济冲击进一步划分为内部冲击和外部冲击，内部冲击指经济体内部产生的、对系统造成一定影响的冲击，外部冲击指对系统造成影响需要一定的转移和渗透；后者从大宗商品价格大幅上涨、金融市场利率大幅波动等因素入手，深入分析了外部冲击给全球主要经济体带来的负面作用。

对人民币汇率产生影响的国际因素很多，如国际大宗商品价格、国际原油价格、地缘局势剧变、国际热钱流入、局部战争、新冠疫情等突发因素，都可能会对人民币汇率波动产生影响。但就我国当前国内外环境而言，美元仍然是世界最重要的货币，美国市场可以说是世界经济的"晴雨表"，多年来其 GDP 全球占比维持在 25%附近。因此，其内部稳定对中国乃至对世界经济的稳定都具有举足轻重的作用，其货币政策、产出情况等方面的波动，会对我国产生更为直接、更为持久、更为剧烈的影响。这也是本书在考虑外部冲击时，没有考虑资源因素和突发因素，而将外部冲击限定在对人民币汇率和我国经济影响最为持久的因素，也就是将外部冲击限定在美国的货币政策冲击、产出冲击和货币供应量冲击三个方面的原因。

伴随着中美战略性竞争格局的形成，我国外汇市场面临更大的压力，外部冲击致使人民币汇率出现剧烈震荡，并将冲击引入国内市场，进一步加大了宏观调控难度。面对当前局面，我国提出了以国内大循环为主体、国内国际双循环相互促进的新发展格局，以实现"稳增长、促改革、调结构"的大转变，着力疏通要素与资源的流动渠道，更有力地对抗外部冲击对人民币汇率及我国宏观经济的影响，保证改革和经济的平稳增长。针对外部冲击对人民币汇率波动的影响，本章建立"外部冲击来源—风险作用机理—风险传导机理"的分析框架，解决外部冲击对人民币汇率波动风险溢出效应度量、传导机理和传导路径分析等问题。

5.2　外部冲击体系指标构建

5.2.1　外部冲击指标来源与甄选

为了实现典型外部冲击的衡量，本章从国外货币政策冲击、国外产出冲击和国外货币供应量冲击角度出发，选取美元对人民币汇率中间价作为人民币汇率的具体化参量，并将外部冲击具体化为以美国利率冲击为代表的国外货币政策冲击、以美国 GDP 为代表的国外产出冲击、以美国通货膨胀水平为代表的国外货币供应量冲击，以期为解释人民币汇率波动影响提供新视角。三项因素的含义及选取依据如下。

（1）货币政策冲击（美国利率，IR）：利率能够表征一国的货币政策，在汇率波动中起着重要作用，尤其是考虑到美国金融中心的地位，美国利率波动对人民币汇率的影响不可忽视。因此，选取美国联邦基金利率表征货币政策冲击。

（2）产出冲击（美国产出，GDP）：美国产出波动会影响其国内消费、生产等一系列因素，在美国作为我国第三大贸易伙伴的现实背景和我国依靠出口拉动经济的现阶段国情下，美国产出波动对人民币汇率具有不可忽视的影响。因此，选取美国 GDP 表征产出冲击。

（3）货币供应量冲击（美国通货膨胀水平，IF）：货币超发时会导致物价上涨、通货膨胀升高等问题，CPI 能够反映出生活消费品价格和服务项目价格变动趋势与程度。因此，在构建国外货币供应量冲击时，选取美国通货膨胀水平（以美国 CPI 度量）作为货币供应量冲击。

5.2.2　外部冲击指标体系结构特征

关于人民币汇率波动风险的研究中，部分文献以 2005 年 "7·21 汇改" 为界，部分以 2015 年的 "8·11 汇改" 为界。其中，前者代表性研究有韩国高等（2011）、胡根华（2015）、徐国祥和杨振建（2013），以及田涛等（2015）、白晓燕和唐晶星（2013）、杨雪峰（2012）的研究。后者代表性研究有彭红枫和祝小全（2019）、孟庆斌等（2019）、丁剑平等（2020），以及杨甜婕和邓富华（2019）、黄翰庭（2017）的研究。

2005 年 7 月的汇率改革标志着人民币汇率制度由单一盯住美元转变为参考一篮子货币，2015 年的人民币 "8·11 汇改" 是 2005 年 "7·21 汇改" 的一个延续，是稳步推进汇率市场化改革以及加快实现人民币国际化的有力举措。人民币汇率实际上只是针对美元单边升值，人民币对其他国家货币汇率的走势与美元相差较大，汇率体制改革目标依旧定位于保持对美元汇率的稳定。所以，本章采取 2005 年后外部冲击对人民币汇率波动风险机理进行研究，又针对美国在世界经济、金融中占有中心地位的实际情况，采取美元对人民币汇率中间价表征人民币汇率实际变化情况（ER），数据样本为 2005 年 8 月～2020 年 12 月的月度数据。

对人民币汇率、美国利率、美国产出和美国通货膨胀水平进行对数差分处理，通过 ADF 检验和 PP（Phillips-Perron）检验，数据满足平稳性要求。数据描述统计结果如表 5-1 所示。

表 5-1　数据统计特性描述

参数	均值	标准差	偏度	峰度	JB 检验	P 值
ER	−0.001	0.009	0.824	4.059	142.777	0.000
IR	−0.004	0.325	−0.803	5.808	269.261	0.000
GDP	0	0.001	−2.051	6.314	418.401	0.000
IF	0.002	0.003	−1.389	9.783	763.416	0.000

资料来源：根据 Wind 数据库整理

注：JB 检验即 Jarque-Bera 检验

5.3　外部冲击对人民币汇率波动的溢出风险

在进行完指标构建后，本节着重进行外部冲击对人民币汇率波动风险溢出效应的实证检验。鉴于表 5-1 反映的尖峰厚尾问题，本节构建静态 Copula 模型，并在此基础上进行动态 Copula 模型的构建，通过 ARMA-GARCH（autoregressive moving average-generalized autoregressive conditional heteroskedasticity，自回归滑动平均-广义自回归条件异方差）模型和静态、动态 Copula 模型实现尾部依赖关系的精准度量；之后利用 VaR（value at risk，在险价值）模型和回溯检验等技术，对危机到来前是否会释放波动信号进行进一步研究。

5.3.1　Copula 模型动态机理及 VaR

1. 风险溢出研究框架

Copula 一词最早是斯科拉（Sklar）在 1959 年提出的，Copula 方法最初应用于统计学领域，但近年来在金融领域得到了广泛的应用。Copula 是一种多维概率分布函数，可以用来描述多变量间的相依关系。本节使用 Copula 方法来讨论外部冲击与人民币汇率之间的关系，下面简要介绍二元 Copula 模型。

令随机变量 x_1 和 x_2 的累积密度函数分别为 $F_1(x_1) = P(X_1 < x_1)$ 和 $F_2(x_2) = P(X_2 < x_2)$，经过概率积分变换后，累积密度函数变为均匀分布 u_1 和 u_2，x_1 和 x_2 的联合累积概率分布可表示为

$$F(x_1, x_2) = P(X_1 < x_1, X_2 < x_2)$$
$$= C\big(F(x_1), F(x_2)\big) = C(u_1, u_2)$$

$$f(x_1, x_2) = \frac{\partial^2 F(x_1, x_2)}{\partial x_1 x_2} = \frac{\partial^2 C(u_1, u_2)}{\partial u_1 u_2} \times \prod_{i=1}^{2} \frac{\partial F_i(x_i)}{\partial x_i}$$
$$= C(u_1, u_2) \times f_1(x_1) \times f_2(x_2)$$

通过上述推导可知，联合密度函数由 Copula 函数和两个边缘函数组成，因此可以设置边缘函数，并用特定的 Copula 函数来描述它们之间的关系。

图 5-1 为本节的研究框架。本节主要从变量间的相依关系入手，利用 GARCH 理论、静态和动态 Copula 模型、VaR 理论，进行外部冲击对人民币汇率的影响研究。

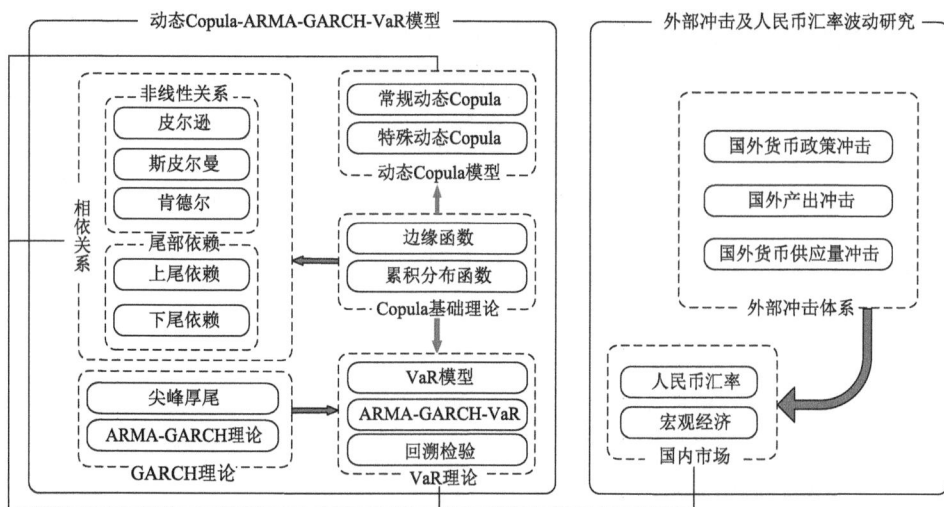

图 5-1　风险溢出影响机理

2. ARMA-GARCH 的边缘分布构建

为了刻画金融数据中高异方差性，也就是收益率数据的波动性随时间而变化这一特性，本节选取 ARMA-GARCH 模型用于捕捉金融数据的该特性。在进行 ARMA-GARCH 建模前，需要对残差序列的分布进行假设并利用最大似然方法对 ARMA-GARCH 模型的参数值进行估算。由于金融数据普遍存在着高异方差和尖峰厚尾等特性，一般的正态分布假设并不能很好地实现对金融残差数据的刻画。考虑到数据的异方差性、波动率聚集性等特性，本节选择 ARMA(p, q)-GARCH(1, 1) 模型，其密度函数如式（5-1）～式（5-3）所示。

$$\mu_t = f_0 + \sum_{i=1}^{m} f_i \mu_{t-i} + \varepsilon_t - \sum_{j=1}^{n} \theta_j \varepsilon_{t-j} \tag{5-1}$$

$$\varepsilon_t = \sigma_t \eta_t, \quad \eta_t \sim N(0,1) \tag{5-2}$$

$$\sigma_t^2 = \eta_0 + \sum_{i=1}^{p} \eta_i \varepsilon_{t-i}^2 + \sum_{j=1}^{q} \lambda_j \sigma_{t-i}^2 \tag{5-3}$$

式（5-1）为 ARMA 模型表达式，式中符号 m 表示 AR 参数，符号 n 表示 MA 参数；式（5-2）中符号 ε_t 表示残差项，符合异方差特性；式（5-3）为 GARCH 模型表达式，式中符号 p 和 q 表示 GARCH 模型的参数。

3. IFMs 参数估计

当 Copula 函数和 ARMA-GARCH 模型中参数较多时，直接使用极大似然对参数进行估算十分耗时，本节采取 Joe（2005）提出的两阶段边缘推断函数（inference function for margins，IFMs）方法分别估计 ARMA-GARCH 和 Copula 参数，IFMs

分为两步执行，方法的估计具有一致性和渐近正态性。

第一阶段，分别考虑两个边缘分布的对数似然函数，具体如下：

$$\hat{\theta}_{i,\text{MLE}} = \arg\max \sum_{t=1}^{T} \sum_{i=1}^{2} \ln f_i(x_{it}; \theta_i)$$

第二阶段，将第一阶段估算的结果进一步分解，可以得到如下形式：

$$\hat{\varphi}_{i,\text{MLE}} = \arg\max_{\varphi} \sum_{t=1}^{T} \ln c\left(F_1\left(x_{1t}; \hat{\theta}_1\right), F_2\left(x_{2t}; \hat{\theta}_2\right)\right)$$

4. VaR 度量

Morgan 等（2000）开创性地提出了 VaR 理论，用于进行金融领域中的风险测度和控制。VaR 是指在一定的置信水平下，在一定的时间段内潜在损失最大。根据定义，给定置信水平 α，1 天 VaR 如下：

$$P(R_{t+1} \leqslant \text{VaR}_{\alpha}) = \alpha \tag{5-4}$$

其中，R_{t+1} 表示资产收益率。其基本含义是：已知当天收益的情况下，未来 1 天有 $(1-\alpha)\%$ 的可能性，确定资产或投资组合的损失不会超过 VaR_{α} 的金额。α 通常设定为 5%或 1%。α 值越低，风险越小。

5.3.2 Copula 参数估计及尾部风险作用分析

1. 边缘分布参数估计

针对变量的尖峰厚尾特性构建其边缘分布，利用前述构建的 ARMA(m, n)-GARCH(p, q)模型对残差数据进行拟合并评估模型参数。在利用 ARMA(m, n)-GARCH(p, q)模型拟合前需要判定参数 m、n、p 和 q 的数值，本节选取应用最为广泛的 GARCH$(1, 1)$，通过检验对 ARMA(m, n)进行判断，最终确定模型为 ARMA$(1, 1)$-GARCH$(1, 1)$。表 5-2 为利用 ARMA$(1, 1)$-GARCH$(1, 1)$模型对残差数据进行拟合的边缘分布结果，其中，Miu 表示常数项，Ar1 表示自回归系数，Ma1 表示移动平均系数，Omega 表示异方差常数项，Alpha1 和 Beta1 表示 GARCH 模型的系数，Gamma1 表示期望值计算的系数，Shape 表示 t 分布的系数。

表 5-2　ARMA(1, 1)-GARCH(1, 1)结果

参数	人民币汇率	美国利率	美国 GDP	美国通货膨胀水平
Miu	−0.056	0.005	0.065	0.171
Ar1	0.766	−0.205	0.954	0.091
Ma1	−0.463	0.150	0.950	0.291

续表

参数	人民币汇率	美国利率	美国 GDP	美国通货膨胀水平
Omega	0.073	−0.044	−1.474	−0.770
Alpha1	−0.067	−1.177	−0.080	0.010
Beta1	0.993	0.954	0.849	0.732
Gamma1	1.696	0.739	1.029	0.600
Shape	2.100	1.927	3.152	3.954

利用 ARMA(1, 1)-GARCH(1, 1)模型建立边缘分布,之后计算出外部冲击数据和人民币汇率数据的拟合参数值,据此还可以进一步判断外部冲击数据和人民币汇率数据是否具有厚尾特征和尖峰特性,尤其是美国利率、美国产出数据,呈现出极为明显的厚尾特征和尖峰特性。这也说明了引入 Copula 族模型进行尾部风险评估的必要性。

2. 尾部关系动态度量

表 5-3、表 5-4、表 5-5 分别展示了人民币汇率与以美国利率冲击为代表的国外货币政策冲击、以美国 GDP 为代表的国外产出冲击和以美国通货膨胀水平为代表的国外货币供应量冲击构建的分析组合结果。表中展示了 10 种 Copula 函数(6 种常用 Copula、2 种旋转 Copula、2 种时变 Copula)的参数估计值,包括上尾依赖关系、下尾依赖关系和时变依赖关系。由于 10 种 Copula 构建模式的不同,每种类型的 Copula 函数能够表征的内容不同,总结为:Gaussian Copula 不能度量尾部依赖关系;Clayton Copula 不能度量上尾依赖关系;Rotated Clayton Copula 不能度量下尾依赖关系;Frank Copula 不能度量尾部依赖关系;Gumbel Copula 不能度量下尾依赖关系;Rotated Gumbel Copula 不能度量上尾依赖关系;Student-t Copula 不能区分上下尾依赖关系,其度量的上下尾依赖程度一致;SJC Copula 能度量上下尾依赖关系。

表 5-3　人民币汇率与货币政策冲击的 10 种类型 Copula 结果

模型	下尾 lambda	上尾 lambda	AIC
Gaussian Copula	—	—	−41.599
Clayton Copula	0.033	—	−46.765
Rotated Clayton Copula	—	0.015	−44.227
Frank Copula	—	—	−42.156
Gumbel Copula	—	0.127	−58.250
Rotated Gumbel Copula	0.139	—	−70.020

续表

模型	下尾 lambda	上尾 lambda	AIC
Student-*t* Copula	0.027	0.027	−72.407
SJC Copula	0.072	0.018	−78.049
时变正态 Copula	0.155	0.155	−73.214
时变 SJC Copula	0.027	0.094	−79.274

注：AIC 的全称为 Akaike information criterion（赤池信息量准则）

表 5-4　人民币汇率与产出冲击的 10 种类型 Copula 结果

模型	下尾 lambda	上尾 lambda	AIC
Gaussian Copula	—	—	−19.049
Clayton Copula	0.002	—	−23.637
Rotated Clayton Copula	—	0.001	−14.721
Frank Copula	—	—	−15.449
Gumbel Copula	—	0.122	−13.389
Rotated Gumbel Copula	0.122	—	−23.405
Student-*t* Copula	0.010	0.010	−32.181
SJC Copula	0.019	0.001	−28.944
时变正态 Copula	0.089	0.089	−30.845
时变 SJC Copula	0.019	0.0011	−37.409

表 5-5　人民币汇率与货币供应量冲击的 10 种类型 Copula 结果

模型	下尾 lambda	上尾 lambda	AIC
Gaussian Copula	—	—	−21.744
Clayton Copula	0.017	—	−29.699
Rotated Clayton Copula	—	0.005	−30.076
Frank Copula	—	—	−29.584
Gumbel Copula	—	0.122	−18.998
Rotated Gumbel Copula	0.122	—	−29.413
Student-*t* Copula	0.019	0.019	−34.019
SJC Copula	0.053	0.007	−30.846
时变正态 Copula	0.131	0.131	−39.713
时变 SJC Copula	0.014	0.066	−47.777

　　下面详细阐述人民币汇率与以美国利率冲击为代表的国外货币政策冲击的 Copula 结果，具体如表 5-3 所示，展示了 10 种 Copula 模型的结果，图 5-2 展示了时变 SJC Copula 模型结果的分布及走势情况。表 5-3 中"—"标注的内容表示该类型 Copula 模型无法表示该种尾部依赖关系。

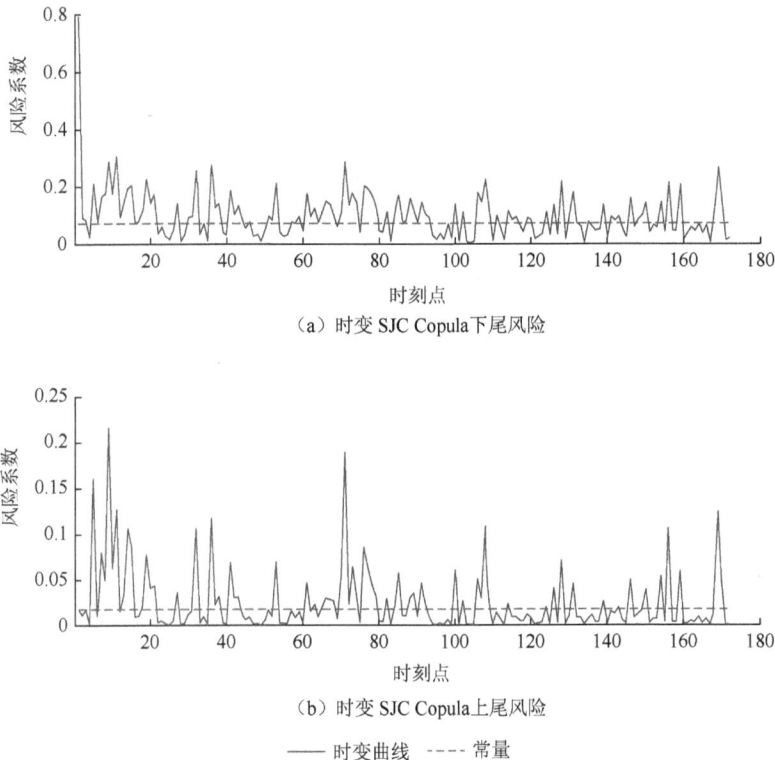

（a）时变 SJC Copula 下尾风险

（b）时变 SJC Copula 上尾风险

—— 时变曲线　---- 常量

图 5-2　人民币汇率与货币政策冲击的时变 SJC Copula 结果图

　　从表 5-3 可以看出，时变 SJC Copula 模型的 AIC 数值最小，为−79.274，是 10 种 Copula 模型通过 AIC 指标评价效果最好的。图 5-2 的结果详细描述了时变 SJC Copula 模型上尾依赖关系和下尾依赖关系的动态变化过程。图中虚线表示时变 SJC Copula 模型度量的上下尾依赖量的均值，是常量，而实线表示时变 SJC Copula 模型度量的动态数值。另外，表 5-3 中也具体标注了时变 SJC Copula 模型的上下尾依赖量的均值。

　　从图 5-2 中可以看出人民币汇率与美国利率无论是上尾依赖关系，还是下尾依赖关系都很高。虽然下尾依赖关系大多数点都分布在 0~0.2，上尾依赖关系大多数点都分布在 0~0.1，但下尾依赖关系个别的最高点甚至到达 0.8 附近，上尾依赖关系个别最高点到达 0.2 附近，且下尾依赖关系较上尾依赖关系整体程度更高。这说明人民币汇率波动受美国利率冲击很大，且说明极端事件能够推动人民币汇率与美国利率尾部依赖关系的提升。另外，人民币汇率与美国利率上尾依赖关系的均值仅为 0.027，整体不高，表明人民币汇率与美国利率在同涨方面并不是普遍现象，然而极端事件的发生却能够大幅提高两者同涨态势。而下尾依赖量较上尾依赖量普遍更高，说明受 2007 年美国次贷危机、2011 年美国央行货币政策大调整和 2018 年中美贸易争端等一系列重大事件的影响，利空消息对人民币汇率与美国利率尾部极值相关性的影响较利好消息更大。

　　表5-4 展示了人民币汇率与以美国GDP为代表的国外产出冲击的10种Copula模型的结果，图 5-3 展示了时变 SJC Copula 模型结果的分布及走势情况。表 5-4 中 "—" 标注的内容表示该类型 Copula 模型无法表示该种尾部依赖关系。

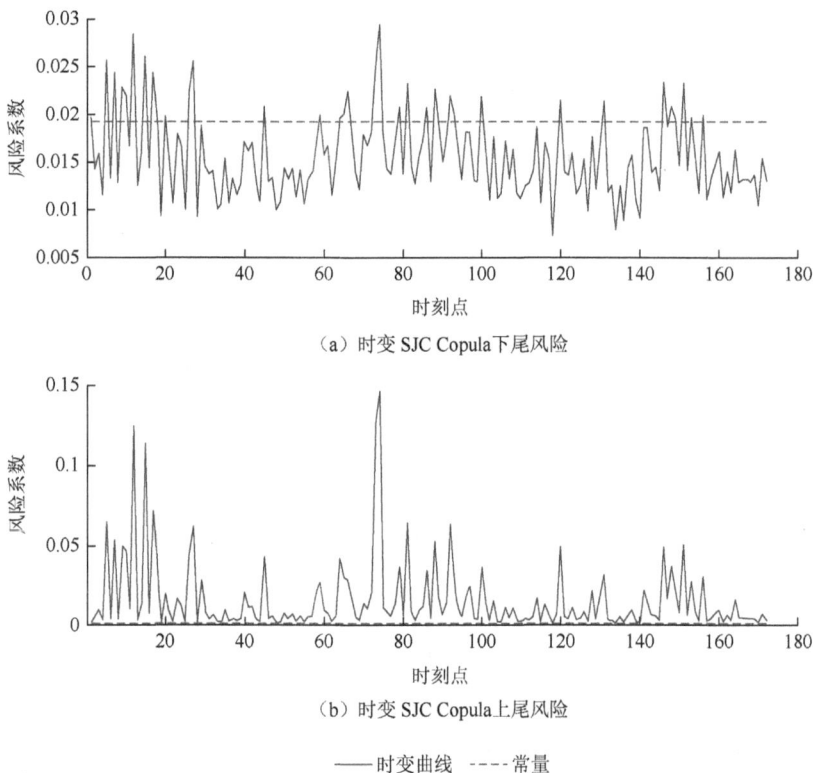

（a）时变 SJC Copula下尾风险

（b）时变 SJC Copula上尾风险

——时变曲线　----常量

图 5-3　人民币汇率与产出冲击的时变 SJC Copula 结果图

　　从表 5-4 可以看出时变 SJC Copula 模型依旧具有最小的 AIC 数值，为−37.409，是 10 种 Copula 模型中通过 AIC 指标评价效果最好的。图 5-3 的结果详细描述了时变 SJC Copula 模型上尾依赖关系和下尾依赖关系的动态变化过程。图中虚线表

示时变 SJC Copula 模型度量的上下尾依赖量的均值,为常量,而实线表示时变 SJC
Copula 模型度量的动态数值。另外,表 5-4 中也具体标注了时变 SJC Copula 模型
的上下尾依赖量的均值。

从图 5-3 中可以看出人民币汇率与美国 GDP 的下尾依赖关系绝对值很低,而
上尾依赖关系则较高,最高点甚至接近 0.15,但上尾依赖关系中绝大多数位置的
依赖程度很低,这说明极端事件能够催生人民币汇率与美国 GDP 上尾依赖关系的
大幅提升。与美国利率的尾部依赖关系分布不同的是,人民币汇率与美国 GDP 的
上尾依赖关系小幅度高于下尾依赖关系。从人民币汇率与美国 GDP 的上尾依赖关
系时序分布中可以看出两者尾部依赖关系持续较低,仅少数特殊事件导致上尾依
赖关系大幅暴涨并迅速回落,这与下尾中分布广泛的尖峰呈现出差异。

表 5-5 展示了人民币汇率与以美国通货膨胀水平为代表的国外货币供应量冲
击的 10 种 Copula 模型的结果,图 5-4 展示了时变 SJC Copula 模型结果的分布及
走势情况。表 5-5 中"—"标注的内容表示该类型 Copula 模型无法表示该种尾部
依赖关系。

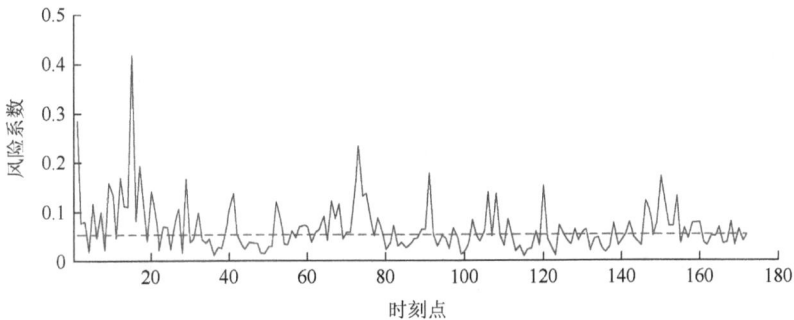

（a）时变 SJC Copula 下尾风险

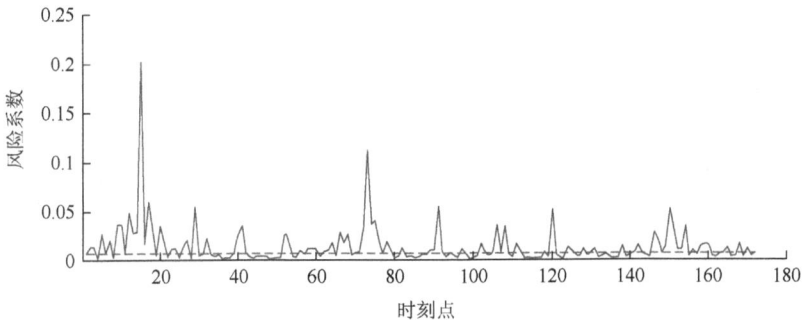

（b）时变 SJC Copula 上尾风险

——时变曲线　---- 常量

图 5-4　人民币汇率与货币供应量冲击的时变 SJC Copula 结果图

从表 5-5 可以看出时变 SJC Copula 模型的 AIC 数值最小，为 –47.777，是 10 种 Copula 模型中通过 AIC 指标评价效果最好的。

从图 5-4 中可以看出人民币汇率与美国通货膨胀水平的上下尾依赖关系有了大幅提升，介于与美国利率和美国 GDP 之间，低于美国利率，但高于美国 GDP。另外需要注意的是，人民币汇率与美国通货膨胀水平的下尾依赖关系较上尾依赖关系更高，这点在 SJC Copula 模型中也能看出。人民币汇率和美国通货膨胀水平的尾部依赖关系与人民币汇率和美国利率的尾部依赖关系更像，都是下尾依赖关系大幅高于上尾依赖关系，但美国通货膨胀水平的结果小于美国利率的结果，这说明在受到次贷危机、贸易争端等重大事件影响时，利空消息对人民币汇率与美国通货膨胀水平的尾部极值相关的影响较利好消息更大，但不如美国利率的结果分布明显。

5.3.3　人民币汇率风险测度计算及预测评估

为了评估人民币汇率受货币政策冲击、产出冲击和货币供应量冲击的风险大小，本节选取前述构建的 VaR 模型对四个变量进行评估。图 5-5 为四个变量在 1% 限定下的 VaR 模型分布图，表征了四个变量风险上下限特征的分布情况，其中短虚线表示 VaR 的上限分布边界，长虚线表示 VaR 的下限分布边界。从图 5-5 中

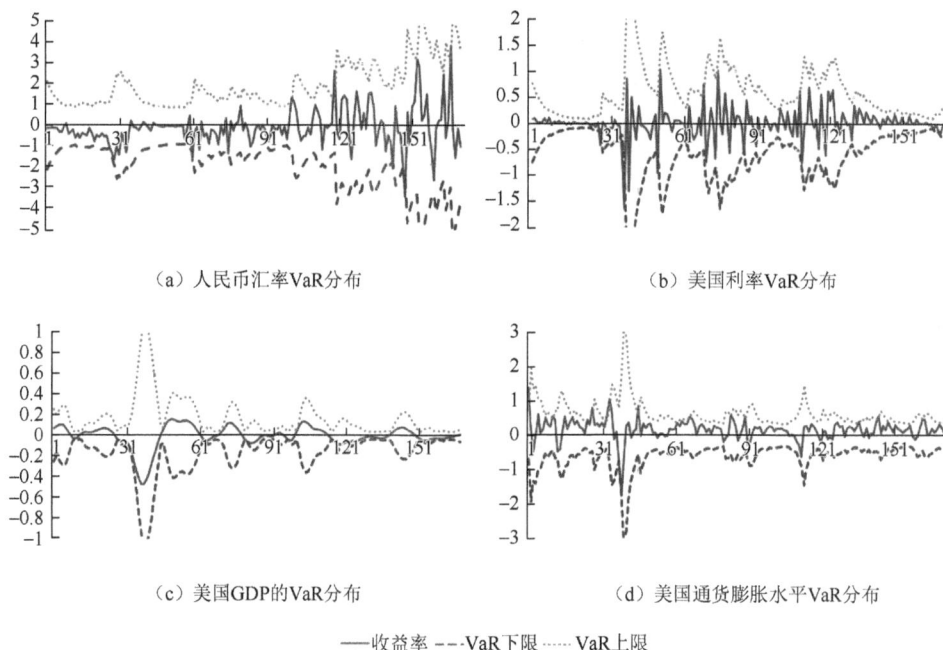

（a）人民币汇率VaR分布　　　　　　　　　　（b）美国利率VaR分布

（c）美国GDP的VaR分布　　　　　　　　　　（d）美国通货膨胀水平VaR分布

——收益率 – – –VaR下限 ······ VaR上限

图 5-5　VaR 分布边界图

可以看出，在给定 99%水平下的 VaR 结果中，人民币汇率的 VaR 值是四项中最大的，说明人民币汇率的风险较美国利率、美国 GDP、美国通货膨胀水平更明显。

图 5-6 为人民币汇率、美国利率、美国 GDP 和美国通货膨胀水平的信息冲击曲线分布图。从图 5-6 中可以看出，美国利率与另外三个变量不同，在信息冲击小于 0 时，也就是利空消息时下降十分迅速，而在信息冲击大于 0 时，也就是利好消息时，波动则极为平缓。另外三个变量，也就是人民币汇率、美国 GDP 和美国通货膨胀水平呈现出无论信息冲击大于 0 还是小于 0 都变化相对陡峭的情况，这说明这三个变量对消息相对更敏感，抗风险水平不如美国利率高。另外，美国 GDP 对利好消息的反应不如对利空消息的反应剧烈。

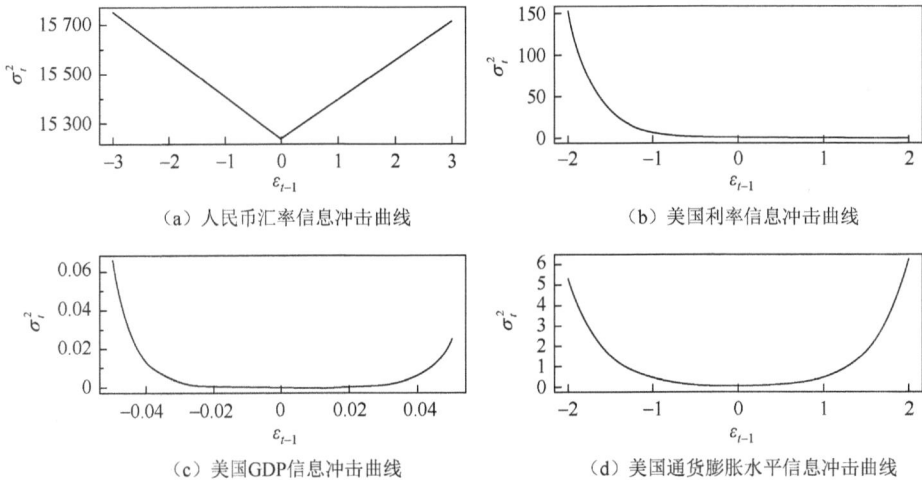

（a）人民币汇率信息冲击曲线　　　　　　（b）美国利率信息冲击曲线

（c）美国GDP信息冲击曲线　　　　　　（d）美国通货膨胀水平信息冲击曲线

图 5-6　信息冲击曲线分布图

金融数据聚集效应，指的是在大波动后会跟随一些相对微弱的波动，这些波动具有一定程度的记忆性和聚集性。针对这一特性，本节选用 VaR 模型和前述构建的 ARMA(1, 1)-GARCH(1, 1)模型对未来较大可能的波动进行提前预测，以起到提前预警的作用。因此，本节利用 ARMA(1, 1)-GARCH(1, 1)模型对人民币汇率、美国利率、美国 GDP 和美国通货膨胀水平这四个变量进行滚动拟合与预测。

图 5-7 和图 5-8 分别为人民币汇率、美国利率、美国 GDP 和美国通货膨胀水平的回溯检验图。从图中可以看出，在波动率剧烈波动前，图中标记为星号的点会落在密度曲线之下。例如，在图 5-7 展示的美国利率的回溯检验图中，在前部区域和后部区域中，有不少点落在了密度曲线之下，也就是说在美国利率剧烈波动前会释放一定的信号，由此提前防备，以降低损失。其他三个变量情况与美国利率的回溯检验图大体相似。

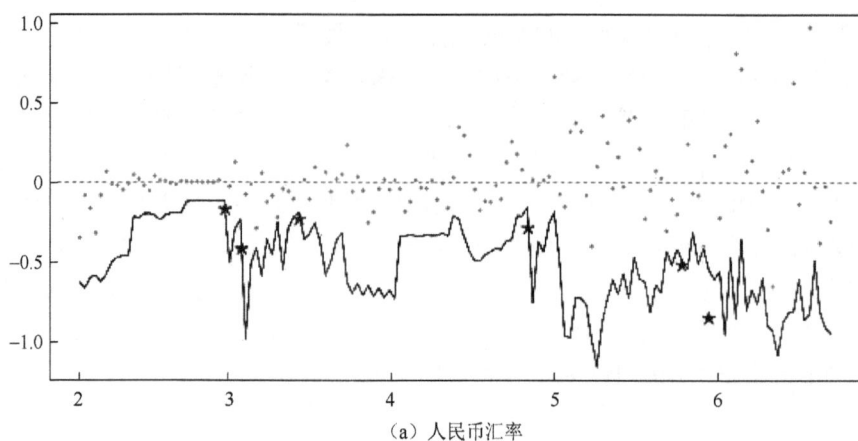

（a）人民币汇率

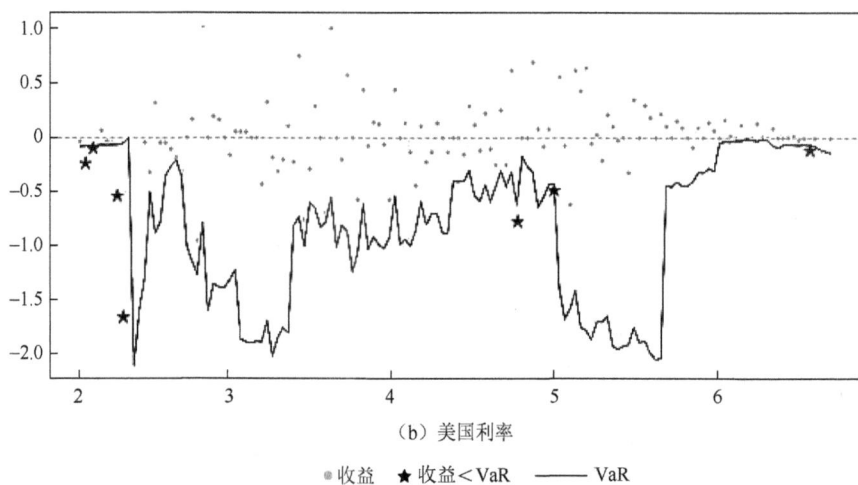

（b）美国利率

• 收益　★ 收益＜VaR　—— VaR

图 5-7　人民币汇率和美国利率回溯检验图

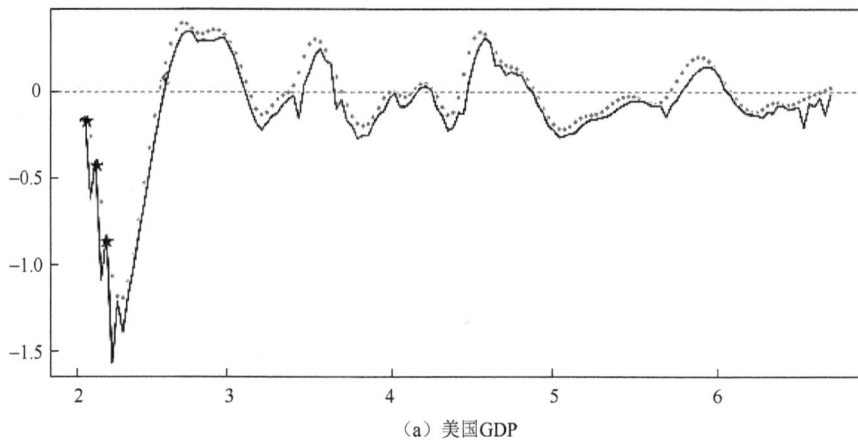

（a）美国GDP

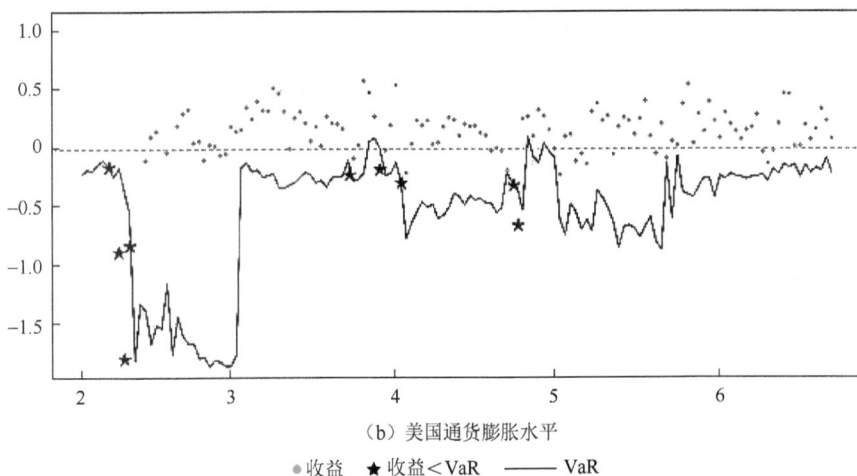

（b）美国通货膨胀水平

● 收益　　★ 收益＜VaR　　—— VaR

图 5-8　美国 GDP 和美国通货膨胀水平回溯检验图

通过前面的研究发现，每个变量对利空消息和利好消息的反应敏感度不同，利空消息能够比利好消息对市场产生更大程度的波动和影响，具有明显的杠杆效应。其中，人民币汇率和美国通货膨胀水平的尾部依赖关系对利空消息和利好消息的反应具有更好的对称性，但整体消息敏感程度在三者中最低；人民币汇率和美国利率的尾部依赖关系仅对利空消息敏感，对利好消息并不敏感，具有明显的非对称性；相较于利好消息，人民币汇率和美国 GDP 的尾部依赖关系对利空消息更为敏感，但整体幅度较人民币汇率和美国利率的尾部依赖关系低一些。

5.4　外部冲击对人民币汇率波动风险传导机制

在进行完外部冲击对人民币汇率波动风险度量后，本节重点对波动风险的传导机制进行检验。本节引入 DSGE 模型，采用"外部冲击来源—风险作用机理—风险传导机理"分析框架，进行汇率市场风险传导的建模，全方位、多层次地探究人民币汇率因外部冲击产生的波动风险的传导机理及传导路径。

5.4.1　基于 DSGE 的汇率市场风险传导机制模型构建

在构建 DSGE 模型时，本节主要借鉴了 Benigno G 和 Benigno P（2003）、Galí 和 Monacelli（2005）、刘尧成和徐晓萍（2010）的理论部分并进行了改进和拓展，从而实现两国 DSGE 模型的构建。本节构建的 DSGE 模型包括四个行为主体：家庭部门、国内企业部门、国外资本市场和政府部门，其中国内企业部门又细分为国内最终产品生产部门以及国内中间产品生产部门，具体逻辑结构如图 5-9 所示。

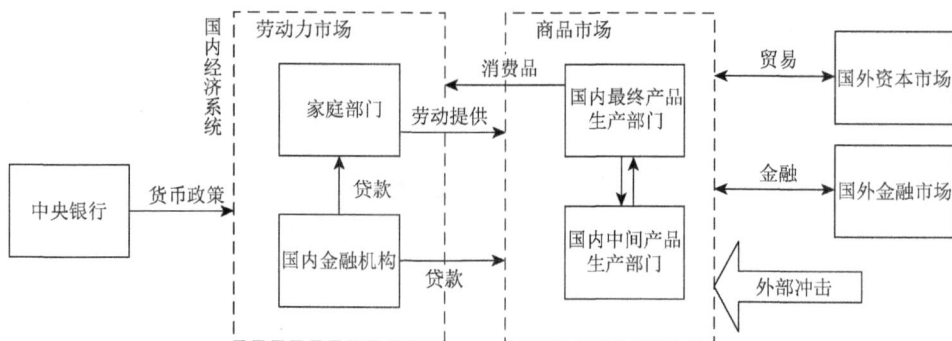

图 5-9　模型逻辑结构

在涉及公式符号时，本节做了如下约定，由于构建的 DSGE 模型包含了两国参数，在右上角标有"*"的为国外经济相关参数，未标注的为本国经济相关参数。

1. 家庭部门及决策模式

本节模型假设家庭部门的生命周期是无限的。如果考虑单一的家庭构成，则设定生命周期为无限明显是不切合实际的，但本节考虑的场景是在一个很长的过程中外部冲击、人民币汇率、宏观经济等变量的变化，将家庭部门生命周期设定为无限是考虑到通过家庭的繁衍可以长久地提供劳动力和消费，且本节中的家庭部门不是特指某个家庭，而是抽象地指代大众家庭，所以在此处将家庭部门生命周期设定为无限是可以成立的。在家庭部门的资产方面，可供选择的主要设定为国内和国外两种债券。

家庭部门另外一个设定是在约束下通过消费、劳动、储蓄的决策实现家庭效用的最优化。在消费方面，家庭部门通过购买国内商品、国外商品实现消费目标，在式（5-5）中引入了消费偏好参数来表征家庭部门的消费习惯。在提供劳动力方面，考虑的出发点与生命周期设定为无限相似，也就是从整体上对家庭部门进行考虑。另外，考虑到国内中间产品生产部门遵从垄断竞争方式，家庭部门依据各自不同的劳动供给能力，在劳动市场中具备一定的垄断竞争权力。在家庭的储蓄方面，可以通过持有国债、外债等方式进行资产储蓄，在式（5-5）中统一采取持有的货币量和商品价格总水平进行表示。具体的家庭部门效用方程如式（5-5）所示。

$$\max_{C_t,L_t,M_t} E_0 \sum_{t=0}^{\infty} \beta^t \left[\frac{C_t^{1-\sigma_C}}{1-\sigma_C} - \eta_L \frac{L_t^{1+\sigma_l}}{1+\sigma_l} + \eta_M \frac{(M_t/P_t)^{1-\sigma_m}}{1+\sigma_m} \right] \quad (5\text{-}5)$$

其中，E_0 表示家庭部门的初始期望算子，为先验算子；β 表示家庭部门的贴现因子，分布于(0, 1)区间；C_t 表示家庭部门的当期实际消费数额；σ_C 表示消费跨期替代系数的倒数；L_t 表示家庭部门提供的劳动量；M_t/P_t 表示货币储备量，其中 M_t 表示货币持有量，P_t 表示消费总指数，即 CPI 指数；σ_l 表示劳动供给弹性系数的倒数；σ_m 表示货币需求弹性系数的倒数。η_L 和 η_M 分别决定家庭部门劳动和货币储蓄的稳态量。

从式（5-5）中能够看出，家庭部门的效用方程与其当期消费量和货币储备量呈现出正向的关系，但与其提供的劳动量呈现出负向关系，也就是家庭当期消费越高、货币储备量越高，家庭效用越大，但提供劳动力越多，则家庭效用越小，因此，如何在三者之间进行权衡与抉择是实现效用方程最大化的关键。

接着分析家庭部门在第 t（$t = 1, 2, \cdots$）期的收入情况，其在第 t 期持有名义货币余额为 M_{t-1}，持有国内债券 B_t 和国外债券 B_t^*，两种债券对应名义利率分别为 R_{t-1} 和 R_{t-1}^*。家庭部门在第 t 期提供的劳动量为 L_t，家庭部门通过劳动获得的报酬为 $W_t L_t$，其中 W_t 表示家庭劳动量 L_t 对应的名义工资。I_t 表示家庭投资额。T_t 和 $\prod_t$ 表示家庭部门向政府缴纳的税额和从国内中间产品生产部门获得的红利，S_t 表示名义汇率。在第 t 期家庭部门的分配情况主要体现在四方面，主要是用于消费的 $P_t C_t$、用于储蓄的 M_t、用于购买下期债券的 B_{t+1} 和用于租赁的 K_t。综上，可以构建出家庭部门的预算约束情况，如式（5-6）所示。

$$P_t C_t + P_t I_t + B_{t+1} + S_t B_{t+1}^* + M_t$$
$$\leqslant W_t L_t + R_{t-1} B_t + r_t^K P_t K_t + M_{t-1} + R_{t-1}^* S_t B_t^* + \prod\nolimits_t - T_t \qquad (5\text{-}6)$$

从式（5-6）可看出，家庭部门也能够通过租赁等手段获得财富，并进一步通过此种手段不断扩大自身存量，具体模式如式（5-7）所示。

$$K_t = (1 - \delta) K_{t-1} + I_t \qquad (5\text{-}7)$$

其中，δ 表示折旧率；K_t 表示第 t 期的资本存量；I_t 表示第 t 期的家庭投资。

名义利率 R_t^* 满足 AR(1) 的过程，回归系数满足 $\rho_{R^*} < 1$，具体如下：

$$R_t^* = \rho_{R^*} R_{t-1}^* + \varepsilon_{R,t}$$

根据拉格朗日函数得到家庭部门效用最大化函数如式（5-8）所示。

$$\Gamma = E_0 \sum_{t=0}^{\infty} \beta^t \left[\frac{C_t^{1-\sigma_C}}{1-\sigma_C} - \eta_L \frac{L_t^{1+\sigma_l}}{1+\sigma_l} + \eta_M \frac{(M_t / P_t)^{1-\sigma_m}}{1+\sigma_m} \right]$$
$$+ \lambda_t \left(\begin{array}{l} W_t L_t + R_{t-1} B_t + r_t^K P_t K_t + M_{t-1} + R_{t-1}^* S_t B_t^* \\ + \prod\nolimits_t - T_t - P_t C_t - P_t I_t - B_{t-1} - S_t B_{t-1}^* - M_t \end{array} \right) \qquad (5\text{-}8)$$

其中，λ_t 表示拉格朗日乘子，影响预算约束平衡。家庭部门通过消费、劳动、债券、储蓄的方式实现效用最大化，则一阶条件分别要求 $\dfrac{\partial \Gamma}{\partial C_t} = 0$、$\dfrac{\partial \Gamma}{\partial L_t} = 0$、$\dfrac{\partial \Gamma}{\partial B_t} = 0$、$\dfrac{\partial \Gamma}{\partial M_t} = 0$，从而得到如下的一阶条件方程：

$$C_t^{-\sigma_c} = \frac{\beta E_t C_{t+1}^{-\sigma_c} R_t P_t}{P_{t+1}}$$

$$L_t^{-\sigma_l} = \frac{W_t C_t^{-\sigma_c}}{P}$$

$$\left(\frac{M_t}{P_t}\right)^{-\sigma_m} = \frac{C_t^{-\sigma_c}(R_t - 1)}{R_t}$$

$$\frac{R_t}{R_t^*} = \frac{E_t S_{t+1}}{S_t}$$

2. 国内企业部门及决策模式

在 Galí 和 Monacelli（2005）、Benigno 等（2012）的模型中，企业部门进一步细分为国内最终产品生产部门和国内中间产品生产部门。

1）国内最终产品生产部门

国内最终产品生产部门在第 t 期的生产函数可以由式（5-9）表示，其设定为生产技术没有剧烈波动，规模对应的报酬也相对稳定。

$$Y_t = \left[\int_0^1 Y_t(j)^{(\varepsilon_p - 1)/\varepsilon_p} \, \mathrm{d}j\right]^{(\varepsilon_p - 1)/\varepsilon_p} \tag{5-9}$$

其中，$Y_t(j)$ 表示第 j 个中间产品生产部门的产品；ε_p 表示中间产品生产部门间生产产品的需求替代弹性。在需求替代弹性 ε_p 趋近于 ∞ 时，可看出指数 $(\varepsilon_p - 1)/\varepsilon_p$ 趋近于 1，此时生产函数 Y_t 无限接近线性函数，表示不同的中间产品生产部门间的产品能够完全彼此替代；在需求替代弹性 ε_p 趋近于 1 时，指数 $(\varepsilon_p - 1)/\varepsilon_p$ 趋近于 0，此时生产函数符合柯布-道格拉斯效用结构。因此，一般要求需求替代弹性 ε_p 的区间为 $(1,\infty)$，也就是中间产品生产部门间的产品能够部分替代，但不能够完全替代，具备一定程度的垄断能力，最终产品生产部门具备一定程度的定价能力。

在构架完生产函数后，可以构建最终产品生产部门的效用函数，具体如式（5-10）所示。

$$\max_{Y_t(j)} P_t Y_t - \int_0^1 P_t(j) Y_t(j) \mathrm{d}j$$
$$= \max_{Y_t(j)} P_t \left[\int_0^1 Y_t(j)(\varepsilon_p - 1)/\varepsilon_p \mathrm{d}j\right]^{(\varepsilon_p - 1)/\varepsilon_p} \tag{5-10}$$

其中，P_t 表示最终产品生产部门对商品的定价；$P_t(j)$ 表示中间产品的价格，进一步可以构建出 $Y_t(j)$ 的需求函数，如式（5-11）所示。

$$Y_t(j) = \left[\frac{P_t(j)}{P_t}\right]^{-\varepsilon_p} Y_t \tag{5-11}$$

从式（5-11）可以看出，$Y_t(j)$ 依赖于相对价格和需求替代弹性 ε_p。在给定 P_t

时，中间产品生产部门 j 的 $Y_t(j)$ 为递减的曲线，也就是说中间产品的价格 $P_t(j)$ 上升，对应中间商品 j 的需求 $Y_t(j)$ 会降低。进一步可以构建出名义总产出的公式，具体如下所示：

$$P_t Y_t = \int_0^1 P_t(j) Y_t(j) \mathrm{d}j$$

最终构建出总价格水平指数 P_t 的表达式，具体如下所示：

$$P_t = \left[\int_0^1 P_t(j)^{1-\varepsilon_p} \mathrm{d}j \right]^{1/(1-\varepsilon_p)}$$

2）国内中间产品生产部门

在 DSGE 模型设定中，每个中间产品生产部门仅生产一种不同于其他中间厂商的商品，进而能够处于垄断竞争状态，实现垄断竞价，且中间产品生产部门 j 连续且满足 $j \in [0,1]$。利用柯布-道格拉斯生产函数对生产资本和劳动力进行组合，构建出如式（5-12）所示的中间产品生产部门 $Y_t(j)$ 的生产函数：

$$Y_t(j) = A_t N_{j,t}^\alpha L_{j,t}^\alpha \qquad (5\text{-}12)$$

其中，$N_{j,t}$ 表示生产部门的生产资本；$L_{j,t}$ 表示提供的劳动力；α 表示对应资本在生产中所占据的份额程度；A_t 表示技术进步率冲击，其满足 AR(1)过程，如下所示：

$$A_t = \rho_A A_{t-1} + \varepsilon_{A,t}$$

其中，ρ_A 表示 AR(1)的回归系数，满足 $\rho_A < 1$；$\varepsilon_{A,t}$ 表示回归方程中的随机扰动项，满足 $\varepsilon_{A,t} \sim$ i.i.d $N(0, \sigma_A^2)$。关于中间产品生产部门商品价格形成的机制参考 Goldoost 等（2019）的设定，引入价格黏性到本节中。假定中间产品生产部门不能随意调整中间商品的价格，而是在收到调整信息后再进行调整，即每期按照 $1-\theta$ 的概率对中间商品的价格进行调整，也就是每期不调整中间商品价格的企业比例为 θ。中间产品生产部门的优化求解需要按照两步进行：①计算最小边际成本；②引入价格黏性机制，求解中间产品生产部门的最大化利润。中间产品生产部门的实际边际成本如下所示：

$$\mathrm{MC}_t = \frac{\varphi_t}{P_t} = \frac{W_t}{A_t P_t}$$

结合实际边际成本和前述的中间商品价格调整概率 $1-\theta$，可以构建出中间产品生产部门的最大化利润方程，具体如下所示：

$$\max_{P_t(j)} E_t \sum_{i=0}^\infty (\beta\theta)^i \left[\left(\frac{P_t(j)}{P_{t+i}} \right)^{1-\varepsilon_p} Y_{t+i} - \mathrm{MC}_{t+i} \left(\frac{P_t(j)}{P_{t+i}} \right)^{-\varepsilon_p} Y_{t+i} \right]$$

对应的通货膨胀率为 $\pi = P_t / P_{t-1}$。

3. 国外资本市场及决策模式

近年来，以美国为首的西方国家先后挑起贸易争端，在此种不利局势下，习近平提出"构建以国内大循环为主体、国内国际双循环相互促进的新发展格局"[①]。这是适应我国比较优势和社会主要矛盾变化、适应国际环境复杂深刻变化的迫切要求，是当前和未来较长时期我国经济发展的战略方向。"双循环"新发展格局的提出也对人民币汇率政策制定和人民币汇率波动造成一定程度的影响，不可忽略。

通常，国内最终产品生产部门生产的商品会部分用于国内消费，另外一部分会出口到国外。相应地，也会从国外进口部分商品为国内消费所用。关于国外市场和产品的假设，本节借鉴 Galí 和 Monacelli（2005）的假设，即每个国家生产的产品是差异商品，国内出口数量的多少依据进口量需求而定，国外贸易品出口部门由连续分布于[0, 1]区间内的贸易品厂商构成。每个厂商只生产一种产品，不同厂商的产品存在一定差异，因此每个厂商都获得了一定的垄断能力，贸易品市场处于垄断竞争状态。关于进口商对商品定价方面的设定，本节模型参考 Calvo（1983）的定价策略，即只有国外价格水平或名义汇率变化时，才进行价格的调整，否则紧盯上期通胀水平进行调整。假设第 t 期时，我国从 k 个国家进口商品，则可建立如式（5-13）所示的效用最大化方程：

$$\max_{M_t^k, M_t^{ki}} \left(P_{k,t}^M M_t^k - \int_0^1 P_t^i M_t^{ki} \mathrm{d}i \right) \tag{5-13}$$

其中，$P_{k,t}^M$ 表示对我国出口商品的 k 个国家的整体价格水平；P_t^i 表示第 i 个国家的价格水平；M_t^k 表示第 t 期我国从 k 个国家进口商品的总需求量；M_t^{ki} 表示第 t 期我国从 k 个国家中的第 i（$1 \leqslant i \leqslant k$）个国家进口商品的总需求量，具体如式（5-14）所示。

$$M_t^k = \left[\int_0^1 \left(M_t^{ki} \right)^{\frac{\varepsilon_p^*}{\varepsilon_p^* - 1}} \mathrm{d}i \right]^{\frac{\varepsilon_p^*}{\varepsilon_p^* - 1}} \tag{5-14}$$

其中，ε_p^*（$0 < \varepsilon_p^* < +\infty$）表示进口的国外商品被替换的弹性程度，$\varepsilon_p^*$ 越大，该商品越容易被替换，否则越难被替换。通过对国外价格水平和我国进口量的分析，可以构建出我国出口量的方程，如式（5-15）所示。

$$X_t = \left(\frac{P_t / S_t}{P_t^*} \right)^{-\varepsilon_p^*} M_t^* \tag{5-15}$$

其中，P_t^* 表示外国价格水平；M_t^* 表示我国从国外进口商品的总量；S_t 表示名义

---

① 《国家中长期经济社会发展战略若干重大问题》，http://www.gjbmj.gov.cn/n1/2020/1102/c409080-31914598.html，2020 年 11 月 2 日。

汇率。由于本节只以我国经济情况为主体进行分析，所以将 M_t^* 和 P_t^* 考虑成外生变量，也就是我国出口量由国内外价格比例和他国总的进口需求量决定。

根据前述推导，可以进一步构建出我国净出口的方程，具体如下所示：

$$\text{NX}_t = P_t X_t - P_t^M M_t$$

外生变量 M_t^* 和 P_t^* 满足 AR(1) 过程，回归系数满足 $\rho_{M^*} < 1$、$\rho_{\pi^*} < 1$，π^* 表示国外通货膨胀水平，如下式所示：

$$M_t^* = \rho_{M^*} M_{t-1}^* + \varepsilon_{M,t}$$

$$\pi_t^* = \rho_{\pi^*} \pi_{t-1}^* + \varepsilon_{\pi,t}$$

4. 政府部门及决策模式

关于政府部门的定位，在国内很多文章中直接以国内中央银行表征，但实际上这严重不符合中国实际情况。中央人民政府对于货币政策、对外决策等方面的影响极为巨大，甚至在很多层面超过中央银行，所以仅使用中央银行作为政府部门是不准确的。鉴于此，本节设定的政府部门属于一个广义的政府，包含了中央银行和广义政府部门，为简单起见直接使用中央银行和政府部门表述。政府部门的收入有两项，两渠道分别是征收赋税和发行债券；其支出也主要包括两项，分别是国内外产品的总消费和发行债券的利息支付。

中央银行通过货币政策的方式实现宏观经济的调控。在西方发达国家利率市场化的过程中，经历了从以数量型货币政策为主导到以价格型货币政策为主导的货币政策过程。相较于数量型货币政策而言，价格型货币政策由于其具有更优良的信息传递效率、更加透明等特点更具优势。当前，我国国内经济总量位居全球第二，且国内外经济形势越来越复杂，我国央行也逐步引入价格型货币政策完善了国内经济调控。

在一般情况下，政府部门会保持收支平衡，并假设政府部门仅发行国内债券和征税，则政府部门的决策满足式（5-16）所示的约束条件：

$$\frac{B_{t+1}}{R_t} + \text{TAX}_t^n = P_t G_t + B_t \tag{5-16}$$

其中，P_t 表示第 t 期的物价水平；R_t 表示国内利率；B_t 表示第 t 期国内债券；TAX_t^n 表示政府总税收；G_t 表示第 t 期政府开支情况，收入与开支满足下式的回归过程：

$$S_t^g = \text{TAX}_t^n - P_t G_t$$

中央银行需要利用货币政策实现政策目标，并依据泰勒规则和利率平滑处理设定基准名义利率。针对国内预期通胀和实际通胀的离差、国内生产总值与其稳定水平的偏差，中央银行会依据式（5-17）的模型调整利率水平：

$$1 + R_{t,B} = (1 + \bar{R}_B)^{\gamma_R} \left[E_t \left(\frac{\pi_t}{\pi} \right)^{\gamma_\pi} \left(\frac{\text{NE}_t}{\text{NE}} \right)^{\gamma_{\text{NE}}} \left(\frac{\text{GDP}_t}{\text{GDP}} \right)^{\gamma_{\text{GDP}}} \right]^{1-\gamma_R} e^{z_t^\gamma} \tag{5-17}$$

其中，$R_{t,B}$ 表示第 t 期的国内名义利率；$\bar{R}_B$ 表示国内名义利率的稳态值；π_t 表示第 t 期的国内通货膨胀率；$\bar{\pi}$ 表示第 t 期的国内稳态通货膨胀率；NE_t 表示第 t 期的国内名义汇率；$\overline{NE}$ 表示国内名义汇率的稳态值；GDP_t 表示第 t 期的国内 GDP 总值；$\overline{GDP}$ 表示国内 GDP 的稳态值；$z_t^\gamma(z_t^\gamma \sim N(0, \sigma_{R_B}^2))$、$\gamma_R$、$\gamma_\pi$、$\gamma_{NE}$、$\gamma_{GDP}$ 表示货币政策态势相关的参数，对货币政策相关变量设置不同的值能够表征不同的货币政策和汇率制度。$\gamma_R(0 < \gamma_R < 1)$ 表示货币政策的持续程度，γ_R 越趋近于 0 则表示货币政策的持续性越弱，越趋近于 1 则表示货币政策的持续性越强；$\gamma_\pi(0 < \gamma_\pi)$ 表示国内通货膨胀水平，当通货膨胀 γ_π 高于稳态水平时需要提高名义利率以实现通货膨胀的抑制，如果通货膨胀 γ_π 低于稳态水平时需要降低名义利率以防止通货紧缩；$\gamma_{NE}(0 < \gamma_{NE})$ 表示国内汇率变动水平，如果 γ_{NE} 无限趋近于 0 则说明中央银行实行了完全浮动的汇率制度，如果 γ_{NE} 趋近于无穷大则说明中央银行实行了固定汇率制度，如果 γ_{NE} 是一个常态的正数则说明中央银行实行了有管理的浮动汇率制度，在这种模式下，如果 γ_{NE} 高于稳态值则需要提高名义利率，否则需降低名义利率；$\gamma_{GDP}(0 < \gamma_{GDP})$ 表示国内 GDP 水平，当 γ_{GDP} 高于稳态值时需要提高名义利率以抑制经济过热，如果 γ_{GDP} 低于稳态值时需要降低名义利率以刺激经济。

5. 市场出清条件

最终，本节构建出如下所示的国内产品市场的出清条件：

$$GDP_t = C_t + I_t + G_t + X_t$$

其中，GDP_t 表示国内生产总值；C_t 表示家庭消费；I_t 表示家庭投资；G_t 表示政府开支情况；X_t 表示我国出口量。

国内进口市场的出清条件如下式所示：

$$M_t^* = \int_0^1 M_t^k dk$$

国内生产资本市场出清条件如下式所示：

$$N_t = \int_0^1 N_{j,t} dj$$

国内劳动力市场出清条件如下式所示：

$$L_t = \int_0^1 L_{j,t} dj$$

5.4.2 "外部冲击-人民币汇率波动风险"的传导机理检验

1. 模型参数校准及估计

在进行模型分析前的一个重要步骤是对 DSGE 模型的参数进行赋值和校准。在本节 DSGE 模型中待校准的参数可以分为三类：第一类是方程参数，第二类是变量的稳态结果，第三类是外生冲击等系数。本节的方程参数主要有 β、σ_l 等，变量的稳态结果包括 MC、GDP 等，外生冲击等系数包括 ε_p^*、ρ_A。

在进行参数先验分布设定时，主要借鉴了 Benigno G 和 Benigno P（2003）、Galí 和 Monacelli（2005）、Gertler 等（2008）、刘尧成和徐晓萍（2010）、王俊杰和仝冰（2018）、陈小亮和马啸（2016）、冯燕妮和沈沛龙（2020）等关于模型参数的设定及部分参数的稳态估计。在选取样本参数时，选取国内 GDP、国外 GDP、名义汇率、国内消费、国内通货膨胀率、国外通货膨胀率、国内利率、国外利率、国外总需求、进出口产品总量等变量，并采取相对价格的方式进行处理。对非稳定变量采取一阶差分化的处理方式以实现数据的趋势去除和平稳化处理，并使用经典的 HP 滤波方法实现平稳化数据的滤波，最后实现波动成分的提取，并对参考的参数进行稳态估值和校准。

目前，采取马尔可夫链蒙特卡洛（Markov chain Monte Carlo，MCMC）模型和梅特罗波利斯-黑斯廷斯（Metropolis-Hastings，MH）算法对 DSGE 模型参数的后验进行估计基本成为主流方法。在参考已有文献的研究成果基础上，参数采取 MCMC + MH 算法，对样本数据进行随机抽样和参数校准，实现构建的 DSGE 模型的后验分布估计，部分参数经过校准后的数值如下所述。

家庭部门的贴现因子 β 设定为 0.99；消费跨期替代系数 σ_C 设定为 1.1857；劳动弹性因子 σ_l 设定为 2.3695；货币需求的弹性系数 σ_m 设定为 0.7586。家庭部门劳动 η_L 设定为 1，货币储蓄 η_M 设定为 1。企业部门的价格黏性 θ 设定为 0.75；中间产品生产部门间生产产品的需求替代弹性 ε_p 设定为 1.5；资本份额 α 设定为 0.5。国外进口产品的需求替代弹性 ε_p^* 设定为 1.5。其余参数的先验分布和校验后的数值如表 5-6 所示。

表 5-6　参数的先验分布及后验估计

参数	先验分布	后验分布均值
ρ_π	$B(0.8,1)$	0.9327
ρ_{π^*}	$\Gamma^{-1}(0.01,+\infty)$	0.0139
ρ_{M^*}	$B(0.5,0.2)$	0.2531
ρ_A	$B(0.5,0.1)$	0.5101
γ_R	$B(0.5,0.2)$	0.6788
γ_π	$\Gamma(2,0.5)$	2.0000
γ_{NE}	$\Gamma(5,1)$	3.8272
γ_{GDP}	$\Gamma(0.5,0.2)$	0.4941
z_t^r	$\Gamma^{-1}(0.01,+\infty)$	0.0219

2. 国外货币政策冲击的脉冲响应结果分析

图 5-10 展示了美国利率冲击的脉冲响应结果，表示 1%美国利率的正向冲击（美国货币紧缩）对人民币汇率及国内经济的影响情况，也就是国外货币政策调整后的国内经济的动态特征变化走势。图 5-10 中的横轴表示期数，纵轴表示变量相对稳态的偏离程度，图 5-10 中的 9 幅图展示了我国消费、边际成本、GDP、利率、通货膨胀、实际汇率、出口、进口、净出口的动态变化特征。从图 5-10 的动态变化走势图可以直观地看出，美国利率冲击对人民币汇率及国内宏观经济指标的影响较为持久、影响幅度也较为显著，部分指标在 40 期模拟后仍然没有完全收敛到 0 态水平。

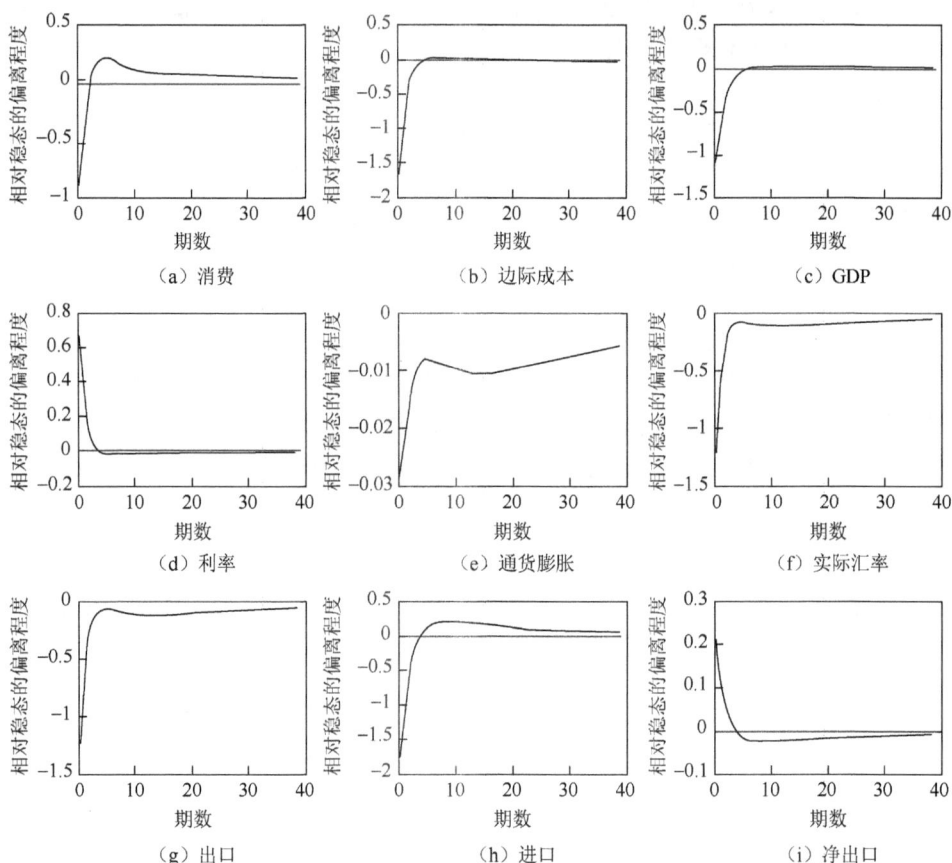

图 5-10　美国利率冲击的脉冲响应结果

下面对美国利率变化对人民币汇率及国内经济影响与传导路径进行分析。从图 5-10 中可以看出，美联储的加息冲击发生后，美国居民持有的美元数量会相对提升，导致人民币的需求有所下降并出现资本外流现象，央行为了缓解人民币汇率下降的态势，会相应地调整国内的货币政策，以稳定国内市场。从图 5-10 中我国利率变动态势可以看到，国内利率在受到美国利率冲击后会即期升高，且经过短暂继续上升后逐步回归稳态，以维持国内市场和外汇市场的稳定。这一结论与蒙代尔-弗莱明（Mundell-Fleming）模型的结论基本相符，即国外利率升高会导致本国资产外流，本国会在外汇市场买入人民币并卖出美元，导致本国基础货币量下降，进一步导致银行提高本国利率，并伴随时间推移回归稳态。

美联储加息冲击对人民币汇率波动影响程度较高。美元升值导致大量海外资金流入美国，产生国际上对美元需求量的增加、新兴市场资本外流等一系列问题，其中也包括以中国为代表的新兴市场的资本外流，进而减弱我国的货币供应，导致人民币汇率出现贬值的现象，最终释放了人民币汇率升高的压力。受美国利率冲击、国内紧缩性货币政策以及短期内大量资本外流的影响，国内消费通过跨期替代和工资收入即期降低。根据利率平价条件，通过对国内利率和人民币汇率的调节，我国消费、边际成本、GDP 和通货膨胀均会有所下降，此后震荡逐渐衰减并逐步收敛，回归到稳态水平。受美国利率冲击影响，我国进出口水平即期面临较大的冲击影响，我国进出口均即期下降。由于人民币汇率即期大幅贬值、远期小幅升值，我国进出口量受到波动，但进口下降幅度较出口下降幅度更大，也意味着我国净出口实际上出现了即期上升的现象。

与此相对，图 5-11 展示了不同程度的美国利率冲击下国内各指标的脉冲响应结果，图中实线、虚线和点状实线分别表示 1%、2% 和 3% 美国利率的正向冲击对人民币汇率及国内经济的影响结果及变化走势情况。图 5-11 的横轴表示期数，范围在 40 期，纵轴表示 3 种冲击强度下的变化幅度，图 5-11 中 9 幅图的顺序与图 5-10 的情况一致。

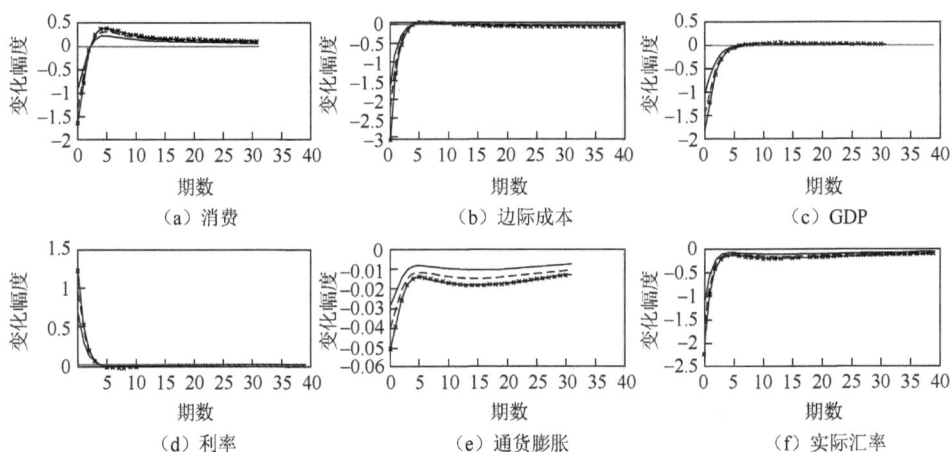

（a）消费　　　　　　　　　（b）边际成本　　　　　　　　（c）GDP

（d）利率　　　　　　　　　（e）通货膨胀　　　　　　　　（f）实际汇率

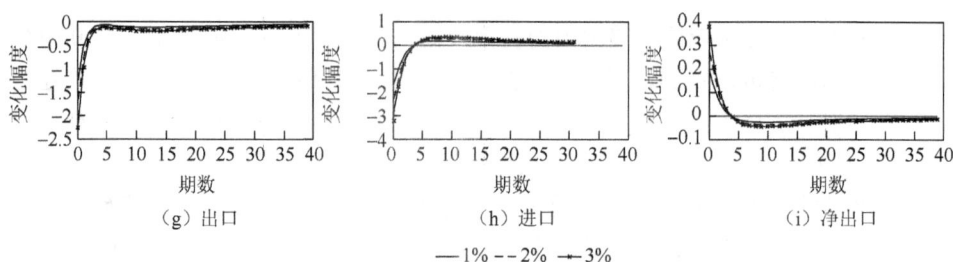

（g）出口　　　　　　　　　　（h）进口　　　　　　　　　　（i）净出口

—— 1% - - 2% —•— 3%

图 5-11　不同程度利率冲击下的脉冲响应结果

从图 5-11 多种程度的美国利率正向冲击的比对结果能够更清晰地看出其对人民币汇率的影响机理。面对美联储不同程度的加息冲击，人民币汇率及我国宏观经济指标呈现出不同的动态特性，大体分为三种类型：第一种是边际成本、GDP、利率；第二种是消费、进口、净出口；第三种是通货膨胀、实际汇率、出口。

第一种动态特征大致表现为：脉冲响应曲线对不同程度的美国利率冲击仅即期表现出显著差异，但 3 条曲线迅速靠拢，在后期对美国利率的差异表现不够敏感，普遍在第 5 期附近交汇后脉冲响应结果大幅下降至基本平稳、重叠。第二种动态特征表现为：初始阶段的冲击最大并在第 5 期附近交汇，但并没有直接进入稳态，而是继续震荡，且震荡时仍然能体现出不同冲击程度的差异，之后逐步收敛至平稳状态。第三种动态特征表现出差异明显且收敛很慢的现象，也就是不同程度的美国利率冲击在第三种类型变量上体现得很显著，且美国利率冲击对这些变量的影响在第 5 期附近即大幅度降低，但余震持续，收敛速度较前两种更慢。

三种情况的相同点是冲击响应与冲击幅值成正比，即 1%冲击响应的绝对幅值小于 3%冲击响应的绝对幅值。从比对实验中可以看出，不同程度的美国利率冲击对人民币汇率和我国宏观指标的影响差异较为明显且回归稳态需要的时限较长，说明美国货币政策方面的冲击对我国经济影响较大、较为深远。

3. 国外产出冲击的脉冲响应结果分析

图 5-12 为美国 GDP 冲击的脉冲响应结果，表示 1%美国 GDP 的正向冲击对人民币汇率及国内经济的影响情况，也就是国外需求态势调整后的国内经济的动态特征变化走势。与图 5-10 一致，图 5-12 的横轴表示期数，纵轴表示变量相对稳态的偏离程度，图 5-12 中的 9 幅图也同样展示了我国消费、边际成本、GDP、利率、通货膨胀、实际汇率、出口、进口、净出口的动态变化特征。从图 5-12 的动态变化走势图可以直观地看出，美国 GDP 冲击对人民币汇率及国内宏观经济指标的影响部分较为持久，部分持续时间较短，对我国消费、利率、实际汇率等指标影响较久，对我国 GDP 和出口等指标影响较短。

下面对美国 GDP 变化对人民币汇率及国内经济影响与传导路径进行分析。从

图 5-12 中可以看出，美国 GDP 冲击发生后，我国出口和 GDP 即期升高，也就是美国 GDP 正面冲击对我国 GDP 出现了正向波动，并在第 10 期附近回归稳态，这与传统经济学中美国经济扩张会促使我国 GDP 扩张的结论也一致。

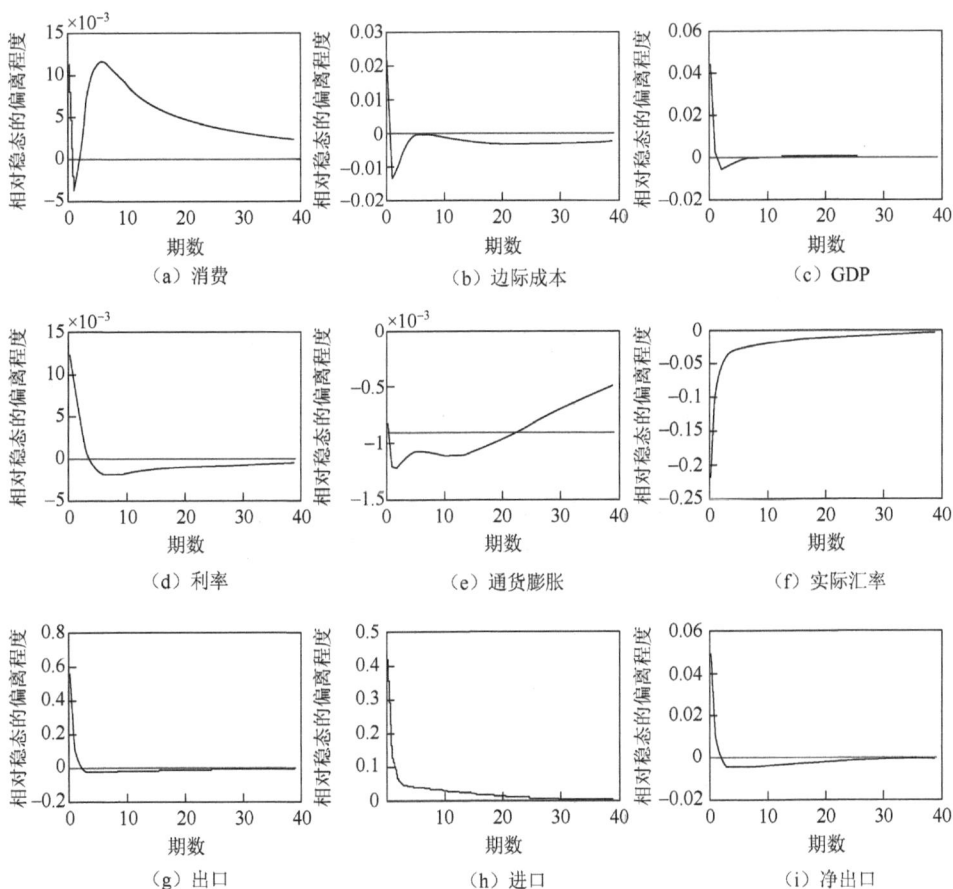

图 5-12 美国 GDP 冲击的脉冲响应结果

面对美国 GDP 冲击的压力，为了应对该冲击和维持人民币汇率、国内宏观经济的稳定，中央银行会提高国内利率作为反应，从而导致消费下降。而工资的上升又会促使消费者增加消费，在工资上升和利率提高的两重反作用力的共同作用下，消费出现了短期的大幅震荡并最终回归至稳态。我国通货膨胀在美国 GDP 冲击和国内利率调整的作用下，表现出有所下降后缓慢回归稳态，但整体幅度很小的特征。由于美国 GDP 冲击和国内利率的提高，实际汇率降低后回归至稳态。但美国产出提高后，会促使我国出口和进口需求即期上升，之后逐步下降，但进口上升幅度较出口上升幅度小，这也意味着我国净出口实际上出现了即期上升的现象，但不十分显著。

从图5-12可以清晰地看出,美国GDP正面冲击会导致人民币汇率、国内GDP、出口等宏观指标即期上升,之后逐步下降并回归稳态水平。冲击影响的时限较美国利率冲击影响的时限短一些,更为明显的是影响幅度,美国GDP冲击较美国利率冲击对人民币汇率和我国宏观经济指标的影响相对较弱。

与此相对,图5-13展示了不同程度美国GDP冲击下的国内各指标的脉冲响应结果,图中实线、虚线和点状实线分别表示1%、2%和3%美国GDP的正向冲击对人民币汇率及国内经济的影响结果及变化走势情况。图5-13的横轴表示期数,范围在40期,纵轴表示3种冲击强度下的变化幅度,图5-13中9幅图的顺序与图5-12一致。

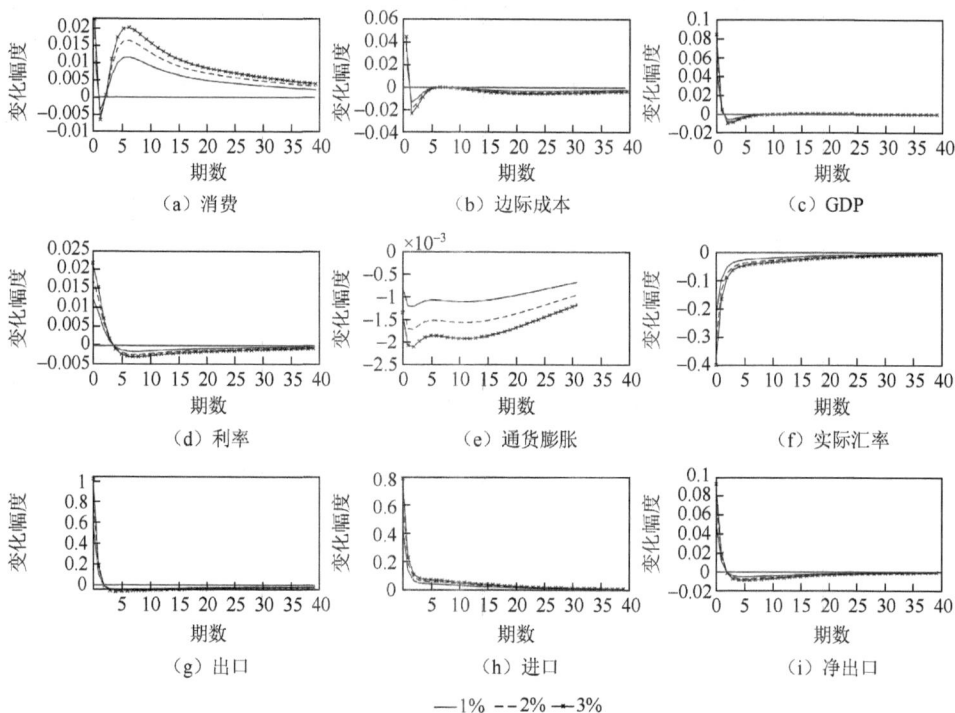

图5-13 不同程度美国GDP冲击下的脉冲响应结果

从图5-13多种程度的美国GDP正向冲击的比对结果能够更清晰地看出其对人民币汇率的影响机理。面对美国产出增加,人民币汇率及我国宏观经济指标呈现出不同的动态特性,大体分为三种类型:第一种是GDP、出口、进口、净出口;第二种是消费、边际成本、通货膨胀;第三种是利率、实际汇率。

第一种动态特征表现为:初始阶段的差异最大,也就是面对不同程度的美国

GDP 冲击的初始反应幅度不同，但在短期迅速合拢到一处，在第 10 期或第 20 期附近交汇后，脉冲响应结果大幅下降至基本平稳、重叠。第二种动态特征表现出持续的震荡特性，也就是并没有呈现出单向的走势，如消费在即期升高后迅速下降，之后并没有收敛至稳态，而是再次升高，之后才逐步收敛，表现出多方面作用的现象。第三种动态特征表现为：不仅在初始阶段脉冲响应明显，在后续时期内差异也很显著，尤其是我国利率和实际汇率，这种动态特征表现最为显著。

　　三种情况的相同点是冲击响应与冲击幅值成正比，即 1%冲击响应的绝对幅值小于 3%冲击响应的绝对幅值。从比对实验中可以看出，不同程度的美国 GDP 冲击对实际汇率、进出口影响较为明显，但较美国利率冲击幅度更小且回归稳态更快，说明美国产出冲击对人民币汇率和我国宏观经济影响相对较小。

4. 国外货币供应量冲击的脉冲响应结果分析

　　图 5-14 展示了美国通货膨胀冲击的脉冲响应结果，表示 1%美国通货膨胀的正向冲击对人民币汇率及国内经济的影响情况，也就是国外货币发行量调整后的国内经济的动态特征变化走势。图中的横轴表示期数，纵轴表示变量相对稳态的偏离程度，图 5-14 中的 9 幅图分布与前述一致。从图 5-14 的动态变化走势图可以直观地看出，美国通货膨胀冲击对人民币汇率及国内宏观经济指标的影响较美国利率冲击、美国 GDP 冲击均短暂得多，冲击程度较美国利率冲击更弱，但与美国 GDP 冲击影响程度相近，普遍在 3 个期数内回归稳态，只有对消费和国内通货膨胀的影响相对较久。

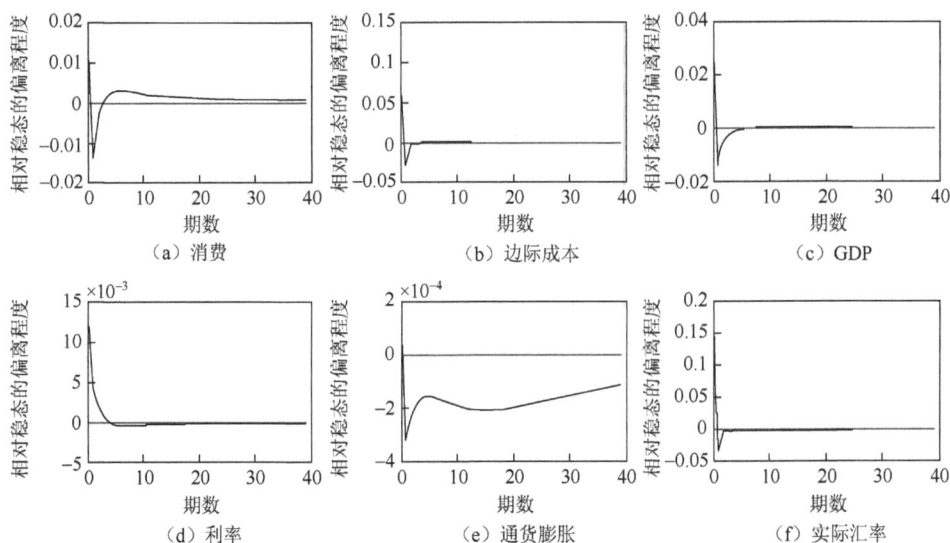

（a）消费　　　　　　　　（b）边际成本　　　　　　　　（c）GDP

（d）利率　　　　　　　　（e）通货膨胀　　　　　　　　（f）实际汇率

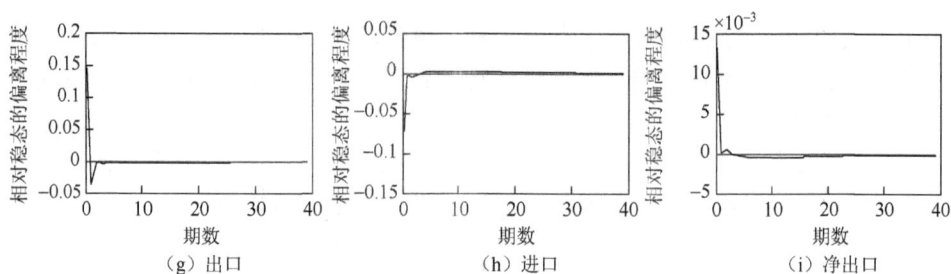

图 5-14　美国通货膨胀冲击的脉冲响应结果

下面对美国通货膨胀变化对人民币汇率及国内经济影响与传导路径进行分析。从图 5-14 中可以看出，发生美国通货膨胀正向冲击时（如疫情期间美联储"超宽松"的货币政策、1.9 万亿美元的刺激方案等事件导致美国货币过剩严重），意味着美国国内对本币需求相对减少、外币需求量相对增加，大量资本外流，从而导致人民币汇率即期升高。面对美国通货膨胀冲击，中国被迫实现人民币汇率的升值，否则难以调整国内通货膨胀水平、消费等指标回归稳态。由美国货币大规模超发等操作导致的美国通货膨胀冲击，会使得美国超发的美元大量涌入我国，而由于人民币汇率升值，我国出口即期升高、我国进口商品量即期下跌、净出口即期升高等。另外，由于进口量的降低，我国边际成本升高，在人民币汇率正向波动、成本升高等多重作用下，消费、国内通货膨胀出现了先正向后反向的复杂波动态势，对我国经济稳定发展极为不利。由于 GDP、出口量的升高，我国 GDP 出现了正向波动，为了调整国内经济环境，央行也会即期调整利率以稳定国内经济、对抗美国通货膨胀所带来的冲击。

可以看出美国通货膨胀冲击发生后，无论是边际成本、GDP、实际汇率，还是进出口等指标，都表现出即期震荡但短期回归稳态的态势，这表明我国经济政策和货币政策具有一定程度的抗风险能力。尤其是对美国通货膨胀方面的冲击，表现出短期回归稳态的能力，但对出口的影响幅度则较进口更大，这与我国属于出口主导型经济有很大关系，出口在我国经济中占比极大而进口相对较少。另外，国内消费和通货膨胀则要经过一段较长的时间才能回归到稳态，这对普通居民的生活会造成不小程度的影响。下面对不同程度的美国通货膨胀冲击进行分析。

与此相对，图 5-15 展示了不同程度美国通货膨胀冲击下的国内各指标的脉冲响应结果，图中实线、虚线和点状实线分别表示 1%、2% 和 3% 美国通货膨胀的正向冲击对人民币汇率及国内经济的影响结果和变化走势情况。图 5-15 的横轴表示期数，范围在 40 期，纵轴表示 3 种冲击强度下的变化幅度，图 5-15 中 9 幅图的顺序与图 5-14 一致。

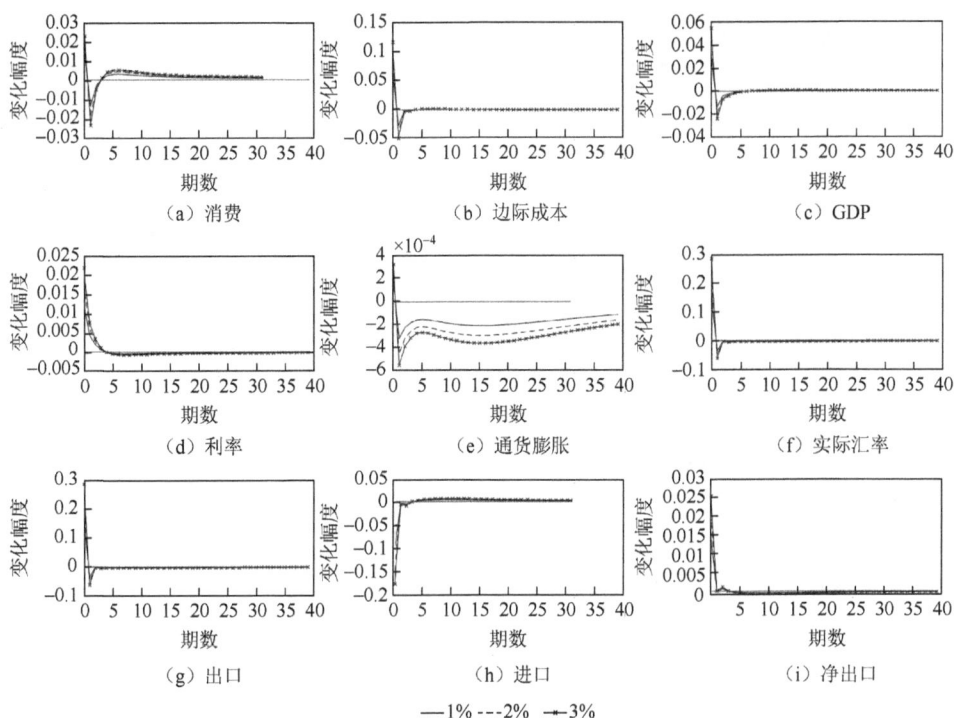

（a）消费　　　　　　　（b）边际成本　　　　　　（c）GDP

（d）利率　　　　　　　（e）通货膨胀　　　　　　（f）实际汇率

（g）出口　　　　　　　（h）进口　　　　　　　（i）净出口

—— 1% --- 2% —— 3%

图 5-15　不同程度美国通货膨胀冲击下的脉冲响应结果

从图 5-15 多种程度的美国通货膨胀正向冲击的比对结果能够更清晰地看出其对人民币汇率的影响机理。面对美国不同程度通货膨胀的正面冲击，人民币汇率及我国宏观经济指标呈现出不同的动态特性，大体分为两种类型：第一种是边际成本、GDP、利率、实际汇率、出口、进口和净出口；第二种是消费和通货膨胀。

第一种动态特征表现出对美国通货膨胀不同程度冲击不够敏感的现象，即美国通货膨胀正向冲击从 1% 跃升至 2%、3% 两种幅值时，第一种指标并没有表现出显著的变化，甚至在图 5-15 中可以看出三种冲击下的脉冲响应呈现大部分重叠的现象；另外，第一种指标面对美国通货膨胀冲击的影响，普遍能够在 3 期附近回归到稳态，即美国通货膨胀冲击对这些指标的影响时间较短。第二种动态特征表现出对美国通货膨胀不同程度冲击"稍微"敏感的现象，也就是第二种指标对美国通货膨胀不同程度的冲击表现出不同幅度的响应，而不是像第一种指标一样处于大体重叠的状态之中，另外，第二种指标恢复到稳态需要更久的时间，且第二种指标与普通居民的生活更为息息相关，这对普通居民的生活影响更为显著。

两种情况的共同点与美国利率冲击相同，脉冲响应与冲击幅值成正比，即 1% 冲击响应的绝对幅值小于 3% 冲击响应的绝对幅值。但无论是第一种还是第二种指标，与不同程度的美国利率冲击相比都表现出整体上的不"敏感"，这体现出我国面对美国战略性的货币超发具有更强的抵御能力，构建以国内大循环为主体、国内国际双循环相互促进的新发展格局已初见成效。

5.5　本章小结

本章的主要研究结论如下。

首先，本章研究了外部冲击对人民币汇率波动风险溢出效应。通过对人民币汇率演化历程及现状评述、外部冲击内涵特征和外部冲击对人民币汇率波动溢出效应分析，深入剖析了外部冲击对人民币汇率波动风险作用原理及环节中各因素的作用。考虑到金融数据边缘分布普遍存在的异方差性、波动性聚类等特征，运用 6 种常用 Copula、2 种旋转 Copula、2 种时变 Copula 模型构建外部冲击与人民币汇率波动尾部依赖的度量模型，实现了人民币汇率与外部冲击依赖关系及事件风险的检测，解决了捕捉外部冲击与人民币汇率间非对称动态相依的问题。另外，在波动聚集发生前，利用 VaR 模型、ARMA-GARCH、密度滚动预测与回溯检验等技术发现，在危机到来前会释放一些波动信号，这一定程度上说明外部冲击风险是可防可控的。

其次，本章研究了外部冲击对人民币汇率波动风险传导机理及传导路径。针对传统模型关于人民币汇率波动风险传导机理及传导路径的研究缺乏体系性的问题，在构建外部冲击体系后，通过在家庭部门中引入资本存量、在国内企业部门中引入价格黏性机制、在国外资本市场引入市场化定价机制等一系列变量，构建出符合我国现阶段实际情况的开放经济 DSGE 模型，实现人民币汇率及国内经济指标在外部冲击作用下的波动情况的建模，以了解外部冲击在人民币汇率波动方面的作用机理和传导路径，进而加深对各外部冲击对人民币汇率波动传导机理和传导路径的理解，为我国平稳地实现货币政策从数量型向价格型转变提供数据和理论支撑。

研究发现，美国利率冲击、美国 GDP 冲击和美国通货膨胀冲击对人民币汇率及我国宏观经济市场具有显著影响。但美国利率冲击对人民币汇率和国内经济的影响显著高于另外两项冲击，无论是冲击作用时限还是冲击作用程度，均属于最高。具体而言，相较于美国 GDP 冲击和美国通货膨胀冲击而言，美国的货币政策对人民币汇率及我国宏观经济市场影响更为显著、更为持久。美国利率正面冲击发生会导致人民币汇率贬值、GDP 下滑、通货膨胀下降等一系列反应，对国内利率的影响则较为特别：在短期上涨后会由于中央银行政策而逐步下降至稳态，这表明我国的货币政策受美国利率冲击影响不小，但存在明显的独立特征。美国通货膨胀冲击对人民币汇率及国内宏观经济的影响相对较小且持续时长更短，除消费和通货膨胀两个指标外，其他指标普遍在 3 期内就恢复稳态，对通货膨胀的影响也符合传统经济学理论。美国 GDP 冲击发生后，导致人民币汇率下降、GDP 上升等一系列现象。就冲击作用时限而言，美国 GDP 冲击作用时间较美国利率冲击更短，但较美国通货膨胀冲击更长。就冲击作用程度而言，美国 GDP 冲击作用程度较美国利率冲击更低，但与美国通货膨胀冲击相似。

第6章　外汇市场风险传染强度及其影响因素研究

6.1　外汇市场风险传染的定义与现实背景

随着经济全球化、一体化的加深，国家和地区间资本流动加快，贸易往来愈加频繁，加上市场当中快速的信息溢出，使外汇市场之间往往存在联动特征，并且这种联动性组合形成了一个复杂的、看似稳健的金融网络。由于外汇市场之间的联动性，当市场中部分国家或地区汇率发生大幅波动时，必将会迅速而有力地扩散到相邻及经济金融往来密切的国家或地区，发生风险传染，从而导致市场的系统性风险快速蔓延、扩大，最终引起金融市场的崩溃。

近年来，全球经济新动能不足，发展不平衡、贫富差距问题加剧，新技术、新产业、新业态带来的新挑战凸显，各国政策内顾倾向明显，国际贸易和投资壁垒不断提高，全球单边主义、保护主义和民粹主义逐渐蔓延发酵，国际多边秩序遭到严重挑战。再者，移动互联网的飞速发展造成了"信息爆炸"，投资者由于每天接触到大量的信息，加之信息质量的降低和市场情绪传播速度的提升，投资者的预期更加短期化、行为更加从众化，这些因素表明外汇市场风险传染效应几乎不可能被完全消除。

自2022年2月俄乌冲突以来，俄罗斯卢布经历了过山车似的暴涨暴跌，从1美元对75卢布暴跌至1美元对150卢布，跌幅达50%，随后又上涨至1美元对55卢布，总体涨幅超过30%。此外，欧洲经济也受到了俄乌冲突的影响，欧元持续走低，2022年欧元对人民币汇率，自2015年以来首次跌破7元。外汇风险也成了关注的焦点。

作为金融风险领域的研究重点，外汇市场风险传染一直受到国内外学者的广泛关注。外汇市场风险传染指的是一国货币遭受攻击后导致其他国家货币遭受投机攻击的现象（Gerlach and Smets，1995），或一国发生货币危机的情况下，其他国家发生货币危机的可能性增加的现象（Eichengreen et al.，1996）。外汇市场风险传染是金融风险传染的重要组成部分，与一般金融资产不同，汇率的升贬值是一个相对的概念，当一国（尤其是大国）货币升值（或贬值）时，往往就意味着他国货币相对的贬值（或升值）。因此，外汇市场的联动性天然地强于一般金融资产。当外部环境发生变化，一国汇率受影响导致波动时，即使本国的宏观基本面尚未受到影响和冲击，本国货币也可能由于货币之间的关联度，首先受到外汇风险的影响，导致本国货币汇率发生剧烈波动，进而冲击整个金融市场，造成严重的后果。因此，外汇市场的风险传染效应不可忽视。

网络分析已广泛应用于包括外汇市场在内的金融市场，利用网络分析等方法对包含外汇市场在内的金融市场的系统性金融风险进行测算是当前学术界主要研究的方向之一（周开国等，2021；杨子晖等，2020a；陶玲和朱迎，2016；何枫等，2022）。其中，波动溢出效应是外汇市场风险传染问题研究的重要组成部分，许多文献对此展开了相关研究（张志波和齐中英，2005；Engle et al.，1990；Edwards，1998）。波动溢出效应，是指一个金融市场的波动不仅受到自身波动的影响，还受到其他金融市场波动的影响。通常运用 VAR 模型方差分解或脉冲响应和 GARCH 模型来检验不同金融市场收益率条件方差是否相关以检验风险传染的存在。探讨外汇市场与其他金融市场之间的传染效应也是与本章相关的研究方向，包括外汇市场与其他市场之间的传染效应的研究（Ming et al.，2022；熊正德等，2015；周爱民和韩菲，2017；杨子晖等，2020b）和各国外汇市场之间的联动性研究（朱孟楠和严佳佳，2007；余博和管超，2020）。

此外，对金融市场包括外汇市场风险传染的影响机制进行研究的文献也与本章内容高度相关。余博和管超（2020）发现资本账户开放和汇率制度是外汇市场风险传染的重要影响因素，汇率市场化改革有助于缓释外汇市场风险传染，而资本账户开放将扩大外汇市场风险传染效应。Masson（1998）研究发现，金融市场风险传染的发生主要有三个方面的原因：季风效应、溢出效应和净传染效应。其中，季风效应是指同一个国家宏观经济基本面的因素共同冲击导致的风险传染，溢出效应是指通过贸易、金融联系渠道导致的风险传染，净传染效应通常指经济基本面因素无法解释的风险传染现象，如投资者情绪变化和非理性行为导致的风险传染。Fratzscher（2003）比较拉美和东南亚金融危机对新兴市场的影响，认为金融和贸易联系是区域间危机传染的核心因素。程棵等（2012）对风险传染的影响因素进行研究，发现信用风险、流动性风险、汇率的系数显著为正，经济周期的系数显著为负。在此基础上，李立等（2015）研究发现在影响风险传染效应的因素中，资本流动系数显著为正。部分监管政策在控制特定金融市场异常波动的同时也加剧了市场之间的风险传染。现有研究对于影响外汇市场风险传染的因素和渠道的研究结果有所差异，但大部分现有研究都认为国际贸易、金融联系是外汇市场风险的主要传染渠道。

本章在已有研究的基础上，采用多边价格方法、关联性指标和风险溢出指标，对全球 21 种货币的风险传染效应进行了测度，判断外汇市场风险传染的强度和方向，并基于此对外汇市场风险传染的影响因素进行了分析，在研究外汇市场风险传染效应的影响因素时选取的指标细致全面，指标体系主要包括基本面渠道、国际贸易渠道、金融联系渠道和投资者行为渠道四大类，各大类指标因素内部也进行了细分。

　　本章选取全球 21 种货币汇率作为研究样本，包括美元（USD）、俄罗斯卢布（RUB）、日元（JPY）、欧元（EUR）、韩元（KRW）、人民币（CNY）、巴西雷亚尔（BRL）、印度卢比（INR）、泰铢（THB）、英镑（GBP）、南非兰特（ZAR）、墨西哥比索（MXN）、新加坡元（SGD）、澳元（AUD）、加拿大元（CAD）、瑞士法郎（CHF）、挪威克朗（NOK）、瑞典克朗（SEK）、新西兰元（NZD）、丹麦克朗（DKK）和斯里兰卡卢比（LKR）。考虑到汇率数据时间的不一致性，本章采用周数据进行分析，样本区间为 1998 年 1 月 7 日～2022 年 5 月 18 日。

　　本章研究发现，总体来看，外汇市场收益率和波动率的总关联性与总溢出是比较平稳的，但在全球重大事件发生期间，外汇市场收益率和波动率的总关联性与总溢出都会出现急剧上升，并在随后回落至原有水平。这些重大事件包括：1997 年亚洲金融危机、2003 年伊拉克战争、2008 年全球金融危机、2016 年英国脱欧、2020 年新冠疫情、2022 年俄乌冲突。这也在某种程度上说明，外汇市场风险与系统性金融风险存在一致性。此外，从外汇市场风险传染的渠道来看，基本面渠道、国际贸易渠道、金融联系渠道和投资者行为渠道均可以对外汇市场风险传染产生显著影响。

　　本章的结果能够较合理地反映国际外汇市场风险传染的影响因素。随着我国金融市场对外开放程度的加深，近年外汇市场汇率波动幅度增大，外汇市场风险显著增强，对外汇市场风险传染强度和影响因素的实证研究具有较强的现实指导意义。

6.2　外汇市场风险的传染渠道分析

　　当一国发生货币危机的情况下，风险可以通过多种渠道传染到相关国家，使得其他国家发生货币危机的可能性增加的现象称为外汇市场风险传染。一国的外汇市场风险主要通过经济基本面传染渠道、国际贸易传染渠道、金融联系传染渠道和投资者行为传染渠道等途径传染到相关国家（李鲤，2019）。

6.2.1　贸易渠道

　　贸易渠道是指一国爆发外汇市场风险，经济基本面恶化，从而通过直接或者间接贸易渠道将外汇市场贬值风险传染给其他国家。贸易渠道主要分为直接双边贸易传染和间接多边贸易传染两种。

　　1. 直接双边贸易传染

　　直接双边贸易传染是指两个国家贸易往来非常密切，当一个国家发生风险时，会导致贸易伙伴的经济贸易受到冲击，外汇市场同时也受到影响，从而发生风险传染。一般受影响的经济变量为物价、汇率等。根据学者的研究可以将贸易渠道风险传染的机制分为两种，一种是价格竞争力（其风险传染机制如图 6-1 所示）。当一国发生汇率风险，外汇贬值，将增加出口竞争力，贸易伙伴国必然会增加该国商品的进口，减少本国商品出口，导致本国贸易赤字增加，外汇储备下降，抵御外来冲击的能力也随之下降，发生风险的概率增加。例如，1992 年英镑大幅贬值，英国商品和服务的价格竞争力增强，导致贸易伙伴国爱尔兰出现巨额贸易赤字，外汇储备减少，抵御汇率冲击的能力大幅下降。同理，拉美国家货币贬值，其出口商品的竞争力上升，挤占其他国家的贸易份额，导致其他国家出口减少，其他国家也可能采取同样的政策予以应对，出现竞争性贬值趋势。

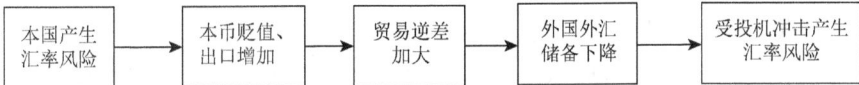

| 本国产生汇率风险 | → | 本币贬值、出口增加 | → | 贸易逆差加大 | → | 外国外汇储备下降 | → | 受投机冲击产生汇率风险 |

图 6-1　基于价格竞争力的贸易渠道风险传染

另一种是总需求因素（其风险传染机制如图 6-2 所示）。外汇市场风险爆发国货币贬值导致本国经济衰退，总需求下降，商品和服务需求减少，影响贸易伙伴的国际收支，损害贸易伙伴的经济，使该国货币大幅贬值，从而发生风险传染。例如，东南亚金融危机期间，东南亚国家主要进口都是来自日本，货币贬值导致这些国家从日本的进口大幅减少，使得日本的出口贸易受到不利影响。外汇市场风险通过价格竞争力和总需求进行传染，主要是因为国家之间存在直接紧密的贸易联系，通过价格收入的共同作用产生风险传染。以上两种机制能有效反映外汇市场风险如何通过贸易渠道进行风险传染。价格竞争力因素是贸易渠道风险传染机制中最重要的因素。

| 本国产生汇率风险 | → | 本国需求减少 | → | 进口减少 | → | 外国外汇储备下降 | → | 受投机冲击产生汇率风险 |

图 6-2　基于总需求因素的贸易渠道风险传染

2. 间接多边贸易传染

贸易渠道传染不只存在于具有直接贸易关系的国家之间，也存在于具有贸易竞争关系的国家之间。间接多边贸易传染是指，外汇市场风险爆发，货币贬值，导致具有竞争关系的国家贸易竞争力下降，出口减少，进口增加，外汇储备大幅减少，从而易遭受投机冲击，外汇大幅贬值。可以发现无论是直接双边贸易传染还是间接多边贸易传染，价格竞争力和总需求因素都是风险通过贸易传染的主要影响因素。一国外汇市场发生风险，货币贬值增强了其贸易竞争力，导致其他国家贸易竞争力下降、基本面出现恶化。另外，收入减少，进口需求下降，导致其他国家出口减少，宏观经济受到冲击，货币贬值，从而产生外汇市场风险。因此，一国货币贬值产生的风险直接导致其他国家也面临货币贬值压力。

6.2.2　金融渠道

金融渠道主要是一国外汇市场爆发风险时，其他国家在该国的资产价值下降或者共同债权人因该国的风险爆发而撤出在其他国家的资金，导致其他国家资金外流，从而发生风险传染。外汇市场风险的金融联系传染渠道也可以分为直接传染和间接传染两个方面（其风险传染机制如图 6-3 所示）。直接传染是指外汇市场风险爆发国通过直接金融联系进行风险传染，如一国对风险爆发国存在直接投资，由于风险的爆发，该国在风险爆发国的资产价值减少，直接影响该国的国际金融头寸，风险发生传染。

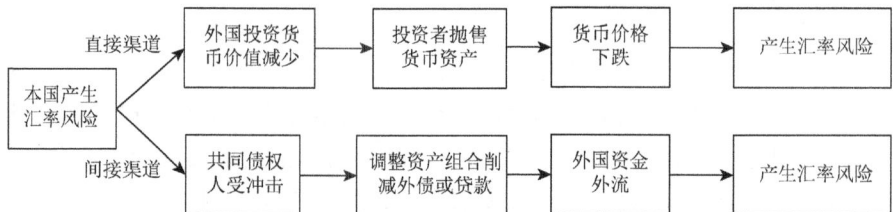

图 6-3　基于直接和间接金融联系传染渠道的外汇市场风险传染

间接传染是指风险爆发国与被传染国家之间没有直接的金融联系，而是通过影响另外一国的金融市场或实体经济，风险在三个国家间进行传染的现象。例如，许多国家都有同一债权国，其中一国爆发外汇市场风险，会导致债权国银行调整资产组合，消减在其他国家的贷款，从而风险从风险爆发国传染到其他国家。

6.2.3　预期因素渠道

1. 叫醒效应

叫醒效应为当一国发生风险时会影响投资者对其他国家经济基本面的预期，从而导致风险传染（其风险传染机制如图 6-4 所示）。由于信息不对称和投资者对信息的处理能力低下等因素，投资者很难分辨相似特征国家间的差异，将风险当作相似特征国家间的共同现象，从而当一国发生风险时，会争相抛售其他具有类似经济、政治、文化属性国家的资产，造成风险传染。经济相似是指被传染国与风险发生国经济基础相似。政治相似是指国家间在同一政治经济同盟内，具有相似的财政政策和货币政策。文化相似是指不同国家在历史发展过程中文化内涵一脉相承，则为同一类型的国家（韩剑，2009；文凤华等，2015；Bekaert et al.，2011）。例如，新兴市场国家宏观经济政策、经济结构具有一定的相似性，巴西、阿根廷等国家是新兴市场的代表，一旦发生风险，将影响到投资者对其他新兴市场国家的发展预期，直接投资将减少，跨境资金将出现大幅度外流。

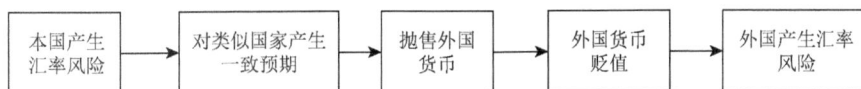

```
┌─────────┐   ┌─────────┐   ┌─────────┐   ┌─────────┐   ┌─────────┐
│本国产生  │→ │对类似国家产生│→ │抛售外国  │→ │外国货币  │→ │外国产生汇率│
│汇率风险  │   │一致预期  │   │货币     │   │贬值     │   │风险     │
└─────────┘   └─────────┘   └─────────┘   └─────────┘   └─────────┘
```

图 6-4　基于叫醒效应的外汇市场风险传染

Goldstein（1998）认为当一国发生风险时，会叫醒投资者，使他们仔细观察具有相似基本面特征的国家，从而发现基本面存在的一些问题，进而导致风险传染。叫醒效应是投资者在已经掌握部分问题的情况下对国家宏观基本面更加准确的分析和了解。

2. 注意力配置效应

注意力配置效应认为当投资者过度关注风险源国的市场波动情况时，会减少较小波动国的资产配置，从而导致风险传染。由于投资者注意力有限，对信息的收集和处理能力也有限，高风险国家会产生更多的市场信息，从而影响投资者的投资行为和投资决策。一方面，投资者可能会降低其他国家的投资额度；另一方面，随着市场风险增加，投资者风险偏好和风险容忍度下降，从而减少高风险资产的配置。这两方面的影响使得资产组合发生变化，导致其他国家货币资产价格下跌，产生风险传染（凌爱凡和杨晓光，2012；Mondria and Quintana-Domeque，2013）。

3. 羊群效应

羊群效应是指当一国发生风险时，货币贬值，部分投资者受从众心理的影响，看到其他投资者都做出抛售货币的决策时，模仿其他投资者的决策，抛售其他国家的货币，使得外汇市场风险发生传染（其风险传染机制如图 6-5 所示）。Froot 等（1992）认为非理性的羊群效应产生的主要原因是信息不完全和选择性地接受信息。由于人们都具有从众心理特征，认为大多数人做出的决策就是正确的投资决策，所以在信息不完全的情况下更愿意模仿他人的行为而忽略自己所掌握的信息进行投资。

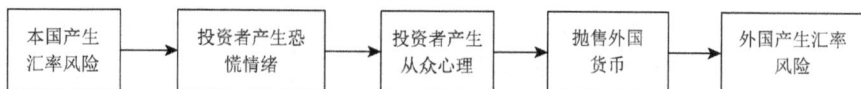

图 6-5　基于羊群效应的外汇市场风险传染

6.3　风险传染指标构建与实证数据

6.3.1　指标构建

1. 货币多边价格

根据 Kunkler 和 MacDonald（2019）的研究，汇率市场是一个相对市场，其中货币的价格相对于其他货币报价。例如，以第 j 种货币表示的第 i 种货币的双边汇率是可以将第 j 种货币的数量换成第 i 种货币的价格的。用对数表示，可以将汇率写作

$$p_{i/j,t} = q_{j,t} - q_{i,t}, \quad i,j = 0,\cdots,N_s, \quad t = 0,\cdots,T \quad (6\text{-}1)$$

其中，$p_{i/j,t}$ 表示第 i 种货币关于第 j 种货币方面的兑换率，$p_{i/j,t} = 0$；$q_{i,t}$ 表示第 i 种货币的数量；$q_{j,t}$ 表示第 j 种货币的数量。

Mahieu 和 Schotman（1994）证明，从对数上看，以基准（第 0 种）货币为单位的 N_s 双边汇率系统可以分解为 $N_s + 1$ 种货币的多边价格：

$$p_{i/0,t} = p_{i,t} - p_{0,t}, \quad i = 1,\cdots,N_s \quad (6\text{-}2)$$

其中，$p_{i/0,t}$ 表示第 i 个货币以基准货币表示的汇率；$p_{i,t}$ 表示第 i 种货币的多边价格；$p_{0,t}$ 表示基准货币的多边价格。本章使用美元作为基准货币，使得 $p_{0,t} = p_{\text{USD},t}$。

因为存在具有 $N_s + 1$ 个未知数的 N_s 个方程，方程组具有无穷解。但是，Kunkler 和 MacDonald（2015）添加了一个带有均衡约束的附加方程，使得

$$\sum_{i=0}^{N_s} p_{i,t} = 0 \quad (6\text{-}3)$$

从而将方程组变为确定性方程组：$N_s + 1$ 个方程，其中有 $N_s + 1$ 个未知数。因此，按对数计算，第 i 种货币的多边价格是唯一的，并且是通过以下方式计算的多边汇率：

$$p_{i,t} = \frac{1}{N_s + 1} \sum_{j=0}^{N_s} p_{i/j,t} \quad (6\text{-}4)$$

当已知 $p_{0,t}$ 时，可通过式（6-5）换算得出其他货币的多边价格：

$$p_{i/j,t} = p_{i,t} - p_{j,t} = p_{i/0,t} + p_{0,t} - p_{j/0,t} - p_{0,t} = p_{i/0,t} - p_{j/0,t} = p_{0/j,t} - p_{0/i,t} \quad (6\text{-}5)$$

将式（6-5）代入式（6-4），可得

$$p_{i,t} = \frac{1}{N_s + 1} \sum_{j=0}^{N_s} (p_{0/j,t} - p_{0/i,t}) = p_{0,t} - p_{0/i,t} \quad (6\text{-}6)$$

2. 关联性指标

参考 Billio 等（2012）的研究，基于格兰杰因果检验来刻画金融市场间的关联性。具体构建过程如下，考虑一个二维的 VAR 模型：

$$R_t = \sum_{n=0}^{p} A_n R_{t-n} + e_t \quad (6\text{-}7)$$

其中，$R_t = \left(R_t^i, R_t^j\right)^\mathrm{T}$ 表示市场的收益率或波动率；$e_t = \left(e_t^i, e_t^j\right)^\mathrm{T}$ 表示白噪声过程，如果 $A_n(1,2) \neq 0$，则 j 是 i 的格兰杰因，定义如下函数：

$$(i \leftarrow j) = \begin{cases} 1, & j \text{是} i \text{的格兰杰因} \\ 0, & \text{其他} \end{cases} \quad (6\text{-}8)$$

基于式（6-8），定义格兰杰因果度（degree of Granger causality，DGC）为统计显著的格兰杰因果关系数占理论上总体可能存在的最大关系数的比重，即总体关联性。总体关联性刻画了有向网络的稀疏程度，变量间的关联网络越紧密，系统性金融风险的影响就越严重。

$$\mathrm{DGC} = \frac{1}{N(N-1)} \sum_{i=1}^{n} \sum_{i \neq j} (i \leftarrow j) \quad (6\text{-}9)$$

定义连出度（out）为市场 j 作为格兰杰因的因果关系数占理论上可能存在的最大关系数的比重；连入度（in）为市场 j 作为格兰杰果的因果关系数占理论上可能存在的最大关系数的比重。通过连入度和连出度，可以刻画出单个市场在关联性网络结构中的重要性。

$$\mathrm{out}(j) = \frac{1}{N-1} \sum_{i \neq j} (i \leftarrow j) \quad (6\text{-}10)$$

$$\mathrm{in}(j) = \frac{1}{N-1} \sum_{i \neq j} (j \leftarrow i) \quad (6\text{-}11)$$

3. 风险溢出指标

参考 Diebold 和 Yilmaz（2014）的研究，基于广义方差分解方法，构建风险溢出网络，研究金融市场间的风险溢出关系。具体构建过程如下。

考虑一个 N 维的 VAR 模型：

$$R_t = \sum_{n=0}^{p} A_n R_{t-n} + \varepsilon_t \quad (6\text{-}12)$$

其中，R_t 表示各个市场的收益率向量或波动率向量；$\varepsilon \sim N(0, \Sigma)$ 表示独立同分布的随机误差项。式（6-12）可以写为 $R_t = \sum_{n=0}^{\infty} B_n \varepsilon_{t-n}$，$A_0$ 为单位矩阵，那么对于 $H = 1, 2, \cdots$，第 H 步广义方差分解 d_{ij}^H 为

$$d_{ij}^H = \frac{\sigma_{jj}^{-1} \sum_{h=0}^{H-1} (e_i^{\mathrm{T}} B_h \sum e_j)^2}{\sum_{h=0}^{H-1} (e_i^{\mathrm{T}} B_h \sum B_h^{\mathrm{T}} \sigma_{jj})^2} \tag{6-13}$$

其中，$\sum$ 表示 ε 的方差–协方差矩阵；σ_{jj} 表示 VAR 系统中第 j 个方程的估计误差项；e_i 表示第 i 个元素为 1、其余为 0 的选择向量。将 VAR 方差分解的结果除以该行的和进行标准化，从而能够得到每个市场收益（风险）溢出的百分比度量。

基于此，该系统中所有变量的风险总溢出为

$$S^H = \frac{\sum_{i,j=1, i \neq j}^{N} d_{ij}^H}{\sum_{i,j=1}^{N} d_{ij}^H} \tag{6-14}$$

其他市场对市场 i 的溢出 $S_{i \leftarrow \cdot}^H$ 以及市场 i 对其他市场的溢出 $S_{\cdot \leftarrow i}^H$ 分别为

$$S_{i \leftarrow \cdot}^H = \frac{\sum_{j=1, i \neq j}^{N} d_{ij}^H}{\sum_{i,j=1}^{N} d_{ij}^H} \tag{6-15}$$

$$S_{\cdot \leftarrow i}^H = \frac{\sum_{j=1, i \neq j}^{N} d_{ji}^H}{\sum_{i,j=1}^{N} d_{ij}^H} \tag{6-16}$$

市场 i 的净溢出为

$$S^{\mathrm{NH}} = S_{\cdot \leftarrow i}^H - S_{i \leftarrow \cdot}^H \tag{6-17}$$

6.3.2 数据说明

本章选取上文所述全球 21 种货币汇率作为研究样本，数据来自 Wind 数据库，利用除美元外的 20 种货币对美元的汇率，计算得出 21 种货币的多边价格，再计算得出各货币的多边收益率和多边波动率[①]。

本章采用这 21 种货币对外汇市场关联性进行分析，此外，本章还在其中选取了 7 种代表性货币进行风险溢出分析。这 7 种货币是美元和计算美元指数的 6 种基准货币，包括美元（USD）、日元（JPY）、欧元（EUR）、英镑（GBP）、加拿大元（CAD）、瑞士法郎（CHF）和瑞典克朗（SEK）。

考虑到汇率数据时间的不一致性，本章采用周数据进行分析。为尽可能使数

---

① 多边收益率即为多边价格的差分，再通过 AR(1)-GARCH(1, 1)过程可得到各货币的多边波动率。

据获取时点当日存在汇率数据，本章采用每周三的数据作为周数据，当周三汇率数据不存在时，利用插值法得到数据。本章样本区间为 1998 年 1 月 7 日～2022 年 5 月 18 日，每种货币有 1272 个汇率数据和 1271 个收益率数据。

6.4　外汇市场风险传染效应检验及其影响因素分析

6.4.1　外汇市场风险传染方向和强度测度

1. 关联性与风险溢出的静态关系

全样本外汇市场之间的关联性及其加总参见表 6-1。从表 6-1 可以看到，样本期间，各个外汇市场间存在一定的关联性，收益率总体关联性达到了 25%，波动率总体关联性达到了 59%，波动率总体关联性大约是收益率总体关联性的两倍。从收益率看，连出度最高的是 RUB，达到了 45%，可能与样本期间发生的俄乌冲突有较大关系。俄乌冲突导致 RUB 发生暴涨暴跌，俄罗斯作为对世界具有一定影响力的大国，汇率波动易外溢至其他国家，从而 RUB 的连出度最高。收益率连入度最高的是 INR，达到了 60%，说明该种货币易受到他国货币的影响，脆弱性较强，需要特别防范外汇风险。净连出度最高的是 DKK，为 30%，净连出度最低的是 INR，为-40%，说明这两种货币分别是主要的净连出货币和净连入货币。全球最主要的国际货币 USD 的连入度和连出度都处于较高水平，分别为 45% 和 35%，净连出度为-10%。从波动率看，可以发现波动率的连出度和连入度值相比收益率更高。连出度最高的是 KRW、SGD 和 AUD，达到了 95%，说明这些货币的波动性极易传导至其他货币。连入度最高的是 GBP 和 CAD，达到了 95%，说明这些货币极易受到他国汇率波动的影响。USD 的连入度和连出度同样处于较高水平，分别为 65% 和 60%，净连出度为-5%。

表 6-1　全样本外汇市场关联性加总

项目	收益率			波动率		
	连出度	连入度	净连出度	连出度	连入度	净连出度
USD	35%	45%	−10%	60%	65%	−5%
RUB	45%	35%	10%	90%	50%	40%
JPY	20%	5%	15%	65%	80%	−15%
EUR	35%	10%	25%	60%	25%	35%
KRW	40%	30%	10%	95%	60%	35%
CNY	30%	50%	−20%	65%	60%	5%

续表

项目	收益率			波动率		
	连出度	连入度	净连出度	连出度	连入度	净连出度
BRL	30%	20%	10%	30%	40%	−10%
INR	20%	60%	−40%	50%	55%	−5%
THB	10%	25%	−15%	30%	25%	5%
GBP	40%	15%	25%	30%	95%	−65%
ZAR	20%	45%	−25%	20%	75%	−55%
MXN	15%	10%	5%	60%	50%	10%
SGD	35%	20%	15%	95%	55%	40%
AUD	10%	10%	0	95%	50%	45%
CAD	20%	40%	−20%	65%	95%	−30%
CHF	35%	15%	20%	50%	25%	25%
NOK	15%	40%	−25%	65%	80%	−15%
SEK	25%	10%	15%	65%	90%	−25%
NZD	0	0	0	35%	85%	−50%
DKK	35%	5%	30%	70%	30%	40%
LKR	10%	35%	−25%	35%	40%	−5%
总体关联性	25%			59%		

由于关联性测度指标仅仅关注两种货币之间是否存在相互影响，而不关心相互影响的大小，且对于大国和小国赋予了相同的权重，因此本章还采用了风险溢出指标，对全球 7 种主要货币的传染效应进行了度量，结果如表 6-2 和表 6-3 所示。

表 6-2　全样本外汇市场风险溢出（收益率）

项目	USD	JPY	EUR	GBP	CAD	CHF	SEK	来自其他市场的溢出
USD	71.20%	14.83%	2.52%	0.24%	0.20%	0.31%	10.70%	28.80%
JPY	6.10%	85.74%	0.28%	0.42%	1.49%	4.72%	1.24%	14.26%
EUR	1.54%	0.44%	48.83%	3.37%	1.30%	25.49%	19.03%	51.17%
GBP	0.06%	0.98%	4.99%	89.13%	0.32%	2.11%	2.42%	10.87%
CAD	0.21%	3.99%	2.35%	1.06%	85.91%	6.23%	0.25%	14.09%
CHF	0.12%	5.42%	18.72%	1.02%	2.60%	67.68%	4.44%	32.32%
SEK	6.69%	2.21%	18.46%	1.83%	0.13%	5.85%	64.82%	35.18%
对其他市场的溢出	14.72%	27.87%	47.31%	7.95%	6.04%	44.72%	38.07%	186.69%
包括自己的总溢出	85.92%	113.61%	96.14%	97.07%	91.95%	112.40%	102.90%	均值：26.67%

注：小计数据的和可能不等于总计数据，是因为有些数据进行过舍入修约

表 6-3　全样本外汇市场风险溢出（波动率）

项目	USD	JPY	EUR	GBP	CAD	CHF	SEK	来自其他市场的溢出
USD	60.18%	21.99%	3.43%	3.08%	0.25%	7.64%	3.44%	39.82%
JPY	6.22%	83.35%	2.41%	0.83%	0.07%	5.31%	1.81%	16.65%
EUR	2.96%	8.14%	50.81%	0.23%	0.91%	31.80%	5.15%	49.19%
GBP	6.17%	4.71%	0.79%	86.22%	0.19%	1.66%	0.27%	13.78%
CAD	2.34%	6.75%	4.44%	0.42%	50.04%	32.56%	3.45%	49.96%
CHF	0.66%	4.16%	5.55%	0.09%	1.25%	87.49%	0.81%	12.51%
SEK	6.20%	11.72%	12.24%	0.36%	1.25%	11.36%	56.86%	43.14%
对其他市场的溢出	24.53%	57.46%	28.86%	5.01%	3.92%	90.33%	14.93%	225.04%
包括自己的总溢出	84.71%	140.81%	79.67%	91.23%	53.96%	177.82%	71.79%	均值：32.15%

注：小计数据的和可能不等于总计数据，是因为有些数据进行过舍入修约

从 7 种货币的全样本风险溢出结果来看，波动率总溢出依然高于收益率的总溢出，分别为 32.15% 和 26.67%，但差别与关联性相比相对较小。

在收益率方面，接受来自其他市场的溢出最多的是 EUR，为 51.17%，其次是 CHF 和 SEK，均在 30% 以上，接下来是 USD，为 28.80%，剩下的 JPY、GBP 和 CAD 均在 15% 以下，接受来自其他市场的溢出较少。对其他市场的溢出最多的也是 EUR，为 47.31%，其次为 CHF 和 SEK，为 40% 左右，JPY 对其他市场的溢出为 27.87%，剩下的 USD、GBP 和 CAD 均为 10% 左右。根据接受来自其他市场的溢出和对其他市场的溢出的大小可知，USD、EUR、GBP 和 CAD 是收益率风险溢入货币，JPY、CHF 和 SEK 是收益率风险溢出货币。

在波动率方面，接受来自其他市场的溢出较多的也是 CAD 和 EUR，均超过了 49%，其次是 SEK 和 USD，均为 40% 左右，剩下的 JPY、GBP 和 CHF 均为 15% 左右，接受来自其他市场的溢出较少。对其他市场的溢出最多的是 CHF，为 90.33%，其次为 JPY，为 57.46%，EUR 和 USD 对其他市场的溢出为 25% 左右，SEK 为 14.93%，而 GBP 和 CAD 对其他市场的溢出为 5% 左右。根据接受来自其他市场的溢出和对其他市场的溢出的大小可知，USD、EUR、GBP、CAD 和 SEK 是波动率风险溢入货币，JPY 和 CHF 是波动率风险溢出货币。

关联性测度方法和波动溢出测度方法各有其优点，关联性测度方法样本中包含的货币更多更全，能够有效捕捉到大国对小国和小国之间外汇风险关联性，但对于盯住美元（或其他货币）的货币，由于其与美元（或其他货币）的关联性较高，在判断关联性时，容易错误地认为其和一些与美元（或其他货币）有关的货币存在关联性。

波动溢出测度方法选取全球主要的 7 种货币估计货币市场的风险溢出关系，

会忽略大国对小国和小国之间外汇风险溢出，但由于主要货币之间的相关性都比较低，一般不会出现错误估计溢入、溢出的情况。

由于这些差异，关联性测度和波动溢出测度的结果存在部分差异，在分析外汇风险溢出时，应结合两项结果共同分析。

2. 滚动的关联性与风险溢出

外汇市场风险传染并不是一成不变的，各种重大事件的发生，如2008年全球金融危机、2020年新冠疫情等，往往会造成外汇市场风险传染关系突发性的改变，之后随时间流逝恢复到正常水平。从整体样本探讨金融市场间的风险传染关系，只是得到了"平均"的外汇市场风险传染关系，无法捕捉到外汇市场风险传染的长期动态关系以及可能存在的周期性变化。为此，接下来的研究以52周（即一年）为滚动窗口，进行全样本数据的滚动回归，探究外汇市场关联性与风险溢出的动态关系，外汇市场总溢出和总体关联性如图6-6和图6-7所示。

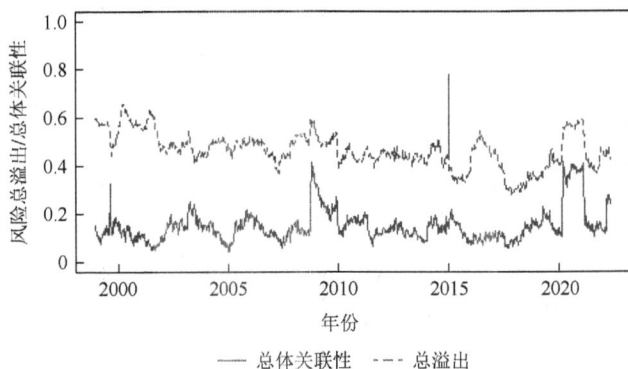

图6-6　收益率的风险总溢出和总体关联性

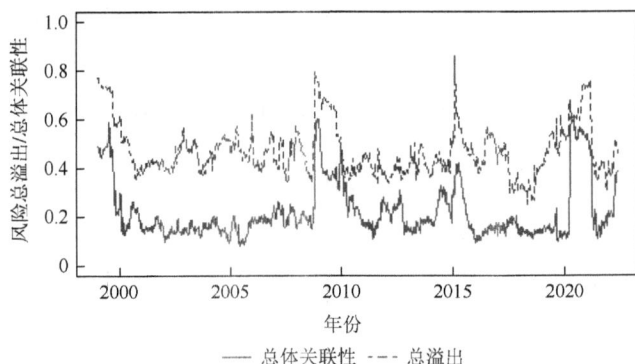

图6-7　波动率的风险总溢出和总体关联性

外汇市场收益率和波动率的总体关联性和风险总溢出大体上趋势一致，且存在一定的周期性，在遭遇重大事件时会发生突增。从图 6-6 和图 6-7 中可以看到，最明显的两处突增，分别是 2008 年和 2020 年，外汇市场收益率和波动率的总体关联性和风险总溢出都在这两个时点发生了突增，并在之后年度回落，产生影响的事件主要是全球金融危机和新冠疫情。

2008 年全球金融危机由美国次贷危机演变而来。2007 年 8 月，美国次贷危机爆发，2008 年中期，全球金融危机开始失控，经济增速呈断崖式下滑，全球多个国家被卷入危机之中，外汇市场的风险传染性上升是本次危机的一个具体体现。2020 年新冠疫情是重大突发公共事件，其影响很大。在对受影响地区造成生命、财产威胁的同时，此类突发公共事件往往会对经济运行体系产生严重冲击，双向挤压需求端与供给端，加大财政收支压力，对一国乃至全球经济产生持续性的负面影响，进一步加大了宏观经济内外部环境的不确定性，引发恶性循环（杨子晖等，2020c）。这两次事件对全球大部分国家造成了影响，可以被认为是近二十年内对全球影响最大的两次事件，因此，外汇市场受到的影响也最为严重。

此外，从外汇市场波动率的风险总溢出和总体关联性图（图 6-7）可以看出，1997 年亚洲金融危机期间，外汇市场波动率传染性显著增强，在收益率的风险总溢出和总体关联性图（图 6-6）可以看到类似的情况，但没有波动率那么显著。2003 年伊拉克战争、2016 年英国脱欧和 2022 年俄乌冲突期间，外汇市场收益率和波动率的风险总溢出和总体关联性也均出现了突增，说明这些重大的国际事件造成了外汇市场风险传染性上升，同时，也可从中看出全球不确定性的上升。

除去这些受全球重大事件影响造成的总体关联性和风险总溢出的突增之外，外汇市场收益率和波动率的总体关联性和风险总溢出在一般时期都处于相对平稳的趋势。也就是说，尽管长期来看外汇市场的风险传染性是较为稳定的，但在面对异常波动时，风险传染性会发生显著上升。从整体来说，利用外汇市场风险溢出关系网络的测度，能够很好地刻画和度量全球过去历史时期的外汇风险，同时也是全球系统性金融风险的一个缩影，对历史重要节点有很好的判断。通过对外汇市场溢出效应的动态监测，可以在一定程度上对可能出现的市场异常波动和风险共振进行预警，从而有效防范系统性金融风险。

6.4.2　外汇市场风险传染效应的影响因素研究

1. 模型的构建与指标的选取

被解释变量由 6.4.1 节的测度方法给出，具体来说，就是以年度为单位，对各年度外汇市场关联性与风险溢出进行测度，如表 6-4 所示。

表 6-4　汇率风险传染效应指标

指标	变量符号	指标	变量符号
收益率连出度	Out_1^t	波动率连出度	Out_2^t
收益率连入度	In_1^t	波动率连入度	In_2^t
收益率净连出度	NO_1^t	波动率净连出度	NO_2^t
收益率溢出	To_1^t	波动率溢出	To_2^t
收益率溢入	From_1^t	波动率溢入	From_2^t
收益率净溢出	NT_1^t	波动率净溢出	NT_2^t

根据外汇市场风险传染机制的分析，汇率风险传染效应的影响因素指标体系主要包括基本面渠道、国际贸易渠道、金融联系渠道和投资者行为渠道四大类（李鲤等，2021），指标体系具体组成如表 6-5 所示。

表 6-5　汇率风险传染效应的影响因素指标

影响渠道	指标	说明	变量符号
基本面渠道	经济规模	GDP 对数值	F_1^t
	经济增长	GDP 增长率	F_2^t
国际贸易渠道	出口	货物与服务出口占 GDP 比重	Exp^t
	进口	货物与服务进口占 GDP 比重	Inp^t
金融联系渠道	资本账户开放	Chinn-Ito 指数	Fin^t
投资者行为渠道	羊群效应	EPU 的增长率	Herd^t
	注意力配置效应	各国对美元汇率的年度已实现波动	At^t
	叫醒效应	美国的 GDP 增长率	Wa^t

各国基本面渠道由各国的经济规模和经济增长来衡量；国际贸易渠道指标则主要包括进口和出口两个方面；金融联系渠道指标，以资本账户开放作为代理变量，一般来说，资本账户开放意味着该国与他国的金融交流程度更高。

投资者行为渠道指标分为叫醒效应、注意力配置效应和羊群效应三类。鉴于美国是当前世界第一大国，也是各国都十分关注的对象，本章用美国的 GDP 增长率来衡量叫醒效应。用各国对美元汇率的年度已实现波动来度量注意力配置效应[①]。

---

① 将各国对美元汇率的年度已实现波动的均值作为美国注意力配置效应的代理变量。

由于羊群效应是由投资者的跨市场情绪传染引致，而经济政策不确定性（economic policy uncertainty，EPU）指标是指当经济政策变化时，人们无法预测未来经济领域事件发生的可能性，能在一定程度上反映人们对于本国市场的总体信心，因此本章用 EPU 的增长率来衡量羊群效应。

根据理论推导，对上述变量构建模型如下：

$$y_t = \alpha + x_t^T \beta + \varepsilon_t \tag{6-18}$$

其中，y_t 表示汇率风险传染效应指标；x_t^T 表示汇率风险传染的影响因素；β 表示系数矩阵，有

$$x_t = (F_1^t, F_2^t, Exp^t, Inp^t, Fin^t, Herd^t, At^t, Wa^t) \tag{6-19}$$

根据余博和管超（2020）的研究，货币汇率面板回归更适用于混合效应，固定效应和随机效应则存在一定问题，因此，本节面板回归选择混合效应方法进行估计。

受数据限制，本部分回归样本期为 1998～2020 年，并剔除了 EUR，数据来源于 Wind 数据库、WDI（world development indicators，世界发展指数）数据库、EPU 数据库以及 Chinn 和 Ito（2008）的研究。

2. 回归结果与分析

外汇市场风险传染效应影响因素的面板数据结果如表 6-6 和表 6-7 所示。从表 6-6 以关联性指标为被解释变量的回归结果中，可以发现，叫醒效应对风险的连入和连出都有显著影响，回归系数显著为负，即当美国经济增长率下降，经济形势变差时，会叫醒其他国家的投资者，从而导致风险传染效应。此外，金融联系渠道也是重要的风险传染影响渠道，当资本账户开放程度高时，会加大该国对其他国家的外汇风险波动率连出度。羊群效应对波动率连出度有显著为负的影响。注意力配置效应对波动率连出度和连入度都有显著为正的影响，即当一种货币对美元波动率上升时，该种货币风险的连入度和连出度都将增加。

表 6-6　以关联性指标为被解释变量的回归结果

变量	Out_1^t	In_1^t	NO_1^t	Out_2^t	In_2^t	NO_2^t
常数项	0.220	0.209	0.011	0.733***	0.777***	−0.043
F_1^t	−0.001	0.000	−0.001	−0.017**	−0.017**	0.000
F_2^t	−0.003	−0.005*	0.002	0.003	−0.005	0.008**
Exp^t	0.000	0.000	−0.001	−0.002	−0.002	0.000
Inp^t	0.001	0.000	0.001	0.002	0.002	0.000
Fin^t	−0.004	−0.006	0.002	0.015**	−0.004	0.019***

续表

变量	Out_1^t	In_1^t	NO_1^t	Out_2^t	In_2^t	NO_2^t
$Herd^t$	0.000	0.000	0.000	-0.001^*	0.000	-0.001
At^t	0.092	0.047	0.045	0.482^{***}	0.360^{***}	0.122
Wa^t	-0.025^{***}	-0.024^{***}	-0.001	-0.037^{***}	-0.034^{***}	-0.003

*、**和***分别表示在10%、5%和1%水平上显著

表 6-7　以风险溢出指标为被解释变量的回归结果

变量	To_1^t	$From_1^t$	NT_1^t	To_2^t	$From_2^t$	NT_2^t
常数项	-1.497	1.026	-2.523	-4.123	3.170^*	-7.294^{**}
F_1^t	0.017	-0.015	0.032	0.122^{***}	-0.091^{***}	0.213^{***}
F_2^t	-0.026^{**}	0.015^*	-0.041^{***}	-0.067^{***}	0.018^*	-0.085^{***}
Exp^t	0.031^{***}	0.002	0.029^{***}	0.055^{***}	-0.006	0.061^{***}
Inp^t	-0.032^{***}	-0.001	-0.032^{***}	-0.056^{**}	0.001	-0.057^{***}
Fin^t	0.622	-0.083	0.705	0.459	-0.003	0.462
$Herd^t$	-0.002	0.038	-0.040	0.153	0.098	0.055
At^t	4.336^*	1.329	3.007	2.564	2.115	0.449
Wa^t	0.011	-0.031^{***}	0.042^{***}	0.071^{**}	-0.038^{***}	0.109^{***}

*、**和***分别表示在10%、5%和1%水平上显著

从表 6-7 以风险溢出指标为被解释变量的回归结果中，可以发现，基本面渠道对外汇风险溢出有显著影响，经济规模较大的国家，其风险溢出会更大，而风险溢入会减小。当一国经济增长率较高（经济形势较好）时，其风险溢出会显著减小，而风险溢入则会增大，这说明在经济形势较好时，也需特别防范外汇风险溢入。出口与外汇风险溢出呈正向相关性，而进口则相反，说明净出口更多的国家外汇风险更容易外溢。

总结回归结果，可以发现，国际外汇市场上金融风险的传染效应，受基本面渠道、国际贸易渠道、金融联系渠道和投资者行为渠道的影响。这表明：①本国的基本面渠道对外汇市场风险传染有一定影响。②各国家和地区与美国的贸易与金融联系较为紧密，贸易金融因素的变化将直接影响外汇市场的风险传染效应。③美国经济金融的走势也将影响投资者在外汇市场上的投资决策，进而对外汇市场风险传染造成影响。这主要是因为随着信息技术的发展，信息在全球外汇市场上通过多种渠道快速传播，信息传递的广度和深度大为增强。在此环境下，各类信息的冲击对投

资者的心理和投资行为造成影响，进而对国际外汇市场的金融风险传染效应产生显著的影响。由此可见，对于外汇市场的风险国际传染总体效应，基础因素和不同类型的渠道变量均有贡献，风险传染效应是多种因素综合作用的结果。

6.5　本章小结

作为金融风险领域的研究重点，外汇市场风险传染一直受到国内外学者的广泛关注。在已有研究的基础上，本章采用多边价格方法、关联性指标和风险溢出指标，对外汇市场的风险传染效应进行了测度，以判断外汇市场风险传染的强度和方向。

本章采用 21 种货币对外汇市场关联性进行分析，此外，本章还在其中选取了 7 种代表性货币进行风险溢出分析，这 7 种货币是美元和计算美元指数的 6 种基准货币。考虑到汇率数据时间的不一致性，本章采用周数据进行分析。

时变的外汇市场风险传染结果显示，总体来看，外汇市场收益率和波动率的总体关联性和风险总溢出是比较平稳的，但在全球重大事件发生期间，外汇市场收益率和波动率的总体关联性和风险总溢出都会出现急剧上升，并在随后回落至原有水平。这些重大事件包括：1997 年亚洲金融危机、2003 年伊拉克战争、2008 年全球金融危机、2016 年英国脱欧、2020 年新冠疫情、2022 年俄乌冲突。这也在某种程度上说明，外汇市场风险与系统性金融风险存在一致性。

接着，在此基础上，本章对外汇市场风险传染效应的影响因素进行了分析，在研究外汇市场风险传染效应的影响因素时选取的指标细致全面，指标体系主要包括基本面渠道、国际贸易渠道、金融联系渠道和投资者行为渠道四大类，各大类指标因素内部进行了细分，研究细致深入。本章发现，基本面渠道、国际贸易渠道、金融联系渠道和投资者行为渠道均可以对外汇市场风险传染产生显著影响。

结合实证结果，本章从以下三方面提出政策建议。①加强外汇市场的风险传染监测与管理：建立外汇市场风险传染监测和预警机制，完善基于影响因素的外汇市场风险传染管理。②优化外汇市场宏观审慎管理：完善外汇市场宏观审慎政策工具，建立健全跨国和跨部门的协调及沟通机制，宏观审慎与微观市场监管并重。③稳妥有序地推进金融领域对外开放：有序推进金融市场对外开放，有序推进外汇领域对外开放。

第7章 人民币避险作用与人民币国际化

7.1 人民币国际化进程中的货币避险作用

2008年全球金融危机的爆发,不仅使全球金融市场遭受重创,也进一步突显了美元主导货币体系的弊端。为降低对美元的过度依赖,保障我国外汇储备安全性,中国于2008年底起积极推动人民币的国际化发展。2009年7月,中国人民银行等六部门联合发布《跨境贸易人民币结算试点管理办法》,跨境贸易人民币结算试点正式启动,也由此揭开了人民币国际化的序幕。

一国货币的国际化,实质上是本国主权货币职能的国际化,即货币在国际市场上可以广泛发挥支付手段、价值尺度以及价值贮藏的货币职能(孙立行,2010;余永定,2011)。经过十余载发展,人民币在货币收支、储备和外汇交易等国际货币功能的全球地位稳步提升。根据中国银行业协会2022年10月发布的《人民币国际化报告(2021—2022)》,截至2021年末,人民币跻身中国跨境收支第二大常用货币、全球外汇储备第五大常用货币以及全球外汇交易第八大常用货币。在"双循环"的新发展格局下,国内国际双循环相互促进的发展战略与人民币国际化的有序推进是相辅相成的。对我国完整内需体系的培养,拓宽和巩固了人民币贸易收付主干道,而推动高水平对外开放则进一步提升了人民币在全球金融市场的接受度,增强了人民币国际化的市场驱动力。

当今世界处于百年未有之大变局,面对地缘政治风波、国际金融市场动荡、全球新冠疫情蔓延的动荡经济环境,人民币汇率在合理均衡水平上保持基本稳定。2022年以来,美联储持续的激进加息政策推动美元大幅走强,非美元货币普遍贬值,全球经济前景恶化,人民币汇率虽然也呈现短期波动的特征,但整体水平较为稳健,这证明了人民币在纷繁复杂的国际局势变化中仍保持着较强的全球吸引力。随着人民币国际化进程的深入推进,人民币的全球使用率和国际影响力显著增强,人民币国际化程度明显提高,人民币与国际金融市场间的关系也愈发密切。鉴于对中国资本市场的投资不可避免地涉及对人民币的持有,了解人民币与金融市场之间的关系已成为国际资产管理中的重要组成部分。自2022年2月俄乌冲突爆发以来,全球市场恐慌情绪快速升温,叠加新冠疫情在全球范围多点频发,全球经济步入下行周期,VIX(volatility index,波动率指数,用以衡量市场恐慌情绪)大幅上涨,全球股指下跌,避险情绪助推美元指数走高。与其他国际主要货币相比，美元对人民币汇率仍相对稳定，由此引发多方对人民币避险作用的关注。

本章借鉴 Baur 和 Lucey（2010）关于避险资产的定义，把避险货币定义为在市场承压或动荡时期，与另一资产或投资组合不相关或负相关的货币。一方面，人民币发挥避险属性有三点因素支撑，其在经济景气度回落期间的避险作用初显。一是中国经济长期相对稳定增长的基本面、央行灵活适度地实施稳健货币政策和稳经济一揽子政策措施，使我国通胀率维持在较低水平，为人民币计价资产提供了较高的安全性与保值性，尤其在俄乌冲突仍在持续，部分国家对俄罗斯采取制裁措施，加剧全球经济复苏不确定性的大环境下。二是受全球大宗商品价格大幅波动与供应链受阻影响，中国制造业世界第一的地位再次凸显，我国外贸保持韧性，国际收支基本面相对平稳，跨境资本双向有序流动，催生一批疫情期间新的经济增长点，为人民币资产提供了较强的增值动能。三是人民币国际化进程纵深推进。2009 年，中国人民银行等六部门发布《跨境贸易人民币结算试点管理办法》，迈出了人民币国际化的第一步。2014 年，我国先后推出沪深港通、RQFII、"债券通"等跨境互联互通机制。2015 年，首次正式明确"人民币国际化"提法，CIPS 成功上线，同年，人民币作为第一个新兴市场国家货币被 IMF 纳入 SDR 篮子，推动了人民币国际化进程加速推进。2022 年 5 月，人民币在 SDR 货币篮子中的权重由 10.92%上调至 12.28%，国际影响力进一步提升。长期来看，国际认可度的增强将进一步推动人民币在全球范围内的流通使用，推动完善我国双向浮动的汇率制度，为人民币避险功能的发挥提供现实基础。例如，张冲等（2020）研究表明，人民币是英镑和欧元的强避险货币，汇率制度是人民币具有避险能力的重要原因。另一方面，由于人民币尚不能完全自由兑换、人民币跨境资产流动性受限以及人民币的国际化程度仍有待提高等因素影响，有观点认为，在当今主要国际货币中，美元、瑞士法郎和日元更具有避险属性，人民币仍不能称作完全意义上的避险货币。例如，Chan 等（2018）研究表明，美元、日元和瑞士法郎的货币协偏度为正，能为全球股票波动提供对冲性收益，具备一定的避险作用。Cheng 等（2021）从避险货币的对冲功能出发，认为在遭遇市场波动或股票市场暴跌时，人民币还不是一个很好的对冲性货币，其避险货币的属性仍不强。

目前学术界对于人民币是否具有避险功能尚有争议，而且较少学者同时就人民币对国际股票市场和原油市场的避险功能展开比较研究。基于此，本章选用在岸和离岸人民币与美元、日元、瑞士法郎作比较，分别研究不同货币对 MSCI 股票指数和 WTI（West Texas intermediate，西得克萨斯中间基原油）的避险作用。这对于深入分析货币市场与资本市场及主要大宗商品市场间的关系，在当前经济形势下做好投资组合的风险管理，持续推进人民币国际化进程纵深发展，并以最大努力争取稳经济的最好结果具有重要的理论与现实意义。

7.2　货币避险的定义与机制分析

避险能力是一种资产的良好属性，不少文献对资产避险属性的定义、避险能力的判定以及避险的作用机制等方面进行了研究。从一些经典文献来看，对于资产对冲功能和避险功能的研究往往相伴而生（Baur and Lucey，2010；Baur and McDermott，2010）。Baur 和 McDermott（2010）从资产组合收益的角度对这两个功能进行了界定：对冲指某一资产与其他风险资产或组合在平均意义上存在负相关；避险指某一资产与其他风险资产或组合在市场极端风险情况下存在负相关。

从现有关于避险资产的文献来看，常见的避险资产可以划分为三大类：货币类中的美元、日元、瑞士法郎（Campbell et al.，2010；Chan et al.，2018）；债券类中的美债、德债（Beber et al.，2009；Yang et al.，2010；Boucher and Tokpavi，2019）；贵金属中的黄金（Baur and McDermott，2010）。适宜的避险资产配置能在资产组合中有效降低权益类资产等风险资产的系统性风险，提高整个资产组合回报的稳定性，降低波动率。

识别资产的避险机制是一个复杂的系统过程。首先，各类资产的避险属性来源是复杂且特殊的。避险性货币在很大程度上依赖发行主体的综合实力背书。美元的避险属性来自其强大的经济实力和全球影响力，日元的避险属性来自日本低利率政策下套息交易发挥的作用，瑞士法郎的避险属性来自瑞士本国的独立性。黄金主要依赖其公认的稳定性和稀缺性以及流通的货币属性。国债主要依赖于发行主体信用背书，往往与经济形势呈负相关，一个发行主体稳定、信用更强、违约概率更小的国家，其国债避险性也会更强。其次，避险资产的效果是因时因事而异的（尹力博和柳依依，2015）。全球性政治经济风险事件（金融、经济危机类）的爆发对基本面往往造成较大的负面冲击，长期持有黄金和债券的避险效果更佳。而突发的局部地缘政治类风险事件一般对股市只有短期影响，资产价格呈现脉冲式表现，进行短期操作的避险效果更佳。

从文献回顾来看，关于资产的避险能力的研究是有比较深厚的理论基础的。为了分析人民币的避险能力，有必要厘清避险货币的定义，探索货币避险的机制，从而识别人民币的作用。

7.2.1　避险货币的定义

避险货币（safe-haven currency）往往表现出避险和对冲两种基本属性。在已有文献中，避险货币的定义虽然随研究目的而异，但是都会考虑这两种属性。部分文献仅考虑避险货币的某一种属性。对冲功能是指，平均而言避险资产能在正常时期为风险资产或组合提供对冲收益。例如，Campbell 等（2010）考虑了将全球股票和债券投资者的投资组合风险最小化的货币配置，他们发现瑞士法郎和欧元与股票收益呈负相关。避险功能是指，在危机时期避险资产能够提供对冲收益。例如，Kaul 和 Sapp（2006）表明，美元在 2000 年前后不确定性增加时被用作避险工具。

大部分文献综合考量了避险货币的双重属性。Ranaldo 和 Söderlind（2010）认为避险货币在正常时期（无条件的）和危机时期（有条件的）都能提供对冲收益。Grisse 和 Nitschka（2015）认为避险货币在平均意义上可以对冲风险，避险资产的价值在严重的危机事件中增加得更明显。避险货币在正常时期表现较为稳定，但在危机期间获得的高额收益，使得尽管该货币在正常时期收益为负，仍能在平均意义上获得正的收益。张冲等（2020）进一步将避险货币在高风险情形和平均风险水平下的不同表现进行区分，提出避险货币和对冲货币的概念。这种定义本质上是避险货币两个基本属性的另类表达，但避险货币和对冲货币的区分能够使表达更加明晰。Hossfeld 和 MacDonald（2015）在 Baur 和 Lucey（2010）关于避险和对冲定义的基础上，将避险货币定义为有效回报与全球股市在高金融压力时期的回报呈负相关的货币；对冲货币被定义为平均上有效回报与全球股市回报呈负相关（即在压力机制下无条件）的货币。

本章将避险资产的避险和对冲属性表述为避险货币和对冲货币，在 Baur 和 Lucey（2010）关于避险和对冲定义的基础上定义：避险货币为高风险时期与另一资产或投资组合呈负相关的货币；对冲货币为平均风险时期与另一资产或投资组合呈负相关的货币。

在已有文献中，关于市场高风险水平的度量有所不同，因此风险指标的选取也是实证检验的重要一环。市场高风险时期又被称为危机时期、市场压力或动荡时期。风险指标主要分为以下几类：风险指数，如使用 VIX、VXC 指数来衡量全球市场风险（Ranaldo and Söderlind，2010；Grisse and Nitschka，2015），EPU 指数来衡量全球的经济政策风险（张冲等，2020）；风险事件（Grisse and Nitschka，2015）；风险资产（组合）的收益率或波动率，如全球未对冲股票市场投资组合的回报率（Campbell et al.，2010）、股票指数的收益率（Baur and Lucey，2010）。具体来看，不同风险指标的运用各有其优势，使用风险资产（组合）的收益率或波动率作为市场风险的代理指标能够直观地反映避险对象的风险程度。

7.2.2　货币避险的机制

在避险货币的定义下，可以判断哪些货币可以被视为避险资产。但是还需要知其所以然，避险货币的安全效应是如何实现的？在危机中货币表现出避险属性的原因是什么？本章总结了以下货币避险的机制。

1. 利率平价理论

现有研究仍主要以利率平价理论为基础对货币表现进行解释。根据利率平价理论 $1+i_t = \dfrac{S_{t+1}}{S_t}(1+i_t^*)$，$i_t$ 是本国利率，i_t^* 是外国利率，S_t 是直接标价法的双边汇率。现实中，对利率平价的偏离会带来超额回报。线性化后的预期超额回报为 $E_t[r_{t+1}] = (i_t - i_t^*) - E_t[\Delta S_{t+1}]$。

如果投资者是风险中性的，那么就不会有超额回报或风险溢价，利率平价理论就会成立。风险厌恶的投资者在投资风险资产时要求有风险溢价补偿，风险溢价的大小既取决于风险厌恶程度，也取决于回报和投资者边际效用的协方差。在超额回报为零的情况下有：$E_t[m_{t+1}r_{t+1}] = 0$，其中 m_{t+1} 是风险厌恶投资者的随机贴现因子。

风险厌恶投资者要求的风险溢价补偿使非避险货币（投机货币）必须提供高利率，而避险货币则不需要通过高利率来吸引投资者。货币的避险性往往来源于货币发行国或者区域的安全性，国家的低风险性吸引风险厌恶的投资者，推动本币升值；同时，货币发行国或区域的金融市场规模和流动性支撑货币的避险性。当全球投资者风险厌恶情绪高涨时，市场流动性急剧下降，最具有流动性的市场会获得额外的奖励性报酬。因此，避险货币的安全性和流动性使避险货币可以维持在低利率状态。

正常情况下，非避险货币的高利率带来正超额回报，但在危机时期，风险厌恶投资者对非避险货币的随机贴现因子急剧增加，预期超额回报急剧下降；非避险货币正超额回报意味着避险货币的超额回报必然为负，即货币升值不足以抵消利率差。而在危机时期，风险厌恶投资者更偏好避险货币，避险货币的预期超额回报变为正，且正的超额回报是由投资者涌入推动汇率升值带来的，而非通过利率上升实现的。

总体上，避险货币往往在正常情况下超额回报为负，在危机时期超额回报为正。而非避险货币在正常情况下提供正超额回报，但在危机时期超额回报变为负。因此，避险货币可以为投资者的风险组合提供对冲，为投资者对冲危机时的损失，这就是避险货币的避险功能。

利率平价理论是否成立一直是学界争议的话题，Fama（1984）对此提出了著名的"法玛之谜"，即利率平价理论在他所选的样本区间内显著反向成立。Bussière 等（2022）重新检验了"法玛之谜"，发现利率平价理论是否成立与样本期有关，突出地表现为在次贷危机爆发后这样的高风险时期，利率平价理论显著成立，而在次贷危机前依旧反向成立，学界也将此命名为"新法玛之谜"。

2. 其他方面

Habib 和 Stracca（2012）认为利率平价理论并不一定与安全港状态相同；这两个概念只在交易者追求套利交易策略的程度上重叠，应该从其他方面寻求解释。

（1）国家基本面。避险货币的根本支撑源于发行国在国家安全、国内及国际政治、实体经济、政府信用、国际贸易等基本面要素上的稳健性。如果发行国表现为在信用、法律、通胀、汇率方面的低风险，那么该货币可能是一个安全的避风港，因为风险高的时期，投资者可能会看重这一点（Habib and Stracca，2012）。另外，一个国家货币的发行基础稳健，具有可持续的财政和经常账户状况，能够保持财政和经常账户的平衡（或盈余），其货币币值更加稳定（Fratzscher，2009）。

（2）金融市场。一方面，金融市场的规模和流动性对于避险货币来说至关重要，当全球风险规避情绪较高时，市场流动性可能会枯竭，而流动性市场强可能会获得额外的收益（Habib and Stracca，2012）。另一方面，金融市场的开放程度和全球化程度也很重要，金融市场高度开放，跨境资金可以自由流入流出，货币可以在本国及国际外汇市场进行便捷和低成本的自由兑换，金融体系的国际服务网完善，可以实现跨地区、跨时区的即时金融交易。

（3）制度因素。货币发行国金融制度完备，资本管制少，跨境资本可自由流入流出，货币可以自由兑换，外汇交易便捷时，该货币更易成为避险货币。从外汇制度来看，一定程度上盯住美元和汇率日波幅限制等也会对货币的避险能力造成影响（张冲等，2020）。

（4）避险资产"惯性"。如果一种货币过去表现为避险资产，那么这个货币为避险资产的可能性是很大的。Habib 和 Stracca（2012）、Habib 等（2020）的研究显示避险资产"惯性"在解释动荡时期的货币回报方面发挥了重要作用。

7.3　研　究　设　计

7.3.1　GARCH 模型设定

参照 Baur 和 McDermott（2010）提出的方法，构建如下的 GARCH(1, 1)模型：

$$r_{x_i,t} = \alpha + \beta_1 r_{y_i,t} + \beta_2 D(q_i) r_{y_i,t} + \varepsilon_t \tag{7-1}$$

$$h_t = \mu + \gamma \varepsilon_{t-1}^2 + \theta h_{t-1} \tag{7-2}$$

其中，$r_{x_i,t}$ 表示某类货币的收益率，当 i 取 1 时，$r_{x_1,t} = r_{CNY,t}$，表示人民币对美元的收益率，以此类推，当 i 取 2 时，$r_{x_2,t} = r_{JPY,t}$，表示日元对美元的收益率，当 i 取 3 时，$r_{x_3,t} = r_{CHF,t}$，表示瑞士法郎对美元的收益率，当 i 取 4 时，$r_{x_4,t} = r_{CNH,t}$，表示离岸人民币对美元的收益率；$r_{y_i,t}$ 表示被避险资产的收益率，当 i 取 1 时，$r_{y_1,t} = r_{WTI,t}$，表示原油收益率，当 i 取 2 时，$r_{y_2,t} = r_{MSCI,t}$，表示 MSCI 全球股指的收益率；$D(q_i)$ 表示一个虚拟变量，其中 q_i 为一个门槛水平，在实证中，q_i 分别取 10%、5%、1% 的水平，若 $r_{y_i,t}$ 的取值达到这个门槛，则 $D(q_i)$ 取值为 1，若没有达到这个门槛，则 $D(q_i)$ 取值为 0；$D(q_i)r_{y_i,t}$ 表示原油收益率及 MSCI 全球股指收益率值取极端的情况，即用以代表原油价格暴跌、全球股市暴跌等极端事件发生的情况；ε_t 表示残差项；h_t 表示残差项 ε_t 的条件方差。

根据 Baur 和 McDermott（2010）的定义，β_1 表示一般情况下某类资产对另一类资产的影响，$\beta_1 + \beta_2$ 表示极端情况下某类资产对另一类资产的影响。若 β_1 显著为负，则人民币、日元、瑞士法郎与离岸人民币是原油或 MSCI 全球股指的对冲资产；若 $\beta_1 + \beta_2$ 的值显著为负，则人民币、日元、瑞士法郎与离岸人民币这四种货币分别是原油或 MSCI 全球股指的避险资产。

7.3.2　局部高斯相关性方法

局部高斯相关性方法由 Tjøstheim 和 Hufthammer（2013）提出。对于变量 (X_1, X_2) 的一般二元密度函数 f，在任意点 $x = (x_1, x_2)$ 的邻域，其使用局部极大似然拟合的高斯二元密度函数为

$$\Psi(v, u(x), \Sigma(x)) = \frac{1}{2\pi |\Sigma(x)|^{1/2}} \times \exp\left[-\frac{1}{2}(v - \mu(x))^{\mathrm{T}} \Sigma^{-1}(x)(v - \mu(x))\right] \quad (7\text{-}3)$$

其中，$v = (v_1, v_2)^{\mathrm{T}}$ 表示该高斯分布中的游动变量；$u(x) = (\mu_1(x), \mu_2(x))^{\mathrm{T}}$ 表示局部均值变量；$\Sigma(x) = \sigma_{ij}(x)$ 表示局部协方差矩阵，当 $v = x$ 时，$\psi(v, u(x), \Sigma(x))$ 等价于 $f(x)$，且在 x 的领域趋近于 f。令 $\sigma_i^2(x) = \sigma_{ii}(x)$，定义点 x 的局部相关性为 $\rho(x) = \frac{\sigma_{12}(x)}{\sigma_1(x)\sigma_2(x)}$，$\psi$ 可以被写成更一般的形式：

$$\Psi(v_1, v_2, \mu_1(x), \mu_2(x), \sigma_1(x), \sigma_2(x), \rho(x))$$

$$= \frac{\exp\left\{-\frac{1}{2(1 - \rho^2(x))}\left[\left(\frac{v_1 - \mu_1(x)}{\sigma_1(x)}\right)^2 + \left(\frac{v_2 - \mu_2(x)}{\sigma_2(x)}\right)^2 - 2\rho\left(\frac{v_1 - \mu_1(x)}{\sigma_1(x)}\right)\left(\frac{v_2 - \mu_2(x)}{\sigma_2(x)}\right)\right]\right\}}{2\pi\sigma_1(x)\sigma_2(x)\sqrt{1 - \rho^2(x)}}$$

$$(7\text{-}4)$$

当研究一对对数收益序列 X_1 和 X_2，并研究它们之间的相关关系时，在以相对较小的时间间隔（每日或更少）计算收益时，两个收益的双变量收益密度函数 f 很少成为高斯函数。与条件相关性方法不同，局部高斯相关性方法从密度函数 f 本身出发，去局部地估计 f，而不是相关性。这种局部近似是通过一系列高斯分布完成的，因此在每一个点 $x=(x_1,x_2)$ 时，密度 $f(x_1,x_2)$ 都将使用二元高斯分布进行近似。

由于局部高斯相关性的推导基于 $(x_{1,t},x_{2,t})$ 独立且分布相同的假设，但现实往往不符合这样的假设，因此，在进行局部高斯相关性的计算前，先使用 ARMA-GARCH 模型对原始数据进行过滤，以使得数据更接近于假设。

此外，参考 Støve 等（2014）的研究，使用 Bootstrap 方法检验相关系数变化的显著性。提取危机前后两市场的标准化残差序列，计算危机前两市场局部高斯相关系数 $\rho_{NC}(x_i,y_i)$ 和危机后两市场局部高斯相关系数 $\rho_C(x_i,y_i)$，并令 $\frac{1}{n}\sum_{i=1}^{n}\rho_{NC}(x_i,y_i)$ 和 $\frac{1}{n}\sum_{i=1}^{n}\rho_C(x_i,y_i)$ 分别为原油危机前后两市场相关系数的统计量，$D_1=\frac{1}{n}\sum_{i=1}^{n}\left[\hat{\rho}_C(x_i,y_i)-\hat{\rho}_{NC}(x_i,y_i)\right]$ 为暴跌前后两市场相关系数差值的统计量。为了减少计算量，本章参照以往文献，令 $x_i=y_i$。此外，由于过滤后 90% 以上的数据点位于 $(-2,2)$，故本章选取的样本点区间为 $(-2,2)$。原假设和备择假设分别为

$$H_0 : \rho_C(x_i,y_i)-\rho_{NC}(x_i,y_i)=0$$

$$H_{1a} : D_1^* = \frac{1}{n}\sum_{i=1}^{n}(\rho_C(x_i,y_i)-\rho_{NC}(x_i,y_i))<0 \quad （安全资产转移效应）$$

$$H_{1b} : D_1^* = \frac{1}{n}\sum_{i=1}^{n}(\rho_C(x_i,y_i)-\rho_{NC}(x_i,y_i))>0 \quad （传染效应）$$

使用 Bootstrap 方法抽样，从危机前后所有观测值中抽取 T 个观测值，再将这 T 个观测值重新分到危机前和危机后，使用抽样的数据重新计算危机前后两市场局部高斯相关系数平均差值 D_1^* 及危机后市场平均相关系数 $\overline{\rho}_C^*$：

$$D_1^* = \frac{1}{n}\sum_{i=1}^{n}\left[\hat{\rho}_C(x_i,x_i)-\hat{\rho}_{NC}(x_i,x_i)\right]$$

$$\overline{\rho}_C^* = \frac{1}{n}\sum_{i=1}^{n}\hat{\rho}_C(x_i,x_i)$$

重复多次抽样，将抽样中 D_1^* 和 $\overline{\rho}_C^*$ 大于（或小于）0 的频率，作为拒绝假设 $D_1^*=0$ 和 $\overline{\rho}_C^*=0$ 的概率。选定合适的显著性水平，若能判定 D_1^* 和 $\overline{\rho}_C^*$ 显著大于（或小于）0，则表示显著存在传染效应（或安全资产转移效应）。

7.3.3 数据说明

本章选取 2005 年 8 月 3 日～2020 年 6 月 11 日，日度原油、MSCI 全球股指，以及人民币、日元、瑞士法郎、离岸人民币对美元汇率数据。由于离岸人民币 CNH 从 2010 年才开始境外交易，所以 CNH 数据的起始时间为 2010 年 8 月 24 日。其中原油数据选择影响力大、使用范围广的 WTI 期货收盘价，数据来源为美国能源信息署（Energy Information Administration，EIA）；MSCI 全球股指数据来源于 Wind 数据库，人民币（CNY）、日元（JPY）、瑞士法郎（CHF）的汇率数据选择 IMF 发布的以每美元货币单位进行报价的汇率数据，由各国中央银行向 IMF 报告，数据来源为 IMF 的国际金融统计数字数据库，离岸人民币对美元汇率数据来自 Wind 数据库，考虑到 2005 年汇率改革的影响，数据起始时间为 2005 年 8 月 3 日。

剔除以上数据样本中异常值及和日期不重合的样本，对这六个变量的美元价格取自然对数并计算其对数收益率得到相应序列 r_{WTI}、r_{MSCI}、r_{CNY}、r_{JPY}、r_{CHF}、r_{CNH}（对数收益率计算公式为 $r_t = \ln p_t - \ln p_{t-1}$），单个变量的收益率序列有 3202 个样本。

7.4 人民币对股票及原油的避险作用分析

7.4.1 GARCH 模型与全样本分析

首先，来看人民币、日元、瑞士法郎及离岸人民币对原油的避险情况，实证结果如表 7-1 所示。

表 7-1 代表性货币对原油实证结果

项目	10%			5%			1%		
	β_1	β_2	$\beta_1 + \beta_2$	β_1	β_2	$\beta_1 + \beta_2$	β_1	β_2	$\beta_1 + \beta_2$
CNY	0.0001	0.0006***	0.0007	0.0001	0.0006***	0.6001***	0.0002*	0.0007	0.0009
JPY	0.0003	−0.0179**	−0.0176***	0.0021	−0.0328***	−0.0307***	−0.0028	−0.0281***	−0.0309***
CHF	0.0065	0.0163	0.0228*	0.0117	−0.0129	−0.0012	0.0134***	−0.0351***	−0.0217***
CNH	0.0063***	0.0053**	0.0116***	0.0081***	0.0004	0.0085***	0.0086***	−0.0027	0.0059**

注：β_1 和 β_2 表示的是模型 $r_{x_i,t} = \alpha + \beta_1 r_{y_i,t} + \beta_2 D(q_i) r_{y_i,t} + \varepsilon_t$ 中的估计参数值

*、**、***分别表示在 10%、5% 和 1% 的置信水平下显著

如表 7-1 所示，从避险角度来看，总体而言，日元和瑞士法郎是原油的避险资产，表现出一定程度的避险作用，但人民币与离岸人民币无明显避险作用。

具体来看，在 10%、5% 和 1% 的水平下，日元所对应的 $\beta_1 + \beta_2$ 系数值显著为负，在 10% 的水平下为 –0.0176，在 5% 的水平下为 –0.0307，在 1% 的水平下为 –0.0309，这表明日元是原油的避险资产，表现出良好的对冲和避险能力。其次是瑞士法郎，瑞士法郎在 1% 的极端情况下是原油的避险资产，其 $\beta_1 + \beta_2$ 系数值为 –0.0217，显著为负。再分别聚焦人民币和离岸人民币，在 10%、5% 和 1% 的水平下，人民币所对应的 $\beta_1 + \beta_2$ 的值都为正，分别为 0.0007、0.6001 和 0.0009；离岸人民币所对应的 $\beta_1 + \beta_2$ 的值也都为正，分别为 0.0116、0.0085 和 0.0059，这说明人民币与离岸人民币都不是原油的避险资产，对原油没有避险作用。

其次，来看四种货币对 MSCI 全球股指的避险情况，实证结果如表 7-2 所示。

表 7-2　代表性货币对 MSCI 全球股指实证结果表

项目	10%			5%			1%		
	β_1	β_2	$\beta_1 + \beta_2$	β_1	β_2	$\beta_1 + \beta_2$	β_1	β_2	$\beta_1 + \beta_2$
CNY	0.0005**	0.0005*	0.0010***	0.0006**	0.0004	0.0010***	0.0006***	0.0008	0.0014**
JPY	–0.0333**	–0.0729***	–0.1062***	–0.0394**	–0.0750***	–0.1144***	–0.0614	–0.0224	–0.0838***
CHF	0.0630***	–0.0372**	0.0258**	0.0624***	–0.0468**	0.0156	0.0502***	–0.0219	0.0283
CNH	0.0415***	–0.0062	0.0353***	0.0416***	–0.0103	0.0313***	0.0406***	–0.0237***	0.0169**

注：β_1 和 β_2 表示的是模型 $r_{x_i,t} = \alpha + \beta_1 r_{y_i,t} + \beta_2 D(q_i) r_{y_i,t} + \varepsilon_t$ 中的估计参数值

*、**、***分别表示在 10%、5% 和 1% 的置信水平下显著

如表 7-2 所示，总体而言仅有日元对 MSCI 全球股指有避险作用，而人民币、离岸人民币与瑞士法郎都无明显避险作用。

具体来看，在 10%、5% 和 1% 的水平下，日元所对应的 $\beta_1 + \beta_2$ 系数值都显著为负，在 10% 的水平下为 –0.1062；在 5% 的水平下为 –0.1144；在 1% 的水平下为 –0.0838，这表明日元对 MSCI 全球股指有避险作用。再分别来看人民币和离岸人民币的避险作用，在 10%、5% 和 1% 的水平下，人民币所对应的 $\beta_1 + \beta_2$ 的值都为正，分别为 0.0010、0.0010 和 0.0014，离岸人民币所对应的 $\beta_1 + \beta_2$ 的值也都为正，分别为 0.0353、0.0313 与 0.0169，这说明人民币与离岸人民币都不是 MSCI 全球股指的避险资产，对 MSCI 全球股指没有避险作用。瑞士法郎在 10%、5% 和 1% 的水平下，相对应的 $\beta_1 + \beta_2$ 系数值也都为正，分别为 0.0258、0.0156 和 0.0283，因此瑞士法郎也不是 MSCI 全球股指的避险资产。

7.4.2　局部高斯相关性与事件研究

当其他市场发生暴跌或危机时，避险资产的避险作用就显得尤为重要。因此，

在上文对全样本下人民币、瑞士法郎和日元的避险作用进行分析后，本节选取样本期内原油市场和股票市场的三次暴跌，分析在市场发生暴跌时，各货币能否起到避险作用。参考 Ming 等（2022）的研究，本章对暴跌的定义为，七个月内价格下跌幅度超过 30%。以开始暴跌的日期作为分界点，分别选取暴跌前后的 500 个样本估计局部高斯相关性，分析暴跌前后人民币、瑞士法郎、日元和原油、股票市场之间的相关系数及其变化，判断是否存在传染效应或安全资产转移效应。

三次暴跌包括一次股票市场的暴跌和两次原油市场的暴跌，分别为受全球金融危机影响的股票市场暴跌、受全球金融危机影响的原油市场暴跌和受页岩气冲击影响的原油市场暴跌，暴跌起点分别为 2008 年 5 月 19 日、2007 年 7 月 3 日和 2014 年 6 月 20 日。

首先，对数据进行 ARMA-GARCH 模型过滤，ARMA 项滞后阶数由 AIC 准则确定，过滤模型及过滤后的 Ljung-Box 检验分别如表 7-3 和表 7-4 所示[①]。

表 7-3　过滤模型

变量	ARMA	GARCH
MSCI	(5, 0)	(1, 1)
WTI	(2, 2)	(1, 1)
CNY	(0, 1)	(1, 1)
CHF	(0, 0)	(1, 1)
JPY	(3, 0)	(1, 1)

表 7-4　过滤后 Ljung-Box 检验

变量	$Q(12)$	$Q(24)$	$Q^2(12)$	$Q^2(24)$
MSCI	0.839	0.826	0.713	0.370
WTI	0.600	0.426	0.829	0.749
CNY	1.000	1.000	1.000	1.000
CHF	0.494	0.538	0.999	1.000
JPY	0.774	0.627	0.949	0.998

注：表中数据为 p 值

从表 7-4 中可以看出，过滤后的变量不存在序列相关性，可以使用局部高斯相关性方法并进行 Bootstrap 检验。

---

① 由于需要利用暴跌前后 500 个样本估计，超出了上文的样本期限，此处样本期限为 2001 年 1 月 4 日~2019 年 12 月 31 日，包括了小部分人民币汇率改革前的样本。在稳健性检验中，将利用暴跌前后 400 个样本估计，排除汇改前的样本。

其次，分析在 MSCI 受全球金融危机影响发生暴跌时，货币是否起到了避险作用，即是否存在安全资产转移效应，暴跌前后 MSCI 与各货币的局部高斯相关性如图 7-1 和表 7-5 所示。

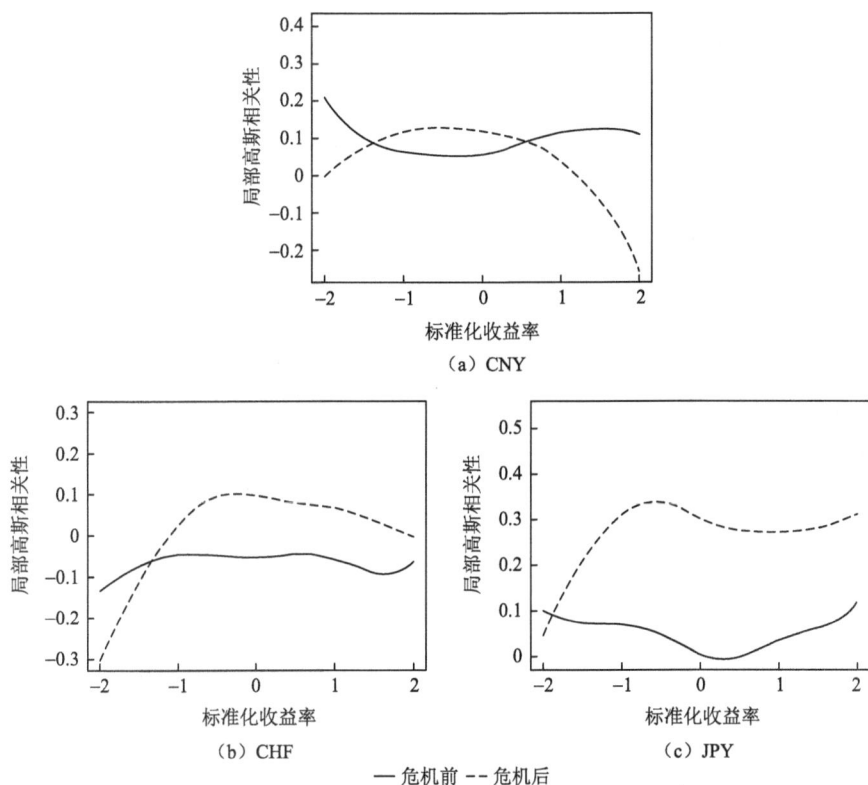

（a）CNY

（b）CHF

（c）JPY

—— 危机前 -- 危机后

图 7-1　MSCI 受全球金融危机影响暴跌前后与货币局部高斯相关性

表 7-5　MSCI 受全球金融危机影响暴跌前后与货币 Bootstrap 检验

项目	危机前	危机后	差值	传染效应/安全资产转移效应
CNY	0.632*** (0.000)	0.710*** (0.000)	0.078* (0.071)	传染效应
CHF	−0.069 (0.192)	0.015 (0.469)	0.084 (0.258)	—
JPY	0.056 (0.286)	0.271*** (0.002)	0.215** (0.033)	传染效应

注：括号内为标准误

*、**和***分别表示在 10%、5%和 1%的水平上显著

从图 7-1 和表 7-5 中可以看出，全球金融危机前后，各货币与 MSCI 的相关

性均出现了上升，其中，CNY、JPY 与 MSCI 的相关性显著上升，出现了传染效应。这表明在全球金融危机期间，三种货币对 MSCI 均不存在避险作用，并且由于相关系数的上升，其组合投资分散风险的能力也有所下降，尤其是 CNY，其与 MSCI 的相关系数在危机前便高达 0.632，危机后更是超过了 0.7。

最后，分析在 WTI 的两次暴跌事件中货币起到的作用。在 WTI 受全球金融危机影响发生暴跌时，暴跌前后 WTI 与各货币的局部高斯相关性如图 7-2 和表 7-6 所示。

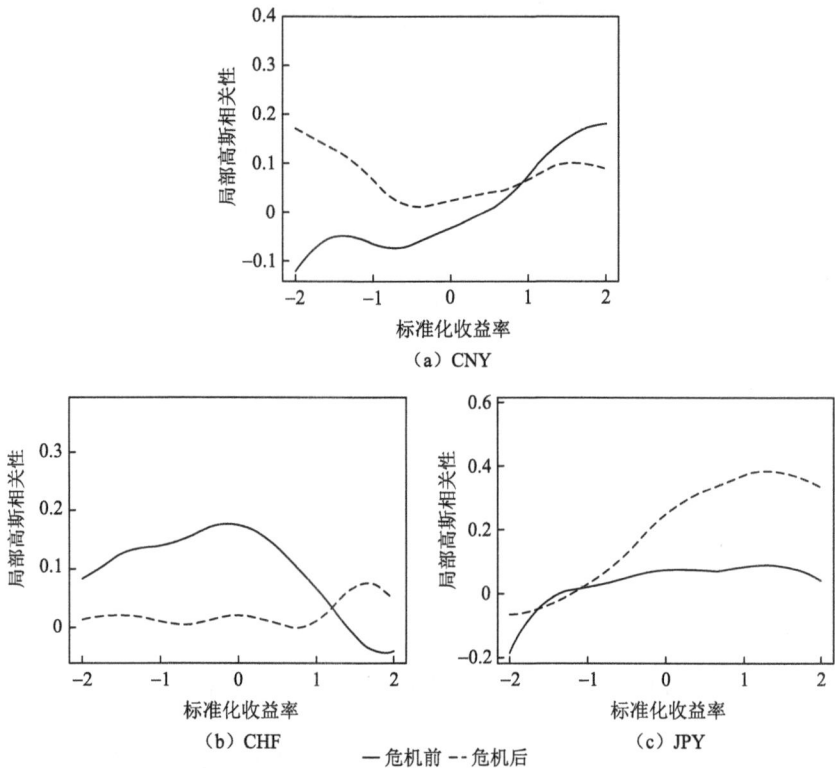

（a）CNY

（b）CHF

（c）JPY

— 危机前 -- 危机后

图 7-2　WTI 受全球金融危机影响暴跌前后与货币局部高斯相关性

表 7-6　WTI 受全球金融危机影响暴跌前后与货币 Bootstrap 检验

项目	危机前	危机后	差值	传染效应/安全资产转移效应
CNY	0.005 (0.478)	0.072 (0.213)	0.067 (0.292)	—
CHF	0.101 (0.131)	0.023 (0.434)	−0.078 (0.260)	—
JPY	0.039 (0.342)	0.197** (0.011)	0.158* (0.097)	传染效应

注：括号内为标准误

*、**分别表示在 10%、5%的水平上显著

　　从表 7-6 和图 7-2 中可以发现，结果与 MSCI 受全球金融危机影响发生暴跌时类似，CNY、CHF 和 JPY 与 WTI 在暴跌期间均不存在安全资产转移效应，且 JPY 与 WTI 的相关系数还发生了显著上升，出现了传染效应。但无论是危机前还是危机后，各货币与 WTI 的相关系数都要低于 0.2，具有一定分散风险的作用。

　　在 WTI 受页岩气冲击影响发生暴跌时，暴跌前后 WTI 与各货币的局部高斯相关性如图 7-3 和表 7-7 所示。

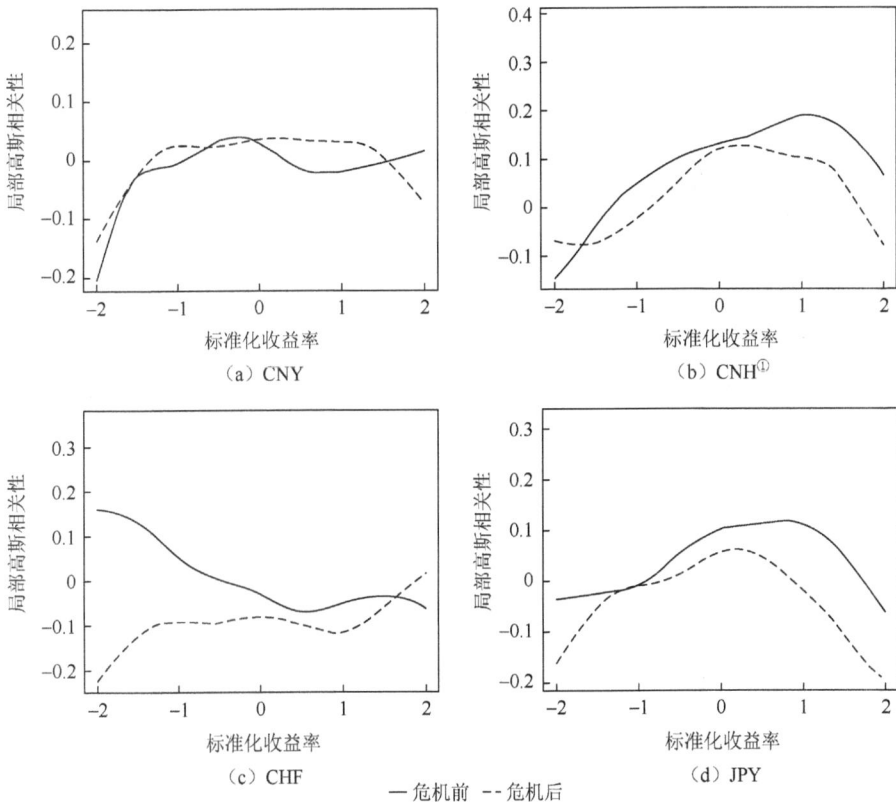

图 7-3　WTI 受页岩气冲击影响暴跌前后与货币局部高斯相关性

表 7-7　WTI 受页岩气冲击影响暴跌前后与货币 Bootstrap 检验

项目	危机前	危机后	差值	传染效应/安全资产转移效应
CNY	−0.008 （0.431）	0.002 （0.468）	0.010 （0.413）	—

---

　　① 受 CNH 样本影响，估计 CNH 和 WTI 局部高斯相关性时，WTI 过滤模型的滞后阶数和样本期与上文有差异。

续表

项目	危机前	危机后	差值	传染效应/安全资产转移效应
CNH	0.090 (0.133)	0.034 (0.370)	−0.056 (0.317)	—
CHF	−0.002 (0.442)	−0.095 (0.123)	−0.093 (0.236)	—
JPY	0.038 (0.039)	−0.033 (0.325)	−0.071 (0.275)	—

注：括号内为标准误

与 WTI 受全球金融危机影响暴跌时类似，在 WTI 暴跌前后，各货币与 WTI 的相关系数都处在一个相对较低的值，绝对值小于 0.1，且均不显著，具有一定分散风险的作用，但不存在安全资产转移效应。值得注意的是，CNY 和 CNH 的表现基本无差异。

7.4.3　稳健性检验

为验证结论的稳健性，本节更改局部高斯相关性估计的窗口期和暴跌起始点，对样本重新进行估计。

首先，上文中选取市场暴跌前后 500 个样本进行估计，在稳健性检验中，本节分别选取暴跌前后 400 个和 600 个样本，估计局部高斯相关系数。当窗口期为 400 个样本时，能保证选取的样本均在 2005 年人民币汇率改革之后。结果如表 7-8 和表 7-9 所示，可以看出，结论与上文保持一致。

表 7-8　窗口期更改为 400 个样本的 Bootstrap 检验

项目	危机前	危机后	差值	传染效应/安全资产转移效应
（a）MSCI 受全球金融危机影响暴跌前后与货币局部高斯相关性				
CNY	0.074 (0.237)	0.070 (0.182)	−0.004 (0.491)	—
CHF	−0.062 (0.224)	0.005 (0.499)	0.067 (0.307)	—
JPY	0.002 (0.481)	0.264*** (0.000)	0.262*** (0.008)	传染效应
（b）WTI 受全球金融危机影响暴跌前后与货币局部高斯相关性				
CNY	0.020 (0.443)	0.056 (0.271)	0.036 (0.387)	—
CHF	0.061 (0.267)	0.033 (0.411)	−0.028 (0.410)	—
JPY	0.024 (0.410)	0.194** (0.023)	0.170* (0.068)	传染效应

续表

项目	危机前	危机后	差值	传染效应/安全资产转移效应
（c）WTI 受页岩气冲击影响暴跌前后与货币局部高斯相关性				
CNY	−0.032 (0.331)	0.005 (0.476)	0.037 (0.367)	—
CNH	−0.040 (0.301)	0.009 (0.487)	0.049 (0.345)	—
CHF	0.011 (0.452)	−0.096 (0.108)	−0.107 (0.166)	—
JPY	−0.051 (0.260)	−0.067 (0.213)	−0.016 (0.445)	—

注：括号内为标准误

*、**和***分别表示在 10%、5%和 1%水平上显著

表 7-9　窗口期更改为 600 个样本的 Bootstrap 检验

项目	危机前	危机后	差值	传染效应/安全资产转移效应
（a）MSCI 受全球金融危机影响暴跌前后与货币局部高斯相关性				
CNY	0.055 (0.391)	0.101 (0.124)	0.046 (0.326)	—
CHF	−0.051 (0.239)	−0.003 (0.496)	0.048 (0.319)	—
JPY	0.067 (0.214)	0.236*** (0.005)	0.169* (0.074)	传染效应
（b）WTI 受全球金融危机影响暴跌前后与货币局部高斯相关性				
CNY	0.020 (0.418)	0.084 (0.149)	0.064 (0.281)	—
CHF	0.071 (0.223)	0.016 (0.442)	−0.055 (0.334)	—
JPY	0.051 (0.272)	0.197** (0.013)	0.146 (0.120)	—
（c）WTI 受页岩气冲击影响暴跌前后与货币局部高斯相关性				
CNY	−0.034 (0.322)	−0.007 (0.447)	0.027 (0.408)	—
CNH	−0.032 (0.370)	−0.015 (0.416)	0.017 (0.457)	—
CHF	−0.012 (0.413)	−0.079 (0.161)	−0.067 (0.299)	—
JPY	−0.009 (0.437)	−0.013 (0.426)	−0.004 (0.489)	—

注：括号内为标准误

*、**和***分别表示在 10%、5%和 1%水平上显著

其次，由于暴跌起点的选择存在一定的主观因素，因此，本节将暴跌起点分

别提前和延后 20 个样本（约 1 个月）后进行估计，结果如表 7-10 和表 7-11 所示，结论与上文一致。

表 7-10 暴跌起点提前 20 个样本的 Bootstrap 检验

项目	危机前	危机后	差值	传染效应/安全资产转移效应
(a) MSCI 受全球金融危机影响暴跌前后与货币局部高斯相关性				
CNY	0.088 (0.186)	0.033 (0.364)	−0.055 (0.348)	—
CHF	−0.048 (0.279)	0.004 (0.484)	0.052 (0.319)	—
JPY	0.057 (0.269)	0.255*** (0.000)	0.198** (0.035)	传染效应
(b) WTI 受全球金融危机影响暴跌前后与货币局部高斯相关性				
CNY	0.013 (0.436)	0.075 (0.186)	0.062 (0.322)	—
CHF	0.062 (0.260)	0.054 (0.295)	−0.008 (0.483)	—
JPY	0.035 (0.360)	0.185** (0.017)	0.150* (0.080)	传染效应
(c) WTI 受页岩气冲击影响暴跌前后与货币局部高斯相关性				
CNY	−0.020 (0.409)	−0.001 (0.493)	0.019 (0.422)	—
CNH	−0.008 (0.421)	−0.002 (0.482)	0.006 (0.465)	—
CHF	0.011 (0.459)	−0.066 (0.209)	−0.077 (0.258)	—
JPY	0.038 (0.317)	−0.040 (0.295)	−0.078 (0.228)	—

注：括号内为标准误

*、**和***分别表示在 10%、5% 和 1% 水平上显著

表 7-11 暴跌起点延后 20 个样本的 Bootstrap 检验

项目	危机前	危机后	差值	传染效应/安全资产转移效应
(a) MSCI 受全球金融危机影响暴跌前后与货币局部高斯相关性				
CNY	0.088 (0.181)	0.079 (0.177)	−0.009 (0.468)	—
CHF	−0.075 (0.186)	−0.012 (0.424)	0.063 (0.320)	—
JPY	0.040 (0.358)	0.278*** (0.000)	0.238** (0.023)	传染效应

续表

项目	危机前	危机后	差值	传染效应/安全资产转移效应
（b）WTI 受全球金融危机影响暴跌前后与货币局部高斯相关性				
CNY	0.035 （0.323）	0.063 （0.220）	0.028 （0.406）	—
CHF	0.074 （0.240）	0.039 （0.379）	−0.035 （0.413）	—
JPY	0.027 （0.377）	0.220*** （0.003）	0.193* （0.055）	传染效应
（c）WTI 受页岩气冲击影响暴跌前后与货币局部高斯相关性				
CNY	−0.025 （0.359）	0.012 （0.451）	0.037 （0.380）	—
CNH	−0.020 （0.415）	0.008 （0.474）	0.028 （0.408）	—
CHF	0.011 （0.473）	−0.103 （0.101）	−0.114 （0.159）	—
JPY	0.007 （0.487）	−0.039 （0.317）	−0.046 （0.366）	—

注：括号内为标准误

*、**和***分别表示在 10%、5%和 1%水平上显著

7.5　人民币国际化展望

提升人民币避险属性与推动人民币国际化发展息息相关：一方面，人民币避险属性的加强会提升人民币的吸引力，从而促进人民币国际化进程的进一步推进；另一方面，人民币国际化发展会增强人民币的国际认可度，促进人民币全球影响力和使用率的提高，进而助力人民币避险功能的构建。在国际金融市场持续波动、全球不确定性逐渐攀升的背景下，保持人民币的币值稳定性，提高人民币的避险能力，对维护金融稳定和保障我国金融安全具有重要意义。

本章实证结果显示：从全样本期间的整体避险能力来看，作为世界上公认的避险货币，日元对 MSCI 全球股指和 WTI 表现出了一定程度的避险作用，而瑞士法郎仅为原油资产 WTI 的避险资产。对于 MSCI 全球股指与原油资产而言，本章实证没有发现证据显示人民币和离岸人民币具有显著的避险作用，说明人民币暂时不具备避险属性。然而，从市场危机期间的货币避险表现来看，在股票市场和原油市场暴跌期间，日元、瑞士法郎、人民币和离岸人民币均不存在避险作用。尽管人民币和离岸人民币对全球股指和原油资产没有表现出显著的避险属性，但在 WTI 油价暴跌时期，人民币和离岸人民币表现出了一定的风险分散能力，说明人民币具备在全球性冲击中作为"避风港"资产的潜力。

　　人民币避险属性潜力的初步显现，主要得益于人民币相对稳定的币值和相对较小的汇率波动幅度。中国人民银行数据显示，自 2005 年 "7·21" 汇改至 2022 年 8 月，人民币对美元、欧元、日元中间价分别累计升值约 20%、45% 和 47%。国际清算银行（Bank for International Settlements，BIS）公布的人民币名义有效汇率和实际有效汇率同期分别升值 49% 和 52%。中国外汇交易中心（China Foreign Exchange Trade System，CFETS）2022 年公布的人民币汇率指数较 2021 年末基本持平。在全球经济形势大幅震荡、发达经济体通胀持续攀升、美联储接连大幅加息的背景下，人民币对美元汇率有所贬值，但贬值幅度明显小于同期美元指数的升值幅度，而人民币对欧元、英镑、日元等国际主要货币明显升值，是目前国际上的少数强势货币之一。

　　2022 年 9 月，中国人民银行发布《2022 年人民币国际化报告》，报告显示，人民币国际化各项指标总体向好，人民币支付货币功能稳步提升，投融资货币功能进一步深化，储备货币功能不断上升，计价货币功能逐步增强。报告指出，2021 年银行代客人民币跨境收付金额创历史新高，共计 36.6 万亿元，同比增长 29%。CIPS 是人民币跨境结算业务的主要渠道，截至 2021 年末，CIPS 系统实际业务覆盖全球 178 个国家和地区的 3600 余家银行法人机构。环球银行金融电信协会（Society for Worldwide Interbank Financial Telecommunications，SWIFT）数据显示，人民币支付份额于 2022 年 1 月提升至 3.2%，为全球第四位支付货币，体现了人民币支付手段职能国际化的稳步推进。IMF 发布的官方外汇储备货币构成（currency composition of official foreign exchange reserves，COFER）数据显示，2022 年第一季度，人民币在全球外汇储备中的占比达 2.88%，较 2016 年人民币加入 SDR 货币篮子时上升 1.8 个百分点，在主要储备货币中排名第五。2022 年 5 月，IMF 将人民币在 SDR 中的权重由 10.92% 上调至 12.28%，反映出国际社会对人民币可自由使用程度提高的认可。

　　人民币的避险属性是人民币国际化程度的重要衡量指标（王晋斌等，2022）。人民币国际化的本质是人民币货币职能的国际化，较强的币值稳定性、稳健的 "避风港" 属性和较高的市场流动性均有助于推动人民币的国际化进程。当前，外部环境复杂严峻、国际经济政治格局动荡多变、地缘政治风险上升、金融波动显著增强、经济前景不确定性高企，诸多因素叠加推升了全球资本对安全资产和避险货币的需求。在复杂多变的国际背景下，中国经济高质量发展和高水平对外开放的稳步推进，为人民币国际化的稳健发展奠定了坚实的基础。"以市场供求为基础、参考一篮子货币进行调节、有管理的浮动汇率制度" 的不断完善，推动了人民币汇率市场化水平的提高，让市场供求在汇率形成机制中发挥了决定性作用，提升了人民币汇率弹性，促进了人民币汇率双向波动常态的形成，使人民币汇率在合理均衡水平上保持基本稳定。随着我国资本账户可兑换程度和金融业开放程度的提高,更具弹性的汇率形成制度不仅有利于缓冲外部经济的冲击、保障国内经济的稳定运行,也有助于扩大资本账户开放程度、推动对外金融的双向开放,提高人民币资产的国际吸引力,提升人民币的国际储备地位,进而推动人民币避险属性构建与人民币国际化发展。

基于本章实证发现,就我国应如何提升人民币避险属性、推动人民币国际化发展提出以下政策建议:第一,为强化人民币的避险能力,应保持人民币汇率在合理均衡水平上的相对稳定,做好人民币汇率预期管理,同时应对通货膨胀水平进行合理调控,以保障人民币具有稳定的货币购买力,确保人民币在国际市场上货币信用与投资价值的稳定;第二,从国家基本面角度来看,货币发行国的强大国力是货币避险能力的有力背书,货币发行国的国家安全、政治局势、政府信用、实体经济、国际贸易等基本面因素均会影响一国货币的国际公信力,因此保持国家政治与经济基本面的稳健运行对提升人民币避险功能具有支持作用;第三,从金融市场发展角度来看,成熟的金融市场、完善的金融服务体系、多样的金融投融资工具和健全的金融监管制度对于提高人民币的国际流动性和避险功能具有重要的促进作用,因此,应加强我国金融市场的基础设施建设、大力发展人民币离岸金融市场、加强跨境人民币产品创新、强化金融市场监管,从而防范系统性风险的发生。

7.6　本章小结

自 2009 年跨境贸易人民币结算试点正式启动以来,随着我国外汇市场、金融体系与经济建设的不断深化发展,人民币国际化进程稳步推进。在当前复杂动荡的国际经济形势下,全球资产对避险货币的需求不断提升。人民币避险属性的构建不仅有利于提升人民币资产的国际吸引力、提高人民币的国际认可程度,还有助于推动人民币参与国际大循环、促进人民币国际货币职能的形成。

本章实证没有发现证据显示人民币和离岸人民币具有显著的避险作用,说明人民币暂时不具备避险属性。然而,从市场危机期间的货币避险表现来看,尽管人民币和离岸人民币对全球股指和原油资产没有表现出显著的避险属性,但在WTI 油价暴跌时期,人民币和离岸人民币表现出了一定的风险分散能力,说明人民币具备在全球性冲击中发挥避险作用的潜力。

提升人民币避险属性与推动人民币国际化发展息息相关,我国应从保持人民币汇率在合理均衡水平上的相对稳定、保障国家政治与经济基本面的稳健运行、加强金融市场基础设施建设、推动高水平对外开放等方面入手,加强人民币避险属性的构建、有序推动人民币国际化发展。

微观篇

第8章 外汇风险对冲对企业绩效的影响

8.1 汇率波动与企业外汇风险对冲

随着人民币汇率机制改革的开展与人民币国际化进程的推进，特别是在 2015 年的"8·11 汇改"之后，人民币汇率弹性明显增大，汇率双向波动逐渐加剧，使我国许多企业受到汇率波动带来的显著影响。

汇率波动不仅可能使企业产生汇兑损失，造成直接的经济损失，还可能使企业面临较大的不确定性，不利于企业正常的经营管理。自 2005 年首次引入外汇衍生品以来，我国外汇衍生品市场发展迅速，越来越多的企业开始通过外汇衍生工具进行套期保值，对冲外汇风险。我国外汇衍生品市场起步偏晚，因此，我国开展外汇风险对冲的企业所占比例相对较小。我国 A 股上市企业中具有海外收入的企业占比已经超过 60%，而在 2001～2017 年，进行了外汇风险对冲的企业数量仅占 2017 年底上市企业总数的 15.2%（郝项超和梁琪，2019）。由此可见，我国大多数具有海外收入的企业尚未对外汇风险进行有效管控。汇率波动除了对外币计价的现金流产生影响之外，当企业进行对外直接投资、借入外币债务或向海外订购原材料时，均有可能形成外汇风险敞口，增大企业承担的风险。若通过衍生品交易等手段对外汇风险敞口进行合理管控，企业可以有效减少汇率波动对企业带来的不确定性，进而可能在多个方面对企业财务状况带来直接影响。《中华人民共和国国民经济和社会发展第十四个五年规划和 2035 年远景目标纲要》强调，深化金融供给侧结构性改革、构建金融有效支持实体经济的体制机制是当前重要目标，而金融市场向实体企业提供了外汇风险套期保值的工具，满足了部分企业外汇风险管理的需求，这是否对企业的财务绩效带来影响？基于此，关于外汇风险对冲对中国企业财务绩效的影响问题亟待实证检验才能得出科学的结论。

国内外学者围绕着外汇风险对冲对企业的影响进行了探讨。尽管 MM（Modigliani-Miller）理论认为风险管理无益于企业价值的提升和绩效的改善，但现实资本市场环境存在其他影响因素。已有研究通过探究企业使用外汇衍生品对冲风险的经济后果，发现外汇衍生品有利于提升企业价值（Allayannis and Weston，2001；Clark and Judge，2009；郭飞，2012）、促进债务利息抵税（Graham and Rogers，2002）、减小企业财务风险发生概率（Magee，2013）、降低企业股权融资成本（Gay et al.，2011）、缓解企业投资不足问题（Campello et al.，2011）、促进企业创新活动（郝项超和梁琪，2019）。从大多数研究结果来看，外汇风险管理活动对企业的健康平稳发展产生了积极作用；即使基于全球多个国家的样本，衍生品套期保值对企业价值的提升作用以及对企业风险的降低作用也仍然显著存在（Bartram et al.，2011）。在国内学术界，外汇风险管理对企业的影响得到了广泛关注，但已有的相关实证研究仍较为稀缺。随着中国企业外汇衍生品套期保值需求的增大，从企业微观层面分析外汇风险对冲对企业绩效的具体影响和作用机制具有较强的现实意义。

当今国际贸易摩擦升级，新兴市场不稳定性加剧，我国企业进出口贸易及海外投资等业务依然保持着强劲的发展势头，据此可预计我国外汇衍生品市场规模将会继续增长，从而帮助越来越多的企业应对汇率波动风险。而我国企业外汇风险对冲行为是否会影响企业绩效？这种影响在哪类企业中更加明显？外汇风险对冲影响企业绩效的作用机制是什么？为解答上述重要问题，本章通过搜集上市企业在年度报告和公告中披露的外汇风险对冲相关信息，整理得到企业各年度的外汇风险对冲情况，实证分析外汇风险对冲与企业绩效之间的关系。同时，考虑到企业外汇风险管理需求的影响，以及外币债务与衍生工具的互补性（Clark and Judge，2009），作者根据海外业务收入占比和外币债务情况区分了企业外汇风险对冲的不同情境。此外，本章进一步分析了外汇风险对冲影响企业绩效的作用机制，检验了不同市场化程度金融市场环境下对企业绩效影响的异质性，并验证了外汇风险对冲通过降低绩效波动进而减轻企业整体风险的作用。

本章研究的边际贡献在于：一方面，我国外汇衍生品市场为企业对冲外汇风险提供了便利，对服务实体经济发展和防范化解风险发挥了重要作用，但由于外汇衍生品市场尚处于发展与完善阶段，现有研究数量相对较少。首次探讨外汇风险对冲对中国企业绩效的影响及其作用机制，丰富了有关外汇风险对冲的经济后果以及影响渠道的研究文献，为有关外汇衍生工具影响企业经营发展的研究提供了增量证据。另一方面，企业绩效水平的影响因素是学术界和业界关注的重点问题，本章证明了外汇风险管理对企业绩效的提升作用，为理解外汇风险管理的经济意义提供了参考，并且讨论了企业的其他特征对该作用产生的影响，为优化企业资源配置、改善企业融资环境和推动企业财务绩效增长提供了新的思路。

8.2　理论分析与研究假设

8.2.1　相关理论回顾

传统的套期保值理论认为，套期保值是在期货市场进行的交易可以被视为在现货市场上买卖特定商品的替代，并且该交易与现货市场上对应的交易行为操作相反、盈亏相反,所以期货市场交易的盈亏与持有资产相互抵消,以此规避现货市场中的价格风险。因此,在传统的套期保值理论中,"数量相等、方向相反"是对套期保值的风险对冲方法的概述。而该理论的不足之处在于其假设期货市场和现货市场交易价格一致,并且忽略了交易者在实际操作中的灵活性。根据传统套期保值理论,风险对冲交易实质上是交易者在期货和现货市场上对投资组合进行投资,结合投资组合的期望收益和风险,确定期货和现货市场的头寸,以实现效用函数最大化或风险最小化。至此,现代套期保值理论的重要原则被提出,理论框架已初步形成。

根据 MM 理论框架下的风险无关论,在假想的完美市场中,企业的风险对冲活动并不会对企业价值产生直接影响(Modigliani and Miller,1958)。但完美市场假设下由于不存在信息不对称、代理成本、交易成本和税负,相比于现实资本市场存在明显差异。已有许多研究发现,在现实情况下,企业风险管理可能通过多种途径对企业价值与经营情况产生影响。首先,若企业能够有效管控外汇风险,则企业面临的不确定性会减小,那么企业破产的概率以及财务困境成本也会随着整体风险的减小而降低,进而使预期的现金流量和企业价值增大(Smith and Stulz,1985;Carter et al.,2006;Arnold et al.,2014)。其次,企业外汇风险对冲能够显著降低企业收入的波动性,减少企业财务绩效中的噪声,进而缓解企业股东与债权人之间的代理问题。这种影响有利于促使企业增大内源性融资,并能够投资更多净现值为正的项目,同时帮助企业减小对外部融资的依赖程度,缓解企业的投资不足问题和资本成本升高问题(Aretz and Bartram,2010)。在采取风险对冲措施的同时,企业的股权融资成本可得到降低,并且该作用在对冲外汇风险的企业中更加显著(Gay et al.,2011)。

虽然中国外汇衍生品市场建设起步较晚,但随着人民币汇率制度改革的推进和中国外汇市场的高速发展,近年来,中国企业外汇风险对冲对企业价值和创新活动等方面的影响已经得到一些学者的关注。郭飞(2012)较早地以中国跨国企业为样本进行了实证研究,发现外汇衍生工具为企业价值带来了约 10% 的溢价。外汇风险对冲活动帮助企业管控风险的同时,使企业面对的投资机会显著增多(Luo and Wang,2018),并且促使企业增大对研发活动的投资力度,推动了企业创新质量和创新数量的同步提升(郝项超和梁琪,2019)。这些研究表明,中国企业也开始利用外汇风险对冲手段,对管控企业风险和优化资源配置发挥了积极作用。

8.2.2　研究假设

已有研究关注了企业利用衍生品对冲风险带来的经济意义,特别是对企业价值的提升作用。有学者基于对美国企业样本的分析,研究发现使用外汇衍生品的

企业的托宾 Q 值相比于未使用企业高出 4.9%，并且初次进行风险对冲的企业的自身价值出现了增加，而停止风险对冲的企业的价值出现了减少（Allayannis and Weston，2001）。这种企业价值提高作用在使用外汇衍生工具情况下更为明显，并且，与短期外汇衍生工具相比，外汇掉期能够更大程度上增加企业价值（Clark and Judge，2009）。由于管理层可能利用外汇衍生品进行投机交易，从而满足私有利益，因此，当企业代理成本较高、公司治理较差或信息不对称问题较为严重时，外汇衍生品交易与企业价值之间的关系则显著为负（Fauver and Naranjo，2010）。可以看出，现有研究证明了风险对冲对企业价值具有提升作用，从市场价值的角度认可了企业进行外汇风险对冲的正面作用，但在对冲活动中，企业内部控制重要性仍然不容忽视。

风险对冲对企业的其他方面也具有直接影响。在企业经营活动方面，进行风险对冲的企业面临的不确定性相对较小，能够获得更多的市场机会和更高程度的多元化发展（Bartram 等，2009），有利于促进企业实现更显著的规模经济效应，带来企业盈利能力的提升（Géczy et al.，1997）。也有研究表明，企业开展的套期保值活动会对企业销售端的绩效水平带来显著提升，也能够推动企业盈利水平的升高（Lau，2016）。同时，风险对冲对企业的影响还体现于融资活动方面。企业通过衍生品套期保值进行风险对冲，最直接的作用是使现金流趋于稳定，这一作用既有利于降低企业股权融资成本（Gay et al.，2011），又有利于提高企业获取债务融资的能力，进而推动企业在产品研发、技术改进等方面采取更加积极的投资与发展策略（Park and Kim，2015）。上述研究已经证明，企业的风险对冲活动为企业发展带来显著的正效应。企业通过开展外汇风险对冲，财务困境成本得到降低，可以缓解企业利益相关者之间的代理问题，改善企业外部融资环境，那么上述作用将会集中体现在企业绩效的提升上。本章认为企业通过外汇风险对冲实现对外汇风险的有效管控，能够改善自身经营状况并提升企业财务绩效水平。因此，提出如下假设。

H1：企业进行外汇风险对冲有利于提升企业绩效水平。

外汇风险对冲的实际效果因企业而异，与企业外汇风险管理实际需求紧密相关。已有研究发现，面临外汇风险的企业能够通过外汇衍生品套期保值显著提升企业价值，而在尚未拓展海外业务的企业中则未发现这种作用（Allayannis and Weston，2001）。学者通过该视角展开对中国企业样本的分析并发现，对于出口收入达到一定比重的企业，由于具有明显的外汇风险敞口，利用外汇衍生工具对冲风险的动机明显增强，在此情况下的外汇风险对冲具有更加明显的套期保值意义（郭飞，2012），并且能够为企业创新带来更显著的促进作用（郝项超和梁琪，2019）。长期以来，我国监管部门强调企业风险对冲活动应遵循"实需"原则，而海外业务收入占比是判断企业对冲需求的关键指标。在海外业务是企业重要收入来源的情况下，企业面临汇率波动带来的影响更为显著，外汇风险对冲对于企业管控风险敞口的重要性更加突出。为此，提出如下假设。

H2：对于海外业务收入占比高的企业，外汇风险对冲对企业绩效的影响相对更为明显。

除了使用外汇衍生工具对冲外汇风险，也有部分企业利用外币债务降低其面临的外汇风险（Aabo，2006）。外币债务是对主要外汇风险对冲手段的一种补充，当与外汇衍生品配合使用时，二者之间存在互补关系，外汇衍生品也可能对冲外币债务本身带来的外汇风险，能够为企业发挥更好的风险管理功能（Bolton et al.，2011；郭飞等，2018）。同时，具有外币债务的企业也可能属于跨国企业或海外上市企业，更可能使用外汇衍生品对冲风险（郭飞等，2018）。这些既有研究表明，企业若具有一定规模的外币债务，不仅其债务本身可能因汇率波动而形成外汇风险，还更有可能介入与外汇风险相关的跨国经营及海外投融资业务，亟待对外汇风险敞口采取有效的管控措施。本章认为具有外币债务的企业进行外汇风险管理具有重要意义，对企业绩效带来更直接的影响。为此，提出对应的假设。

H3：对于具有外币债务的企业，外汇风险对冲对企业绩效的影响相对更为明显。

8.3　研　究　设　计

8.3.1　数据来源及样本选择

选取的初始研究样本为 2011～2020 年中国沪深两市的上市公司，并借鉴已有文献对初始研究样本进行如下筛选处理：①删除金融行业的公司，因为金融行业公司财务情况特殊，并且可能是外汇衍生品的做市商；②删除经过 ST、ST* 处理的公司样本；③删除主要变量数据缺失的样本。最终得到上市公司的样本观测值共 24 911 个，涉及 3636 个上市公司。为消除样本数据极端值的影响，对所有连续型变量的上下 1% 进行了缩尾处理。研究样本的主要财务数据来自 CSMAR 数据库，企业的海外业务收入和外币债务数据来自 Wind 数据库，企业进行外汇风险对冲的数据通过对企业公告和年度报告整理获得。

8.3.2　主要变量的界定

1. 被解释变量

许多已有研究从企业盈利能力的角度衡量企业绩效，本章借鉴与公司绩效相关的已有研究（Lau，2016；郝颖等，2018；史金艳等，2019），同时选取企业的总资产收益率（ROA）和净资产收益率（ROE）作为企业绩效的衡量指标。此外，在稳健性检验部分，本章使用经过行业均值调整的上述企业绩效进行稳健性检验。

2. 解释变量

为了确认上市公司是否开展外汇风险对冲活动，深圳证券交易所于 2009 年发布《上市公司信息披露工作指引第 8 号——衍生品投资》，规范了上市公司衍生品投资的信息披露，使得能够获取企业利用外汇衍生品对冲外汇风险的详细信息。借鉴 Bartram 等（2011）、郭飞（2012）、郝项超和梁琪（2019）的方法，根据上市公司的公司公告和年度报告等资料，经过如下步骤整理得到上市公司外汇风险对冲情况。首先，在上市公司年度报告中进行人工查阅，确认企业在该年度的外汇风险对冲、汇率风险管理、外汇衍生品交易等情况。为了排除以投机为目标的外汇衍生品交易行为，本章在外汇风险对冲的识别上进行改进，主动剔除了外汇衍生品投机交易的情况，再逐一判断企业是否进行外汇风险对冲。其次，本章根据上市公司年报中披露的外汇远期合约、外汇期权合约、外汇期货合约、外汇互换合约、远期结售汇等业务的规模（如外汇远期合约公允价值、远期结售汇保证金等）或者相关投资记录，来判断企业是否进行外汇风险对冲。最后，作者整理了上市公司发布的与外汇风险对冲相关的公司公告，对于在公告中明确提出了将开展外汇风险对冲相关活动的企业，将其在公告发布年度确认为进行外汇风险对冲的企业。

本章用虚拟变量表示企业进行外汇风险对冲的情况，若企业在该年度进行了外汇风险对冲则取值为 1，否则为 0。也有学者选取企业持有的外汇衍生工具名义价值占总资产的比例或持有的交易性金融资产规模，作为替代的企业外汇风险对冲代理变量（郝项超和梁琪，2019；Luo and Wang，2018）。但考虑到绝大多数企业未披露外汇衍生工具总价值，而且交易性金融资产无法准确表示外汇衍生工具价值，本章仍采用已有研究中较为常用的方法，用虚拟变量表示企业外汇风险对冲情况。

3. 控制变量

在控制变量的选取上，结合有关企业绩效的已有研究（Gay et al.，2011；Chang et al.，2013；Huang et al.，2019），本章主要从公司财务特征和公司治理两个层面选取控制变量，包括企业规模（Size），取值为总资产的自然对数；企业年龄（Age），取值为企业上市年限的自然对数；增长速度（Growth），取值为本年营业收入相较于上年的增长率；财务杠杆（Leverage），取值为总负债/总资产；股权集中度（Top），取值为第一大股东持股数/总股数；董事会规模（Board），取值为董事人数的自然对数；独立董事占比（Indep），取值为独立董事人数/董事人数；董事长总经理二职合一（Dual），董事长兼任总经理则取值为 1，否则为 0；股权性质（Soe），国有控股企业则取值为 1，否则为 0。Industry 为行业虚拟变量，Year 是年度虚拟变量，二者表示模型控制行业和年度以消除不同行业和时间造成的差异。

上述各类变量的具体介绍如表 8-1 所示。

表 8-1　变量名称及变量介绍

变量类型	变量名称	变量符号	变量介绍
被解释变量	总资产收益率	ROA	净利润/总资产
	净资产收益率	ROE	净利润/股东权益
解释变量	外汇风险对冲	Forexd	企业该年度使用外汇衍生品对冲外汇风险则取值为 1，否则为 0
控制变量	企业规模	Size	总资产的自然对数
	企业年龄	Age	企业上市年限的自然对数
	增长速度	Growth	本年营业收入相较于上年的增长率
	财务杠杆	Leverage	总负债/总资产
	股权集中度	Top	第一大股东持股数/总股数
	董事会规模	Board	董事人数的自然对数
	独立董事占比	Indep	独立董事人数/董事人数
	董事长总经理二职合一	Dual	董事长兼任总经理则取值为 1，否则为 0
	股权性质	Soe	国有控股企业则取值为 1，否则为 0
	行业控制变量	Industry	行业虚拟变量
	年度控制变量	Year	年度虚拟变量

8.3.3　模型构建

为了检验企业外汇风险对冲是否对企业绩效产生影响，借鉴 Allayannis 等（2012）、Lau（2016）的已有研究，本章构建了式（8-1）。

$$Performance_{i,t} = \beta_0 + \beta_1 Forexd_{i,t} + \beta_2 Controls_{i,t} + Industry_{i,t} + Year_t + \varepsilon_{i,t} \qquad (8\text{-}1)$$

式（8-1）为本章基准回归模型，其中，Performance 表示企业绩效，将总资产收益率（ROA）和净资产收益率（ROE）作为代理变量；Forexd 表示企业外汇风险对冲情况，用虚拟变量表示；Controls 表示控制变量。若企业进行外汇风险对冲有利于提升企业绩效，则 β_1 应当显著为正；若外汇风险对冲降低企业绩效，则 β_1 应当显著为负。为避免潜在的序列相关与异方差问题夸大回归结果的显著性，本章对标准误进行了稳健调整。

8.3.4　描述性统计

本章主要变量的描述性统计结果如表 8-2 所示。其中，企业绩效指标 ROA 的均值与中位数均为 0.035，ROE 的均值为 0.050，中位数为 0.065，表明样本企业绩效指标各自的左偏和右偏分布不是十分明显，并且我国上市企业整体上经营状况良好。解释变量 Forexd 的均值为 0.199，表明样本中有 19.9%的企业在样本年度进行外汇风险对冲，具体为 4957 个样本，这一比例与其他相关研究较为相近。由此可见，我国已经有部分上市企业通过外汇衍生工具进行外汇风险对冲，对企业面临的外汇风险敞口进行管控，本章探究外汇风险对冲对企业绩效的影响具有可行性。变量 Size 和 Leverage 的均值分别为 22.239 和 0.429，二者被广泛认为对企业绩效具有影响；变量 Growth 的均值为 0.163，说明样本企业整体上具有较好的成长性。

表 8-2　变量的描述性统计

变量	观测值	均值	标准差	1/4 分位数	中位数	3/4 分位数
ROA	24 911	0.035	0.062	0.013	0.035	0.064
ROE	24 911	0.050	0.148	0.027	0.065	0.110
Forexd	24 911	0.199	0.399	0.000	0.000	0.000
Size	24 911	22.239	1.284	21.319	22.063	22.966
Age	24 911	2.023	0.910	1.386	2.197	2.833
Growth	24 911	0.163	0.416	−0.032	0.098	0.254
Leverage	24 911	0.429	0.206	0.265	0.423	0.584
Top	24 911	0.343	0.148	0.227	0.321	0.443
Board	24 911	2.230	0.292	2.079	2.197	2.398
Indep	24 911	0.391	0.101	0.333	0.375	0.444
Dual	24 911	0.281	0.449	0.000	0.000	1.000
Soe	24 911	0.362	0.481	0.000	0.000	1.000

资料来源：CSMAR、Wind 数据库

8.4　外汇风险对冲影响企业绩效的实证分析

8.4.1　基准回归检验

表 8-3 列示了上市企业外汇风险对冲影响企业绩效的基准回归结果。第（1）、（2）列显示了单变量回归结果，可以看到，外汇风险对冲（Forexd）的系数显著

为正，初步证明了外汇风险对冲与企业绩效之间的正向关系。在第（3）、（4）列中，外汇风险对冲（Forexd）对总资产收益率（ROA）的回归系数为 0.0027，对净资产收益率（ROE）的回归系数为 0.0104，二者均在 1%的水平上显著为正。从经济意义上看，进行外汇风险对冲企业的总资产收益率（ROA）相比于未进行对冲的企业高出 0.27%，净资产收益率（ROE）则相对高出 1.04%。以上结果表明，外汇风险对冲对上市企业经营管理发挥了积极作用，有利于增强企业整体的盈利能力，显著提高了企业的绩效水平，该结果支持本章的 H1。

表 8-3 外汇风险对冲与企业绩效

变量	（1）	（2）	（3）	（4）
	ROA	ROE	ROA	ROE
Forexd	0.003 3*** (3.52)	0.012 6*** (5.62)	0.002 7*** (3.11)	0.010 4*** (4.73)
Size			0.012 8*** (32.65)	0.032 1*** (28.11)
Age			−0.005 7*** (−12.54)	−0.010 1*** (−9.66)
Growth			0.031 5*** (28.64)	0.073 3*** (26.61)
Leverage			−0.140 2*** (−53.81)	−0.251 8*** (−28.20)
Top			0.040 1*** (16.32)	0.081 8*** (13.72)
Board			−0.008 3*** (−5.91)	−0.025 2*** (−6.99)
Indep			0.012 4*** (3.17)	0.032 5*** (3.29)
Dual			−0.004 0*** (−4.78)	−0.008 8*** (−4.29)
Soe			−0.000 2 (−0.23)	0.001 1 (0.47)
常数项	0.034 2*** (77.22)	0.047 8*** (45.18)	−0.181 5*** (−20.83)	−0.533 1*** (−21.85)
行业固定效应	否	否	是	是
年度固定效应	否	否	是	是
样本量	24 911	24 911	24 911	24 911
调整 R^2	0.000 4	0.001 1	0.249 4	0.177 6

注：括号内为 t 值

***表示在 1%的置信水平上显著

8.4.2 根据海外业务收入占比和外币债务的分组检验

为了进一步检验 H2，本章根据企业海外业务收入占营业收入的比重（Export）进行分组。若海外业务收入占比（Export）高于该年度样本的中位数，则属于海外业务收入占比高组，反之，则属于海外业务收入占比低组，再分别检验外汇风险对冲（Forexd）与企业绩效（ROA、ROE）之间的关系。另外，为了检验 H3，本章通过整理 Wind 数据库中企业的不同币种的债务状况，再将企业分为有外币债务组和无外币债务组，对各组样本分别进行回归检验。

表 8-4 报告了上述检验的结果。在第（1）、（2）列中，对海外业务收入占比高的企业进行外汇风险对冲（Forexd）与企业绩效（ROA、ROE）的回归结果均在 1%的显著性水平上为正，并且系数明显大于第（3）、（4）列中海外业务收入占比低的企业的回归系数。这说明，对于海外业务收入占比高的企业，由于相应的套期保值操作更具有针对性，有利于管控既有的外汇风险，显著提升了企业绩效；而在海外业务收入占比低的企业中，由于通常不具有显著的风险管理需求，风险对冲活动对企业绩效带来的提升作用不明显。表 8-4 的第（5）～（8）列也展示了相似的结果：有外币债务组的回归系数和显著性统计量相比于无外币债务组更大，说明对于有外币债务的企业，外汇风险对冲对企业绩效的提升作用相对更加明显。为了进一步验证上述结果的稳健性，本章使用 Suest 方法对相应的两组之间系数差异的显著性进行检验，未报告的结果表明，所有组间系数差异的 P 值均小于 0.1，说明系数差异达到了统计意义上的显著水平。

表 8-4　根据企业海外业务收入占比与外币债务的分组检验

变量	（1）	（2）	（3）	（4）	（5）	（6）	（7）	（8）
	海外业务收入占比高		海外业务收入占比低		有外币债务		无外币债务	
	ROA	ROE	ROA	ROE	ROA	ROE	ROA	ROE
Forexd	0.004 9*** (4.49)	0.015 7*** (5.75)	0.001 3 (0.84)	0.004 5 (1.13)	0.005 4*** (4.53)	0.014 5*** (4.79)	−0.001 0 (−0.76)	0.003 8 (1.24)
Size	0.013 4*** (23.08)	0.032 5*** (19.99)	0.012 7*** (23.59)	0.032 4*** (20.21)	0.014 5*** (24.66)	0.037 6*** (21.97)	0.012 7*** (23.23)	0.030 1*** (18.98)
Age	−0.005 6*** (−8.01)	−0.009 0*** (−5.49)	−0.006 3*** (−10.26)	−0.011 6*** (−8.41)	−0.008 5*** (−11.19)	−0.016 3*** (−8.77)	−0.004 4*** (−7.65)	−0.007 4*** (−6.02)
Growth	0.036 3*** (20.13)	0.085 4*** (19.88)	0.028 0*** (20.41)	0.064 7*** (18.11)	0.041 6*** (20.29)	0.103 0*** (20.30)	0.024 4*** (19.18)	0.053 1*** (16.55)
Leverage	−0.143 6*** (−36.48)	−0.251 5*** (−19.55)	−0.136 3*** (−39.45)	−0.251 0*** (−20.24)	−0.164 4*** (−36.77)	−0.334 6*** (−21.99)	−0.125 7*** (−40.20)	−0.201 3*** (−18.60)
Top	0.042 1*** (11.29)	0.083 3*** (9.06)	0.035 7*** (11.00)	0.074 7*** (9.61)	0.047 2*** (12.09)	0.092 9*** (9.25)	0.034 5*** (10.97)	0.072 7*** (10.05)

续表

变量	(1)	(2)	(3)	(4)	(5)	(6)	(7)	(8)
	海外业务收入占比高		海外业务收入占比低		有外币债务		无外币债务	
	ROA	ROE	ROA	ROE	ROA	ROE	ROA	ROE
Board	−0.007 5***	−0.026 7***	−0.009 1***	−0.024 1***	−0.009 5***	−0.028 6***	−0.006 1***	−0.020 1***
	(−3.47)	(−4.91)	(−4.95)	(−5.03)	(−4.25)	(−4.88)	(−3.45)	(−4.46)
Indep	0.015 4***	0.036 1**	0.009 7*	0.029 1**	0.012 1**	0.022 2	0.011 8**	0.036 8***
	(2.76)	(2.57)	(1.77)	(2.09)	(1.98)	(1.35)	(2.34)	(3.00)
Dual	−0.004 2***	−0.009 2***	−0.003 4***	−0.007 7***	−0.004 2***	−0.007 7**	−0.004 1***	−0.010 5***
	(−3.55)	(−3.19)	(−2.90)	(−2.61)	(−3.13)	(−2.33)	(−3.85)	(−4.08)
Soe	−0.001 4	−0.001 6	−0.000 3	0.001 3	−0.001 5	0.000 0	−0.000 3	−0.000 5
	(−1.07)	(−0.45)	(−0.23)	(0.44)	(−1.05)	(0.01)	(−0.24)	(−0.18)
常数项	−0.202 4***	−0.548 8***	−0.174 2***	−0.531 9***	−0.210 1***	−0.626 8***	−0.189 6***	−0.516 1***
	(−14.90)	(−14.98)	(−14.72)	(−15.75)	(−15.22)	(−15.65)	(−15.66)	(−15.36)
行业固定效应	是	是	是	是	是	是	是	是
年度固定效应	是	是	是	是	是	是	是	是
样本量	12 092	12 092	12 819	12 819	10 674	10 674	14 237	14 237
调整 R^2	0.245 7	0.179 9	0.261 5	0.181 9	0.283 0	0.225 0	0.233 2	0.150 8

注：括号内为 t 值

*、**、***分别表示在 10%、5%、1% 的置信水平上显著

综上，对于具有正当风险管理动机的企业，实施的外汇风险管控手段更为有效，为提升企业经营绩效带来了积极作用。如果企业属于外向型企业，具有一定规模的海外业务或对外直接投资，则监管部门可以适当考虑企业外汇风险管理的实际需求，鼓励企业以合理的方式开展有效的外汇风险对冲活动，帮助企业管控外汇风险。

8.4.3　内生性控制

1. 工具变量检验

针对实证研究中潜在的内生性问题，本章首先通过引入工具变量的方法对内生性问题进行控制。考虑到不同地区的金融市场环境不同，企业进行外汇风险对冲的便利性程度具有显著差异，并且沿海地区的企业由于进出口贸易等业务特征，可能具有更显著的外汇风险管理需求。同地区的其他企业开展外汇风险对冲活动还可能具有"示范"效应，促使本企业进行外汇套期保值。因此，企业所在地区可能与外汇风险对冲的决策紧密相关，而地区内其他企业的对冲活动通常不会对本企业的绩效产生直接影响。基于上述分析，本章使用企业所在省（自治区、直辖市）外汇风险对冲氛围作为工具变量（Prov_Forexd），利用上一年度的所在省

（自治区、直辖市）内其他企业参与外汇风险对冲的比例表示（不包含本企业），再进行两阶段最小二乘回归检验，结果如表 8-5 所示。由第（1）列可见，工具变量 Prov_Forexd 与原有解释变量显著正相关，说明 Prov_Forexd 通过了弱工具变量检验。在第二阶段的回归中，由第（2）、（3）列中可见，解释变量（Forexd）的回归结果仍然显著为正，说明在通过引入工具变量控制内生性问题之后，本章的主要研究结果依然成立。

表 8-5　工具变量检验

变量	（1）	（2）	（3）
	弱工具变量检验	工具变量第二阶段检验	
	Forexd	ROA	ROE
Forexd		0.035 8*** (3.34)	0.093 9*** (4.07)
Prov_Forexd	0.727 0*** (12.43)		
Size	0.071 7*** (14.13)	0.010 7*** (10.45)	0.027 1*** (11.72)
Age	−0.009 2 (−1.62)	−0.006 4*** (−7.91)	−0.011 8*** (−7.00)
Growth	0.002 2 (0.38)	0.031 6*** (26.54)	0.073 6*** (24.54)
Leverage	0.099 2*** (3.84)	−0.144 4*** (−35.00)	−0.267 5*** (−24.26)
Top	−0.007 1 (−0.20)	0.041 7*** (9.10)	0.084 2*** (8.73)
Board	−0.015 9 (−1.19)	−0.008 1*** (−4.23)	−0.024 4*** (−5.33)
Indep	0.068 9* (1.87)	0.011 4** (2.26)	0.028 1** (2.44)
Dual	0.007 1 (0.75)	−0.004 2*** (−3.31)	−0.009 1*** (−3.28)
Soe	−0.044 4*** (−3.61)	0.002 5 (1.46)	0.008 1** (2.09)
常数项	−1.602 1*** (−14.77)	−0.157 3*** (−7.61)	−0.468 8*** (−10.15)
行业固定效应	是	是	是
年度固定效应	是	是	是
样本量	23 175	23 175	23 175
调整 R^2	0.117 9	0.207 5	0.134 8

注：括号内为 t 值

*、**、***分别表示在 10%、5%、1%的置信水平上显著

2. 倾向得分匹配检验

企业进行外汇风险对冲不是随机性事件，进行外汇风险对冲的企业与未对冲企业在特征方面存在各种差异，该差异可能无法通过控制变量表示并最终对企业绩效产生显著影响，使基准回归检验的稳健性受到内生性问题的干扰。基于此，本章根据 Logit 模型计算得出了外汇风险对冲企业样本的倾向得分，Logit 模型设置的变量包括基准回归的控制变量。然后以不放回的最邻近匹配方法，按半径等于 0.5 的标准差，在未进行外汇风险对冲企业样本中进行倾向得分匹配，得到 9902 个有效的样本观测值。根据未报告的平衡性检验结果，匹配后样本的企业特征与外汇风险对冲（Forexd）的回归系数不再显著，通过了样本的平衡性检验。表 8-6 的第（1）、（2）列报告了匹配后样本的回归结果，可见，外汇风险对冲（Forexd）与总资产收益率（ROA）和净资产收益率（ROE）的回归系数分别为 0.0041 和 0.0125，均在 1% 的水平上显著。上述结果说明，在倾向得分匹配得到的样本中，相互之间的企业特征不存在显著的差异，外汇风险对冲的企业仍具有相对更高的企业绩效水平。该结果与本章的研究结论保持一致。

表 8-6　倾向得分匹配检验

变量	（1）	（2）
	ROA	ROE
Forexd	0.0041*** （3.14）	0.0125*** （4.43）
Size	0.0142*** （24.46）	0.0354*** （20.80）
Age	−0.0062*** （−8.43）	−0.0116*** （−6.73）
Growth	0.0351*** （18.00）	0.0865*** （17.91）
Leverage	−0.1645*** （−37.83）	−0.2995*** （−20.37）
Top	0.0386*** （9.92）	0.0745*** （7.48）
Board	−0.0110*** （−4.93）	−0.0299*** （−5.09）
Indep	0.0081 （1.38）	0.0212 （1.38）
Dual	−0.0034*** （−2.66）	−0.0073** （−2.30）
Soe	−0.0013 （−1.00）	−0.0033 （−0.89）

续表

变量	（1）	（2）
	ROA	ROE
常数项	−0.1932*** (−13.91)	−0.5622*** (−14.65)
行业固定效应	是	是
年度固定效应	是	是
样本量	9902	9902
调整 R^2	0.2810	0.1996

注：括号内为 t 值

、*分别表示在 5%、1%的置信水平上显著

3. 企业固定效应检验

为了进一步控制企业层面不可观测因素对基准实证结果的影响，以减轻遗漏变量引起的内生性问题的干扰，本章将基准回归模型的行业固定效应更换为企业固定效应，并重新进行回归检验。根据表 8-7 报告的回归结果，变量 Forexd 的回归系数依然显著为正，说明在控制企业层面不可观测因素的情况下，本章的主要结论依然成立。

表 8-7　企业固定效应检验

变量	（1）	（2）
	ROA	ROE
Forexd	0.002 1* (1.84)	0.006 1** (2.03)
Size	0.017 8*** (21.05)	0.050 4*** (22.16)
Age	−0.003 1*** (−2.72)	0.012 8*** (4.22)
Growth	0.028 4*** (37.14)	0.066 6*** (32.42)
Leverage	−0.171 1*** (−51.08)	−0.410 4*** (−45.55)
Top	0.057 4*** (10.30)	0.161 4*** (10.77)
Board	−0.011 7*** (−8.04)	−0.034 1*** (−8.70)
Indep	0.023 5*** (5.93)	0.055 5*** (5.22)
Dual	−0.001 6 (−1.58)	−0.004 9* (−1.80)

续表

变量	(1)	(2)
	ROA	ROE
Soe	−0.007 2*** (−2.96)	−0.025 9*** (−3.94)
常数项	−0.267 9*** (−14.75)	−0.867 6*** (−17.76)
企业固定效应	是	是
行业固定效应	否	否
年度固定效应	是	是
样本量	24 911	24 911
调整 R^2	0.080 5	0.032 3

注：括号内为 t 值

*、**、***分别表示在 10%、5%、1%的置信水平上显著

8.4.4　稳健性检验

1. 调整企业绩效变量

由于不同行业之间的企业盈利能力可能存在明显的差异，单一地选取企业绩效指标（ROA、ROE）可能无法准确判断企业绩效水平的高低，若企业的绩效低于行业内其他企业，即使高于整个市场的平均水平，仍然是落后于行业内其他竞争企业。借鉴苏冬蔚和林大庞（2010）的研究，为进一步控制行业效应对实证分析带来的影响，本章对企业绩效变量用行业均值调整，也就是用 ROA 和 ROE 分别减去本年度内各自的行业均值，得到调整后的总资产收益率（Adjust_ROA）和净资产收益率（Adjust_ROE）。由表 8-8 的第（1）、（2）列可见，Forexd 的回归系数均显著为正，说明在企业绩效指标经过行业均值调整后，外汇风险对冲对企业绩效的提升作用仍然存在，该结论与本章的研究结论相符。

表 8-8　稳健性检验

变量	(1)	(2)	(3)	(4)
	Adjust_ROA	Adjust_ROE	ROA	ROE
Forexd	0.002 2** (2.57)	0.009 2*** (4.23)	0.002 8*** (3.13)	0.010 4*** (4.71)
Size	0.012 8*** (33.01)	0.032 3*** (28.47)	0.012 9*** (33.16)	0.032 2*** (28.34)
Age	−0.005 9*** (−12.88)	−0.010 5*** (−10.03)	−0.004 8*** (−10.48)	−0.008 7*** (−8.16)

续表

变量	(1)	(2)	(3)	(4)
	Adjust_ROA	Adjust_ROE	ROA	ROE
Growth	0.029 7*** (27.56)	0.069 5*** (25.95)	0.031 3*** (28.83)	0.073 1*** (26.65)
Leverage	−0.138 4*** (−53.65)	−0.248 1*** (−28.07)	−0.128 4*** (−48.07)	−0.233 3*** (−25.43)
Top	0.039 6*** (16.24)	0.080 7*** (13.63)	0.038 0*** (15.56)	0.078 5*** (13.21)
Board	−0.008 6*** (−6.19)	−0.025 6*** (−7.16)	−0.008 4*** (−6.03)	−0.025 4*** (−7.06)
Indep	0.010 8*** (2.77)	0.028 9*** (2.96)	0.013 2*** (3.42)	0.033 8*** (3.43)
Dual	−0.004 1*** (−4.95)	−0.009 1*** (−4.46)	−0.004 2*** (−5.07)	−0.009 2*** (−4.46)
Soe	−0.000 1 (−0.08)	0.001 5 (0.68)	−0.001 3 (−1.56)	−0.000 7 (−0.32)
ForeignDebt			−0.023 4*** (−4.21)	−0.034 5** (−2.40)
CashHold			0.055 5*** (17.60)	0.087 7*** (12.71)
常数项	−0.213 7*** (−24.65)	−0.572 5*** (−23.63)	−0.200 0*** (−23.00)	−0.562 0*** (−23.16)
行业固定效应	是	是	是	是
年度固定效应	是	是	是	是
样本量	24 911	24 911	24 911	24 911
调整 R^2	0.229 2	0.160 2	0.260 4	0.182 3

注：括号内为 t 值

、*分别表示在 5%、1%的置信水平上显著

2. 考虑其他因素的影响

不仅外币债务可以被用于管理外汇风险（Clark and Judge，2009），现金资产也与衍生品在管理企业风险敞口方面具有互补性（Bolton et al.，2011）。对于不同类型的外汇风险敞口，企业可能通过持有本国货币或外国货币的方式实现风险对冲。为了考虑外币债务和现金资产的规模造成的影响，本章借鉴郝项超和梁琪（2019）在研究中考虑潜在影响因素的方法，加入外币债务（ForeignDebt，外币借款余额/总资产）以及现金持有（CashHold，期末现金及现金等价物/总资产）

作为控制变量，重复本章的基准回归检验。根据表 8-8 的第（3）、（4）列，在控制了企业的外币债务和现金持有规模之后，本章的主要结论依然成立。

8.4.5　作用机制分析

本章已证明外汇风险对冲有利于企业改善财务绩效，而企业绩效的影响因素众多，本章进一步探究其作用机制。首先，企业营运效率是反映企业绩效的重要指标，体现了企业在既定风险水平下资产的盈利能力，并且资产周转率还是总资产收益率和净资产收益率的主要组成部分。若外汇风险对冲行之有效，当企业面临的预期不确定性得到降低后，企业能够更合理地分配内部的资源，使营运效率得到提升。其次，当企业对外汇风险采取对冲措施后，企业风险承担能力的提高有利于企业商业信用融资环境的改善；商业信用涉及外币计价的情况下，其相关的未来现金流会由于汇率风险而直接地为企业带来外汇风险敞口，若有效地管控这些敞口，则企业会更愿意利用商业信用渠道进行融资。除此之外，由于企业财务风险的缓解有利于最优资本结构对应的杠杆率得到提高，企业风险对冲可以通过增大企业财务杠杆的方式，利用债务利息的"税盾"效应，提高债务利息避税程度，进而提升企业价值（Stulz，1996；Leland，1998；Graham and Rogers，2002），而节税效应可能对企业绩效具有正向影响。基于上述，本章使用中介效应模型检验上述可能的作用机制，构建式（8-2）和式（8-3）。

$$\text{Mediation}_{i,t} = \beta_0 + \beta_1 \text{Forexd}_{i,t} + \beta_2 \text{Controls}_{i,t} + \varepsilon_{i,t} \qquad (8\text{-}2)$$

$$\text{Performance}_{i,t} = \beta_0 + \beta_1 \text{Forexd}_{i,t} + \beta_2 \text{Mediation}_{i,t} + \beta_3 \text{Controls}_{i,t} + \varepsilon_{i,t} \qquad (8\text{-}3)$$

式（8-2）为检验解释变量与中介变量之间关系的回归模型，式（8-3）为中介效应检验的模型。其中，行业和年度控制变量均已被纳入 $\text{Controls}_{i,t}$ 表示；Mediation 表示中介变量，选取的中介变量包括：资产周转率（Turnover），用营业收入与总资产之比表示；商业信用（Credit），用(应付账款 + 应付票据 + 预收账款)/总资产表示；企业避税（Avoidance），用所得税的名义税率与实际税率之差表示（Hanlon and Heitzman，2010）。

根据式（8-2），企业外汇风险对冲（Forexd）与各中介变量的回归结果如表 8-9 所示，可以看到，资产周转率（Turnover）的回归系数为 0.1306，1% 的显著性水平，说明外汇风险对冲企业的资产周转率相对更高。类似地，商业信用（Credit）的回归系数为 0.0093，1% 的显著性水平，表明外汇风险对冲企业的商业信用融资规模相对更大。企业避税（Avoidance）的回归系数为 0.0101，并且同样地显著为正，表示外汇风险对冲（Forexd）与企业避税之间也存在正向关系。上述结果同时表明，本章解释变量与中介变量的回归结果均显著为正。

表 8-9　外汇风险对冲影响企业绩效的作用机制

变量	(1)	(2)	(3)
	Turnover	Credit	Avoidance
Forexd	0.130 6*** (14.18)	0.009 3*** (5.89)	0.010 1*** (5.13)
Size	−0.018 9*** (−5.07)	−0.004 3*** (−6.22)	0.008 6*** (9.51)
Age	0.020 6*** (5.14)	−0.009 9*** (−12.39)	−0.000 3 (−0.27)
Growth	0.103 5*** (10.30)	0.010 2*** (6.26)	0.020 0*** (9.27)
Leverage	0.360 2*** (14.94)	0.304 2*** (75.94)	−0.112 9*** (−19.06)
Top	0.293 5*** (14.09)	0.052 4*** (11.64)	0.020 5*** (3.71)
Board	0.008 4 (0.65)	−0.001 4 (−0.61)	−0.004 4 (−1.45)
Indep	−0.042 5 (−1.19)	−0.009 0 (−1.42)	−0.000 2 (−0.03)
Dual	−0.042 0*** (−6.31)	−0.003 3** (−2.50)	0.002 2 (1.26)
Soe	0.025 5*** (3.08)	0.018 6*** (11.47)	−0.003 3 (−1.52)
常数项	0.715 3*** (9.64)	0.061 9*** (4.15)	−0.063 1*** (−2.94)
行业固定效应	是	是	是
年度固定效应	是	是	是
样本量	24 911	24 911	21 408
调整 R^2	0.187 5	0.372 6	0.061 1

注：括号内为 t 值

、*分别表示在 5%、1%的置信水平上显著

　　本章进一步通过中介效应模型检验外汇衍生品提高企业绩效的作用机制，检验结果如表 8-10 所示。第（1）、（2）列展示了资产周转率（Turnover）作为中介变量的检验结果。可以看到，Turnover 的回归系数显著为正，并且外汇风险对冲（Forexd）与企业绩效指标（ROA、ROE）的回归系数分别为 0.000 9 和 0.006 8，回归系数相比于基准回归结果中的系数有所减少，表明企业外汇风险对冲行为通过提升企业资产周转率进而增加企业绩效的中介效应显著成立。商业信用（Credit）作为中介变量的检验结果如第（3）、（4）列所示。类似地，Credit 的回归系数在中介效应检验中为正，并通过了 1%的显著性检验，而外汇风险对冲（Forexd）与两项企业绩效指标（ROA、ROE）的回归系数分别为 0.002 2 和 0.008 7，相比于基准回归

结果有所减少，说明企业进行外汇风险对冲增大了企业商业信用融资规模，并以此提高了企业绩效。从第（5）、（6）列可以看到，企业避税（Avoidance）与企业绩效指标（ROA、ROE）的回归结果显著为负，表明企业避税效应与企业绩效之间并不具有正相关性，中介效应检验并不成立。为了提高该部分实证研究的稳健性，本章使用 Sobel 检验再次对上述所有中介效应进行检验，得出的结果与研究结论一致。

表 8-10　外汇风险对冲影响企业绩效的作用机制：中介效应检验

变量	（1）	（2）	（3）	（4）	（5）	（6）
	ROA	ROE	ROA	ROE	ROA	ROE
Forexd	0.000 9 (1.00)	0.006 8*** (3.09)	0.002 2** (2.54)	0.008 7*** (4.00)	0.000 2 (0.25)	0.005 1** (2.03)
Turnover	0.014 1*** (9.85)	0.027 4*** (6.80)				
Credit			0.054 9*** (15.43)	0.180 9*** (15.96)		
Avoidance					−0.000 6*** (−2.72)	−0.001 4*** (−2.62)
Size	0.013 0*** (33.52)	0.032 6*** (28.67)	0.013 0*** (33.23)	0.032 9*** (28.78)	0.010 9*** (24.03)	0.026 9*** (20.09)
Age	−0.006 0*** (−13.33)	−0.010 7*** (−10.25)	−0.005 2*** (−11.41)	−0.008 4*** (−8.06)	−0.002 6*** (−4.87)	−0.003 7*** (−3.32)
Growth	0.030 0*** (27.74)	0.070 5*** (25.95)	0.030 9*** (28.36)	0.071 5*** (26.32)	0.020 3*** (19.03)	0.045 5*** (17.42)
Leverage	−0.145 3*** (−55.79)	−0.261 7*** (−29.22)	−0.156 9*** (−53.42)	−0.306 9*** (−29.80)	−0.122 0*** (−43.58)	−0.188 4*** (−18.86)
Top	0.036 0*** (14.67)	0.073 8*** (12.30)	0.037 2*** (15.19)	0.072 3*** (12.21)	0.026 6*** (9.60)	0.050 1*** (7.69)
Board	−0.008 4*** (−6.04)	−0.025 4*** (−7.09)	−0.008 2*** (−5.89)	−0.025 0*** (−6.99)	−0.004 6*** (−2.85)	−0.016 7*** (−4.02)
Indep	0.013 0*** (3.35)	0.033 7*** (3.42)	0.012 9*** (3.31)	0.034 1*** (3.48)	0.002 0 (0.40)	0.015 6 (1.30)
Dual	−0.003 4*** (−4.11)	−0.007 7*** (−3.75)	−0.003 8*** (−4.58)	−0.008 2*** (−4.02)	−0.002 8*** (−2.93)	−0.007 6*** (−3.27)
Soe	−0.000 6 (−0.65)	0.000 4 (0.16)	−0.001 2 (−1.41)	−0.002 3 (−1.02)	−0.005 9*** (−6.06)	−0.016 3*** (−6.59)
常数项	−0.191 6*** (−22.08)	−0.552 7*** (−22.69)	−0.184 9*** (−21.26)	−0.544 3*** (−22.37)	−0.152 5*** (−14.79)	−0.457 7*** (−15.34)
行业固定效应	是	是	是	是	是	是
年度固定效应	是	是	是	是	是	是
样本量	24 911	24 911	24 911	24 911	21 408	21 408
调整 R^2	0.261 2	0.185 3	0.256 2	0.190 4	0.242 9	0.144 1

注：括号内为 t 值

、*分别表示在 5%、1%的置信水平上显著根据上述机制检验的结果与分析，上市企业通过外汇风险对冲手段帮助企业强化了营运能力，提升了企业经营效率，同时改善了企业商业信用融资环境。通过以上影响渠道，外汇风险对冲最终推动了企业整体绩效水平的提升。

8.4.6 地区金融业市场化水平的影响

本章进一步分析了金融环境的影响。对于我国企业进行的外汇风险对冲操作，主要在外汇衍生品市场和签订远期结售汇业务的银行实现。已有的研究表明，金融业市场化的推进有利于企业获取外部资本支持，扩大出口业务规模（王聪等，2018）。在金融业发达的地区，企业能够更有效地开展包括外汇衍生品交易在内的金融市场活动，可能会对企业绩效带来更明显的提升作用。为了检验金融业市场化水平的影响，本章将企业所在省（自治区、直辖市）较近年度的金融业市场化指数与当年各省（自治区、直辖市）指数的中位数进行比较，据此将企业样本分为金融业市场化水平高低两组并进行检验。

表 8-11 列示了不同金融业市场化水平地区外汇风险对冲（Forexd）影响企业绩效（ROA、ROE）的回归结果。可以看到，属于金融业市场化水平高的第（1）、（2）列的回归系数分别大于金融业市场化水平低的第（3）、（4）列的结果，并且显著性水平系数更大。由此可见，在金融业市场化水平高的地区，企业通过外汇风险对冲为其带来的帮助更大，对企业绩效的提升作用更为明显；而在金融业市场化水平低的地区，外汇套期保值对企业绩效的正向影响则相对较为有限。

表 8-11 地区金融业市场化水平的影响

变量	（1）	（2）	（3）	（4）
	金融业市场化水平高		金融业市场化水平低	
	ROA	ROE	ROA	ROE
Forexd	0.002 9** (2.56)	0.009 5*** (3.44)	0.001 5 (1.08)	0.008 2** (2.24)
Size	0.014 2*** (24.08)	0.035 4*** (21.12)	0.011 6*** (22.29)	0.029 3*** (18.81)
Age	−0.007 1*** (−11.14)	−0.013 4*** (−9.22)	−0.004 3*** (−6.38)	−0.006 6*** (−4.30)
Growth	0.032 6*** (20.01)	0.073 5*** (17.46)	0.030 3*** (20.47)	0.072 5*** (20.32)
Leverage	−0.141 0*** (−37.30)	−0.237 3*** (−19.36)	−0.139 6*** (−38.44)	−0.266 7*** (−20.42)
Top	0.037 7*** (11.04)	0.078 1*** (9.58)	0.042 9*** (12.06)	0.085 3*** (9.69)

续表

变量	(1)	(2)	(3)	(4)
	金融业市场化水平高		金融业市场化水平低	
	ROA	ROE	ROA	ROE
Board	−0.007 7***	−0.025 9***	−0.008 5***	−0.023 0***
	(−3.91)	(−5.15)	(−4.23)	(−4.40)
Indep	0.010 1*	0.026 0*	0.015 0***	0.039 8***
	(1.89)	(1.96)	(2.61)	(2.69)
Dual	−0.003 3***	−0.007 6***	−0.005 0***	−0.010 5***
	(−3.03)	(−2.88)	(−3.77)	(−3.16)
Soe	0.001 5	0.004 8	−0.001 1	0.000 2
	(1.17)	(1.46)	(−0.88)	(0.06)
常数项	−0.191 8***	−0.561 6***	−0.165 1***	−0.493 8***
	(−14.35)	(−16.41)	(−14.47)	(−14.90)
行业固定效应	是	是	是	是
年度固定效应	是	是	是	是
样本量	13 141	13 141	11 770	11 770
调整 R^2	0.238 7	0.173 6	0.262 1	0.184 1

注：括号内为 t 值

*、**、***分别表示在 10%、5%、1%的置信水平上显著

8.4.7　外汇风险对冲对企业绩效波动的影响

外汇风险对冲旨在管控企业面临的外汇风险敞口，从外汇风险的角度降低企业的整体风险水平。在实践中，有效的套期保值不是直接降低企业因汇率波动产生的损失，而是使汇率波动带来的预期收益和损失同时减少。也就是说，外汇风险对冲行为在理论上能够减小企业的绩效波动，降低企业承担的风险水平。本章借鉴已有研究（张洪辉和章琳一，2016；周泽将等，2019）的方法，以经过行业均值调整的息税前利润与总资产之比为企业绩效基准指标，将以每三年（$t \sim t+2$ 年）为观测窗口期滚动计算得到的企业绩效的标准差（Riskt1）和极差（Riskt2）作为衡量企业绩效波动程度的变量。本章通过将上述变量替换为被解释变量进行回归，考察外汇风险对冲与企业绩效波动程度之间的关系。

从表 8-12 展示的实证结果中可见，外汇风险对冲（Forexd）与企业绩效波动指标（Riskt1 和 Riskt2）的回归系数均在 1%的水平上显著为负，验证了外汇风险对冲与企业绩效波动水平之间的负向关系。该结果表明，外汇风险对冲是企业有效的风险管理途径，可以有效降低企业承担的整体风险，从而显著减轻企业绩效的波动。

表 8-12　外汇风险对冲对企业绩效波动的影响

变量	(1)	(2)
	Riskt1	Riskt2
Forexd	−0.002 9*** (−2.67)	−0.005 2*** (−2.66)
Size	−0.004 7*** (−9.64)	−0.008 9*** (−9.94)
Age	0.004 2*** (7.09)	0.007 9*** (7.28)
Growth	−0.003 2*** (−2.77)	−0.006 0*** (−2.83)
Leverage	0.025 4*** (5.53)	0.046 7*** (5.65)
Top	−0.021 0*** (−7.00)	−0.038 0*** (−6.95)
Board	0.000 2 (0.11)	0.000 3 (0.09)
Indep	−0.004 2 (−0.69)	−0.006 3 (−0.57)
Dual	0.002 3** (2.39)	0.004 0** (2.28)
Soe	−0.008 4*** (−10.22)	−0.015 5*** (−10.18)
常数项	0.157 6*** (13.76)	0.297 3*** (14.19)
行业固定效应	是	是
年度固定效应	是	是
样本量	17 011	17 011
调整 R^2	0.062 7	0.065 4

注：括号内为 t 值

、*分别表示在 5%、1%的置信水平上显著

8.5　本 章 小 结

在当前经济全球化背景下，许多中国企业开展对外贸易、海外投资、境外经营等，与此同时，人民币汇率呈现出波动加剧的趋势，使越来越多企业面临外汇风险敞口。外汇风险对冲是企业管控汇率风险的有效手段，我国虽引入外汇衍生品交易晚，但外汇衍生品市场发展迅速，越来越多的企业开始通过套期保值对冲外汇风险，对增强企业风险防范能力和改善企业现金流状况发挥了积极作用。随着中国企业外汇风险对冲需求的增长，从微观层面分析外汇风险对冲对企业绩效

的影响具有较强的现实意义。

为了探究企业对冲外汇风险对企业绩效的具体影响及其作用机制，本章根据中国 A 股上市公司 2011～2020 年的数据研究发现，外汇风险对冲能够显著提升企业整体的财务绩效水平，并且该影响在海外业务收入占比高的企业和具有外币债务的企业中更为明显。在作用机制上，企业进行外汇风险对冲显著提升了企业的营运效率和商业信用融资能力，进而促进了企业绩效的提升。进一步研究发现，外汇风险对冲对企业绩效的提升作用在金融业市场化水平较高的环境中更为明显。此外，外汇风险对冲措施减小了企业的绩效波动，有效地减轻了企业承担的整体风险。

根据研究结论，本章提出如下政策建议。第一，在我国汇率制度改革的推动下，基于市场供求关系的人民币浮动汇率机制得到了进一步完善。在过去的某些特殊时间段，人民币汇率波动加剧，许多存在外汇风险敞口的企业面临的风险增大，汇率变化不仅使企业以外币计价的资产、负债或现金流价值发生变化，可能造成无法提前估测的损失，同时也带来较大的不确定性，不利于企业进行有效的资金管理和项目投资等行为。尽管本章发现了企业外汇风险对冲对促进企业绩效提升的作用，但我国进行外汇风险对冲的企业的所占比例仍然较低。因此，应当继续推动我国外汇衍生品市场建设，进一步完善外汇衍生品交易机制，提高企业参与外汇市场套期保值的效率，逐步增强外汇衍生品市场服务我国实体经济的能力。第二，考虑到企业外汇风险对冲有利于提高企业营运效率和商业信用水平，企业管理者应了解外汇风险对冲的重要性，面对外汇风险时，应及时采取有效的风险对冲措施，提高风险管理能力，以此提升企业营运效率，改善外部融资环境，最终为企业财务绩效水平提升发挥积极作用。第三，监管部门在对企业风险管理行为进行监督管理时，应当分析企业是否具有外向型企业特征，如果企业的海外业务收入占比较低或不具有外币债务时，则企业进行外汇衍生品交易活动的风险对冲动机相对偏弱，并且可能存在未披露的对冲动机。对于不具有外向型特征的企业，监管部门应当更为严格地对企业开展的外汇风险对冲活动进行审查与监管。

第9章 外汇风险对冲与企业的融资约束

9.1 外汇风险对冲与股权投资者现金回报

外汇风险对冲是企业汇率风险管理的主要方法，根据套期保值理论，合理的外汇风险对冲可以降低企业面临的直接汇率风险，减少汇率变化对企业经营的冲击，进而提高企业的经营绩效。然而，受"中航油""中信泰富"等不合理的外汇风险对冲行为导致巨亏事件的影响，我国企业外汇风险对冲的合理性以及其影响后果受到业界与学术界的普遍关注。

从现实来看，随着企业"走出去"战略与人民币汇率市场化改革步伐的加快，我国企业国际化程度与人民币汇率弹性不断增加，企业面临的汇率风险愈加突出，越来越多的中国企业开始运用外汇衍生品对冲人民币汇率风险。然而，外汇衍生品具有两面性，且杠杆高、风险大，不合理地运用外汇衍生品进行外汇风险对冲反而会给企业带来额外的汇率风险。

从理论研究来看，国内学者针对我国企业外汇风险对冲的影响后果进行了广泛的研究，主要聚焦在外汇风险对冲对企业市场价值的影响（郭飞，2012；赵峰等，2017）、外汇风险对冲对企业创新的影响（郝项超和梁琪，2019）和外汇风险对冲对债务融资成本的影响（郭飞等，2020）等方面，却鲜有文献从投资者回报视角研究企业外汇风险对冲的影响后果。现金股利分配是投资者获得投资回报的主要渠道之一，然而出现"重融资、轻回报"的分红异象，并引致一些批评。为此，本章从股权投资者现金回报视角，研究了企业外汇风险对冲的影响后果，并检验了其作用机制。

现金股利分配既是公司的重大财务决策，也是投资者获得投资回报的重要方式。合理的现金股利分配既有助于缓解公司股东与管理层间的代理冲突，更能促进我国资本市场平稳健康发展。然而，我国上市公司"重融资、轻回报"的分红异象引致一些批评。对此，国内外学者已经从监管制度、货币政策、内部治理和外部治理等角度对企业现金股利分配的影响因素进行了丰富的研究，却鲜有文献从企业风险管理的视角研究企业现金股利分配问题。

具有汇率风险的企业合理运用外汇衍生工具进行风险对冲，将有助于降低企业内部现金流对汇率冲击的敏感性，提高企业内部现金流的稳定性（Bartram et al.，2011）。企业内部现金流稳定性的提高，可以改善企业管理层对于未来内部现金流的预测能力，减少企业管理层对于未来现金短缺的担忧，从而进行更加合理的现金股利分配（Chay and Suh，2009；Lintner，1956）。因此，外汇风险对冲是否会影响企业现金股利分配水平？这一问题有待深入研究。

如果外汇风险对冲与现金股利分配之间存在联系，那么外汇风险对冲影响现金股利分配的机制是什么？部分学者研究认为企业外部融资约束程度的降低，可以缓解企业对内部资金的依赖度，促进现金股利分配水平的提高（张纯和吕伟，2009；全怡等，2016）。外汇风险对冲可以提高企业内部现金流的稳定性，提高企业所披露的财务信息质量，降低债权投资人与企业管理层间的信息不对称程度，这在一定程度上可以缓解企业外部融资约束程度。此外，外汇风险对冲也会降低企业的破产概率及企业债务融资的违约风险，这也将缓解企业所面临的外源融资约束程度。因此，外汇风险对冲缓解了企业外源融资约束程度，是否会进一步降低企业对内部资金的依赖，进而影响现金股利的分配，即融资约束在外汇风险对冲与现金股利分配间的作用有待进行检验。

为此，本章从股权投资者现金回报视角，运用中证 800 指数非金融公司2010～2018 年财务数据和手工搜集的外汇风险对冲数据，研究了外汇风险对冲对现金股利分配的影响。在此基础上检验了融资约束在外汇风险对冲对现金股利分配影响中的作用、外汇风险对冲对现金股利分配在国际化深度为 0 的企业与国际化深度不为 0 的企业间的差异影响。研究发现：①外汇风险对冲提高了企业的现金股利分配水平；②融资约束在外汇风险对冲对现金股利分配的影响中具有部分中介效应；③国际化深度不为 0 的企业进行外汇风险对冲对现金股利分配的影响更大。在考虑了各种可能的内生性后，本章的结论依然成立。进一步研究发现：外汇风险对冲对于现金股利分配的促进作用提高了企业的市场价值和投资效率；国有企业和资产负债率较高的企业进行外汇风险对冲对现金股利分配的促进作用更大；外汇风险对冲降低了企业现金股利分配对企业内部现金流的依赖程度。

9.2　外汇风险对冲影响企业融资约束的机制分析

随着我国企业国际化程度与人民币汇率弹性不断提高，我国企业内部现金流稳定性与企业盈利能力受到汇率冲击的影响越来越大。因此，近年来进行外汇风险对冲的企业越来越多，外汇风险对冲可能会进一步影响我国企业的现金股利分配决策，具体而言主要体现在以下两个方面。

外汇风险对冲提高了企业内部现金流的稳定性，进而提高现金股利分配水平。根据套期保值理论，合理的外汇风险对冲，可以降低公司内部现金流由汇率变化所导致的不稳定性（Bartram et al.，2011）。内部现金流稳定性是企业现金股利分配的重要决定因素，当企业内部现金流稳定性较低时，企业管理层将会降低现金股利的分配水平（Lintner，1956；Chay and Suh，2009）。这主要是以下两个方面的原因：一方面，当企业内部现金流的稳定性由于汇率的频繁波动而下降时，公司管理层对于未来内部现金流的预测变得更加困难，作为股东代理人的企业管理层会出于应对未来资金短缺的目的和对投资不足问题的担忧，采取降低现金股利分配水平的方式，将更多的现金保留在企业内部以应对未来的不确定性。另一方面，根据股利信号传递理论，企业管理层与外部投资人之间存在着信息不对称，股利分配是企业管理层向投资者传递企业内部信息的一种重要手段（Bhattacharya，1979），现金股利分配中断或现金股利分配水平的下降对于企业具有较大的负面影响，故当企业内部现金流不确定性较高时，企业管理层会倾向于通过降低现金股利分红水平，以保证未来现金股利分红政策的可持续性，即现金股利分配存在"黏性"。因此，外汇风险对冲可以通过降低内部现金流的波动进而促进现金股利分配水平的提高。

外汇风险对冲改善了企业盈利能力，进而提高现金股利分配水平。股利分配的本质是将企业税后净利润的一定比例对投资者进行分配，企业盈利能力的高低、利润的多少，决定了企业可供分配的现金股利水平（张纯和吕伟，2009）。外汇风险对冲对于企业盈利能力的改善，主要体现在以下三个方面：其一，平抑汇率风险，提升企业盈利能力。由于非金融企业在汇率走势研判上并不具备信息优势与比较优势（Bartram，2019），具有汇率风险敞口的企业，运用外汇衍生产品等手段对冲汇率风险，可以使企业在开拓国际市场、践行国际化发展战略时免受汇率冲击，聚焦主营业务，提升核心竞争力，促进企业盈利能力的提升，进而提高其现金股利分配。其二，增加节税收益，改善企业盈利状况。如果税收与税前收入的函数是凸函数，那么对冲可以降低企业税前收入的波动，使企业获得节税收益（Smith and Stulz，1985）。由于法定累进税和一些优惠税目的存在，税收与税前收入的函数是凸函数（赵峰等，2017）。因此，对于具有潜在汇率风险的企业而言，外汇风险对冲则可以通过降低税前收入的波动，进而给企业带来节税收益，改善企业的盈利状况，并促进企业现金股利分配水平的提高。其三，降低债务融资成本，增厚企业盈利水平。当公司内部现金流稳定性与盈利稳定性由于汇率波动而降低时，公司财务信息质量将会下降，同时企业破产概率随之增大。对于债务人而言，无论是财务信息质量下降所导致的信息不对称程度增大，还是由企业破产概率增大所导致的债务违约概率上升，都将提高债务人对投资回报的要求，增加企业的债务融资成本。合理的外汇风险对冲，可以通过降低企业内部现金流的波动和企业破产的概率，进而通过缓解信息不对称程度与降低违约风险的渠道降低企业的债务融资成本（Chen and King，2014；郭飞等，2020），增厚企业的盈利水平，进而促进现金股利分配水平的提高。

综上可知，外汇风险对冲将会通过提高企业内部现金流稳定性和改善企业盈利能力两个方面影响企业的现金股利分配决策，故提出以下假设。

H1：企业外汇风险对冲有助于促进现金股利分配水平的提高。

除剩余股利理论与信号传递理论外，企业的现金股利分配与财务状况、公司治理也息息相关（全怡等，2016；杜兴强和谭雪，2017；廖珂等，2018）。已有学者研究认为我国上市公司存在融资约束状况，而现金股利与融资约束存在显著的相关性（张纯和吕伟，2009；全怡等，2016）。

企业的融资方式主要有内源融资（留存收益）和外源融资（债务融资和权益融资），持续的现金股利分配削弱了企业内源融资的可用资金额度，这将迫使企业在内源融资不足时只能采取外源融资的方式获得必要的资金支持。然而，与内源融资相比，由于信息不对称、破产与违约风险等因素的影响，企业外源融资的可获得性偏低且融资成本偏高，即存在"融资约束"。因此，企业面临的外源融资约束程度会影响其对内源融资的依赖度，进而影响企业的现金股利分配决策。如果外汇风险对冲能够缓解企业面临的外源融资约束程度，那么外汇风险对冲也将会降低企业对于内源融资的依赖程度，从而提高现金股利分配水平。具体而言，外汇风险对冲缓解企业外源融资约束程度，进而提高现金股利分配水平主要体现在以下两个方面。

一方面，外汇风险对冲缓解了公司管理者与债权人之间的信息不对称程度。现代公司财务理论认为信息不对称是融资约束产生的主要原因。外汇风险对冲降低了公司内部现金流的波动性，使得公司未来现金流的可预测性增强，提高了企业财务信息的质量，降低了债权人与股东、公司管理者之间的信息不对称程度（Dadalt et al.，2002；Chen and King，2014；郭飞等，2020），缓解了企业所面临的外源融资约束程度，降低了企业对于内源融资的依赖，促进了现金股利分配水平的提高。

另一方面，当公司内部现金流波动较高时，其破产的可能性随之增大，对此外部投资人也会要求更高的投资回报，以覆盖企业因破产可能性上升而带来的违约风险。合理的外汇风险对冲可以有效预防汇率波动给企业带来的异常冲击，降低企业破产发生的概率，缓解投资人对于企业破产的担忧，降低债务人对于投资回报的要求，缓解企业面临的外源融资约束程度。

综上可知，外汇风险对冲也可以通过缓解企业面临的外源融资约束程度，降低对内源融资的依赖，促进现金股利分配水平的提高。为此，提出以下假设。

H2：融资约束在外汇风险对冲促进现金股利分配水平间具有中介作用。

正如上述分析，具有汇率风险的公司进行合理的外汇风险对冲，可以促进现金股利分配水平的提高。然而，如果企业使用外汇衍生品进行投机，将增加企业内部现金流对人民币汇率波动的敏感性（郝项超和梁琪，2019），不利于企业现金股利分配水平的提升。大量研究表明，相对国际化深度为 0 的企业，国际化深度不为 0 的企业所面临的汇率风险更大，进行外汇风险对冲的动机也更加强烈（Bartram，2019；赵峰等，2019）。相对国际化深度不为 0 的企业而言，国际化深度为 0 的企业没有具体可量化的外汇交易头寸，也是难以进行准确的外汇风险对冲，因此更可能进行衍生产品投机。根据信息优势与比较优势理论，非金融企业以汇率投机博取额外收益弊大于利。本章推断相对于国际化深度为 0 的企业而言，国际化深度不为 0 的企业进行外汇风险对冲在提高内部现金流稳定性、改善企业盈利能力与缓解融资约束上效果更好，进而对现金股利分配水平的促进作用更大。基于以上分析，提出以下假设。

H3：相对于国际化深度为 0 的企业，国际化深度不为 0 的企业进行外汇风险对冲对现金股利分配水平的促进作用更大。

9.3　研　究　设　计

9.3.1　样本选择与数据来源

本章选择 2010～2018 年中证 800 指数成分股上市公司为研究样本，中证 800 指数综合反映了沪深证券市场内大中小市值公司的整体状况，具有广泛代表性。本章对样本数据进行了如下处理：①考虑到银行、保险、证券等金融类公司不仅是外汇衍生产品的使用者，还是提供者，其使用外汇衍生品进行对冲的动机与非金融类企业具有较大差异（郭飞，2012），故剔除了金融行业公司。②剔除了财务数据缺失的样本观测。③为了避免极端值带来的噪声，对所有连续变量前后进行 1% 的缩尾处理。最终得到 4771 个样本观测值。由于现有数据库皆未提供企业外汇风险对冲相关数据，且其提供的外币债务和海外业务收入数据缺失较为严重，参考郭飞等（2018）、赵峰等（2019）的研究，本章手工搜集了企业外汇风险对冲、部分外币债务和海外业务收入数据，其他财务数据和公司治理数据来自 CSMAR 数据库与 Wind 数据库。

9.3.2　变量定义与研究设计

1. 变量定义

（1）被解释变量：公司现金股利分配水平（DIV）。本章用公司年度累计现金股利分配总额与当年归属母公司的净利润之比衡量公司现金股利分配水平。参考廖珂等（2018）的研究，在稳健性检验部分将公司年度累计现金股利分配总额与当年末企业总资产之比作为公司现金股利分配水平的代理变量进行了检验。

（2）解释变量：外汇风险对冲（FCD）。衡量企业外汇风险对冲主要有虚拟变量法和对冲比率法。虚拟变量法是指如果企业使用了外汇衍生品进行外汇风险管理则赋值为1，否则为0。对冲比率法是指用外汇衍生品的名义价值与海外收入或总资产之比来衡量企业外汇风险对冲的程度。鉴于我国企业虽然对是否使用衍生品进行了披露，但披露衍生品名义价值的极少，参考郭飞等（2018）、赵峰等（2019）的研究，本章采用虚拟变量法度量企业是否进行外汇风险对冲，并根据以下标准手工搜集了外汇风险对冲数据：①在年报、半年报和季度报告中搜索远期、期货、互换、掉期、期权、对冲、锁定、套期保值、外币、无本金交割远期外汇、衍生品等关键词，然后阅读具体内容来判断公司是否使用外汇衍生品。②搜索交易性金融资产、交易性金融负债、衍生金融资产、衍生金融负债、以公允价值计量的金融资产与负债等会计科目，如果上述科目明确记载了上述外汇衍生品的公允价值、处置损益等数据，那么就判定该公司使用了外汇衍生品。

（3）中介变量：融资约束（SA）。自 Fazzari 等（1988）提出融资约束假说以来，融资约束的测度一直是学术界争论的焦点，并形成了以下三个具有代表性的融资约束测度指数：KZ 指数、WW 指数和 SA 指数。考虑到 KZ 指数、WW 指数均包含如资产负债率、流动资金与股利支付等内生变量，且与本章所研究的企业现金股利分配互为因果关系，本章采用由 Hadlock 和 Pierce（2010）使用企业规模与年龄两个相对外生的变量构建的 SA 指数度量企业所面临的融资约束状况。本章也运用 KZ 指数作为融资约束程度 SA 指数的替代变量，进一步进行了稳健性检验。SA 指数均为负值，绝对值越大表明企业面临的融资约束程度越严重，本章计算方法与鞠晓生等（2013）的相一致，即

$$SA = -0.737 \times SIZE + 0.043 \times SIZE^2 - 0.04 \times AGE \qquad (9-1)$$

（4）控制变量。参考廖珂等（2018）、杜兴强和谭雪（2017）的研究，本章控制了公司规模（SIZE）、资产负债率（LEV）、总资产报酬率（ROA）、营业收入现金含量（FCF）、市场机会托宾 Q（TOBINQ）、股权集中度（FIRST）、董事会规模（BOARD）、独立董事占比（INDBOARD）、董事长与总经理两职合一（DUAL）等公司财务指标和特征变量。考虑到有海外净收入或海外净资产的企业也可能通过借入外币债务的方式对冲所面临的汇率风险，借鉴郝项超和梁琪（2019）、郭飞等（2018）的研究，本章用外币债务与总资产之比（FD）对外币债务使用程度加以控制。最后，本章还对行业和年度进行了控制。具体见表 9-1。

表 9-1 主要变量的定义

变量符号	变量名	度量方式
DIV	公司现金股利分配水平	公司年度累计现金股利分配总额与当年归属母公司的净利润之比
FCD	外汇风险对冲	虚拟变量，使用外汇衍生品赋值为 1，否则为 0
SA	融资约束	根据公司规模和上市年限计算而得
SIZE	公司规模	总资产的自然对数
LEV	资产负债率	总负债与总资产之比
ROA	总资产报酬率	净利润与总资产之比
FCF	营业收入现金含量	销售商品、提供劳务收到的现金与营业收入之比
FD	外币债务占比	外币债务与总资产之比
TOBINQ	市场机会托宾 Q	企业市场价值与总资产之比
FIRST	股权集中度	第一大股东持股比例
BOARD	董事会规模	董事会人数的自然对数
INDBOARD	独立董事占比	独立董事人数与董事会总人数之比
DUAL	董事长与总经理两职合一	董事长与总经理为同一人取值为 1，否则取值为 0
ANA	分析师关注	年度分析师关注人数加 1 再取自然对数
FSPER	企业国际化深度	海外业务收入与营业总收入之比

2. 研究设计

为了研究外汇风险对冲与现金股利分配水平间的关系、融资约束在外汇风险对冲与现金股利分配水平间的作用，构建以下中介效应模型。

$$DIV_{it} = \alpha_0 + \alpha_1 FCD_{it} + \alpha Con_{it} + \alpha_2 YEAR_t + \alpha_3 IND_i + \mu_{it} \quad (9\text{-}2)$$

$$SA_{it} = \beta_0 + \beta_1 FCD_{it} + \beta Con_{it} + \beta_2 YEAR_t + \beta_3 IND_i + \mu_{it} \quad (9\text{-}3)$$

$$DIV_{it} = \gamma_0 + \gamma_1 FCD_{it} + \gamma_2 SA_{it} + \gamma Con_{it} + \gamma_3 YEAR_t + \gamma_4 IND_i + \mu_{it} \quad (9\text{-}4)$$

其中，式（9-2）中，因变量为公司现金股利分配水平（DIV_{it}），主要解释变量为外汇风险对冲虚拟变量（FCD_{it}），Con_{it} 表示控制变量向量。式（9-3）中因变量为融资约束指数（SA_{it}），主要解释变量为外汇风险对冲虚拟变量（FCD_{it}）。式（9-4）在式（9-2）的基础上增加了融资约束指数（SA_{it}）作为解释变量。在式（9-2）~式（9-4）中，融资约束在外汇风险对冲对现金股利分配影响中的中介作用主要通过三个方面体现：其一，在式（9-3）中外汇风险对冲对融资约束的影响；其二，考察式（9-2）和式（9-4）中外汇风险对冲变量系数是否发生变化；其三，是否能够通过中介效应 Sobel 检验。

此外，为了进一步考察外汇风险对冲在国际化深度为 0 的企业与国际化深度不为 0 的企业间对现金股利分配的差异影响，本章根据企业国际化深度（FSPER）是否为 0 构建了企业国际化深度虚拟变量（FSPER_dum），将样本企业分为国际

化深度为 0 的企业样本组和国际化深度不为 0 的企业样本组分别对式（9-2）～
式（9-4）进行估计。

9.4　外汇风险对冲影响企业融资约束的实证分析

9.4.1　描述性统计分析

表 9-2 是主要变量的描述性统计结果。公司现金股利分配水平的均值为
0.2834，即公司年度累计现金股利分配总额与当年归属母公司的净利润之比的均
值为 28.34%，表明我国公司现金股利分配水平偏低。外汇风险对冲变量的均值
为 0.1796，即进行外汇风险对冲的公司约占样本公司的 17.96%。融资约束 SA 指
数的均值为–3.1307，与鞠晓生等（2013）的计算结果非常接近。

表 9-2　主要变量的描述性统计分析

变量	均值	标准差	最小值	中值	最大值
DIV	0.2834	0.2312	0.0000	0.2743	1.6123
FCD	0.1796	0.3839	0.0000	0.0000	1.0000
SA	–3.1307	0.3817	–3.8621	–3.1709	–1.4600
SIZE	23.1967	1.3008	20.1372	23.1218	27.0752
LEV	0.4691	0.1971	0.0530	0.4835	0.8757
FD	0.0150	0.0384	0.0000	0.0000	0.2641
ROA	0.0830	0.0584	–0.0804	0.0709	0.3133
FCF	0.9992	0.1703	0.4430	1.0188	1.5852
TOBINQ	1.9036	1.0959	0.8613	1.5253	7.9695
FIRST	0.3941	0.1588	0.0880	0.3911	0.7947
BOARD	2.1929	0.2104	1.3863	2.1972	2.8904
INDBOARD	0.3751	0.0570	0.1250	0.3636	0.7500
DUAL	0.2171	0.4123	0.0000	0.0000	1.0000
ANA	2.3173	1.0021	0.0000	2.4849	3.8918
FSPER	0.1108	0.1895	0.0000	0.0120	0.9249

控制变量方面，资产规模均值为 119 亿元，资产负债率的均值为 46.91%，外
币债务与总资产之比的均值为 1.5%，总资产报酬率的均值为 8.3%，营业收入现
金含量的均值为 99.92%，市场机会托宾 Q 的均值为 1.9036，第一大股东持股比例
的均值为 39.41%，公司董事会总人数的均值为 9 人，公司独立董事占比的均值为
37.51%，约有 21.71% 的上市公司中存在董事长和总经理二职合一的现象，分析师

关注的均值为 9 人，企业国际化深度的均值为 0.1108，即海外业务收入与营业总收入之比的均值为 11.08%。

9.4.2　单变量分析

表 9-3 是企业现金股利分配与融资约束程度在进行外汇风险对冲和未进行外汇风险对冲样本组间的均值及差异检验。单变量检验的结果显示：①进行外汇风险对冲的公司现金股利分配的均值为 0.3091，而未进行外汇风险对冲的样本公司现金股利分配的均值为 0.2778，其差异为 –0.0313，且在 1%的水平上显著，初步证明了外汇风险对冲与现金股利分配存在正相关的关系，即与未进行外汇风险对冲的样本公司相比，进行外汇风险对冲的样本公司现金股利分配水平平均高3.13%，与样本公司现金股利分配水平的均值 28.34%相比影响显著。②进行外汇风险对冲的样本公司融资约束 SA 指数的均值为 –2.9678，而未进行外汇风险对冲的样本公司的融资约束 SA 指数的均值为 –3.1664，其差异为 –0.1986，且在 1%的水平上显著，初步说明外汇风险对冲缓解了企业面临的融资约束程度。

表 9-3　单变量分析

变量	未进行外汇风险对冲的样本组（FCD = 0）	进行外汇风险对冲的样本组（FCD = 1）	均值之差	t 值
	均值	均值		
DIV	0.2778	0.3091	−0.0313***	−3.6019
SA	−3.1664	−2.9678	−0.1986***	−14.0728
SIZE	23.0583	23.8287	−0.7704***	−16.1253
LEV	0.4563	0.5273	−0.0710***	−9.6507
FD	0.0095	0.0403	−0.0308***	−22.3549
ROA	0.0838	0.0789	0.0049**	2.2592
FCF	0.9978	1.0053	−0.0075	−1.1639
TOBINQ	1.9622	1.6360	0.3262***	7.9436
FIRST	0.3941	0.3943	−0.0002	−0.0346
BOARD	2.1957	2.1801	0.0156**	1.9646
INDBOARD	0.3738	0.3810	−0.0072***	−3.3440
DUAL	0.2138	0.2322	−0.0184	−1.1805
ANA	2.2864	2.4584	−0.1720***	−4.5612
FSPER	0.0769	0.2659	−0.1890***	−28.6319
观测数量	3914	857		

、*分别表示组间差异 t 检验在 5%、1%的水平上显著

9.4.3　外汇风险对冲的影响后果及其机制检验

表 9-4 呈现了式（9-2）～式（9-4）的多元回归结果。式（9-2）中外汇风险对冲变量的系数为 0.0424，且在 1%的水平上显著，表明外汇风险对冲促进了企业现金股利分配水平的提高。具体而言，在其他条件一定的情况下，相对于未进行外汇风险对冲的企业而言，进行外汇风险对冲的企业现金股利分配平均水平高 4.24%，这支持了 H1。式（9-3）中外汇风险对冲变量的系数为 0.0318，且在 1%的水平上显著，说明外汇风险对冲缓解了企业所面临的融资约束程度；式（9-4）中融资约束 SA 指数的系数为 0.0506，且在 1%的水平下显著，表明融资约束程度越小，公司现金股利分配水平越高。与式（9-2）中外汇风险对冲变量系数相比，式（9-4）中外汇风险对冲变量的系数更小，但依然在 1%的水平下显著，说明融资约束在外汇风险对冲与现金股利分配间具有部分中介效应。此外，Sobel 中介效应检验的 Z 值为 2.42，大于临界值 0.97，表明融资约束在外汇风险对冲与现金股利分配间具有中介效应，支持了本章的 H2。

表 9-4　外汇风险对冲的影响后果及其机制检验

变量	(1) DIV	(2) SA	(3) DIV
FCD	0.0424*** (0.0093)	0.0318*** (0.0107)	0.0408*** (0.0094)
SA			0.0506*** (0.0120)
SIZE	0.0163*** (0.0042)	0.2204*** (0.0057)	0.0052 (0.0051)
LEV	−0.2698*** (0.0238)	−0.2614*** (0.0259)	−0.2566*** (0.0237)
FD	−0.2864*** (0.0838)	0.4068*** (0.1069)	−0.3069*** (0.0838)
ROA	0.2718*** (0.0782)	−0.1959** (0.0815)	0.2817*** (0.0781)
FCF	0.0995*** (0.0199)	−0.0491** (0.0221)	0.1020*** (0.0199)
TOBINQ	−0.0064 (0.0041)	−0.0095** (0.0045)	−0.0060 (0.0041)
FIRST	0.1165*** (0.0224)	0.2655*** (0.0251)	0.1031*** (0.0228)
BOARD	0.0761*** (0.0178)	−0.0177 (0.0217)	0.0770*** (0.0178)

续表

变量	（1）	（2）	（3）
	DIV	SA	DIV
INDBOARD	0.0079 （0.0663）	0.1651** （0.0779）	−0.0004 （0.0666）
DUAL	0.0046 （0.0083）	0.0658*** （0.0092）	0.0013 （0.0083）
ANA	0.0087** （0.0040）	0.0473*** （0.0047）	0.0063 （0.0040）
控制行业	是	是	是
控制时间	是	是	是
常数项	−0.2783*** （0.0929）	−8.2963*** （0.1295）	0.1413 （0.1413）
调整 R^2	0.1020	0.5323	0.1050
F	22.2189	131.9843	22.7476
N	4771	4771	4771
Sobel 中介效应检验	$Z = 2.42$，中介效应显著		

注：括号内为经异方差调整后的标准差

、*分别表示在 5%、1%的水平上显著

从控制变量看，公司规模、总资产报酬率、营业收入现金含量、股权集中度、董事会规模、分析师关注与企业现金股利分配间呈现出显著的正相关关系，资产负债率、外币债务占比与现金股利分配呈现出显著的负相关关系。然而市场机会托宾 Q、独立董事占比、董事长与总经理两职合一和企业现金股利分配之间的关系并不显著。这与已有研究基本一致（杜兴强和谭雪，2017；廖珂等，2018）。

9.4.4　基于企业国际化深度的异质性分析

表 9-5 呈现了基于企业国际化深度的异质性分析的估计结果，其中第（1）列~第（3）列是国际化深度为 0 的样本组（FSPER_dum = 0），第（4）列~第（6）列是国际化深度不为 0 的样本组（FSPER_dum = 1）。国际化深度不为 0 的企业样本组在式（9-2）~式（9-4）中外汇风险对冲变量系数均为正值，且在 1%的水平上显著，但式（9-4）中外汇风险对冲变量的系数更小，式（9-4）中融资约束 SA 指数的系数为正值，且在 5%的水平上显著，说明国际化深度不为 0 的企业进行外汇风险对冲可以通过缓解融资约束程度促进现金股利分配水平的提高。然而，在国际化深度为 0 的企业样本组中（FSPER_dum = 0），式（9-2）和式（9-4）中外汇风险对冲变量的系数依然为正，但不再显著，表明国际化深度为 0 的企业进行

外汇风险对冲对现金股利分配的促进作用较小，这支持了 H3。相对于国际化深度为 0 的企业，国际化深度不为 0 的企业面临汇率风险的可能性更大且程度更高，合理使用外汇衍生品进行外汇风险对冲，有助于其缓解自身所面临的融资约束，进而促进现金股利分配。

表 9-5　基于企业国际化深度的异质性分析

变量	FSPER_dum = 0			FSPER_dum = 1		
	（1）	（2）	（3）	（4）	（5）	（6）
	DIV	SA	DIV	DIV	SA	DIV
FCD	0.0042 (0.0265)	−0.0322 (0.0308)	0.0064 (0.0269)	0.0455*** (0.0104)	0.0388*** (0.0117)	0.0440*** (0.0104)
SA			0.0687*** (0.0166)			0.0377** (0.0168)
SIZE	0.0246*** (0.0066)	0.2062*** (0.0093)	0.0105 (0.0072)	0.0047 (0.0056)	0.2298*** (0.0072)	−0.0040 (0.0071)
LEV	−0.2804*** (0.0331)	−0.1544*** (0.0398)	−0.2698*** (0.0327)	−0.2392*** (0.0346)	−0.3488*** (0.0341)	−0.2261*** (0.0350)
FD	−0.2703 (0.1910)	1.1057*** (0.2676)	−0.3463* (0.1897)	−0.3214*** (0.0957)	0.3512*** (0.1219)	−0.3346*** (0.0959)
ROA	0.4013*** (0.1258)	−0.1937 (0.1435)	0.4146*** (0.1256)	0.1886* (0.1000)	−0.1249 (0.1003)	0.1933* (0.0998)
FCF	0.0643** (0.0286)	−0.0498 (0.0343)	0.0677** (0.0286)	0.1400*** (0.0281)	−0.0521* (0.0292)	0.1419*** (0.0281)
TOBINQ	0.0045 (0.0075)	−0.0239*** (0.0077)	0.0061 (0.0075)	−0.0140*** (0.0048)	−0.0038 (0.0055)	−0.0139*** (0.0048)
FIRST	0.1238*** (0.0309)	0.1779*** (0.0414)	0.1116*** (0.0310)	0.1258*** (0.0318)	0.3367*** (0.0332)	0.1131*** (0.0327)
BOARD	0.0404 (0.0266)	−0.0243 (0.0340)	0.0420 (0.0266)	0.1190*** (0.0246)	0.0060 (0.0284)	0.1187*** (0.0246)
INDBOARD	0.0520 (0.1095)	−0.1755 (0.1193)	0.0640 (0.1095)	0.0323 (0.0860)	0.3815*** (0.0985)	0.0179 (0.0869)
DUAL	−0.0132 (0.0122)	0.0436*** (0.0153)	−0.0162 (0.0122)	0.0150 (0.0110)	0.0765*** (0.0116)	0.0121 (0.0112)
ANA	0.0067 (0.0059)	0.0710*** (0.0074)	0.0019 (0.0061)	0.0107* (0.0055)	0.0284*** (0.0062)	0.0096* (0.0055)
控制行业	是	是	是	是	是	是
控制时间	是	是	是	是	是	是
常数项	−0.3849** (0.1499)	−7.8372*** (0.2054)	0.1538 (0.1934)	−0.1755 (0.1215)	−8.6390*** (0.1649)	0.1502 (0.2020)
调整 R^2	0.1777	0.5004	0.1839	0.0701	0.5673	0.0714
F	16.1936	51.7075	17.4547	10.0887	90.3617	9.9394
N	1919	1919	1919	2852	2852	2852
Sobel 中介效应检验	$Z = -0.98$，中介效应不显著			$Z = 1.86$，中介效应显著		

注：括号内为经异方差调整后的标准差

*、**和***分别表示在 10%、5% 和 1% 的水平上显著

9.4.5　内生性问题

（1）控制潜在解释变量的影响。企业国际化深度的提高为企业整合全球资源、获取更多市场机会提供更大优势，可能通过影响企业自身竞争力、获利能力等渠道，进而对企业现金股利的分配产生影响。因此，本章对企业国际化深度（FSPER）加以控制，结果呈现在表 9-6 第（1）列，外汇风险对冲变量的系数依然为正，且在 1%的水平上显著，这进一步支持了 H1。

表 9-6　考虑潜在内生性后的估计结果

变量	控制潜在变量的影响			外汇风险对冲滞后一期	工具变量 2SLS	
					第一阶段	第二阶段
	（1）	（2）	（3）	（4）	（5）	（6）
	DIV	DIV	DIV	DIV	FCD	DIV
FCD	0.0325*** (0.0099)	0.0430*** (0.0093)	0.0320*** (0.0099)			0.1724* (0.0920)
L.FCD				0.0452*** (0.0104)		
FSPER	0.0608*** (0.0199)		0.0672*** (0.0197)			
CASH		0.1649*** (0.0282)	0.1699*** (0.0282)			
TAX					4.9588*** (0.7215)	
SIZE	0.0175*** (0.0042)	0.0173*** (0.0042)	0.0186*** (0.0042)	0.0178*** (0.0046)	0.0581*** (0.0066)	0.0084 (0.0070)
LEV	−0.2684*** (0.0237)	−0.2348*** (0.0243)	−0.2322*** (0.0242)	−0.2361*** (0.0267)	0.0434 (0.0364)	−0.2766*** (0.0235)
FD	−0.3556*** (0.0861)	−0.3007*** (0.0838)	−0.3777*** (0.0862)	−0.2047** (0.0972)	2.4396*** (0.1427)	−0.6048** (0.2428)
ROA	0.2773*** (0.0783)	0.2638*** (0.0786)	0.2697*** (0.0786)	0.4223*** (0.0941)	0.3558*** (0.1137)	0.2269*** (0.0786)
FCF	0.1026*** (0.0199)	0.0911*** (0.0199)	0.0943*** (0.0200)	0.0937*** (0.0227)	0.0196 (0.0318)	0.0972*** (0.0202)
TOBINQ	−0.0062 (0.0041)	−0.0060 (0.0041)	−0.0058 (0.0041)	−0.0023 (0.0047)	−0.0123* (0.0063)	−0.0053 (0.0041)
FIRST	0.1170*** (0.0223)	0.1112*** (0.0223)	0.1116*** (0.0223)	0.1080*** (0.0244)	−0.0510 (0.0342)	0.1219*** (0.0219)
BOARD	0.0760*** (0.0178)	0.0738*** (0.0178)	0.0737*** (0.0178)	0.0797*** (0.0196)	−0.1285*** (0.0287)	0.0923*** (0.0214)

续表

变量	控制潜在变量的影响			外汇风险对冲滞后一期	工具变量 2SLS	
					第一阶段	第二阶段
	（1）	（2）	（3）	（4）	（5）	（6）
	DIV	DIV	DIV	DIV	FCD	DIV
INDBOARD	0.0132 (0.0662)	0.0048 (0.0661)	0.0105 (0.0661)	−0.0251 (0.0713)	−0.0669 (0.1026)	0.0175 (0.0652)
DUAL	0.0036 (0.0083)	0.0026 (0.0082)	0.0014 (0.0082)	−0.0033 (0.0089)	0.0315** (0.0129)	0.0002 (0.0087)
ANA	0.0090** (0.0040)	0.0074* (0.0040)	0.0076* (0.0040)	0.0020 (0.0045)	−0.0068 (0.0061)	0.0094** (0.0039)
控制行业	是	是	是	是	是	是
控制时间	是	是	是	是	是	是
常数项	−0.3132*** (0.0927)	−0.3352*** (0.0933)	−0.3755*** (0.0931)	−0.3080*** (0.1022)	−0.9335*** (0.1522)	−0.1501 (0.1322)
调整 R^2	0.1093	0.1143	0.1166	0.1124	0.1551	0.0679
F	21.9465	23.1651	23.0143	18.2108	31.1900	
χ^2						531.8500
N	4771	4771	4771	3766	4771	4771
弱工具变量检验 F 值					47.2423	

注：括号内为经异方差调整后的标准差；2SLS：two stage least square，两阶段最小二乘法

*、**和***分别表示在 10%、5% 和 1% 的水平上显著

　　由于企业拥有的现金资产与对冲工具在风险管理上存在互补关系，且现金资产是公司自由现金流的重要组成部分，现金资产占比较高的企业现金股利分配水平可能更高，因此，本章针对外汇风险对冲对现金股利分配的影响可能受到企业现金资产的影响，采用货币资金与总资产之比（CASH）对企业拥有的现金资产加以控制，结果呈现在表 9-6 第（2）列，外汇风险对冲变量的系数依然为正，且在 1% 的水平上显著，这进一步支持了 H1。此外，在表 9-6 的第（3）列报告了同时控制企业国际化深度与货币资金占比之后的结果，其结论不变。

　　（2）运用外汇风险对冲变量的滞后一期数据。现金股利分配需要较为稳定的内部现金流支撑，因此现金股利分配水平高的企业可能正是进行外汇风险对冲的企业，这种互为因果关系可能导致内生性问题。参考 Chen 和 King（2014）的研究，本章使用外汇风险对冲变量的滞后一期数据（L.FCD）重新估计式（9-2），结果呈现在表 9-6 第（4）列。结果显示外汇风险对冲变量的系数为 0.0452，且在 1% 的水平上显著，进一步支持了 H1。

　　（3）工具变量法。为了进一步克服可能存在遗漏变量与互为因果关系所导致的内生性问题，本章选择"税收激励"作为外汇风险对冲的工具变量，进行 2SLS 估计。工具变量的选择要满足相关性与排他性约束假定。Smith 和 Stulz（1985）研究表明具有凸性税收函数的企业进行外汇风险对冲可以通过降低税前收入的波动，进而增加其节税收益，即存在"税收激励"。赵峰等（2017）认为由于法定累进税和一些优惠税目的存在，税收与税前收入的函数是凸函数。因此，本章参考 Géczy 等（1997）、Chen 和 King（2014）的研究，将递延所得税资产占总资产之比作为"税收激励"的代理变量，并预测"税收激励"与外汇风险对冲变量间具有正相关的关系。由于"税收激励"来自公司已支付的所得税超过应支付部分所形成的可抵扣暂时性差异，因此既不会直接影响公司的现金股利分配，也不会通过其他渠道影响企业的现金股利分配行为。因此，本章参考 Géczy 等（1997）、Chen 和 King（2014）的研究，将"税收激励（TAX）"作为外汇风险对冲的工具变量进行 2SLS 估计，结果呈现在表 9-6 第（5）列和第（6）列。由第一阶段估计结果可知，工具变量"税收激励"的系数为 4.9588，且在 1% 的水平上显著，表明"税收激励"程度越大，企业进行外汇风险对冲的可能性越大，"税收激励"满足作为工具变量的相关性要求；弱工具变量检验的 F 值为 47.2423，表明不存在弱工具变量问题。由第二阶段估计结果可知，外汇风险对冲变量的系数为 0.1724，且在 10% 的水平上显著，说明外汇风险对冲促进了企业现金股利分配水平的提高，支持了 H1。

　　（4）运用倾向得分匹配后的样本进行估计。为了避免由样本选择偏差所导致的内生性问题，本章进一步使用倾向得分匹配法将进行外汇风险对冲与未进行外汇风险对冲的样本公司进行匹配，鉴于本章使用外汇风险对冲的样本公司占比较少，无放回匹配将导致匹配出的数据量少，可能带来低质量匹配的问题，本章选择近邻有放回匹配。具体过程为：首先，按照 1∶1 的比例进行近邻有放回匹配；其次，对协变量的平衡性进行检验，发现倾向得分匹配结果基本符合要求；最后，剔除非共同支持区间的样本观测，再次估计式（9-2）～式（9-4），结果呈现在表 9-7 中。由表 9-7 可知：其一，式（9-2）～式（9-4）中外汇风险对冲变量系数均为正值，且在 1% 的水平上显著，再次证明了外汇风险对冲提高了现金股利分配水平，外汇风险对冲缓解了企业面临的融资约束程度。其二，式（9-4）中融资约束 SA 指数的系数为正值，且在 1% 的水平上显著，与式（9-2）相比，式（9-4）中外汇风险对冲变量系数更小，说明企业进行外汇风险对冲可以通过缓解融资约束程度促进现金股利分配水平的提高。其三，融资约束在外汇风险对冲对现金股利分配影响中的 Sobel 中介效应检验的 Z 的绝对值为 2.39，大于临界值 0.97，再次证明了融资约束在外汇风险对冲对现金股利分配影响中具有中介作用。

表 9-7　倾向得分匹配样本估计结果

变量	(1) DIV	(2) SA	(3) DIV
FCD	0.0438*** (0.0094)	0.0315*** (0.0107)	0.0422*** (0.0094)
SA			0.0509*** (0.0123)
SIZE	0.0156*** (0.0043)	0.2259*** (0.0059)	0.0041 (0.0053)
LEV	−0.2709*** (0.0243)	−0.2564*** (0.0263)	−0.2578*** (0.0242)
FD	−0.2716*** (0.0842)	0.4111*** (0.1063)	−0.2925*** (0.0843)
ROA	0.2725*** (0.0813)	−0.1035 (0.0836)	0.2778*** (0.0811)
FCF	0.0970*** (0.0205)	−0.0628*** (0.0225)	0.1002*** (0.0205)
TOBINQ	−0.0054 (0.0044)	−0.0130*** (0.0047)	−0.0047 (0.0044)
FIRST	0.1123*** (0.0227)	0.2638*** (0.0253)	0.0989*** (0.0231)
BOARD	0.0723*** (0.0181)	−0.0286 (0.0218)	0.0738*** (0.0181)
INDBOARD	−0.0119 (0.0673)	0.1447* (0.0780)	−0.0193 (0.0677)
DUAL	0.0008 (0.0085)	0.0638*** (0.0094)	−0.0025 (0.0085)
ANA	0.0079* (0.0041)	0.0467*** (0.0048)	0.0055 (0.0041)
控制行业	是	是	是
控制时间	是	是	是
常数项	−0.2391** (0.0961)	−8.3801*** (0.1326)	0.1875 (0.1469)
调整 R^2	0.0978	0.5362	0.1009
F	20.5224	130.0975	21.0644
N	4636	4636	4636
Sobel 中介效应检验	$|Z| = 2.39$，中介效应显著		

注：括号内为经异方差调整后的标准差

*、**和***分别表示在 10%、5% 和 1% 的水平上显著

9.4.6　稳健性检验

针对提出的假说，本章还做了如下稳健性检验。

（1）考虑可能出于投机目的使用外汇衍生品。部分学者认为企业的外汇衍生

品使用可能出于投机而非对冲风险的目的（郝项超和梁琪，2019；郭飞等，2020）。如果企业出于投机目的而使用外汇衍生品，企业的现金流稳定性反而会下降（Géczy et al.，2007），那么本章将企业的外汇衍生品使用等同于外汇风险对冲，则会影响本章结论的准确性。因此，借鉴郭飞等（2020）的研究，本章根据企业年度报告中披露的外汇衍生品使用信息，以是否符合套期会计准则（CAS24）、是否声称外汇衍生品的使用是出于对冲汇率风险的目的为依据，将企业的外汇衍生品使用进一步区分为一般性的外汇衍生品使用（FCD1 = 1）、声称以对冲汇率风险为目的的外汇衍生品使用（FCD2 = 1）、符合套期会计准则的外汇衍生品使用（FCD3 = 1）三种类型，其中一般性的外汇衍生品使用投机的可能性最大，符合套期会计准则的外汇衍生品使用投机的可能性最小。进一步研究了不同类型的外汇衍生品使用对现金股利分配的影响，结果呈现在表 9-8 中。由表 9-8 第（1）列可知，虽然一般性的外汇衍生品使用对现金股利分配的促进作用不显著，但系数依然为正。由表 9-8 第（2）列和第（3）列可知，声称以对冲汇率风险为目的的外汇衍生品使用和符合套期会计准则的外汇衍生品使用的系数均为正，且在 1% 的水平上显著，说明均显著地促进了现金股利分配水平的提高。由表 9-8 第（4）列可知，同时考虑了三种类型的外汇衍生品使用后，结论不变。因此，在区分了企业外汇衍生品使用行为可能出于投机目的后，结论依然不变。

表 9-8　考虑可能出于投机目的使用外汇衍生品的稳健性检验

变量	(1) DIV	(2) DIV	(3) DIV	(4) DIV
FCD1	0.0005 (0.0166)			0.0109 (0.0167)
FCD2		0.0337*** (0.0114)		0.0410*** (0.0116)
FCD3			0.0728*** (0.0177)	0.0828*** (0.0179)
SIZE	0.0189*** (0.0042)	0.0177*** (0.0042)	0.0174*** (0.0042)	0.0157*** (0.0042)
LEV	−0.2676*** (0.0238)	−0.2667*** (0.0237)	−0.2699*** (0.0238)	−0.2697*** (0.0238)
FD	−0.1825** (0.0808)	−0.2271*** (0.0823)	−0.2511*** (0.0820)	−0.3169*** (0.0842)
ROA	0.2863*** (0.0777)	0.2755*** (0.0782)	0.2926*** (0.0776)	0.2791*** (0.0784)
FCF	0.1002*** (0.0200)	0.0994*** (0.0199)	0.1025*** (0.0199)	0.1015*** (0.0199)
TOBINQ	−0.0068* (0.0041)	−0.0064 (0.0041)	−0.0070* (0.0041)	−0.0066 (0.0041)

续表

变量	（1）DIV	（2）DIV	（3）DIV	（4）DIV
FIRST	0.1148*** (0.0224)	0.1119*** (0.0225)	0.1207*** (0.0225)	0.1186*** (0.0225)
BOARD	0.0708*** (0.0178)	0.0752*** (0.0179)	0.0699*** (0.0178)	0.0752*** (0.0179)
INDBOARD	0.0048 (0.0665)	0.0126 (0.0666)	−0.0086 (0.0660)	−0.0007 (0.0660)
DUAL	0.0060 (0.0083)	0.0052 (0.0083)	0.0047 (0.0083)	0.0037 (0.0083)
ANA	0.0085** (0.0040)	0.0088** (0.0040)	0.0076* (0.0040)	0.0080** (0.0040)
控制行业	是	是	是	是
控制时间	是	是	是	是
常数项	−0.3200*** (0.0930)	−0.3064*** (0.0927)	−0.2833*** (0.0934)	−0.2608*** (0.0932)
调整 R^2	0.0977	0.0996	0.1009	0.1032
F	21.4762	21.7373	21.9347	20.9771
N	4771	4771	4771	4771

注：括号内为经异方差调整后的标准差

*、**和***分别表示在 10%、5%和 1%的水平上显著

（2）替代融资约束指标。考虑到 SA 指数计算公式的系数估计基于国外的公司数据，可能难以准确量化测度中国上市公司所面临的融资约束程度。参考李常青等（2010）的研究，本章进一步构建了 KZ 指数，对融资约束在外汇风险对冲促进现金股利分配中的中介作用进行了稳健性检验，结果呈现在表 9-9 的第（1）～（3）列，由结果可知，结论不变。

（3）使用限值因变量 Tobit 模型。考虑到本章现金股利分配水平变量存在左侧截断问题，参考全怡等（2016）的研究，使用 Tobit 方法对式（9-2）和式（9-4）进行估计，结果呈现在表 9-9 中的第（4）列和第（5）列，由结果可知，结论不变。

（4）替换现金股利分配水平的代理变量。参考廖珂等（2018）的研究，本章使用企业年度累计现金股利分配总额与当年末企业总资产之比作为现金股利分配水平的替代变量，对式（9-2）～式（9-4）进行估计，结果呈现在表 9-9 的第（6）～（8）列，由结果可知，结论不变。

（5）剔除激进的现金股利分配的样本公司。参考全怡等（2016）的研究，剔除现金股利分配与当年归母公司净利润之比大于 1 的样本公司，进一步对式（9-2）～式（9-4）进行估计，结果呈现在表 9-9 的第（9）～（11）列，由结果可知，结论不变。

表 9-9 稳健性检验结果

变量	替代融资约束指标			使用限值因变量 Tobit 模型		替换现金股利分配水平的代理变量			剔除激进的现金股利分配的样本公司		
	(1) DIV	(2) KZ	(3) DIV	(4) DIV	(5) DIV	(6) DIV	(7) SA	(8) DIV	(9) DIV	(10) SA	(11) DIV
FCD	0.0489*** (0.0098)	-0.1204** (0.0515)	0.0431*** (0.0094)	0.0477*** (0.0108)	0.0458*** (0.0108)	0.0018*** (0.0006)	0.0318*** (0.0107)	0.0017*** (0.0006)	0.0395*** (0.0082)	0.0322*** (0.0108)	0.0378*** (0.0082)
KZ			-0.0481*** (0.0037)								
SA					0.0615*** (0.0138)			0.0036*** (0.0009)			0.0522*** (0.0106)
SIZE	0.0217*** (0.0046)	-0.1094*** (0.0263)	0.0165*** (0.0045)	0.0201*** (0.0048)	0.0065 (0.0058)	0.0007** (0.0003)	0.2204*** (0.0057)	-0.0001 (0.0004)	0.0166*** (0.0036)	0.2204*** (0.0058)	0.0052 (0.0044)
LEV	-0.2462*** (0.0256)	4.3480*** (0.1521)	-0.0369 (0.0294)	-0.3196*** (0.0283)	-0.3038*** (0.0281)	-0.0229*** (0.0016)	-0.2614*** (0.0259)	-0.0220*** (0.0017)	-0.2521*** (0.0206)	-0.2605*** (0.0260)	-0.2385*** (0.0205)
FD	-0.3131*** (0.0864)	-0.3423 (0.4385)	-0.3296*** (0.0858)	-0.3875*** (0.1100)	-0.4130*** (0.1101)	-0.0065 (0.0044)	0.4068* (0.1069)	-0.0079* (0.0043)	-0.1802** (0.0805)	0.4027* (0.1070)	-0.2012** (0.0805)
ROA	0.2439*** (0.0847)	-14.1274*** (0.6703)	-0.4361*** (0.0947)	0.4770*** (0.0930)	0.4868*** (0.0927)	0.2061*** (0.0095)	-0.1959** (0.0815)	0.2069*** (0.0095)	0.3628*** (0.0673)	-0.2051** (0.0821)	0.3735*** (0.0671)
FCF	0.0876*** (0.0209)	-1.2681*** (0.1199)	0.0265 (0.0205)	0.1042*** (0.0239)	0.1074*** (0.0239)	0.0082*** (0.0014)	-0.0491** (0.0221)	0.0084*** (0.0014)	0.0781*** (0.0175)	-0.0463** (0.0223)	0.0805** (0.0175)
TOBINQ	0.0010 (0.0044)	0.2642*** (0.0264)	0.0137*** (0.0042)	-0.0114** (0.0047)	-0.0107** (0.0047)	0.0004 (0.0004)	-0.0095*** (0.0045)	0.0004 (0.0004)	-0.0079** (0.0036)	-0.0084* (0.0045)	-0.0075** (0.0036)
FIRST	0.1045*** (0.0241)	-0.4668*** (0.1303)	0.0820*** (0.0232)	0.1284*** (0.0260)	0.1121*** (0.0263)	0.0115*** (0.0017)	0.2655*** (0.0251)	0.0106*** (0.0017)	0.0993*** (0.0197)	0.2684*** (0.0253)	0.0853*** (0.0199)
BOARD	0.0619*** (0.0185)	-0.0622 (0.0931)	0.0589*** (0.0181)	0.0871*** (0.0211)	0.0883*** (0.0211)	0.0038*** (0.0011)	-0.0177 (0.0217)	0.0039*** (0.0011)	0.0764*** (0.0158)	-0.0148 (0.0219)	0.0772*** (0.0158)
INDBOARD	0.0121 (0.0693)	0.6289* (0.3628)	0.0424 (0.0666)	0.0158 (0.0767)	0.0064 (0.0771)	-0.0066 (0.0044)	0.1651** (0.0779)	-0.0072 (0.0044)	-0.0169 (0.0584)	0.1702** (0.0785)	-0.0258 (0.0587)

续表

变量	替代融资约束指标			使用限值因变量 Tobit 模型		替换现金股利分配水平的代理变量			剔除激进的现金股利分配的样本公司		
	(1)	(2)	(3)	(4)	(5)	(6)	(7)	(8)	(9)	(10)	(11)
	DIV	KZ	DIV	DIV	DIV	DIV	SA	DIV	DIV	SA	DIV
DUAL	0.0031 (0.0088)	-0.0220 (0.0509)	0.0020 (0.0083)	0.0051 (0.0095)	0.0010 (0.0096)	0.0002 (0.0007)	0.0658*** (0.0092)	-0.0000 (0.0007)	0.0066 (0.0075)	0.0652*** (0.0093)	0.0032 (0.0076)
ANA	0.0084** (0.0042)	0.0069 (0.0252)	0.0087** (0.0041)	0.0203*** (0.0048)	0.0173*** (0.0049)	0.0003 (0.0003)	0.0473*** (0.0047)	0.0002 (0.0003)	0.0108*** (0.0036)	0.0477*** (0.0047)	0.0083** (0.0036)
控制行业	是	是	是	是	是	是	是	是	是	是	是
控制时间	是	是	是	是	是	是	是	是	是	是	是
常数项	-0.3956*** (0.1014)	2.4622*** (0.5473)	-0.2771*** (0.0998)	-0.4535*** (0.1087)	0.0551 (0.1608)	-0.0186*** (0.0062)	-8.2963*** (0.1295)	0.0111 (0.0107)	-0.2845*** (0.0824)	-8.3098*** (0.1303)	0.1489 (0.1249)
调整 R^2	0.0975	0.5404	0.1629			0.4715	0.5323	0.4731	0.1238	0.5326	0.1280
伪 R^2				0.2677	0.2759						
F	19.7257	139.2361	25.3613	22.4746	22.8636	73.0593	131.9843	71.6448	26.2936	130.7526	27.0111
样本量	4349	4349	4349	4771	4771	4771	4771	4771	4712	4712	4712
Sobel 中介效应检验		$|Z|$ = 2.294, 中介效应显著					$|Z|$ = 2.371, 中介效应显著			$|Z|$ = 2.546, 中介效应显著	

注：括号内为经异方差调整后的标准差

*、**和***分别表示在10%、5%和1%的水平上显著

9.4.7　进一步研究

1. 影响后果研究

上文研究发现外汇风险对冲促进了企业现金股利分配水平的提高，在此基础上，本节就该效应在企业绩效与企业经营方面的影响后果进一步研究。其主要研究聚焦在两个方面：企业的市场价值和企业的投资效率。

1）对企业市场价值的影响

Miller 和 Modigliani（1961）的股利无关论认为，在完全的资本市场条件下，企业的市场价值与股利政策无关。然而，由于现实世界的不完全性，已有大量文献发现公司市场价值与股利呈正相关（Lintner，1956；Bhattacharya，1979）。本章研究发现外汇风险对冲促进了现金股利分配水平的提高，该效应是否有助于提高企业市场价值，本章进一步进行了研究。借鉴郭飞（2012）的研究，本章以TOBINQ 为企业市场价值的代理变量，同时考虑到企业现金股利通常在相应会计年度的第二年进行分配，本章运用外汇风险对冲变量的滞后一期数据（L.FCD）研究了外汇风险对冲与企业市场价值之间的关系，结果呈现在表 9-10 第（1）列。由表 9-10 第（1）列可知，外汇风险对冲变量的系数为 0.0593，且在 10% 的水平上显著，表明外汇风险对冲对于现金股利分配的促进作用，也会提高企业的市场价值。

表 9-10　影响后果研究

变量	对企业市场价值的影响	对企业投资效率的影响		
	（1）	（2）	（3）	（4）
	TOBINQ	EFFINV	OVEINV	UNDINV
FCD		-0.0053^{**}	-0.0048^{*}	-0.0005
		(0.0026)	(0.0027)	(0.0011)
L.FCD	0.0593^{*}			
	(0.0330)			
SIZE	-0.4082^{***}	-0.0036^{***}	-0.0032^{***}	-0.0004
	(0.0192)	(0.0012)	(0.0012)	(0.0006)
LEV	-0.5839^{***}	0.0105	0.0217^{***}	-0.0111^{***}
	(0.0998)	(0.0067)	(0.0071)	(0.0029)
ROA		0.0723^{***}	0.0844^{***}	-0.0121
		(0.0260)	(0.0277)	(0.0094)
FD	1.1557^{***}	0.1216^{***}	0.1263^{***}	-0.0048
	(0.3666)	(0.0374)	(0.0391)	(0.0111)
FCF	0.0946	-0.0100^{*}	-0.0092	-0.0008
	(0.0787)	(0.0055)	(0.0058)	(0.0025)

续表

变量	对企业市场价值的影响	对企业投资效率的影响		
	(1)	(2)	(3)	(4)
	TOBINQ	EFFINV	OVEINV	UNDINV
TOBINQ		−0.0027** (0.0011)	−0.0037*** (0.0012)	0.0010** (0.0005)
FIRST	0.0426 (0.0829)	0.0144** (0.0056)	0.0014 (0.0058)	0.0130*** (0.0027)
BOARD	−0.0662 (0.0639)	−0.0077* (0.0045)	−0.0097** (0.0047)	0.0020 (0.0021)
INDBOARD	0.2091 (0.2269)	−0.0133 (0.0180)	−0.0128 (0.0189)	−0.0005 (0.0069)
DUAL	0.0059 (0.0350)	0.0026 (0.0023)	0.0025 (0.0025)	0.0001 (0.0010)
ANA	0.2621*** (0.0154)	0.0022** (0.0010)	0.0044*** (0.0011)	−0.0021*** (0.0005)
FSPER	−0.1763** (0.0776)	0.0203*** (0.0067)	0.0200*** (0.0071)	0.0003 (0.0029)
STATE	0.1342*** (0.0322)	−0.0125*** (0.0020)	−0.0106*** (0.0020)	−0.0019** (0.0009)
控制行业	是	是	是	是
控制时间	是	是	是	是
常数项	10.5441*** (0.4054)	0.1466*** (0.0263)	0.1181*** (0.0273)	0.0285** (0.0127)
调整 R^2	0.4474	0.0542	0.0440	0.0315
F	73.8942	7.3537	5.4848	6.8004
N	3766	4284	4284	4284

注：括号内为经异方差调整后的标准差

*、**和***分别表示在 10%、5%和 1%的水平上显著

2）对企业投资效率的影响

根据股利代理理论，当企业内部现金流较多、成长性较低时，企业管理者更可能进行过度投资，股东与管理者间的代理成本随之增大。现金股利分配水平的提高减少了企业管理层掌握的现金资源，可以在一定程度上抑制企业的过度投资行为，从而提高企业的投资效率（罗琦和李辉，2015）。本章研究发现外汇风险对冲促进了现金股利分配水平的提高，该效应是否会进一步缓解企业的投资不足，进而达到提高投资效率的目的？对此，参考 Richardson（2006）的研究，本章首先估计企业的投资效率（EFFINV）、过度投资（OVEINV）与投资不足（UNDINV）[①]，进一步研究了外汇风险对冲对企业投资效率、过度投资、投资不足的影响，结果

[①] 投资效率、过度投资与投资不足变量取值越小，表明企业的投资效率越高、过度投资程度越低、投资不足问题越轻。

呈现在表 9-10 第（2）～（4）列。由表 9-10 第（2）列可知，外汇风险对冲变量的系数为–0.0053，且在 5%的水平上显著，表明外汇风险对冲提高了企业的投资效率。由于企业投资效率包含过度投资与投资不足两个方面，本章同时研究了外汇风险对冲对于企业投资效率的促进作用究竟来自对过度投资程度的抑制还是对投资不足问题的缓解，结果分别呈现在表 9-10 第（3）列和第（4）列。由表 9-10 第（3）列可知，外汇风险对冲变量的系数为–0.0048，且在 10%的水平上显著，说明外汇风险对冲抑制了企业的过度投资行为；然而，由表 9-10 第（4）列可知，虽然外汇风险对冲变量的系数为–0.0005，但并不显著，说明外汇风险对冲并不能显著缓解企业的投资不足问题。综上可见，外汇风险对冲对于企业现金股利分配水平的促进效应，可以进一步抑制企业的过度投资行为，从而提高企业的投资效率。

2. 异质性分析

1）基于企业性质的异质性分析

受"中航油""中信泰富"等在衍生品市场巨亏事件的影响，我国国有资产监督管理机构对国有企业使用外汇衍生品严加监管。这对于国有企业使用外汇衍生品可能产生一定的抑制作用，为此本章将样本公司分为国有企业样本组和非国有企业样本组，对式（9-2）进行分组估计，以检验外汇风险对冲在国有企业与非国有企业间的差异影响。结果呈现在表 9-11 第（1）列和第（2）列，结果显示无论是国有企业样本组，还是非国有企业样本组，外汇风险对冲变量的系数依然为正且在 1%的水平上显著，进一步证明了本章的 H1。此外，相对于非国有企业样本组而言，国有企业样本组外汇风险对冲变量的系数更大，说明国有企业进行外汇风险对冲对现金股利分配的促进作用更大。

表 9-11　异质性与调节作用分析

变量	基于企业性质的异质性分析		基于资产负债率的异质性分析		外汇风险对冲的调节作用分析
	非国有企业样本组	国有企业样本组	高资产负债率样本组	低资产负债率样本组	
	（1）	（2）	（3）	（4）	（5）
	DIV	DIV	DIV	DIV	DIV
FCD	0.0372*** (0.0134)	0.0381*** (0.0139)	0.0555*** (0.0114)	0.0228 (0.0154)	0.1560*** (0.0568)
FCD×FCF					−0.1132** (0.0570)
SIZE	0.0104 (0.0071)	0.0318*** (0.0058)	0.0239*** (0.0056)	0.0059 (0.0066)	0.0166*** (0.0042)

续表

变量	基于企业性质的异质性分析		基于资产负债率的异质性分析		外汇风险对冲的调节作用分析
	非国有企业样本组	国有企业样本组	高资产负债率样本组	低资产负债率样本组	
	(1)	(2)	(3)	(4)	(5)
	DIV	DIV	DIV	DIV	DIV
LEV	−0.2399***	−0.3094***	−0.3713***	−0.3051***	−0.2711***
	(0.0335)	(0.0338)	(0.0507)	(0.0495)	(0.0238)
FD	−0.0883	−0.4989***	−0.4175***	0.0772	−0.2890***
	(0.1382)	(0.1031)	(0.0899)	(0.2126)	(0.0835)
ROA	0.4367***	−0.0182	0.3171**	0.2379**	0.2655***
	(0.1061)	(0.1171)	(0.1236)	(0.1014)	(0.0782)
FCF	0.1675***	0.0428	0.0903***	0.1228***	0.1155***
	(0.0293)	(0.0271)	(0.0243)	(0.0340)	(0.0212)
TOBINQ	−0.0070	−0.0022	−0.0054	−0.0071	−0.0064
	(0.0057)	(0.0062)	(0.0066)	(0.0052)	(0.0041)
FIRST	0.1545***	0.0560*	0.0001	0.2388***	0.1169***
	(0.0344)	(0.0332)	(0.0291)	(0.0341)	(0.0224)
BOARD	0.0839***	0.0632***	0.0450**	0.0873***	0.0752***
	(0.0299)	(0.0240)	(0.0223)	(0.0304)	(0.0178)
INDBOARD	−0.0142	0.0168	−0.0208	0.0270	0.0085
	(0.1260)	(0.0773)	(0.0812)	(0.1163)	(0.0663)
DUAL	0.0006	0.0053	0.0048	−0.0036	0.0038
	(0.0103)	(0.0151)	(0.0114)	(0.0118)	(0.0083)
ANA	0.0087	0.0065	0.0055	0.0090	0.0088**
	(0.0056)	(0.0058)	(0.0051)	(0.0062)	(0.0040)
控制行业	是	是	是	是	是
控制时间	是	是	是	是	是
常数项	−0.2589	−0.4733***	−0.2933**	−0.1014	−0.2969***
	(0.1675)	(0.1312)	(0.1203)	(0.1569)	(0.0926)
调整 R^2	0.1049	0.1249	0.1149	0.0877	0.1026
F	11.7041	15.7051	16.0429	8.8399	21.8011
N	2376	2395	2509	2262	4771

注：括号内为经异方差调整后的标准差

*、**和***分别表示在 10%、5%和 1%的水平上显著

2）基于资产负债率的异质性分析

如果融资约束在外汇风险对冲对现金股利分配的影响中具有中介作用，那么相对于资产负债率较低的企业，资产负债率较高的企业进行外汇风险对冲对现金股利分配的促进作用将会更大，为此本章基于样本公司资产负债率的均值进行分组检验，再次对式（9-2）进行估计，结果呈现在表 9-11 第（3）列和第（4）列，

结果显示，在高资产负债率样本组中，外汇风险对冲变量的系数为 0.0555，且在 1%的水平上显著，低资产负债率样本组中外汇风险对冲变量的系数为 0.0228，但不再显著，这说明资产负债率较高的企业进行外汇风险对冲对现金股利分配的促进作用更大。资产负债率越高通常意味着企业所面临的融资约束程度越大，外汇风险对冲对现金股利分配的影响在融资约束程度较大的企业中体现得更为显著，说明外汇风险对冲缓解了企业面临的融资约束程度，进一步支持了 H2。

3）外汇风险对冲的调节作用分析

如果外汇风险对冲通过缓解融资约束，进而提高现金股利分配水平，那么应该可以观察到外汇风险对冲可以降低现金股利分配对企业内部现金流的依赖。对此，本章在式（9-2）中引入外汇风险对冲与营业收入现金含量的交乘项（FCD×FCF）。结果呈现在表 9-11 第（5）列，结果显示外汇风险对冲与营业收入现金含量的交乘项系数为–0.1132，且在 5%的水平上显著，说明外汇风险对冲降低了公司现金股利分配水平对内部现金流的敏感性，这为融资约束在外汇风险对冲对现金股利分配的影响中具有中介作用提供了支持。

9.5　本章小结

本章从投资者回报视角切入，实证研究了企业的外汇风险对冲行为对现金股利分配的影响，并检验了融资约束在外汇风险对冲对现金股利分配影响中的中介作用、外汇风险对冲对现金股利分配的影响在国际化深度为 0 的企业与国际化深度不为 0 的企业间的差异。研究发现：①外汇风险对冲能够促进企业现金股利分配水平的提高；②融资约束在外汇风险对冲促进现金股利分配水平提高中起着中介作用；③与国际化深度为 0 的企业相比，国际化深度不为 0 的企业进行外汇风险对冲对现金股利分配水平的促进作用更大。在考虑潜在内生性问题和一系列稳健性检验的情况下，上述结论依然成立。进一步的影响后果研究发现：外汇风险对冲对于现金股利分配水平的促进作用提高了企业的市场价值和投资效率。进一步的异质性分析发现：国有企业和资产负债率较高的企业进行外汇风险对冲对现金股利分配水平的促进作用更大。进一步的调节作用分析发现：外汇风险对冲降低了企业现金股利分配对企业内部现金流的依赖程度，再次说明外汇风险对冲可以通过缓解融资约束促进企业现金股利分配水平的提高。本章的研究表明：一方面，具有潜在汇率风险的企业应合理运用外汇风险对冲手段来平抑汇率风险，促进现金股利分配水平提升，进而提高投资者的投资回报；另一方面，金融监管部门应正确看待企业的外汇衍生品使用行为，并尽快完善外汇衍生品市场，方便企业进行外汇风险对冲和降低外汇风险对冲成本。

第10章 揭开我国企业汇率风险暴露之谜

10.1 汇率暴露之谜

自布雷顿森林体系解体后,不仅汇率浮动问题受到各国央行与跨国投资者的高度关注,随着国际一体化程度的加深,汇率波动也已成为企业面临的主要风险源之一。因此,汇率对企业市场价值影响(即汇率风险暴露)的测度成为学术界的重要研究主题。Adler 和 Dumas(1984)把企业的汇率风险暴露定义为企业市场价值对汇率波动的敏感性。根据金融理论和大量事实证据,汇率的意外变化不仅会影响国际化企业的市场价值,也会影响本土企业的市场价值(Bartram and Bodnar,2007;谷任和朱琳慧,2016;张瑞君和徐展,2016)。然而,有关非金融企业汇率风险暴露测度的实证研究表明,在统计意义上具有显著汇率风险暴露的证据十分有限(Adler and Dumas,1984;Jorion,1990;郭飞等,2014;谷任和朱琳慧,2016)。对此,Bartram 和 Bodnar(2007)将其称为"汇率暴露之谜"。

鉴于金融理论、现实证据与实证检验的矛盾,汇率风险暴露测度问题成为学术界一直以来争论的焦点,国外学者对此进行了丰富的研究,主要体现在以下三个方面:第一,控制变量的选择上。部分学者认为在 Adler 和 Dumas(1984)资本市场法的基础上引入市场指数或 APT 因子等控制变量,可以降低汇率风险暴露系数估计的标准差,从而更加准确地测度企业的汇率风险暴露程度,但总的来说,这种做法几乎与不选择任何控制变量的实证结果相接近(Kiymaz,2003;Krapl and O'Brien,2014)。第二,汇率效应被错误地定价。一方面,Bartov 和 Bodnar(1994)发现滞后的汇率变量对企业市场价值的影响更为显著。另一方面,虽然主流研究多选择使用贸易加权的多边汇率指数数据,但 Miller 和 Reuer(1998)认为使用贸易加权的多边汇率指数可能分散了一个企业的汇率风险暴露。第三,模型设定的问题。部分学者认为企业汇率风险暴露具有时变性(Allayannis,1997);另一部分学者则认为企业现金流量是汇率的非线性函数,汇率风险暴露估计的传统方法都是线性的,没有考虑到汇率变动对企业价值影响的非线性以及非对称性(Bartram,2004)。

自 2005 年以来,我国开始实行以市场供求为基础的有管理的浮动汇率制度,人民币汇率形成机制市场化程度不断加深,人民币汇率波动幅度不断增大,尤其是 2015 年"8·11"汇改后,人民币汇率更是由单边渐进升值转向双向宽幅频繁波动，我国企业面临的汇率风险愈加突出。由图 10-1 可见，2015 年 "8·11" 汇改前后，我国 A 股上市企业由汇兑净盈利转为汇兑净亏损，尤其是 2015 年我国 A 股上市企业汇兑净亏损高达 576.86 亿元。根据信息优势理论，非金融类企业在货币汇率走势研判上并不具有比较优势，对其所面临的汇率风险理应保持 "财务中性" 的管理理念，做好汇率风险对冲。但根据汇兑损益数据，我国企业汇率风险管理效果不尽如人意，深受汇率宽幅波动之害，不仅影响了企业的短期利润，给企业正常经营带来了冲击，还严重阻碍了我国企业 "走出去" 的步伐。可见，我国企业面临的汇率风险空前巨大与企业汇率风险管控能力有限问题并存。

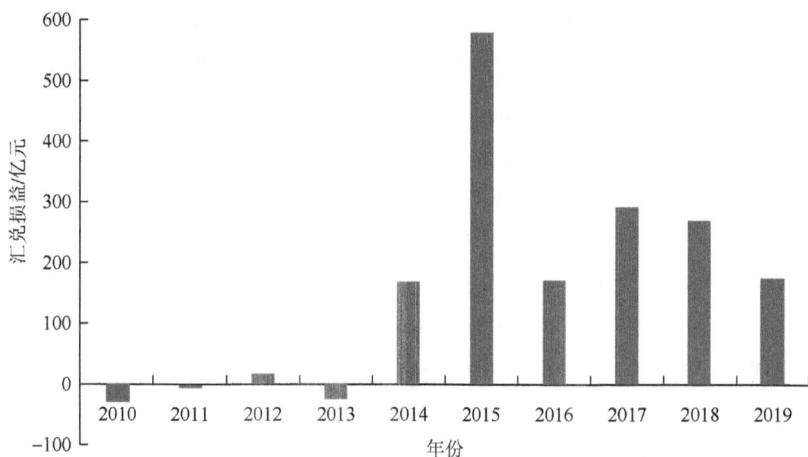

图 10-1　A 股上市企业 2010~2019 年汇兑损益

汇兑损益为负表示汇兑净盈利，汇兑损益为正表示汇兑净亏损

基于此，本章运用 2015 年 8 月 12 日~2020 年 12 月 31 日的日度企业数据，以非线性与非对称性为视角，实证研究了我国上市企业汇率风险暴露状况，并试图回答如下问题：考虑非线性与非对称性后，我国上市企业汇率风险暴露状况如何？人民币升值与人民币贬值对我国上市企业市场价值的影响是否存在差异？非线性与非对称性是不是企业存在 "汇率暴露之谜" 的重要原因？

10.2　汇率对企业价值的影响

10.2.1　汇率影响企业价值的渠道

根据现金流量模型，汇率的变化会通过影响企业的现金流，进而影响企业的市场价值（Shapiro，1975；Bartram and Bodnar，2007；江春和万鹏博，2020）。

具体而言，企业市场价值与现金流的关系可以表示如下：

$$V = \sum_{t=0}^{\infty} \frac{CF_t}{(1+\rho)^t} \qquad (10\text{-}1)$$

其中，V 表示企业市场价值；CF_t 表示企业的现金流，即税后净利润加上净投资收益；ρ 表示折现率。一方面，汇率会直接影响拥有以外币计价的资产和负债的企业的现金流。对于依赖于原材料进口的企业，汇率的变动将会通过成本效应和支出效应直接影响企业的现金支出，进而影响企业的净现金流；对于进行外币债务融资的企业，汇率的变动也会通过债务效应直接影响企业的现金流。另一方面，汇率也会通过改变企业所处的竞争环境等间接影响企业的现金流。当人民币升值时，出口商品的外币价格上升，降低了出口商品在国际市场的竞争力，这将给出口依赖度较高的企业的现金流带来负面影响；当人民币升值时，进口商品的本币价格下降，这将大幅改变进口商品在国内生产商的竞争格局，进而影响进口主导行业的国内企业的现金流。综上所述，汇率变动将会通过直接和间接渠道影响企业的现金流，进而影响企业市场价值。

10.2.2　汇率与企业市场价值非对称关系的产生机理

如前所述，"汇率暴露之谜"存在的重要原因可能是已有研究多采用线性模型估计企业的汇率风险暴露。然而，汇率对企业现金流的影响可能是非线性和非对称性的，进而导致企业汇率风险暴露存在非线性与非对称性。具体而言，企业市场定价理论、企业决定进入与退出国际市场存在的时滞效应、企业非对称的对冲行为将导致汇率对企业现金流的影响存在非线性和非对称性的特征。

第一，根据企业市场定价理论，本国货币汇率对企业现金流的影响具有非线性与非对称性，进而导致企业汇率风险暴露具有非线性与非对称性的特征。Knetter（1994）认为，对于以市场份额为目标的企业，当本国货币升值时，企业会以牺牲短期利益为代价维持其在国际市场的销售份额，即企业会采取降价的策略以维持商品的竞争优势，保持产品在国际市场的竞争力。然而，当本国货币贬值时，企业会维持现有的价格不变，以较低的商品价格优势获得更大的市场份额。因此，与本币贬值有利于企业现金流增加相比，本币升值对企业现金流的负面影响更大，导致企业现金流与汇率之间呈现出非线性与非对称性的关系。Goldberg（1995）的研究也表明德国和日本汽车出口价格受本国货币贬值的影响小于受本国货币升值的影响。

第二，企业决定进入与退出国际市场存在的时滞效应，使得本国货币汇率与企业现金流之间呈现出非线性与非对称性的关系，进而导致企业汇率风险暴露具有非线性与非对称性的特征。当本国货币贬值时，出口商品的外币价格下降，出口依赖度较高的企业将会从中受益。然而，尚未参与国际市场的竞争对手也将在较短的时间内采取国际化的经营战略，分享本国货币贬值带来的出口红利。与之相反，当受到本国货币升值冲击时，出口商品的外币价格上升，从而会削弱出口商品的国际竞争力。同时，由于既定成本的存在，出口竞争对手并不会选择立即退出国际市场，进而会加剧出口商所处的竞争环境，导致本国货币升值对企业现金流的负面影响更大。Christophe（1997）研究表明当本国货币升值时，渗透率会促使企业维持高昂的沉没成本投资，企业依然在较长的时间内持续参与国际市场。

　　第三，企业非对称的对冲行为，使得本国货币汇率与企业现金流之间呈现出非线性与非对称性的关系，进而导致企业汇率风险暴露具有非线性与非对称性的特征。Bodnar 等（1998）的调查研究发现约 50%的公司管理者会选择性地采取汇率风险对冲策略。譬如，对于出口企业而言，管理者更倾向于运用金融对冲工具对冲本国货币升值所带来的不利风险，而保留一定的本国货币贬值风险敞口。相反，拥有外币净空头头寸的公司（譬如，拥有外币应付款的净进口商或进行外币融资的企业）会更倾向于对冲本国货币贬值的风险，通常保持一定的本国货币升值汇率风险敞口。这种不对称的对冲行为使得企业现金流与本国货币汇率呈现出非线性与非对称性的关系。

10.3　研　究　设　计

　　鉴于企业市场定价理论、时滞效应和非对称的对冲行为可能导致企业市场价值与人民币汇率间可能存在非线性与非对称性的关系，本章在 Jorion（1990）提出的资本市场法基础上，引入 Shin 等（2014）提出的 NARDL 模型来研究我国企业的汇率风险暴露问题。

10.3.1　模型设定

　　根据 Adler 和 Dumas（1984）的研究，企业汇率风险暴露为企业资产和负债的价值对于实际汇率的敏感性，对一个企业而言，汇率变动可以假定为外生的，使用资本市场法可以准确地估计企业市场价值对汇率变动的敏感性。然而，这并没有考虑由其他因素所导致的内生性问题。因此，本章借鉴 Jorion（1990）提出的双因素模型，该模型具体可以表示为

$$\Delta \ln(\mathrm{SP}_t) = \alpha + \theta \Delta \ln(\mathrm{ER}_t) + f \Delta \ln(\mathrm{MI}_t) + \varepsilon_t \tag{10-2}$$

其中，SP_t 表示企业在 t 日的股票收盘价；ER_t 表示 t 日的人民币汇率指数；MI_t 表示 t 日的股票市场价格指数；ε_t 表示误差项；θ 表示企业汇率风险暴露系数。由

于汇率风险暴露可能存在的非线性和非对称性，本章引入 Shin 等（2014）提出的
NARDL 模型来估计我国上市企业的汇率风险暴露。由于 NARDL 模型并不要求
时间序列为平稳的，允许时间序列为零阶单整 $I(0)$ 或一阶单整 $I(1)$，为使 NARDL
模型的误差修正形式具有经济学意义，在人民币汇率变化对上市企业市场价值影
响的长期模型中，本章使用上市企业股票价格、人民币汇率指数、股票市场价格
指数的自然对数形式，其模型可以表示为

$$\Delta\ln(\text{SP}_t) = \alpha + \theta^+\Delta\ln(\text{ER}_t^+) + \theta^-\Delta\ln(\text{ER}_t^-) + \phi\Delta\ln(\text{MI}_t) + \varepsilon_t \qquad (10\text{-}3)$$

$$\Delta\ln(\text{ER}_t^+) = \sum_{j=1}^{t}\Delta\ln(\text{ER}_t^+) = \sum_{j=1}^{t}\max(\Delta\ln(\text{ER}_t), 0) \qquad (10\text{-}4)$$

其中，θ^+ 表示人民币升值时，企业市场价值对汇率变化的敏感系数；θ^- 表示人民
币贬值时，企业市场价值对汇率变化的敏感系数。鉴于本章是研究汇率波动对企
业市场价值影响的动态效应，跟随 Pesaran 等（2001）的研究，本章引入自回归
分布滞后（autoregressive distributed lag，ARDL）模型，式（10-3）可以表示为
ARDL(p, q) 形式：

$$\Delta\ln(\text{SP}_t) = \sum_{j=1}^{p}\beta_j\ln(\text{SP}_{t-j})$$

$$+ \sum_{j=0}^{q}(\theta_j^{+'}\ln(\text{ER}_{t-j}^+) + \theta_j^{-'}\ln(\text{ER}_{t-j}^-) + \phi_j\ln(\text{MI}_{t-j})) + \varepsilon_t \qquad (10\text{-}5)$$

式（10-5）的误差形式为

$$\Delta\ln(\text{SP}_t) = \rho\ln(\text{SP}_{t-1}) + \Theta^+\ln(\text{ER}_{t-1}^+) + \Theta^-\ln(\text{ER}_{t-1}^-) + \Phi\ln(\text{MI}_{t-1})$$

$$+ \sum_{j=1}^{p-1}\gamma_j\Delta\ln(\text{SP}_{t-j}) + \sum_{j=1}^{q-1}(\vartheta_j^+\Delta\ln(\text{ER}_{t-1}^+) + \vartheta_j^-\Delta\ln(\text{ER}_{t-1}^-) + \varepsilon_t + \varphi_j\Delta\ln(\text{MI}_{t-1})) \qquad (10\text{-}6)$$

其中，

$$\rho = \sum_{j=1}^{p}\beta_j - 1, \quad \gamma_j = -\sum_{i=j+1}^{p}\beta_i, \quad j = 1, \cdots, p-1; \quad \Theta^+ = \sum_{j=0}^{q}\theta_j^+, \quad \Theta^- = \sum_{j=0}^{q}\theta_j^-,$$

$$\Phi = \sum_{j=1}^{q}\phi_j, \quad \vartheta_0^+ = \theta_0^+, \quad \vartheta_j^+ = -\sum_{i=j+1}^{q}\theta_j^+, \quad \vartheta_0^- = \theta_0^-, \quad \vartheta_j^- = -\sum_{i=j+1}^{q}\theta_j^-, \quad \varphi_0 = \phi_0,$$

$$\varphi_j = -\sum_{i=j+1}^{q}\phi_j, \quad j = 1, \cdots, q-1$$

式（10-6）中 $\rho = 0$ 则意味着人民币汇率指数与上市企业市场价值间不存在
长期协整关系。根据 Banerjee 等（1998）的研究，人民币汇率指数与上市企业
市场价值间是否存在长期协整关系，可以通过以 $\rho = 0$ 为原假设，$\rho < 0$ 为备择
假设的 t 统计量（t_{BDM}）进行统计检验；此外，根据 Pesaran 等（2001）的研究，
也可以通过以 $\rho = \Phi^+ = \Phi^- = 0$ 为原假设的联合显著性 F 统计量（F_{PSS}）进行检验。
$L^+ = -\Phi^+/\rho$ 表示人民币升值对企业市场价值的长期影响，$L^- = -\Phi^-/\rho$ 表示人民币

贬值对企业市场价值的长期影响。ϑ_j^+ 表示人民币升值对企业市场价值的短期影响，ϑ_j^- 表示人民币贬值对企业市场价值的短期影响。长期人民币汇率风险暴露是否存在非对称性（$L^+ = L^-$）和短期人民币汇率风险暴露是否存在非对称性（$\vartheta_j^+ = \vartheta_j^-$）可以使用 Wald 统计量进行检验。

10.3.2　样本选择与数据来源

本章旨在研究 2015 年"8·11"汇改后我国上市企业的汇率风险暴露状况，选择了 2015 年 8 月 12 日～2020 年 12 月 31 日的日度企业数据作为研究样本。为了确保企业汇率风险暴露测度的可靠性，参考 Ye 等（2014）、Hutson 等（2019）的研究，剔除了企业股票收盘价数据少于 252 个（1 年）的样本企业，最终样本包括 3734 家上市企业。主流研究汇率变量通常使用贸易加权的实际有效汇率指数（Ye et al.，2014；Hutson et al.，2019；Bartram，2019），为此，本章使用由摩根士丹利编制的经 CPI 调整后的人民币实际有效汇率指数（ER）。由于本章研究的是我国所有 A 股上市企业，借鉴 Tang（2015）的研究，本章使用上证 A 股指数（SH）和深证 A 股指数（SZ）的简单平均作为股票市场价格指数的代理变量（MI）。本章所有企业股票收盘价、股票市场价格指数数据来源于 Wind 数据库，人民币实际有效汇率指数数据来源于 Datastream 数据库。

10.4　企业汇率风险暴露的实证分析

本章旨在对所有 A 股上市企业的汇率风险暴露程度进行估计，参考谷任和朱琳慧（2016）的研究，为了便于与已有相关研究做比较分析，实证结果中报告 10% 的显著性水平上人民币汇率指数与企业市场价值存在显著协整关系的企业数量以及所占样本企业总数的比例，具有显著人民币汇率指数风险暴露的企业数量、所占样本企业总数的比例以及汇率风险暴露系数的均值。

10.4.1　单位根检验

根据 Shin 等（2014）的研究，NARDL 模型允许变量为 $I(0)$ 或 $I(1)$，但不允许变量存在 $I(2)$，故本章首先通过 ADF 检验对原始时间序列及其一阶差分时间序列进行单位根检验，结果呈现在表 10-1。在 5% 的显著性水平上，88.67% 的样本企业股价数据存在单位根，但一阶差分数据中存在单位根的企业占样本企业总数的比例为 0，表明所有上市企业股价数据是 $I(0)$ 或 $I(1)$，此外，虽然人民币实际有效汇率指数、股票市场价格指数的原始数据均存在单位根，但在 5%的显著性水平上，其一阶差分数据均拒绝了存在单位根的原假设，说明人民币实际有效汇率指数、股票市场价格指数均是 $I(1)$。以上单位根检验的结果表明符合 NARDL 模型的要求。

表 10-1　ADF 检验

面板 A：企业股票价格原始数据与一阶差分数据的单位根检验		
项目	股票价格原始数据	股票价格原始数据的一阶差分
存在单位根的企业数量/家	3311	0
存在单位根的企业占比	88.67%	0
N	3734	3734

面板 B：人民币实际有效汇率指数、股票市场价格指数原始数据与一阶差分数据的单位根检验				
项目	原始数据		原始数据一阶差分	
	ER	MI	ER	MI
P 值	0.53	0.63	0.01	0.01

注：面板 A 报告了在 5%的显著性水平上，股票价格原始数据与其一阶差分数据存在单位根的企业数量以及占样本企业总数的比例；面板 B 报告了人民币实际有效汇率指数、股票市场价格指数原始数据与一阶差分数据在 5%显著性水平上 ADF 检验的 P 值

10.4.2　企业市场价值与人民币汇率指数间的长期协整关系检验

表 10-2 报告了企业市场价值与人民币汇率指数间的长期协整关系检验结果。在 10%的显著性水平上，t_{BDM} 检验、F_{PSS} 检验结果显示，考虑企业汇率风险暴露的非线性与非对称性特征后，分别有 78.87%、72.68%的企业拒绝了人民币汇率指数与市场价值间不存在长期协整关系的原假设，表明我国有 72.68%以上的上市企业市场价值与人民币汇率指数间存在显著的长期协整关系。与已有大量实证检验结果相比（Bartram and Bodnar，2007），市场价值受到人民币汇率影响的我国上市企业占样本企业总数的比例较高，表明考虑企业汇率风险暴露的非线性与非对称性特征尤为重要。

表 10-2　企业市场价值与人民币汇率指数间的长期协整关系检验

项目	t_{BDM}	F_{PSS}
存在长期协整关系的企业数量/家	2945	2714
存在长期协整关系的企业占比	78.87%	72.68%
N	3734	

注：根据 Pesaran 等（2001）的研究，在 10%的显著性水平上，t_{BDM}、F_{PSS} 的临界值为−3.21、4.78

10.4.3　企业长期汇率风险暴露

表 10-3 报告了具有显著长期人民币汇率指数风险暴露的企业数量、占样本企业总数的比例与暴露系数均值。从具有显著长期人民币汇率指数风险暴露的企业数量与占样本企业总数的比例看，在 10% 的显著性水平上，有 1800 家上市企业具有显著的长期人民币汇率风险暴露系数，占样本企业总数的 48.21%。与已有关于中国和发达经济体的汇率风险暴露测度结果相比，考虑企业汇率风险暴露的非线性与非对称性特征后，具有显著长期人民币汇率指数风险暴露的我国上市企业占样本企业总数的比例更高（谷任和朱琳慧，2016；Hutson et al.，2019），表明非线性和非对称性是企业"汇率暴露之谜"的重要原因。

表 10-3　具有显著长期人民币汇率指数风险暴露的企业数量、占样本企业总数的比例与暴露系数均值

项目	L^+（人民币升值）		L^-（人民币贬值）	
	$L^+>0$	$L^+<0$	$L^->0$	$L^-<0$
显著企业数/家	1800			
显著企业占总样本比例	48.21%			
显著企业数/家	1591		1467	
显著企业占总样本比例	42.61%		39.29%	
显著企业的暴露系数均值	−2.53		−1.03	
显著企业数/家	347	1244	515	952
显著企业占总样本[1] 比例	21.81%	78.19%	35.11%	64.89%
N	3734			

注：①表中为在 10% 的显著性水平上，具有显著长期人民币汇率指数风险暴露的企业数量、占样本企业总数的比例与暴露系数均值；②L^+ 系数显著，表明企业在人民币升值时存在显著的长期人民币汇率指数风险暴露，L^- 系数显著，表明企业在人民币贬值时存在显著的长期人民币汇率指数风险暴露；③L^+ 或 L^- 任何一个系数显著，则表明企业存在显著的长期人民币汇率指数风险暴露

1）此处总样本指的是人民币升值或贬值情况下有显著长期人民币汇率指数风险暴露的企业总数

具体来看，在 10% 的显著性水平上，人民币升值时，有 1591 家上市企业具有显著的长期人民币汇率指数风险暴露，占样本企业总数的 42.61%；人民币贬值时，有 1467 家上市企业具有显著的长期人民币汇率指数风险暴露，占样本企业总数的 39.29%。可见，考虑企业汇率风险暴露的非线性与非对称性特征后，无论是人民币升值，还是人民币贬值，具有显著长期人民币汇率指数风险暴露的我国

上市企业占样本企业总数的比例均较高。此外，与人民币贬值相比，人民币升值时具有显著长期人民币汇率指数风险暴露的我国上市企业占样本企业总数的比例更高，说明上市企业人民币汇率风险暴露存在非线性与非对称性。

从具有显著长期汇率风险暴露的上市企业暴露系数均值看，人民币升值时，长期汇率风险暴露系数均值为-2.53；人民币贬值时，长期汇率风险暴露系数均值为-1.03，表明人民币升值降低了我国上市企业的市场价值，人民币贬值提高了我国上市企业的市场价值。这与我们的预期相一致，因为我国较多上市企业属于出口导向型企业，涉外业务多为以外币为基础的出口业务，长期而言人民币贬值增加了产品竞争力，有助于企业创收增利，进而促进企业市场价值提升。从我国上市企业汇率风险暴露系数方面看，无论是人民币升值，还是人民币贬值，具有显著汇率风险暴露的上市企业中大部分企业长期汇率风险暴露系数均小于 0（人民币升值时，长期汇率风险暴露系数小于 0 的企业占样本企业总数的 78.19%；人民币贬值时，长期汇率风险暴露系数小于 0 的企业占样本企业总数的 64.89%），说明我国大部分上市企业市场价值受益于人民币贬值，而人民币升值对上市企业市场价值有负面影响。

根据长期汇率风险暴露系数均值的绝对值，人民币升值对于上市企业的影响更大。人民币汇率每升值 1%，上市企业市场价值平均降低 2.53%；然而，人民币汇率每贬值 1%，上市企业市场价值平均提高 1.03%，表明上市企业市场价值与人民币汇率指数间存在非线性与非对称性的长期关系，即非线性与非对称性是企业"汇率暴露之谜"的重要原因。

10.4.4　企业短期汇率风险暴露

表 10-4 报告了具有显著短期人民币汇率指数风险暴露的企业数量及占样本企业总数的比例。在 10%的显著性水平上，有 2336 家样本企业存在显著的短期人民币汇率指数风险暴露，占样本企业总数的 62.56%。在 10%的显著性水平上，人民币升值时，有 1691 家上市企业存在显著的短期人民币汇率指数风险暴露，占样本企业总数的 45.29%；人民币贬值时，有 1336 家上市企业存在显著的短期人民币汇率指数风险暴露，占样本企业总数的 35.78%。可见，考虑企业汇率风险暴露的非线性与非对称性特征后，与已有关于中国和发达经济体的汇率风险暴露测度结果相比，具有显著短期人民币汇率指数风险暴露系数的上市企业占样本企业总数的比例更高（谷任和朱琳慧，2016；Hutson et al.，2019），表明非线性与非对称性是企业"汇率暴露之谜"的重要原因。

表 10-4　具有显著短期人民币汇率指数风险暴露的企业数量及占样本企业总数的比例

项目	ϑ_j^+（人民币升值）	ϑ_j^-（人民币贬值）
显著企业数/家	2336	
显著企业占总样本比例	62.56%	
显著企业数/家	1691	1336
显著企业占总样本比例	45.29%	35.78%
N	3734	

注：ϑ_j^+ 或 ϑ_j^-（j＝0, 1, 2, 3, 4）中任何一个系数显著，则表明企业在短期存在显著的人民币汇率指数风险暴露；ϑ_j^+ 中任何一个系数显著，则表明企业在人民币升值时存在短期人民币汇率指数风险暴露；ϑ_j^- 中任何一个系数显著，则表明企业在人民币贬值时存在短期人民币汇率指数风险暴露

10.4.5　汇率风险暴露的非对称性

表 10-5 报告了企业市场价值与人民币汇率指数间非对称关系检验的结果。在 10%的显著性水平上，分别有 82.99%、22.68%的上市企业市场价值与人民币汇率指数之间存在长期非对称关系、短期非对称关系，表明我国上市企业市场价值与人民币汇率指数之间的长期非对称关系尤为显著，人民币升值与人民币贬值对企业市场价值影响的非线性与非对称性是企业"汇率暴露之谜"的重要原因。

表 10-5　企业市场价值与人民币汇率指数间非对称关系检验

项目	$\Phi^+ \neq \Phi^-$（长期非对称性检验）	$\vartheta_j^+ = \vartheta_j^-$（短期非对称性检验）
存在非对称关系的企业数量/家	3099	847
存在非对称关系的企业占比	82.99%	22.68%
N	3734	

注：表中为在 10%的显著性水平上，企业市场价值与人民币汇率指数间存在长期非对称关系、短期非对称关系的企业数量及占样本企业总数的比例

10.4.6　稳健性检验

1. 替换人民币汇率指数变量

Bartram（2004）、Ye 等（2014）认为运用汇率指数测度企业汇率风险暴露存在分散效应，建议采用双边汇率测度企业层面的汇率风险暴露。考虑到我国在较长一段时间内采取盯住美元的汇率制度与人民币对美元汇率在我国对外贸易中的

重要地位,本章选择人民币对美元双边汇率进行稳健性检验①。

表 10-6 面板 A 报告了具有显著长期人民币对美元汇率风险暴露的企业数量、占样本企业总数的比例。在 10%的显著性水平上,有 2648 家上市企业具有显著的长期人民币对美元汇率风险暴露,占样本企业总数的 70.92%。具体而言,在 10%的显著性水平上,人民币对美元贬值时,有 2589 家上市企业具有显著的长期汇率风险暴露,占样本企业总数的 69.34%;人民币对美元升值时,有 2530 家上市企业具有显著的长期汇率风险暴露,占样本企业总数的 67.76%。可见,考虑企业汇率风险暴露的非线性与非对称性特征后,无论是人民币对美元升值,还是人民币对美元贬值,具有显著汇率风险暴露的我国上市企业占样本企业总数的比例较高,表明非线性与非对称性是企业“汇率暴露之谜”的重要原因。与具有显著长期人民币汇率指数风险暴露的企业数量、占样本企业总数的比例相比,我国具有显著长期人民币对美元汇率风险暴露的企业占样本企业总数的比例更大,其原因可能来自以下两个方面:一方面,我国对外贸易中以美元为计价货币所占份额较大,导致我国上市企业市场价值对人民币对美元汇率更加敏感;另一方面,我国在较长一段时间内采取盯住美元的汇率制度,投资者对于人民币对美元汇率的关注度更高,进而导致我国上市企业市场价值对人民币对美元汇率更加敏感。

表 10-6　上市企业人民币对美元汇率风险暴露的估计结果

面板 A:具有显著长期人民币对美元汇率风险暴露的企业数量、占样本企业总数的比例				
项目	L^+(人民币对美元贬值)		L^-(人民币对美元升值)	
	$L^+>0$	$L^+<0$	$L^->0$	$L^-<0$
显著企业数/家	2648			
显著企业占总样本比例	70.92%			
显著企业数/家	2589		2530	
显著企业占总样本比例	69.34%		67.76%	
面板 B:具有显著短期人民币对美元汇率风险暴露的企业数量、占样本企业总数的比例				
项目	ϑ_j^+(人民币对美元贬值)		ϑ_j^-(人民币对美元升值)	
显著企业数/家	2516			
显著企业占总样本比例	67.38%			
显著企业数/家	2050		1253	
显著企业占总样本比例	54.90%		33.56%	

---

① 受篇幅所限,稳健性检验部分仅报告具有显著长期人民币汇率风险暴露、短期人民币汇率风险暴露的企业数量以及占样本企业总数的比例,具有长期人民币汇率风险非对称暴露、具有短期人民币汇率风险非对称暴露的企业数量以及占样本企业总数的比例。

面板 C：企业市场价值与人民币对美元汇率间非对称关系检验

项目	$\Phi^+ \neq \Phi^-$（长期非对称性检验）	$\vartheta_j^+ = \vartheta_j^-$（短期非对称性检验）
存在非对称关系的企业数量/家	1120	890
存在非对称关系的企业占比	29.99%	23.84%
N	3734	

表 10-6 面板 B 报告了具有显著短期人民币对美元汇率风险暴露的企业数量、占样本企业总数的比例。在 10% 的显著性水平上，有 2516 家上市企业存在显著的短期人民币对美元汇率风险暴露，占样本企业总数的 67.38%。人民币对美元贬值时，有 2050 家上市企业具有显著的短期人民币对美元汇率风险暴露，占样本企业总数的 54.90%；人民币对美元升值时，有 1253 家上市企业具有显著的短期人民币对美元汇率风险暴露，占样本企业总数的 33.56%。可见，考虑企业汇率风险暴露的非线性与非对称性特征后，具有显著短期人民币对美元汇率风险暴露的上市企业占样本企业总数的比例较大，进一步证实非线性与非对称性是企业"汇率暴露之谜"的重要原因。

表 10-6 面板 C 报告了企业市场价值与人民币对美元汇率间非对称关系检验的结果。在 10% 的显著性水平上，分别有 29.99%、23.84% 的上市企业市场价值与人民币对美元汇率之间存在长期非对称关系、短期非对称关系，表明非线性和非对称性是企业"汇率暴露之谜"的重要原因。

2. 增加 Fama-French 五因子为控制变量

Kiymaz（2003）、Krapl 和 O'Brien（2014）认为引入更多影响股价收益的控制变量，可以降低汇率风险暴露系数估计的标准差，提高汇率风险暴露系数的显著程度。参考已有研究（Huffman et al.，2010；Fama and French，2015；李志冰等，2017），本章控制了影响股价收益率的其他主要风险因子——市场风险因子、公司规模因子、账面市值比因子、盈利能力因子和投资风格因子后，进一步研究了我国上市企业的汇率风险暴露状况。

表 10-7 面板 A 报告了增加 Fama-French 五因子为控制变量后具有显著长期人民币汇率指数风险暴露的企业数量、占样本企业总数的比例。在 10% 的显著性水平上，有 1842 家上市企业具有显著的长期人民币汇率指数风险暴露，占样本企业总数的 49.33%。具体而言，在 10% 的显著性水平上，人民币升值时，有 1284 家上市企业具有显著的长期汇率风险暴露，占样本企业总数的 34.39%；人民币贬值时，有 1330 家上市企业具有显著的长期汇率风险暴露，占样本企业总数的 35.62%。可见，考虑企业汇率风险暴露的非线性、非对称性特征和控制了影响股价收益的

Fama-French 五因子后，我国具有长期人民币汇率指数风险暴露的上市企业占样本企业总数的比例依然偏高，表明非线性和非对称性是"汇率暴露之谜"存在的重要原因。

表 10-7　上市企业人民币汇率指数风险暴露估计结果（控制 Fama-French 五因子）

| 面板 | | | | |

面板A：具有显著长期人民币汇率指数风险暴露的企业数量、占样本企业总数的比例				
面板	L^+ （人民币升值）		L^- （人民币贬值）	
	$L^+>0$	$L^+<0$	$L^->0$	$L^-<0$
显著企业数/家	1842			
显著企业占总样本比例	49.33%			
显著企业数/家	1284		1330	
显著企业占总样本比例	34.39%		35.62%	

面板B：具有显著短期人民币汇率指数风险暴露的企业数量、占样本企业总数的比例		
项目	ϑ_j^+ （人民币升值）	ϑ_j^- （人民币贬值）
显著企业数/家	2316	
显著企业占总样本比例	62.02%	
显著企业数/家	1682	1253
显著企业占总样本比例	45.05%	33.56%

面板C：企业市场价值与人民币汇率指数间非对称关系检验		
项目	$\Phi^+ \neq \Phi^-$ （长期非对称性检验）	$\vartheta_j^+ = \vartheta_j^-$ （短期非对称性检验）
存在非对称关系的企业数量/家	2192	758
存在非对称关系的企业占比	58.70%	20.30%
N	3734	

表 10-7 面板 B 报告了增加 Fama-French 五因子为控制变量后具有显著短期人民币汇率指数风险暴露的企业数量、占样本企业总数的比例。在 10%的显著性水平上，有 2316 家上市企业存在显著的短期人民币汇率风险暴露，占样本企业总数的 62.02%。具体而言，人民币升值时，有 1682 家上市企业具有显著的短期人民币汇率风险暴露，占样本企业总数的 45.05%；人民币贬值时，有 1253 家上市企业具有显著的短期人民币汇率风险暴露，占样本企业总数的 33.56%。可见，考虑企业汇率风险暴露的非线性、非对称性特征和控制了影响股价收益的 Fama-French 五因子后，具有显著短期人民币汇率指数风险暴露的上市企业占样本企业总数的比例仍较大，表明非线性和非对称性是"汇率暴露之谜"存在的重要原因。

表 10-7 面板 C 报告了企业市场价值与人民币汇率指数间非对称关系检验的结果。在 10% 的显著性水平上，分别有 58.70%、20.30% 的上市企业市场价值与人民币汇率指数之间存在长期非对称关系、短期非对称关系，表明上市企业市场价值与人民币汇率指数之间的长期非对称关系尤为显著，非线性和非对称性是"汇率暴露之谜"存在的重要原因。

3. 数据频度的影响

Hutson 等（2019）认为原始数据的频度可能影响企业汇率风险暴露估计的准确度。为此，本章选择周数据，进一步研究了我国上市企业的汇率风险暴露状况。表 10-8 面板 A 报告了具有显著长期人民币汇率指数风险暴露的企业数量、占样本企业总数的比例。在 10% 的显著性水平上，有 1710 家上市企业具有显著的长期汇率风险暴露，占样本企业总数的 45.80%，表明考虑企业汇率风险暴露的非线性与非对称性特征后，具有显著长期人民币汇率指数风险暴露的上市企业占样本企业总数的比例较高，非线性和非对称性是企业"汇率暴露之谜"存在的重要原因。

表 10-8　上市企业人民币汇率指数风险暴露估计结果（周数据）

面板 A：具有显著长期人民币汇率指数风险暴露的企业数量、占样本企业总数的比例				
项目	L^+（人民币升值）		L^-（人民币贬值）	
	$L^+>0$	$L^+<0$	$L^->0$	$L^-<0$
显著企业数/家	1710			
显著企业占总样本比例	45.80%			
显著企业数/家	2523		2007	
显著企业占总样本比例	67.57%		53.75%	
面板 B：具有显著短期人民币汇率指数风险暴露的企业数量、占样本企业总数的比例				
项目	ϑ_j^+（人民币升值）		ϑ_j^-（人民币贬值）	
显著企业数/家	3010			
显著企业占总样本比例	80.61%			
显著企业数/家	2576		1695	
显著企业占总样本比例	68.99%		45.39%	
面板 C：企业市场价值与人民币汇率指数间非对称关系检验				
项目	$\Phi^+\neq\Phi^-$（长期非对称性检验）		$\vartheta_j^+=\vartheta_j^-$（短期非对称性检验）	
存在非对称关系的企业数量/家	2967		1285	
存在非对称关系的企业占比	79.46%		34.41%	
N	3734			

表 10-8 面板 B 报告了具有显著短期人民币汇率指数风险暴露的企业数量、占样本企业总数的比例。在 10% 的显著性水平上，有 3010 家上市企业具有显著的短期人民币汇率指数风险暴露，占样本企业总数的 80.61%，表明具有显著的短期人民币汇率指数风险暴露的上市企业占样本企业总数的比例同样很高。综上可知，尽管使用周数据，考虑企业汇率风险暴露的非线性与非对称性特征后，无论是具有短期人民币汇率指数风险暴露的企业占样本企业总数的比例，还是具有长期人民币汇率指数风险暴露的企业占样本企业总数的比例均很高，再次说明非线性和非对称性是"汇率暴露之谜"存在的重要原因。

表 10-8 面板 C 报告了企业市场价值与人民币汇率指数间非对称关系检验的结果。在 10% 的显著性水平上，分别有 79.46%、34.41% 的上市企业市场价值与人民币汇率指数之间存在长期非对称关系、短期非对称关系，表明上市企业市场价值与人民币汇率指数之间的长期非对称关系尤为显著，非线性和非对称性是"汇率暴露之谜"存在的重要原因。

10.5　本　章　小　结

本章基于 2015 年 8 月 12 日～2020 年 12 月 31 日的日度企业数据，运用 NARDL 模型研究了人民币升值和贬值对企业市场价值的差异化影响，从非线性与非对称性的视角解释了企业"汇率暴露之谜"存在的原因。研究发现：①考虑非线性与非对称性后，存在显著汇率风险暴露的中国上市企业所占比例偏高，72.68% 以上的上市企业市场价值与人民币汇率指数间存在显著的长期协整关系。②从长短期来看，48.21% 的上市企业具有显著的长期汇率风险暴露，62.56% 的上市企业具有显著的短期汇率风险暴露。③企业汇率风险暴露存在显著的非线性与非对称性。与人民币贬值有利于上市企业市场价值提高相比，人民币升值对上市企业市场价值的负面影响更大。人民币汇率每升值 1%，上市企业市场价值平均降低 2.53%；人民币汇率每贬值 1%，上市企业市场价值平均提高 1.03%。经过一系列稳健性检验，本章结论不变。

本章的研究结论具有一些重要的政策启示：第一，鉴于我国具有显著汇率风险暴露的上市企业占样本企业总数的比例偏高，汇率风险暴露程度较大，应加快外汇衍生品市场的发展，以满足企业进行汇率风险对冲的需要和降低汇率风险对冲的成本；第二，我国上市企业在加强践行"走出去"战略的同时，应加快树立差异化的汇率风险管理意识和"风险中性"的汇率风险管理理念，加快构建完善的汇率风险管理体系；第三，针对我国上市企业汇率风险暴露的非对称性，企业不仅应重点关注以外币为基础的资产与负债、可预期的现金流入与现金流出相匹配，还要善于使用汇率风险对冲工具等手段对冲难以进行运营性对冲的汇率风险。

对策篇

不断深化金融市场双向开放
加快推进人民币国际化进程
提升企业汇率风险管理能力

第11章 不断深化金融市场双向开放

金融对外开放思想源自马克思关于交换与分工的政治经济学理论。关于"分工与交换价值"的观点是詹姆斯·斯图亚特（1712～1780年）首次提出来的。马克思将历史的和逻辑的方法统一起来研究人类的交换发展过程。马克思认为，在商品交换发展的历史过程中，随着商品交换从偶然的行为逐步扩大成为经济生活中的重要环节，商品的价值形式也逐步发展。大卫·李嘉图的比较优势理论、要素禀赋理论（赫克歇尔-俄林理论）等都认为专业化的分工会使不同国家在贸易中获得利益。西方经济学家提出，企业是否具备所有权、内部及区位优势将直接影响其跨国业务的开展。《中华人民共和国国民经济和社会发展第十四个五年规划和2035年远景目标纲要》明确指出，稳慎推进人民币国际化，坚持市场驱动和企业自主选择，营造以人民币自由使用为基础的新型互利合作关系。构建以国内大循环为主体、国内国际双循环相互促进的新发展格局，对扩大开放提出新的更高要求。实行高水平对外开放、建设更高水平开放型经济新体制，是顺应发展环境变化作出的战略选择，是完善社会主义市场经济体制、以高水平开放促进深层次市场化改革的内在要求。不断深化高水平对外开放有助于推动我国经济结构优化升级，有利于我国进一步融入全球分工体系，更好地统筹国内外两个市场、两种资源，从而推动经济转型升级。与此同时，深化高水平对外开放有助于完善我国社会主义市场经济体制，通过主动开放、自主开放将外部压力转化为内生动力，不断刺激我国市场活力，加快建设与国际高标准贸易和投资通行规则相衔接的市场制度体制。此外，实行高水平对外开放、建设更高水平开放型经济新体制，主动参与国际经贸规则制定，有利于推动经济全球化朝着更加开放、包容、普惠、平衡、共赢的方向发展，为推动完善全球经济治理体系作出更大贡献。

11.1 我国金融市场开放的背景及历程

11.1.1 金融对外开放的背景分析

20世纪70年代，麦金农和肖的金融自由化的提出为发展中国家的金融改革提供了良好的理论依据。他们提出，发展中国家经济发展相对发达国家缓慢的原因主要可以概括为三点：资本资源不足、利率不能完全反映出资金供求、金融市场不健全。回顾我国改革开放前金融发展的情况，正好印证了麦金农和肖的理论。1978 年改革开放的实行对我国金融市场而言是一个重要的可以弥补资本资源严重不足的契机。1987 年党的十三大确立了以经济建设为中心、坚持四项基本原则、坚持改革开放的基本路线，对外开放成为基本路线的重要内容之一，也成为中国的基本国策之一。与此同时，为适应经济发展和对外开放的需要，中国金融开始了对外开放进程。金融对外开放是中国金融走向金融国际化的关键。金融国际化是指一个国家或地区的金融与国际金融日益融合的过程，主要包括金融机构国际化、金融业务国际化、金融市场国际化、金融人才国际化与货币国际化。由此可见，中国金融对外开放应当包括两个层面的内容，即中国金融业对外开放和中国对外金融开放。中国金融业对外开放涉及的主要内容包括中国的金融机构、金融业务、金融市场和金融人才的国际化，而中国对外金融开放涉及的内容则主要包括人民币国际化、国际收支以及与之相联系的国际资本流动等问题。

金融开放正是伴随着我国的改革开放的步伐而逐步发展和完善的。在改革开放初期，我国实行"引进来"的发展战略，具体是将国外的资本、技术、理念引进我国，在这种战略下，我国制造业飞速发展。得益于我国当时的劳动力资源优势，我国的出口型企业得到了快速发展，这也使得我国的轻经济增长率在一段时间内维持在两位数。在我国享受改革开放给金融业带来的福利的同时，我国也要逐步去承担作为世界第二大经济体的国际责任，积极地参与到世界经济发展中去。随着我国金融市场的发展，我们不仅仅要"引进来"，更重要的是"走出去"。由此可以看出，金融市场双向开放不仅是大势所趋，也是我国进一步发展的迫切需求。就如何更好地实行对外开放基本战略，我国领导人对于相关理论的探讨和研究也在不断创新。

11.1.2　中国金融对外开放进程

1. 金融对外开放起步阶段

1979～1993 年为中国金融业对外开放的起步阶段。中国金融业对外开放始于20 世纪 70 年代末，在这一阶段主要有四个标志性的事件：一是以 1979 年日本输出入银行在中国设立代表处为标志，中国金融业开始向外国金融机构开放。然而，在外资银行进驻初期，我国对其的管理制度并不完善，之后也产生了一系列问题。二是 1980 年深圳经济特区的成立，为中国金融对外开放提供了一个交流平台，国内各企业有了对外投资的新渠道。三是 1983 年中国颁布和实施了《关于侨资、外资金融机构在中国设立常驻代表机构的管理办法》，从法律层面对外资金融机构给予了保障和规范。在该办法的实施下，外国金融机构纷纷进驻中国市场，全面提升了中国对外开放的水平。四是 1992 年邓小平南方谈话，为中国新一轮对外开放提供了新思路，同时也为中国融入世界金融提供了基础。1979~1993 年这 15 年是中国金融对外开放的起步阶段。我国逐步放宽外资企业和外国金融机构进入中国市场的准入条件，外资金融机构纷纷进入中国金融市场并在中国设立代表处。与此同时，我国开始参与国际金融市场活动，不断吸取国外先进管理经验，逐步完善我国对外开放机制的建立。表 11-1 整理了我国金融对外开放起步阶段的一些标志性事件。

表 11-1　金融对外开放起步阶段标志性事件

时间	标志性事件
1979 年	日本输出入银行在北京设立代表处
1980 年	东京海上日动火灾保险株式会社在北京设立代表处
1981 年	外贸银行被允许在深圳、珠海、汕头、厦门和海南 5 个经济特区设立营业性机构试点
1982 年	南洋商业银行在深圳设立分行 香港民安保险有限公司在深圳成立分公司
1990 年	上海浦东成为中国除经济特区之外获准引进营业性外资金融机构的沿海开放城市
1991 年	花旗银行、美洲银行、汇丰银行、东亚银行等 8 家外资银行获准在上海设立分行
1992 年	美国友邦保险有限公司在上海开立分公司

资料来源：文献整理

2. 金融对外开放政策准备阶段

1993~2001 年为中国金融对外开放的政策准备阶段。我国金融对外开放的政策准备阶段是在上个阶段全面成功的基础上进行的，该阶段完成了中国对外开放路径的探索。1993 年，国务院颁布了《关于金融体制改革的决定》，该决定为中国外汇市场实行外汇双轨制奠定了基础，人民币实现了经常项目可自由兑换。之后，为了能够更好地打开中国金融对外开放的大门，1996 年中国人民银行颁布《上海浦东外资金融机构经营人民币业务试点暂行管理办法》，该管理办法从中国国情出发，充分考虑了当前国家的经济水平，因此很快便取得了成功。同一时期，中国受到亚洲金融危机的波及，造成贸易收支失衡。为了使国际收支保持平衡，中国对汇率制度进行了改革，采取盯住美元的固定汇率制度，从而恢复国际收支平衡。在政策准备这一阶段，中国将外汇管理作为发展金融对外开放的主线，保持整体汇率稳定，建立合理外汇储备，有效地降低了资本账户跨境流动的风险。这样的发展路径使中国金融市场更加国际化，从而推动中国金融市场进入更深层次的开放阶段。

3. 金融对外开放加速阶段

金融对外开放加速阶段是中国金融对外开放市场迈向高层次发展的阶段。2001 年 12 月 11 日中国正式加入世界贸易组织（World Trade Organization，WTO），成为其第 143 个成员。从 2002 年开始以加入 WTO 为契机中国金融业对外开放进入了一个崭新的阶段，即融入金融全球化阶段。中国加入 WTO 后履行了开放银行业、证券业、保险业的一系列承诺，有计划、有步骤地加大了金融业的对外开放。如图 11-1 所示，外资银行在我国的资产总额自 2001 年我国加入 WTO 之后逐年稳步增长。为了适应对外开放和经济发展的需要，加强和完善对外资金融机构的管理，促进银行业的稳健运行，2002 年 2 月 1 日修订后的《中华人民共和国外资金融机构管理条例》正式实施。中国银行业在 2001 年全面放开外汇业务；2003 年 12 月将外资银行人民币业务的客户对象扩至中资企业；2005 年 10 月 27 日中国建设银行股份有限公司在香港联合交易所的挂牌上市标志着中国国有商业银行走向国际资本市场的开始。2002 年 11 月发布了《合格境外机构投资者境内证券投资管理暂行办法》。QFII 制度的实行对中国证券市场的规模、结构与投资观念等都产生了深远的影响。作为对外开放的另一项安排，2006 年 1 月 31 日《外国投资者对上市公司战略投资管理办法》正式实施，允许外国投资者对已完成股权分置改革的上市公司进行战略性投资。2005 年 7 月 21 日，中国开始实行以市场供求为基础、参考一篮子货币进行调节、有管理的浮动汇率制度，从此人民币汇率不再盯住单一美元，走向更富有弹性的人民币汇率机制。

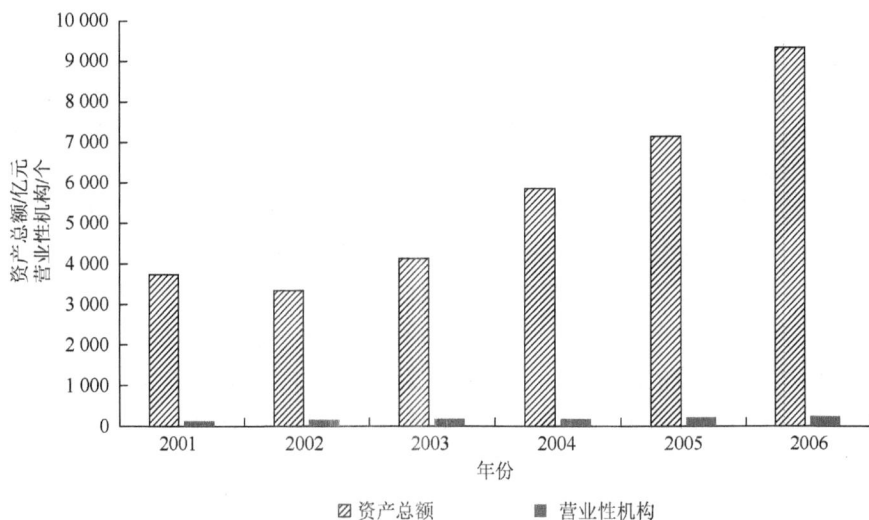

图 11-1　2001～2006 年外资银行在我国的资产总额及营业性机构数量

资料来源：《中国金融年鉴》

4. 全面金融对外开放阶段

2010~2017 年，中国进入了全面金融对外开放阶段。中国政府开始转变发展思路，从全盘吸收外资转变为有选择性地吸收。过去，中国为了扩大对外开放，不管什么样的外资都可以进驻中国，一些没有经过考察的不良资产就这样流入我国金融市场，对我国经济增长造成了巨大冲击。同时，我国对外国借款者的审核流程并不规范，形成了不良贷款率居高的局面。为了改变这一局面，我国政府开始出台相关政策，并取得了良好的成绩。不良贷款率从 2003 年的 19.6%降低至 2017 年的 1.74%，保障了中国金融业的平稳运行，为对外开放创造了基础条件。如图 11-2 所示，我国金融业不良贷款率显著降低。2016 年 10 月人民币正式加入 SDR，促进了中国与外国资本市场之间的互联互通。2017 年，党的十九大报告指出"要以'一带一路'建设为重点，坚持引进来和走出去并重""推动形成全面开放新格局"[①]。

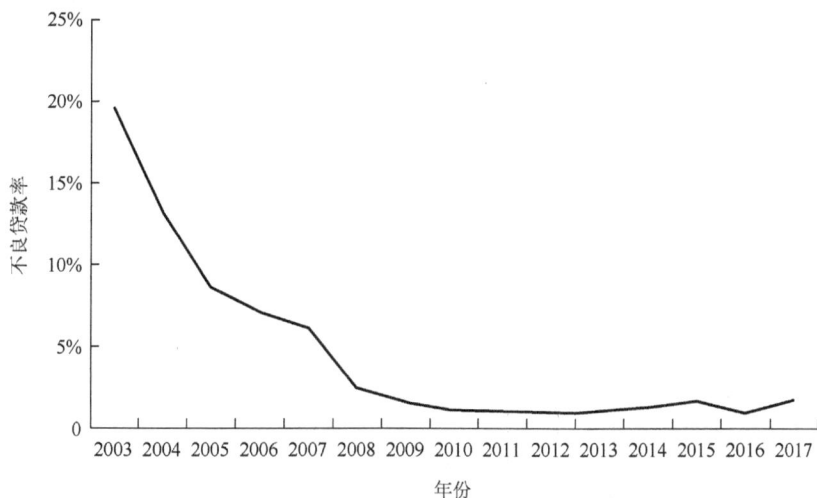

图 11-2　2003~2017 年中国金融业不良贷款率

资料来源：国家金融监督管理总局

5. 金融双向对外开放阶段

自 2018 年以来，中国频繁出台对外开放政策，自此中国开始进入金融对外开放新阶段。为了使金融开放政策尽快落地，2018 年以来我国推出一系列对外开放的重大举措，降低外资金融机构进驻中国的门槛，建立了以石油人民币计价的体

---

① 《习近平：决胜全面建成小康社会 夺取新时代中国特色社会主义伟大胜利——在中国共产党第十九次全国代表大会上的报告》，https://www.gov.cn/zhuanti/2017-10/27/content_5234876.htm，2017 年 10 月 27 日。

系。2018 年 4 月，习近平在博鳌亚洲论坛上宣布中国将"大幅度放宽市场准入。确保放宽银行、证券、保险行业外资股比限制的重大措施落地"[①]。中国人民银行原行长易纲宣布了 12 项扩大金融对外开放的重大措施和时间表。此后，在市场准入、经营范围及控股比例等方面的诸多限制都已逐步放宽，多项政策已经陆续出台并落地实施。由此可见，近期新一轮扩大开放措施的推出，是中国根据市场化的改革取向，在客观分析当前全球政治经济形势及历史经验后，逐步形成的一种政策与选择，具有历史的必然性，不是一种临时性的安排。因此，未来中国一定会坚决而有序地加大金融市场的对外开放。这个决心是坚定的，不会动摇。正如习近平所说"中国开放的大门不会关闭，只会越开越大"[①]。2019 年，国务院金融稳定发展委员会颁布《关于进一步扩大金融业对外开放的有关举措》，提出了关于提高金融对外开放的 11 条举措，鼓励外资积极参与对华金融事务。2020 年受疫情影响，央行认为应该继续实行绿色金融，推动 IMF 开展 SDR 普遍分配。新中国成立 70 年，改革开放 40 年，金融对外开放已经成为推动中国新动能转换的重要引擎。2022 年 5 月，习近平在庆祝中国国际贸易促进委员会建会 70 周年大会暨全球贸易投资促进峰会上强调，"加强各国宏观经济政策协调"[②]。中方提出全球发展倡议，呼吁各方共同努力，全面推进联合国 2030 年可持续发展议程。要推动世界经济动力转换、方式转变、结构调整，使世界经济走上长期健康稳定发展的轨道。要支持以世界贸易组织为核心的多边贸易体制，维护全球产业链供应链安全稳定，做大合作蛋糕，让发展成果更好惠及各国人民。同时习近平还重申，"中国扩大高水平开放的决心不会变，中国开放的大门只会越开越大"[③]。中国将持续打造市场化、法治化、国际化营商环境，高水平实施《区域全面经济伙伴关系协定》，推动高质量共建"一带一路"倡议，为全球工商界提供更多市场机遇、投资机遇、增长机遇。

随着我国对外开放的不断深化，我国金融市场发展也不断完善。对外开放有助于推动我国金融市场国际化进程，增强人民币在国际范围的影响力，促使我国金融企业不断增强自身竞争力。但对外开放同时在一定程度上也是一把"双刃剑"，对外开放同时也会为我国金融市场带来一定的风险和挑战，本章后续小节将就金融市场双向开放的新的格局、面临的问题以及相应的对策几个方面分别进行论述。

① 《习近平出席博鳌亚洲论坛 2018 年年会开幕式并发表主旨演讲》，http://www.mofcom.gov.cn/article/zt_topic19/bldjh/201804/20180402730786.shtml，2018 年 4 月 10 日。

② 《习近平在庆祝中国国际贸易促进委员会建会 70 周年大会暨全球贸易投资促进峰会上发表视频致辞》，https://www.ndrc.gov.cn/fggz/gjhz/zywj/202205/t20220531_1326447.html，2022 年 5 月 31 日。

③ 《中国扩大高水平开放惠及世界》，https://www.gov.cn/xinwen/2022-05/30/content_5692993.htm，2022 年 5 月 30 日。

11.2　提升中国金融市场双向开放的战略举措

11.2.1　金融市场双向开放的意义

1. 对我国实现金融强国具有重要意义

金融市场对外开放可以使我国参与到国际经济合作中去。"走出去"战略不仅是让中国金融市场在世界范围内能够发声，也是为了更好地"引进来"。金融市场对外开放有利于我国向外国先进的金融市场学习，借鉴其先进且符合我国国情的经验，不断完善我国金融市场的体制机制建设。此外，金融市场对外开放可以帮助我国金融市场了解国际经济准则和惯例，为我国金融市场加强与国际合作提供帮助。金融市场对外开放也会为我国金融市场拥有独立的定价权提供基础，从而深化我国金融市场影响力。

扩大金融市场对外开放有助于提升我国在国际金融事务中的话语权。金融市场对外开放可以有效提高我国资本积累速度，提高我国生产率，从而建设更加强大、完善的金融体系来整合国际资源和应对目前复杂世界环境下可能产生的风险问题。目前人民币在国际上地位的提升就很好地印证了我国金融市场对外开放的重要意义，我国金融机构在国际竞争力越强，越能帮助我国巩固国际金融事务的治理地位。

2. 深化金融市场双向开放是提高我国金融质量的必要条件

随着我国金融市场对外开放的不断深入，我国金融制度的建设也在逐步完善。随着与国际金融市场交流的深化，我国金融市场不可避免地会碰到各种各样的问题，这会加速我国对于金融市场基础设施等的完善，如股票市场、金融衍生品市场、债券市场等基础设施建设也在进一步完善。对于外汇的管理以及其他金融制度也在不断地随着环境变化而发展。

"他山之石，可以攻玉"，金融市场双向开放有助于我国防范系统性金融风险。随着国际环境的变革，潜在的内外金融风险也在不断地威胁着我国金融市场的平稳发展，扩大对外开放可以让我国相关部门更好地吸收借鉴国际先进的金融风险管理思想，帮助我国解决可能发生的金融风险问题。此外，金融市场的多元化也会在一定程度上帮助我们分散风险，从而提高我国应对风险的能力。

金融市场双向开放加深会促进我国金融业不断改革和创新。随着开放的扩大，国际上不同的金融理念、准则、技术会促使我国本身金融产品的创新。同时为了更好地立足于国际社会，我国金融服务理念也会随之发生改变，金融交易工具和交易方式也会趋于多元化。此外，金融市场双向开放还有助于我国债券、货币、外汇等市场的发展和完善。对于我国金融企业来说，坚持双向开放也能够帮助它们制定更加合理的管理政策和手段，从而在国际金融界占据一席之地。

3. 深化金融市场双向开放是我国经济发展的必要需求

金融市场双向开放为我国经济可持续发展提供了重要支持。金融市场的双向开放不仅仅是为自身变革提供可借鉴的经验，更是为我国金融业吸引投资、吸纳人才、完善管理制度提供必要的渠道。随着我国对外开放政策的深入贯彻，国际优质资源的引入为我国现有金融市场提供了更多元化的发展可能，此外，国际资源和理念的引入也在很大程度上与我国现有资源进行互补，既推动了我国金融市场的升级，又为在高速发展过程中会遇到的风险问题提供了有效的抵御手段。

11.2.2　中国金融市场双向开放风险分析

1. 市场监管风险

中国共产党第十九届中央委员会第五次全体会议指出，促进国内国际双循环。立足国内大循环，发挥比较优势，协同推进强大国内市场和贸易强国建设，以国内大循环吸引全球资源要素，充分利用国内国际两个市场、两种资源，积极促进内需和外需、进口和出口、引进外资和对外投资的协调发展，促进国际收支基本平衡。完善内外贸一体化调控体系，促进内外贸法律法规、监管体制、经营资质、质量标准、检验检疫、认证认可等相衔接，推进同线同标同质。优化国内国际市场布局、商品结构、贸易方式，提升出口质量，增加优质产品进口，实施贸易投资融合工程，构建现代物流体系。构建金融有效支持实体经济的体制机制，提升金融科技水平，增强金融普惠性。深化国有商业银行改革，支持中小银行和农村信用社持续健康发展，改革优化政策性金融。全面实行股票发行注册制，建立常态化退市机制，提高直接融资比重。推进金融双向开放，完善现代金融监管体系，提高金融监管透明度和法治化水平，完善存款保险制度，健全金融风险预防、预警、处置、问责制度体系，对违法违规行为零容忍。

1）金融市场监管能力明显不足

近年来，随着我国经济飞速发展，各种违规行为也频频发生，如金融产品非法集资问题、上市公司财务造假问题、金融机构客户数据泄露等。为应对可能发生的违法和违规行为，我国相应监管部门应加强管理，与时俱进，主动进行风险预测并对相关隐患进行有效处理，以此来降低金融风险对我国整个金融市场的影响。由于金融市场对外开放的深入，我国金融市场业务与产品出现了复杂化趋势。为了顺应金融服务实体经济的金融产品与服务，新兴金融创新产品开始出现在市场上。虽然一些金融创新产品满足了我国经济转型发展的需要，但不可避免地也会出现一些打着创新幌子的违背我国金融发展理念的产品大量充斥在当今市场中。金融市场对外开放将引入新的外资银行、证券、保险等金融机构在华经营。外资金融机构由于管理理念、创新能力和本身发展经验的领先，在华投资的过程中，可能会加速暴露出我国目前金融市场监管能力方面的不足之处。

2）金融市场监管环境亟须改进

我国金融市场监管制度建设相对于国际金融市场较为滞后，尤其是在信息披露、审查法律等多个领域。金融市场的制度环境、准则设立与国际金融市场没有完全接轨。我国过去主要是运用行政干预的方法对金融市场进行监管，这种方式虽然高效，但由于我国过度重视行政手段，而忽视了对相关法律和经济手段的建设。这个问题在金融市场双向开放后尤为突出。国际先进金融机构的引入必将对我国金融市场造成冲击，完全依靠行政手段进行监管是很难完全把控的，只有完善我国相关法律和经济监管手段，才能使我国金融市场监管能力真正和国际高水平国家相提并论。如果长期没有健全的法律和经济手段来约束金融市场发展，那么资本的无序增长必将对我国金融市场造成严重的影响，甚至危害到国家根本安全。所以，金融监管制度环境的改善是我国目前管理制度建设的重中之重。

3）金融市场准入标准有待提高

我国长期以来对金融业市场的准入管理较为严格，尤其是对外资金融机构以及涉外资本。近年来，我国金融市场中部分展业资质批准及牌照发放的流程仍存在不透明问题，这对外资进入金融服务业的积极性产生负面影响，也不利于金融行业市场竞争环境的改善。随着我国金融业对外开放程度进一步提高，我国金融行业市场准入的规范化程度亟待提升，而市场竞争环境的法治化程度较低的问题，以及市场准入流程的公开化和透明化还需进一步改进。

4）金融市场监管法规仍需完善

为维护金融安全，守住不发生系统性风险底线，我国相关监管部门和组织自2008年全球金融危机以来将控制金融市场流动性风险作为工作的重要目标之一，然而，我国目前金融市场流动性监管法律制度仍存在问题。首先，金融市场流动性监管法表现形式层次较低、政策依据较多、法律依据不足。其次，我国流动性监管法律制度的建设不能满足当下金融市场深度融合的状况。在金融业务穿插融合的当下，我国相关制度仍然是按照传统行业区分对流动性风险进行监管，一旦面对多行业相融合的情况，哪家监管机关行使监管就成了一个难题。

2. 人民币国际化的具体风险

1）货币政策独立性削弱

人民币国际化可能削弱央行货币政策的独立性。从蒙代尔"三元悖论"中对于开放经济的论述来看，一国货币政策的独立性、汇率的稳定性以及资本的流动性这三者不能同时实现，换句话说，三者之间存在着不可调和的矛盾，国家通常只能选择这三项指标中的两项作为目标。货币国际化的发展必须保证资本的自由流动和汇率的相对稳定，所以随着货币国际化程度的加深，国家货币政策的独立性就会受到影响，如 1997 年亚洲金融危机就可以很好地解释这一风险。综上所述，推动人民币国际化必须保持人民币的汇率稳定与资本的流动性，因此，我国货币政策的独立性将会面临巨大的挑战，同时我国经济宏观调控能力也将会被大大减弱。

　　2）人民币汇率风险

　　美国耶鲁大学教授特里芬在 1960 年出版的《黄金与美元危机》中提出一个"特里芬难题"的观点。其主要内容是：国际化货币发行国为了发展国际贸易，必然使本国货币在海外不断沉淀，对本国来说就会发生长期贸易逆差；而货币国际化的前提又是必须保持币值稳定与坚挺，这又要求货币发行国必须是一个长期的贸易顺差国。这两个要求互相矛盾，因此是一个悖论。人民币要实现国际化，就必须使它成为世界其他国家的储备货币。这就需要我国长期对外输出人民币，但长期如此又会导致我国国际收支逆差，很难保证人民币汇率的稳定性，即面对"特里芬难题"。随着人民币国际化进程的一步步推进与深入的发展，其他国家对人民币的需求也会日益加大。我国将面临"特里芬难题"，即国际收支逆差与保持人民币汇率稳定的两难困境。我国目前外汇市场的不完善主要表现在两个方面：第一，外汇市场的组织框架不健全。我国外汇市场的真正参与主体基本上只包括中国人民银行与几家从事外汇业务的大型商业银行，除此之外的金融企业以及非金融企业是被排除在外的，这就导致了我国外汇市场表现出排他性和垄断性。这种排他性和垄断性可能会导致对外投资企业不能在外汇市场上通过保值性交易来有效规避风险，从而增加了对外投资企业的汇率风险。第二，我国目前对于汇率风险的避险工具单一。通常来说，企业可以通过金融工具来对汇率风险进行有效对冲，但由于我国金融市场的不完善和对外汇管制的相对严格，国内金融机构仅能向企业提供远期外汇交易保值。对比国际发达金融市场在应对汇率风险时所能使用的避险工具，我国金融市场在此方面的建设还不足。

　　此外，人民币国际化可能导致大规模的短期国际资本流入。目前，要进一步发展离岸市场和跨境贸易结算就意味着我国要进一步提高人民币资产的吸引力，要向境内外逐步开放金融市场，要不断简化境外企业使用人民币投资的审批程序，这一做法从长期来看无疑是正确的，因为资本账户的完全开放是历史的必然。但是，在当前的国际经济政治形势下，金融危机的后遗症还没有消除，欧美日等地仍然在实行量化宽松的货币政策，全球各大短期资本正在大规模地涌入新兴市场，在这种背景下，加快资本账户的开放，无疑会给监管当局带来巨大的挑战。另外，一旦这些短期资本出现大规模的抽离状况，将导致我国的利率与汇率市场出现大幅波动，扰乱金融秩序。

3. 金融数据安全风险

由于互联网的快速发展，数据流动将进一步催生跨境金融服务的创新以及服务效率的提高，但同时也给金融数据跨境流动规制带来挑战。金融数据包括个人金融数据、企业金融数据以及金融机构运营的业务数据。金融数据在进行数据传输、存储与处理过程中发生的数据泄露和非法与第三方共享数据等行为必然会威胁个人隐私、金融机构自身利益和国家金融安全。2021 年 4 月 8 日，《金融数据安全 数据生命周期安全规范》（以下简称《规范》）正式获批发布实施。该《规范》由中国人民银行科技司发起，全国金融标准化技术委员会归口管理。金融数据复杂多样，对金融数据实施有效管理能够进一步确保金融数据在生命周期内的安全，有助于金融机构合理分配资源，建立完善周期性防护机制。为应对日益凸显的金融数据安全风险，《规范》对数据安全管理的框架做了详细说明，如图 11-3 所示。本部分将目前常见的数据安全风险区分为泄露风险和运营风险两类，并将分别阐述这两类风险的内涵以及表现形式。

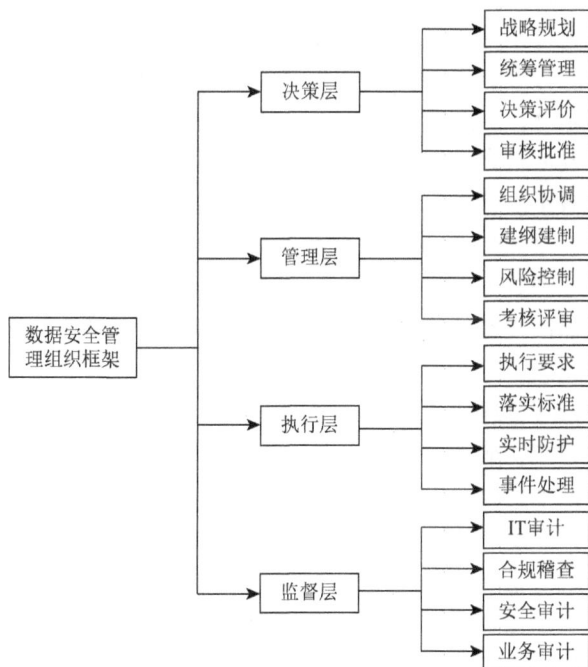

图 11-3　数据安全管理组织框架

资料来源：《金融数据安全 数据生命周期安全规范》

1）个人隐私泄露风险

国内外商业银行因金融数据泄露遭受监管警告处罚的案例屡见不鲜。例如，2021 年 3 月，据美国 Infinity 财产保险公司透露，2020 年 12 月的两天时间里，其网络服务器上的文件曾发生了短暂的、未经授权的访问。Infinity 对保存在被访问服务器上的文件进行了全面审查，发现文件中包含一些社会安全号码或驾驶执照号码，其中包括公司现任或前任员工的个人信息。2021 年 11 月 8 日，美国知名在线券商 Robinhood 承认于 11 月 3 日遭恶意黑客攻击，致使 700 万用户数据被泄。数据中包括超过 500 万客户的电子邮件地址、200 万客户的姓名以及 310 位客户的具体身份数据。

随着数字经济的蓬勃发展，商业银行的数字化转型不断深入。大数据时代背景下，金融数据作为商业银行的重要资产，是其数字化转型的基石。数据治理也成为数字化转型的关键环节，治理过程中随之而来的重要数据保护及个人信息安全面临着新的挑战。中国银行保险监督管理委员会 2018 年印发的《银行业金融机构数据治理指引》与 2020 年我国首部《中华人民共和国民法典》中明确将个人信息保护纳入其中的行为，均标志着我国已将数据治理提上新高度，体现了国家监管部门全面规范信息安全的决心。在此大背景下，提高数据治理水平、加强个人信息保护是助力商业银行数字化转型、促进商业银行金融科技高质量发展的必然要求。银行内部审计作为监督管理的重要环节，在数字化转型过程中充分应用科技手段，履行风险管理职责，发挥着不可忽视的作用。个人金融隐私泄露的风险受到不同因素的影响。一方面，互联网技术快速发展使隐私泄露变得更加容易。互联网信息技术发展极大地便捷了金融消费者，但是，由于金融机构线上系统的固有缺陷，一旦被不法分子攻破，就会造成金融数据泄露风险。另一方面，各国对金融数据的保护程度也影响个人金融数据安全。如果缔约双方签订的协议中没有保护个人隐私的具体措施，便只能依赖于数据存储国已有的金融数据保护措施。如果数据存储国没有完善的数据保护体系，则会进一步加大个人金融隐私泄露风险。

2）金融机构运营风险

金融机构的客户构成主要包含个人和企业，那么金融机构在运营过程中所收集的金融数据包括个人金融数据和企业金融数据。虽然保护金融数据安全是金融机构的基本义务，但是，金融数据在跨境流动中被泄露、篡改、删除等事件频繁发生，这就会引起一系列的运营风险。

虽然各国越来越重视金融数据，不断完善相关立法，但因数据泄露而遭受处罚的案例并不少见。例如，2020 年中国人民银行对部分金融机构侵害消费者金融信息安全行为进行了立案调查，对中国农业银行某省分支机构等 6 家金融机构做出行政处罚决定，最高处罚金额高达 1406 万元。随着各国金融数据跨境流动规制措施的完善，金融机构的违规行为必然会受到处罚。

金融机构在运营中还可能因为各国相关监管政策力度的不同而产生违规风险。同一家金融机构旗下的 A、B 公司在不同地区采取相同的策略，但各地区对于金融隐私保护相关法规建设的程度不同，可能会造成金融机构在法规建设不完善地区不会被处罚，但同样的运营手段在法律法规完善的地区则会被进行严厉处罚。因此，金融数据跨境流动中，如果忽视了地区差异，则会使金融机构陷入一定的风险中。

11.2.3　提升中国金融市场双向开放的建议

《中华人民共和国国民经济和社会发展第十四个五年规划和 2035 年远景目标纲要》中指出要实行高水平对外开放，具体来说中国将继续坚持实施更大范围、更宽领域、更深层次对外开放，依托我国超大规模市场优势，促进国际合作，实现互利共赢。为实现这一战略目标，我国应该从以下几个方面来强化金融市场开放风险管理能力。

1. 继续优化金融市场监管制度和投资环境

1) 完善金融市场双向开放的制度规则

《中华人民共和国国民经济和社会发展第十四个五年规划和 2035 年远景目标纲要》中提出我国要建设更高水平开放型经济新体制。在推动金融市场双向开放的过程中，除了相关金融制度的建设，我国还需要关注会计、税收以及信息披露等相配套的制度建设，继续推动制度规则与国际现行制度规则接轨，健全公平的市场竞争制度。加强金融规则建设，建立健全统一规则，对同类金融业务实行内外资同等对待的原则，简化操作流程，适当放宽对外资机构在我国金融市场投资的限制条件。放松而不放纵外资金融机构进入我国市场是我国相关机构需要研究的问题。在会计和审计要求上，应吸取国际金融市场相关管理经验，积极与国际市场接轨，为境外投资者提供便利。除此之外，还要重视市场效率的提升和金融产品的创新，建立开放、包容的金融市场，打造公平、透明的营商环境和法治环境。同时进一步提升人民币的可兑换性，提高人民币国际化程度，有序实现资本项目可自由兑换。完善我国负面清单制度，平稳有序地扩大服务业对外开放程度。负面清单制度下，清单内实现透明依法，清单外实现公平开放，有助于各类市场主体形成明确预期，确保不同身份的金融机构在同一起跑线公平竞争。对外资实施准入前国民待遇加负面清单管理模式已是国际贸易和投资规则的发展趋势，也是我国已经明确的方向。完善对境外机构投资银行间债券市场的税收政策。降低税率作为吸引投资的重要手段可以在一定程度上为我国金融市场开放提供有力支持。

2）改善金融市场双向开放的投资环境

首先，我国要依法保护外资企业合法权益，维护中国企业海外合法权益，实现高质量"引进来"和高水平"走出去"。我国外商金融投资的相关法律法规以部门规范性文件为主，相对缺少协调性，因此我国应该全面梳理现行法律规范，对外资持股比例、设立形式、股东资质、业务范围、牌照数量、反洗钱、反垄断内容进行补充和修订。其次，我国要构建与国际接轨的信用评级、税收、会计、审计等体系，建立有效的信息披露制度。最后，我国还需进一步推动简政放权，优化行政审批，提高审批过程的透明度和审批效率。加强政策制定的沟通协调，提高政策制定的透明度。在外资对银行和金融资产管理公司的持股比例、外国银行在我国境内分支机构建设、沪深股票市场与香港股票市场的互联互通机制、境外投资者经营保险代理业务和保险公估业务等方面改善外资营运环境。

3）提高金融市场双向开放的监管力度

首先，中外金融机构在中国金融市场开展业务必须由监管部门统一授予经营牌照，并严格遵守我国金融市场相关规定。虽然我国扩大金融市场对外开放是必须坚持的基本战略，但在扩大市场准入的同时，我国监管部门也要加强监管制度，使之能与我国对外开放程度相适应。其次，强化多维度监管，规范金融综合经营和产融相结合，另外，还需加强对现阶段发展迅速的互联网金融的监管。最后，我国相关部门还需要制定准则，提高金融机构信息披露质量，鼓励企业增加非强制性披露的占比。

4）完善开放进程中的金融风险管理体系

发挥中央金融委员会的作用，总揽全局发挥其统筹协调作用，把控好宏观调控和市场自我调节之间的平衡。发挥货币政策对经济稳定的重要作用，保证经济运行在可控范围之内。加强对金融市场的监管能力，运用现有科技手段提高实时监督管理能力，确保监管部门能在第一时间阻止风险的发生和进一步扩大，此外还可以通过先进科技手段实时掌握国内外资金动态。探索以存款保险为平台，建立市场化、法治化的金融机构退出机制。

2. 完善人民币汇率形成机制以及提高人民币国际化进程

1）推进人民币汇率形成机制改革

进一步完善人民币汇率形成机制，提高金融资源配置效率。我国要坚持以市场供求为基础，建立人民币浮动汇率制度，提高市场自我调节能力，发挥自动稳定器作用，在更加符合科学经济发展的基础上保证人民币汇率的基本稳定。加速外汇市场建设，完善人民币跨境使用的政策框架和相关基础设施建设，提高人民币国际化的同时也为我国金融企业处理国际事务提供便利和发展基础。

2）努力提升人民币国际化程度

稳定人民币汇率，巩固人民币支付和计价货币地位，支持人民币的国际储备功能，稳步推动人民币国际化。在国际范围内推动人民币结算业务，支持跨境电子商务人民币计价结算，全面放开个人经常项目跨境人民币结算业务。简化人民币对其他货币的兑换流程，同时加强监管力度，保证跨境业务的有序发展。开展与其他国家货币当局的货币合作，支持境外央行将人民币纳入储备。中国人民银行将继续完善在香港发行人民币央行票据的常态化机制，根据市场需求合理安排发行规模和期限品种，带动其他发行主体在离岸市场发行人民币债券，从而促进离岸人民币市场持续健康发展。

3）加强对国际资本流动的管理

依据我国国情并结合国际惯例建立我国特色的监管体系，将重要资本流动、关键金融指标纳入动态化监管，并设置动态系统性风险警戒线，提高风险管理水平。发挥价格调节作用，发挥利率、税率调节作用，减少对行政手段的过度依赖。发挥价格调节作用可以提高国家宏观调控能力，有利于维护宏观经济稳定，对于防范资本流动冲击也非常重要。化短期资本为长期资本，引导流入中国资本市场的国际资本，活跃市场交易，引进理性投资理念。通过资本市场来分散风险，为转变经济发展方式、调整产业结构和发展短板行业的各类企业提供融资支持。完善多层次资本市场体系，鼓励发展私募股权和风险投资，开拓金融融资渠道，改善中小企业融资。中国现阶段资本市场还需进一步完善，我国对资本项目始终没有完全放开，这样虽然可以提高一定的风险管理能力，但从长远来看，不利于中国资本项目和资本市场的自发调节与长期平衡，而有序地放松资本管制，引导国际资本通过正规渠道流动，不但有利于国际资本的健康流动，还减少了通过非正规渠道可能滋生的一系列不良影响。同时，放松资本管制，有利于国内资本市场与国际金融市场接轨，以及金融市场的完善。

3. 提高我国金融数据保护机制建设

随着我国金融市场双向开放的不断深化，我国金融业与国际金融业的联系日益紧密，与此同时，随着人民币国际化的不断深入，我国金融市场对于人民币跨境业务的需求加强，日益庞大的跨境业务量势必会导致我国金融数据的跨境频繁流动。当前，数字时代一方面为金融数据流动提供了极大便利，另一方面，不法分子利用各国之间信息不对称以及利用高科技手段破坏金融数据安全的行为也成为目前我国在深化金融市场双向开放进程中需要关注的问题。

1）完善相关法律法规建设

金融数据安全的相关法律法规的建设可以分为国家层面和企业层面两部分。从国家层面来说，我国应该加速完善数据安全方面的立法。我国自 2015 年以来就极为重视金融数据安全，2015 年《中华人民共和国国家安全法》第二十五条要求国家建设网络与信息安全保障体系，实现网络和信息核心技术、关键基础设施和重要领域信息系统及数据的安全可控。2016 年《中华人民共和国网络安全法》第三十七条规定，关键信息基础设施的运营者在中华人民共和国境内运营中收集和产生的个人信息和重要数据应当在境内存储。因业务需要，确需向境外提供的，应当按照国家网信部门会同国务院有关部门制定的办法进行安全评估。2022 年 2 月 15 日起实施的《网络安全审查办法》第十条将重要数据被窃取、泄露和毁损明确为可能威胁国家安全的因素之一。2021 年 11 月《中华人民共和国个人信息保护法》正式实施，确需向中华人民共和国境外提供个人信息的，应至少满足以下条件之一：通过国家网信部门组织的安全评估；经专业机构进行个人信息保护认证；制定的标准合同与境外接收方订立合同，约定双方的权利和义务；其他条件。随着国家对金融数据安全相关法律法规的不断完善，我国在金融市场开放时的数据安全问题也会得到一定程度上的改善。与此同时，我国金融企业也需要完善自身数据安全规章制度的建设，不断加强金融数据安全程度。

2）深化金融机构自身数据合规体系建设和国际合作

国内金融机构日益重视数据保护和管理，但是，随着金融服务的国际化发展和主要国家数据保护标准的推出，我国金融机构需要考虑如何对接境外金融数据保护标准，确保数据跨境流动合规。与此同时，我国还应该积极参与并推动金融数据跨境流动统一规则的制定。没有统一的数据跨境流动规则可能会导致本国在监管储存于他国境内的数据时，会侵犯他国的数据保护法规。此外，没有统一法规也会导致我国无法有效地保护存储在国外的金融数据，目前存储在国外的金融数据更多的是受到存储国对个人金融数据的保护，这就会大大增加金融数据安全的风险。2022 年发生俄乌冲突，这也为我国目前在金融数据安全方面敲响了警钟。

3）加强金融数据安全人才培养

要应对金融市场双向开放带来的金融数据安全方面的挑战，我国需要在金融数据安全人才培养方面补短板，持续完善我国金融数据安全人才培养体系。我们不仅要吸引国外高水平金融人才，还需要重视国内金融人才的培养。金融机构应加强与国内高校合作，提高我国金融人才在培养中的实践性问题，使我国金融后备力量可以更好地服务于实业，真正培养出一批金融机构需要的人才。此外，在培养综合性金融人才时还需加强对我国高校课程改革的推进，真正做到与国际高水平机构接轨，开阔后备人才视野，更好地为我国双向开放战略作出贡献。对于监管部门来说，要避免"唯资历"论，真正选择有能力、有担当、具有专业素养的干部。国内现有金融从业人员也需加强自身学习，多吸取国际金融市场成功和失败的经验，提高自身对风险的敏感度以及风险处理能力。

4）加快自由贸易试验区和自由贸易港对外开放高地建设

在坚持高水平对外开放政策的影响下，优化开放空间布局成为现阶段加强对外开放的一个重要组成部分。2013 年 9 月国务院批准设立中国（上海）自由贸易试验区，开辟了新中国成立以来的先河。随后，国务院相继在东部沿海地区设立自贸区的策略也充分说明了国家巩固东部沿海地区和全国特大城市的开放先导地位，率先推动全方位高水平开放的决心。根据国家统计局发布的数据，2021 年长三角地区生产总值占全国的 24.14%，其中上海 3.78%、江苏 10.17%、浙江 6.43%、安徽 3.76%。长三角地区人均 GDP 达到全国平均水平的 1.45 倍（117 181.53 万元）。长三角地区外贸出口额达到 141 090.65 亿元，占全国的 36.1%。在我国提出双循环以及"一带一路"倡议的当下，长三角地区的发展为我国经济发展作出了卓越贡献。除沿海地区外，加快自贸区建设也对我国内陆地区高水平对外开放有着重要影响。截止到 2019 年底，我国自贸区数量已达 18 个，构建了"1＋3＋7＋1＋6"的发展布局，形成了东中西协调、陆海统筹开放的新格局。在自贸区建设过程中，各地区为进一步促进地区制度创新、推进地区产业优化，进行金融、贸易、投资、税务等领域的制度供给完善，优化市场环境也会随之进行。综上所述，加强自贸区建设对我国金融市场双向开放有着不可或缺的作用。

4. 放宽市场准入标准

放宽我国市场准入标准，吸引更多高质量外资进入我国，虽然外资进入我国金融市场会对本土金融机构产生冲击，但是从长远来看这有助于我国国际竞争力的不断提升。

1）宏观层面建议

打破障碍，构建统一的国内市场。我国市场准入的一个问题就是不同地区的管理制度不同，市场准入标准复杂。构建统一的国内市场最重要的是尽快打破地方保护主义、部门保护主义的局限，以产业政策代替区域政策，使产业集中度提高。此外，需要进一步转变政府职能，构建现代行政调控体系。我们要充分认识到赋予市场主体尽可能广泛的自由准入权是十分必要的，政府干预要适当放宽。

2）微观层面建议

市场准入制度的价值取向应该向经济效益倾斜。我国市场准入制度很长一段时间内是以交易安全为导向，近年来我国市场准入制度的价值取向正在向经济效益进行过渡，但过度地追求经济效益也会适得其反。所以市场准入制度价值取向中的"公平、安全、效益"都应该被充分考虑，今后市场准入制度的建设应该着重处理好这三者之间的关系。此外，完善市场准入制度的相关法律法规也是接下来需要关注的重点。我国市场准入制度虽然有相关法律法规支持，但是法律法规相对分散，不同法律法规之间存在一定程度上的重复，且法规遗漏之处较多。"市场准入法"是否值得单独编撰目前仍然有争论，但是整合修正目前的法律法规应尽快进行。

11.3 本章小结

现阶段国内外环境日益复杂，我国金融市场即将面对的挑战日益严峻。我国自党的十八大以来，以习近平同志为核心的党中央带领全国人民坚持改革开放战略不动摇，为我国金融领域的发展作出了卓越贡献。"一带一路"倡议、推动人民币国际化进程、金融市场双向开放、金融机制改革等为我国在国际上持续发挥大国作用、推动全面对外开放起到了重要作用。

虽然我国在金融领域取得了一定成绩，但在改革开放新进程中我国金融市场也暴露出了一些风险问题，如金融市场监管体制不完善、人民币国际化相关风险问题加剧、金融数据安全无法得到有效保护、金融人才培养体系不完善等。综上所述，为了进一步提高我国金融市场双向开放水平，我国应该从坚持金融市场开放战略不动摇、完善金融市场双向开放的配套制度、完善金融业监管体系、推进人民币国际化进程并做好抵御人民币国际化风险的准备、推动我国金融数据安全法规建设、增强我国金融企业风险管理能力人才建设、加快自贸区平台建设、放宽市场准入标准等方面进行统筹规划和战略部署。

第12章　加快推进人民币国际化进程

12.1　引　　言

当前，在外部环境存在较多不稳定、不确定因素下，国际经济金融形势复杂多变，给世界经济复苏带来波折和挑战，随着逆全球化加剧、民粹主义抬头，国际地缘局势紧张，经济全球化遭遇逆流。2022年2月24日，俄乌冲突爆发，乌克兰局势持续恶化，并持续通过大宗商品、供应链、通货膨胀、地缘局势、美欧制裁等多个渠道影响全球经济，不仅扰动全球粮食、能源供给，造成大宗商品价格大幅波动，而且导致供应链和国际贸易受阻，威胁国际经济复苏，造成国际金融市场震荡，全球化进程面临巨大挫折。

伴随俄乌冲突的加剧与俄乌关系前景的扑朔迷离，美国联合其他西方发达国家对俄罗斯实施了一系列广泛的经济制裁和金融制裁，制裁对象主要包括俄罗斯的银行、能源部门、官员等，对俄罗斯相关个人、企业、金融机构实施资产冻结、限制金融交易，禁止俄罗斯央行进行美元交易，全面阻止俄罗斯直接投资基金，限制向俄罗斯出口机械设备和关键零部件等。2022年2月26日，美国等西方国家宣布禁止俄罗斯的几家主要银行使用SWIFT国际结算系统，这一"金融核弹"使俄罗斯企业和银行无法通过该系统与各国银行进行支付，严重影响了俄罗斯对外经贸往来。2022年2月28日，美国及其盟国进一步宣布对俄罗斯央行实施"限制性措施"，冻结俄罗斯央行的3000亿美元外汇储备，防止俄罗斯央行以可能破坏制裁的方式部署其国际储备，使得俄罗斯无法对卢布走势进行强有力的干预。美欧等主要经济体对俄罗斯采取的一系列金融制裁对俄罗斯经济和世界经济造成严重冲击，这不但冻结了俄罗斯银行海外资产，也严重危及了美元的信用，从而对全球金融体系带来深远影响。

俄乌冲突的升级及西方国家通过冻结包括外汇储备在内的资产为"武器"进行金融制裁的现实，迫使我们不得不重新审视中国外汇储备和海外资产的安全性，以及更加重视人民币国际化的重要性。虽然美元作为避险资产的性质以及作为主要国际储备货币的地位不会改变，但是美元体系中存在的风险（如"特里芬难题"）日益突出，对各国优化安排外汇储备结构产生了一定的警示。因此，当前的国际环境凸显出人民币国际化的必要性，也为人民币国际化提供了发展机遇，特别是人民币作为外汇储备的地位将会有所提升。

随着中国金融改革开放的推进，人民币的国际认可度、接受度和人民币资产的国际吸引力增强。《中华人民共和国国民经济和社会发展第十四个五年规划和2035年远景目标纲要》强调，"稳慎推进人民币国际化，坚持市场驱动和企业自主选择，营造以人民币自由使用为基础的新型互利合作关系"。2022年5月，IMF SDR定值审查将人民币权重由10.92%上调至12.28%，人民币在SDR货币篮子中位列第三，成为亚洲地区最重要的国际储备货币，人民币国际化逆势前行。然而，国际经济环境充满不确定性，在一定程度上降低了人民币国际化循环程度（杨荣海，2021），即随着经济低增长和持续性通货膨胀的到来，世界经济即将进入衰退或滞胀期，全球贸易的发展前景暗淡，"脱钩"现象加剧，这将阻碍人民币国际化进程。此外，一些跨国公司担忧，地缘局势紧张可能使在中国投资的风险变大。

12.2　国际货币体系的新变局

从1971年8月15日布雷顿森林体系（黄金本位）随着尼克松政府关闭黄金兑换窗口走向解体至今，已有50多年。当前国际货币格局（信用货币体系）下，美元成为国际货币体系的本位，美元在国际贸易、投资计价结算中居主导地位，在全球官方储备和金融资产中居领先地位，在全球信用周转体系中居核心地位。但是，以纯粹的信用货币为基础的美元体系具有明显的单边主义与自利特征，美元作为国际流通货币，必须主要通过经常项目逆差为世界提供储备货币，随着世界经济的增长，其他国家所需的储备货币越多，美国为世界提供的储备货币越多，美国的贸易逆差就必须越大，但是一国的贸易逆差越大，美元最终贬值的可能性就越大，这将降低其他国家对美元的信心，美元流动性与信用之间存在"特里芬难题"，这一根本矛盾给世界带来的风险和成本与日俱增。虽然有研究表明2008年全球金融危机前较高的国际储备积累会促进危机后较高的GDP增长（Dominguez et al.，2012），但是随着世界经济格局的变化，央行货币互换频繁，促使全球储备货币日趋多元化，欧元、英镑、日元、人民币逐步发展为仅次于美元的主要货币。

2022年2月24日俄乌冲突的爆发，毫无疑问将会在2020年新冠疫情削弱全球需求、扰乱全球供应链的基础上，显著提高全球经济陷入滞胀的概率。考虑到20世纪70年代的两次石油危机在导致全球滞胀格局的同时也正处于国际货币体系的转型期，本次全球滞胀时代也很可能会加剧国际货币体系的转型。伴随俄乌冲突爆发，美国冻结俄罗斯央行外汇储备与黄金储备，破坏了迄今为止全球最重要安全资产（美国国债）的安全性，严重破坏了美国的国际信誉，动摇了西方国家占支配地位的国际金融体系的信用基础，这很可能会加剧国际货币体系的转型。

12.2.1　以美国国债为主的全球储备资产安全性遭到破坏

俄乌冲突及其后续影响对国际货币体系的最大冲击在于美国与部分欧洲国家冻结了俄罗斯的外汇储备与黄金储备,这破坏了迄今为止全球最重要安全资产(美国国债)的安全性。截至 2022 年 2 月底,俄罗斯的国际储备为 6171.3 亿美元,2021 年 6 月底,俄罗斯持有的美国、英国、法国、德国、日本等国发行的证券资产约占俄罗斯外汇和黄金资产的 45.8%,这意味着美欧等主要经济体的制裁将使得俄罗斯约有 3000 亿美元资产被冻结。2022 年 2 月 28 日,制裁诱发卢布大幅贬值,美元对卢布汇率一度下跌至 1 美元对 120 卢布,相比上一交易日收盘价,卢布贬值接近 30%;2022 年 3 月 7 日美元对卢布汇率更是一度突破 1 美元对 170 卢布。

美国及其盟国冻结俄罗斯央行资产的措施,是继 1971 年尼克松冲击之后,国际金融体系的最重要标志性事件。国际货币体系是建立在国家信用基础之上的,美国的此次行为彻底破坏了国际货币体系的国家信用基础。美国及其盟国的金融制裁在对俄罗斯经济造成冲击的同时,也将对美元在国际金融体系中的信用造成持续影响。在外汇储备被冻结的情况下,俄罗斯央行不得不采取其他救市措施(大幅提高基准利率至 20%、设定卢布对黄金的固定汇率及强制企业进行外汇销售、禁止外资出售俄罗斯证券等临时资本管制措施),以稳定外汇市场。直到 2022 年 4 月 1 日,美元对卢布汇率降至 1 美元对 84 卢布以下,基本回归至俄乌冲突爆发前的水平。

2008 年全球金融危机后,与美国、欧元区、英国和日本进行更多贸易,并发行更多以美元、欧元、英镑和日元四大货币计价的债务的国家囤积了更多的国际储备,随着各国国际储备/GDP 规模的增加,它们倾向于将四大货币多样化,而全球安全资产的日益短缺导致各国持有更多四大货币(Aizenman et al.,2020)。从理论上来讲,对外汇储备持有国而言,常规的多元化投资手段是将更高比例的资产投资于欧元、英镑、日元等非美国发达国家的币种资产,毕竟这些国家的金融市场较为发达、资产流动性较强。但本次美国联合部分欧洲国家与日本制裁俄罗斯的现实,向很多国家生动地说明,仅仅在美国及其盟国内部多元化资产、分散化传统的外汇储备的做法已经无法保证在非常时期外汇储备的安全,是不能抵御多国联合制裁这一系统性风险的。此外,对大量新兴市场国家来说,保持更高水平的国际储备虽然可以对冲展期风险,但成本高昂,因为利用国际储备偿还债务降低了政府主权债务利差(Bianchi et al.,2018)。例如,对中国(截至 2022 年 5 月,中国外汇储备为 31 278 亿美元,外汇储备持有量世界第一)、印度(截至 2022 年 8 月,印度外汇储备为 4658 亿美元,外汇储备持有量名列世界第四位)、沙特阿拉伯（截至 2022 年 6 月，沙特阿拉伯的外汇储备为 4665.7 亿美元）等非美国盟国的国家而言，持有大量外汇储备资产，投资于美国国债，未来将不再安全。一旦美国国债失去了全球最重要安全资产的地位，那么美元在国际货币体系中的地位无疑也将显著下降。

亚洲金融危机之后，全球外汇储备显著增长，特别是新兴市场国家和地区积累了大量外汇储备，以自我保险的形式应对潜在的金融冲击。根据 IMF 的统计，2000 年之前全球外汇储备不足 2 万亿美元，而至 2013 年已超过 11 万亿美元。此后全球外汇储备增长有所放缓，2014～2016 年连续三年出现下降，不过截至 2021 年仍达 12.9 万亿美元。然而，此次美欧对俄罗斯的金融制裁可能让各国认识到，外汇储备也无法起到自我保险的作用，要维护本币汇率和本国金融市场稳定，最终不得不依靠宏观经济政策，特别是资本管制。

印度中央银行前行长拉詹指出，西方国家冻结了俄罗斯中央银行的外汇储备之后，印度和许多其他国家会为它们的外汇储备感到担忧。由于像美元和欧元这样具有流动性的储备货币规模巨大，许多国家将不得不对国内金融机构与企业跨境借贷之类的活动加以限制。

美欧对俄罗斯外汇储备实施冻结，外汇储备的角色受到质疑，可能会产生以下影响：第一，各国持有外汇储备的动机不再像亚洲金融危机之后那么强烈，对外汇储备的需求将会放缓甚至下降，从而导致各国对主要货币发行国证券资产的需求放缓、下降，美国无法再以低廉的成本为其经常账户赤字和财政赤字进行融资。第二，主权货币信用受到冲击，黄金以及超主权货币将重新受到重视。甚至有分析认为，目前国际货币体系正在从基于美元的第二代布雷顿森林体系向基于黄金和其他大宗商品的第三代布雷顿森林体系演进。第三，资本流动管理受到进一步重视。各国将通过限制国际资本流动来降低对外汇储备的依赖，全球金融一体化会受到一定程度的影响。IMF 从 2012 年开始也强调，资本流动管理措施在维护宏观经济和金融稳定中具有重要作用。目前部分国家（对于非常依赖大宗商品进口的国家）开始探索将更高比例的主权外汇资产配置到实物资产（如大宗商品）上，或者将更高比例的主权外汇资产投资于黄金或比特币之类的数字货币（它们的价格独立于美元汇率的波动）。这些趋势表明以美元为主的全球储备资产发生信用危机。

12.2.2 多国"去美元化"趋势下美元霸权地位不断削弱

后布雷顿森林体系下，美国肆意对全球经济金融活动进行监管并滥施制裁，早已加剧了各国对美元体系的不信任。据美国财政部发布的《2021 年制裁评估报告》，自"9·11"事件至 2021 年的 20 年里，美国对他国实施的经济和金融制裁呈爆炸性增长。截至 2021 年，美国已生效的制裁措施累计达到 9400 多项，比 20 年前增长了近 10 倍。为降低和规避美国金融制裁的影响，各国纷纷采取行动降低对美元的依赖。美国这次对俄罗斯实施大规模金融制裁将会进一步加剧这一趋势。世界主要经济体正逐步推动储备货币多元化与数字化改革以及"去美元化"的结算方式，这将倒逼国际货币体系向多元化方向发展，动摇美元在国际金融领域的霸权地位。

近年来，美元在全球储备资产中的比例有所降低。根据 IMF 发布的官方外汇储备货币构成报告，从 2020 年第四季度开始，美元外汇储备占比跌至 60% 以下，2020 年第四季度降至 58.81%，为 1999 年以来的最低水平（图 12-1）。2016～2021 年，美元外汇储备占比下降了 6.56 个百分点。俄罗斯在 2014 年克里米亚事件之后已经大幅降低了对美元的使用。据俄罗斯央行发布的报告，2021 年 6 月，美元资产占俄罗斯外汇储备和黄金资产的比例已经降至 16.4%，而在 2018 年之前这一比例均在 40% 以上。2014 年 6 月～2021 年 6 月，俄罗斯持有的美国证券规模已经从 1150.4 亿美元下降至 47.1 亿美元。俄罗斯也逐步探索利用非美元进行对外贸易交易。2021 年第三季度，俄罗斯出口贸易中美元结算比例从 2013 年的 80% 左右下降至 53.9%，进口贸易中美元结算比例则从 2013 年的 40% 左右下降至 35.1%。2019 年 3 月，俄罗斯天然气工业股份公司完成第一笔针对一家西欧公司的以卢布计价的天然气销售协议。美西方宣布对俄罗斯实施制裁后，俄罗斯宣布与"不友好国家"的天然气交易将改用卢布结算。

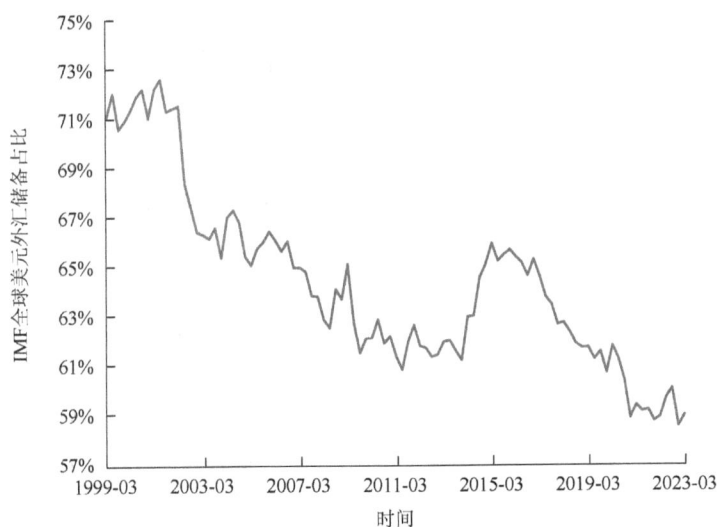

图 12-1　1999～2023 年一季度 IMF 全球美元外汇储备占比

资料来源：IMF

除俄罗斯外，一些国家也开始扩大本币结算、减少使用美元资产、优化外汇储备结构、增加黄金储备等。从统计数据看，截至 2022 年，土耳其、伊朗、德国、英国、日本、越南、新加坡、加拿大等约 110 个国家已经开始以不同的方式去美元中心化。例如，2018 年美国宣布对土耳其进行制裁，这对土耳其经济造成严重冲击。为此，土耳其加快抛售美元资产，2021 年 6 月土耳其持有的美国证券为 32.3 亿美元，相比 2018 年 6 月的 295.8 亿美元大幅下降。在美国制裁背景下，2018 年，伊朗宣布其石油交易的计价与结算不再使用美元而代之以其他货币。欧洲也受到美国制裁的波及。在美国单方面退出伊核协议后，为继续维持与伊朗的贸易，英国、法国、德国在 2019 年 1 月宣布建立贸易往来支持工具（instrument for supporting trade exchanges，INSTEX）结算机制，显示出对于美元霸权的反抗。从 2018 年开始，欧盟积极推进欧元国际化，推出多种举措努力提升欧元的国际地位。在地缘局势风险上升的情况下，美元地位的下降可能会超过预期。从目前来看，地缘局势因素或将对各国的储备资产管理产生越来越大的影响。美元的主导地位短期内不会改变，但从长期来说将会有更多国家降低美元储备的比例。

12.2.3　金融多边主义与金融逆全球化此消彼长

美欧等主要经济体对俄罗斯实施金融制裁将加剧大国金融对抗，为全球金融合作蒙上阴影。相比以往，这次对俄罗斯的制裁是国际上第一次对一个经济、政治和军事大国实施的全面经济制裁。俄罗斯是二十国集团（Group of 20，G20）成员国，同时也是 IMF、世界银行、国际清算银行等国际金融组织以及金融稳定理事会、巴塞尔银行监管委员会的重要成员。随着俄乌局势持续发酵，美西方对俄罗斯的制裁也逐渐扩展至这些国际经济与金融合作平台。2022 年 3 月 10 日，国际清算银行宣布暂停俄罗斯的成员资格，暂停俄罗斯央行参与国际清算银行服务、会议和其他活动，这是俄罗斯首次被排除在全球金融机构之外。2022 年 3 月 11 日，七国集团宣布阻止俄罗斯通过 IMF、世界银行等国际组织获得融资。目前已有多个国际金融机构宣布暂停在俄罗斯的项目。IMF 也表示，目前实施的制裁使得俄罗斯使用 IMF SDR 更为复杂。美国还试图将俄罗斯排除在 G20 之外。随着美欧对俄罗斯制裁的逐步升级，或将有越来越多的国际金融机构加入其中，各国通过这些平台和机制进行合作将更加困难。

制裁被过度使用，将使得金融多边主义受到冲击。美国将国内法凌驾于国际法和国际规则之上，滥用"长臂管辖"，在实施单边主义经济制裁方面越来越肆无忌惮。鉴于金融制裁的实施难以受到有效约束和控制，各国为防范制裁不得不采取更多防御性的行为，从而造成金融领域的逆全球化，如为防止被排除在国际支付体系之外，俄罗斯也在尝试发展自己的支付系统。2014 年 7 月，俄罗斯成立国家支付卡公司,处理境内银行卡交易业务。2014年底,俄罗斯央行建立了自己的金融消息交换系统——金融信息传输系统(financial messaging system of the Bank of Russia,SPFS),以应对可能被切断与SWIFT系统连接的风险。美欧大规模制裁俄罗斯之后,或将有更多的国家选择建立自己的备用支付体系。

12.2.4　全球经济区域化和金融中心多极化趋势明显

继全球不同国家之间的贸易争端以后,俄乌冲突阻碍了全球化进程,全球经济一体化进程正逐步向多极化、区域化、板块化转变。一方面,地理位置相近的若干国家加强自由贸易进程以加速区域化;另一方面,文化、理念、意识形态相近的国家,组成的经济、贸易、投资等方面的经济自由体加速板块化。未来世界经济的三个区域板块可能为:第一是美洲板块。以美国及其周边国家(加拿大、南美的部分国家),包括和美国意识形态、社会制度比较亲近的国家,形成相对连通的一个大市场。第二是欧洲板块。以德国为核心(法国与奥地利、荷兰、瑞士等部分东欧国家)的欧洲大陆形成经济产业链与供应链。第三是亚洲板块。以中国为主的包括"一带一路"沿线国家(哈萨克斯坦、吉尔吉斯斯坦等)、东南亚国家(东盟)以及日本、韩国等国的亚洲共同体。

俄乌冲突之后,世界金融体系也会出现重大的系统性变化,世界金融从中心化加快向多极化转变。目前,美国和英国是世界上较重要的金融中心。俄乌冲突之后西方国家把俄罗斯的金融机构"踢"出SWIFT国际结算系统,这将使各区域积极寻求多元化的金融体系。例如,英国脱欧之后,德国的法兰克福、法国的巴黎正在逐步发展欧洲大陆的金融中心,意图部分地取代英国,俄乌冲突加快了这个进程。此外,一些国家将考虑建设自己的信报处理系统以替代SWIFT,全球支付体系未来可能朝着碎片化方向发展。

12.3　人民币国际化的新成就

作为我国金融开放的重要方向,人民币国际化是指人民币能够跨越国界,在境外流通,成为国际上普遍认可的计价、结算及储备货币的过程。自2009年中国央行推动人民币国际化以来,人民币国际化已经经历了十几年时间,2022年人民币在全球结算、外汇交易、储备货币方面都能占到至少2%的份额,已经成为继美元、欧元、日元、英镑之后的全球第五大国际货币。中国央行推动人民币国际化的策略,已经由旧"三位一体"(鼓励对外贸易与投资中的人民币结算、大力发展中国香港等离岸人民币金融中心、积极推动与其他央行签署双边本币互换)转为新"三位一体"（大力拓展人民币的计价功能、加大向外国机构投资者开放国内金融市场的力度、努力在中国周边与"一带一路"沿线国家培育对于人民币的真实需求）。

12.3.1 人民币跨境收付金额增长迅猛、央行本币互换规模创新高

近年来，人民币跨境收付金额增长迅猛，不断打破新纪录。如图 12-2 所示，人民币跨境收付金额合计从 2015 年 6 月的 56 700 亿元增长至 2022 年 6 月的 203 000 亿元，增幅达 258%。2020 年，全国共有 9 个省（自治区、直辖市）[①]人民币跨境收付金额超过 2000 亿元，8 个边境省、自治区收付金额合计为 5525.57 亿元，同比增长 14.3%。2020 年中国与中国香港（占同期人民币跨境收付总额的 46.0%）、"一带一路"沿线国家（占同期人民币跨境收付总额的 16.0%）、新加坡（占 12.9%）、英国（占 5.4%）、中国澳门（占 3.7%）、中国台湾（占 2.7%）等经济体的人民币跨境收付金额占比较 2019 年均有所上升。SWIFT 发布的 2022 年 7 月统计数据显示，在使用离岸人民币支付的前十五大经济体排名中，俄罗斯名列第三位，仅次于传统的主要离岸人民币支付中心中国香港和英国。

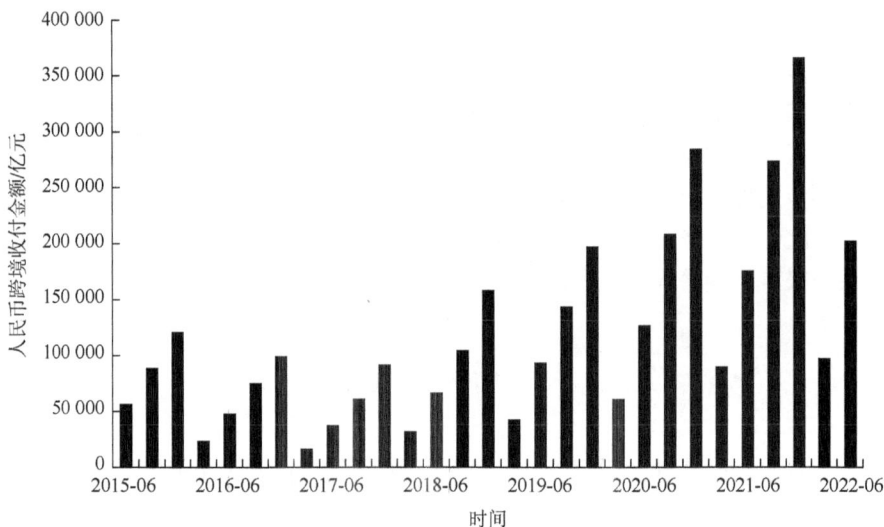

图 12-2　2015～2022 年人民币跨境收付金额

资料来源：中国人民银行

---

① 分别是上海、北京、深圳、广东（不包含深圳）、江苏、浙江、山东、福建、天津。

截至 2021 年末，中国人民银行共与包括中国澳门、日本、瑞士、加拿大、苏里南、欧盟、俄罗斯、瑞士、阿根廷、澳大利亚、泰国等 40 个国家、地区或组织的中央银行或货币当局签署双边本币互换协议，互换总金额超过 4.02 万亿元[①]。2022 年 1 月 27 日，中国人民银行与印度尼西亚银行续签了双边本币互换协议，互换规模为 2500 亿元人民币/550 万亿印尼卢比，协议有效期三年，经双方同意可以展期。双边本币互换协议再次续签，有助于进一步深化中国与其他国家的货币金融合作，促进双边贸易和投资便利化，维护金融市场稳定。

虽然我国大宗商品领域人民币跨境收付总体尚处于较低水平，但是，在中国不断推进大宗商品人民币跨境收付政策制度的改革下，增长速度可观。2020 年，原油、铁矿石、铜、大豆等大宗商品贸易跨境人民币收付金额同比增长 16.4%。2020 年以来，我国陆续实现低硫燃料油期货在上海期货交易所子公司上海国际能源交易中心上市、国际铜期货在上海期货交易所子公司上海国际能源交易中心上市、棕榈油期货正式引入境外交易者等。

12.3.2　人民币投融资货币功能深化

图 12-3 显示了经常项目和资本项目下人民币跨境收付金额累计值。从图 12-3 可知，虽然两者人民币跨境收付金额均有所增长，但是自 2018 年以来，中国资本项目下人民币跨境收付金额呈大幅度增长趋势。根据《2021 年人民币国际化报告》，2020 年，直接投资人民币跨境收付金额同比增长 37.1%、跨境人民币资金池业务[②]同比增长 39.6%、证券投资人民币跨境收付金额同比增长 73.6%。国家外汇管理局统计显示，2020 年 6 月末境外投资者持有境内债券和股票规模为 7375 亿美元，较 2015 年末增长 2.2 倍，其中，持有境内债券和股票规模分别增长 2 倍（占境内债券市场托管余额的比重为 2.4%）和 2.4 倍（占 A 股流通总市值的比重为4.5%）。

截至 2020 年末，"熊猫债"[③]发行主体已涵盖政府类机构、国际开发机构、金融机构和非金融企业等，累计注册/核准（备案）额度 1 万亿元，累计发行金额4337.21 亿元。截至 2020 年末，共有 905 家境外机构进入银行间债券市场，其中，

---

① 截至 2021 年末，中国与 22 个 "一带一路" 沿线国家签署了双边本币互换协议，在 8 个 "一带一路" 沿线国家建立了人民币清算机制安排。

② 跨境人民币资金池业务是指企业以自贸区内账户为主账户，实现境内人民币资金池与境外人民币资金池内资金的双向流通。企业境外账户的人民币资金可以直接划转到区内账户的这个资金池内，外汇资金也可以先在新加坡等地兑换成人民币，再划转到资金池内。

③ 熊猫债是指国际多边金融机构在华发行的人民币债券。

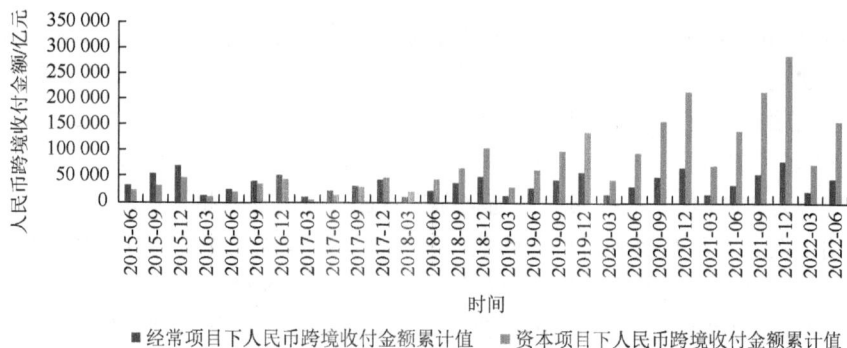

图 12-3　2015～2022 年经常项目和资本项目下人民币跨境收付金额

资料来源：中国人民银行

直接入市 468 家，通过"债券通"[①]入市 625 家，有 188 家同时通过两种渠道入市。2020 年，"沪深港通"业务人民币跨境收付金额同比增长 65.3%，境外主体积极配置人民币金融资产[②]。

12.3.3　跨境人民币结算迅速推进人民币计价货币功能有新的突破

货币国际化有利于本币定价比例上升，提高资源在国际配置效率，降低一国汇率波动和通货膨胀风险（邓贵川和彭红枫，2019）。2020 年，我国货物贸易跨境人民币结算总量再上 4 万亿元台阶，规模仅次于 2014 年和 2015 年的前期高点。2021 年 3 月 27 日，中国与伊朗签署了《中华人民共和国和伊朗伊斯兰共和国全面合作计划》，明确了中国石油和伊朗贸易用人民币和数字人民币结算，中伊之间的石油结算使用人民币。事实上，从 2015 年开始，中国和阿联酋交易额中的 74% 就已是以人民币结算，截至 2022 年，中国银行、中国农业银行、中国工商银行、中国建设银行等四大国有商业银行都在阿联酋迪拜设立分行。除了伊朗和阿联酋，中国与俄罗斯石油、天然气等的交易也是用人民币进行结算。

此外，2021 年粤港澳大湾区内跨境人民币结算规模达 3.8 万亿元，人民币成为大湾区内第一大跨境结算币种。云南省跨境人民币结算对手国从 2012 年的 46 个，扩展至 2021 年的 106 个（其中"一带一路"沿线国家 40 个）。在全国率

---

① 债券通，是中国内地与中国香港债券市场互联互通的创新合作机制，包括"北向通"和"南向通"。"北向通"是指中国香港及其他国家与地区的境外投资者，经由中国香港与中国内地基础设施机构之间在交易、托管、结算等方面互联互通的机制安排，投资于中国内地银行间债券市场。"南向通"是指中国内地机构投资者通过中国内地与中国香港基础服务机构连接，投资于中国香港债券市场的机制安排。

② 资料来源：《2021 年人民币国际化报告》。

先开展个人经常项目结算试点，泰铢区域银行间市场推广至全国银行柜台交易，银行柜台交易覆盖周边国家货币。2022 年 1~11 月，海南省人民币跨境收付金额合计 1205.81 亿元，同比增长 163.13%。2022 年，浙江自贸区舟山片区实现跨境人民币结算量 249.72 亿元，其中，大宗商品跨境人民币结算量 54.06 亿元。

2022 年 6 月 16 日，中国人民银行印发《关于支持外贸新业态跨境人民币结算的通知》，将支付机构跨境业务办理范围由货物贸易、服务贸易拓宽至经常项下，进一步发挥跨境人民币结算业务服务实体经济、促进贸易投资便利化的作用，支持银行和支付机构更好地服务外贸新业态发展，此举将有助于外贸公司选择人民币作为结算货币，从而帮助外贸公司对冲货币兑换相关风险，有助于稳定外贸企业的经营，推动人民币国际化。

12.3.4　境内人民币外汇市场交易更加活跃

我国境内银行间外汇市场交易主体逐步丰富，截至 2020 年末，共有人民币外汇即期会员 735 家，远期、外汇掉期、货币掉期和期权会员各为 266 家、259 家、213 家和 163 家，人民币外汇即期做市商 30 家，远掉期市场做市商 27 家。2020 年全年人民币外汇成交同比增长 1.6%[1]。如图 12-4 所示，总体而言，中国外汇市场中，人民币外汇和货币掉期交易占比最大，其次分别是人民币外汇即期交易、人民币外汇期权交易、人民币外汇远期交易。

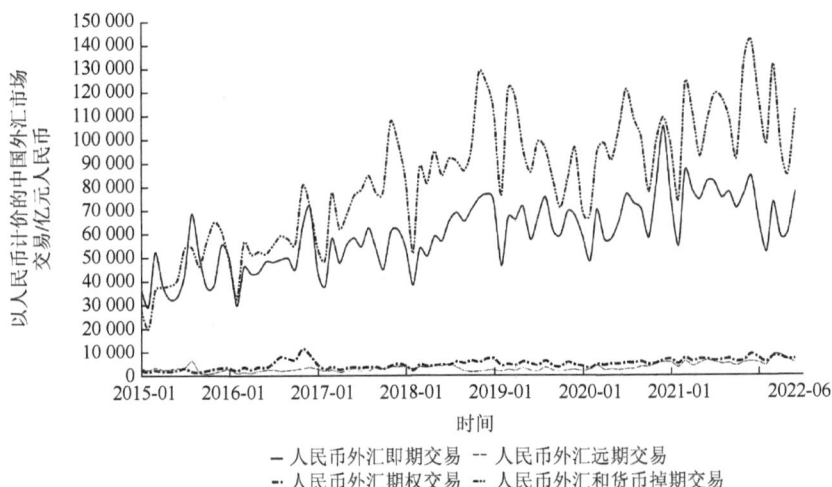

图 12-4　2015~2022 年以人民币计价的中国外汇市场交易

资料来源：国家外汇管理局

---

① 资料来源：《2021 年人民币国际化报告》。

12.3.5 人民币 SDR 权重提升促进储备货币功能上升

IMF 2022 年 3 月发布的"官方外汇储备货币构成"数据显示,2021 年第四季度,人民币在全球外汇储备中的占比创新高,升至 2.79%,位居全球第五。2022 年 5 月,IMF 执董会完成了 5 年一次的 SDR 定值审查,在维持现有 SDR 篮子货币构成(美元、欧元、日元、英镑和人民币)不变的情况下,将人民币权重由 10.92% 上调至 12.28%,将美元权重由 41.73% 上调至 43.38%,同时将欧元、日元和英镑权重分别由 30.93%、8.33% 和 8.09% 下调至 29.31%、7.59% 和 7.44%,人民币权重仍保持第三位。新的 SDR 货币篮子于 2022 年 8 月 1 日正式生效。在这次权重调整完成后,人民币权重与欧元权重差距缩小,同时对英镑、日元的领先程度明显增加,表明人民币在 SDR 货币篮子中进一步坐稳了第三的位置、人民币国际地位上升及人民币成为亚洲地区最重要的国际储备货币,人民币将在国际贸易、外汇储备、全球外汇交易、投融资中的使用更加广泛、更加受欢迎,人民币将在国际支付结算、储备与投融资方面发挥的作用越来越大,人民币国际化进程逐步加快。同时,人民币 SDR 权重提升,反映出国际对人民币市场化改革与我国金融改革开放成就的高度认可。

此外,2022 年 6 月 25 日,中国人民银行与国际清算银行签署了参加人民币流动性安排(RMB liquidity arrangement,RMBLA)的协议。人民币流动性安排由所有参加方共同出资建立,各方实缴资金不低于 150 亿元人民币或等值美元。在有流动性需求时,参加方除可提取其出资部分外,还可凭合格抵押品从储备池中借入短期资金。中国人民银行参加人民币流动性安排有利于加强与国际清算银行的合作,满足国际市场对人民币的合理需求,并为加强区域金融安全网作出积极贡献。

12.3.6 CIPS 稳定运行

CIPS 于 2015 年 10 月 8 日第一期正式启动,2018 年 3 月 26 日第二期投产试运行。2020 年,CIPS 新增直接参与者 9 家(其中 4 家为境外人民币清算行),新增间接参与者 147 家。截至 2020 年末,共有境内外 1092 家机构通过直接或间接方式接入 CIPS,其中直接参与者 42 家,较 2015 年 10 月上线初期增加 23 家;间接参与者 1050 家,较 2015 年上线初期增加了约 5 倍。CIPS 基本覆盖全球各时区的工作时间,支持全球的支付与金融市场业务,满足全球用户的人民币业务需求。自上线至 2020 年末,CIPS 累计为各类参与者处理业务 751.35 万笔,金额为 125.04

万亿元①。2021 年，CIPS 稳定运行，累计处理跨境人民币业务 334.16 万笔，金额
79.60 万亿元。此外，截至 2021 年末，中国人民银行已在 25 个国家和地区授权了
27 家境外人民币清算行②。

12.3.7　离岸人民币国债、央票大力发行推动香港国际金融中心建设

截至 2022 年，财政部已经在香港连续 14 年发行人民币国债，发行规模从
2009 年的 60 亿元稳步增长，最高峰时达到 280 亿元，随着离岸人民币规模的变
化，近年来一直维持在 200 亿元左右。截至 2022 年 5 月末，财政部已经在香港累
计发行了 2380 亿元人民币国债。离岸人民币国债发行规模正在扩大，香港"点心
债券"（在香港发行的人民币计价债券）市场将持续向好，也形成了人民币国债在
港发行的长效机制：一方面，国债期限结构日益丰富，从常见的 2 年、3 年、5 年
等期限品种，逐步增加关键期限品种，初步形成了完整的人民币国债收益率曲线；
另一方面，发行机制不断创新，从最初的离岸人民币市场通行的簿记建档方式，
逐步探索招标发行、上市、定向发行等方式，对其他发行体起到良好示范作用。
2022 年 6 月 15 日，财政部在香港特别行政区发行 2022 年首期 75 亿元人民币国
债。在港持续发行人民币国债，对香港的人民币业务和香港金融系统的业务也带
来了较大的增量，支持了香港国际金融中心建设。

离岸人民币央票发行（中央银行发行的短期债券）也保持较大规模，2022 年
5 月 23 日，中国人民银行在香港成功发行了两期人民币央行票据，其中 3 个月期
央行票据 100 亿元，1 年期央行票据 150 亿元，中标利率分别为 2.49% 和 2.80%，
这是央行年内第三次发行央票（2022 年 2 月 21 日发行了 250 亿元，2022 年 3 月
22 日发行了 50 亿元）。中国人民银行常态化在香港发行人民币央行票据，不仅丰
富了香港市场人民币投资产品系列和流动性管理工具，而且带动了境内金融机构、
企业等其他主体在离岸市场发行人民币债券。近年来，在离岸市场发行的人民币
国债、金融债券和企业债券不断增加，发行方式和发行地点日益多样化，表明香
港人民币央行票据对于促进离岸人民币市场发展发挥了积极作用。

2022 年 7 月 4 日，中国人民银行公布了两项新的金融对外开放政策：一是开展
香港与内地的利率互换市场互联互通合作（以下简称"互换通"）；二是中国人民
银行与香港金融管理局签署常备互换协议，将货币互换安排升级为常备互换安排。
"互换通"业务通过两地金融市场基础设施连接，有利于境外投资者管理利率风

---

① 资料来源：《2021 年人民币国际化报告》。
② 资料来源：《2022 年人民币国际化报告》。

险，推动境内利率衍生品市场发展，巩固香港国际金融中心地位。此外，中国人民银行与香港金融管理局签署常备互换协议，将双方自 2009 年起建立的货币互换安排升级为常备互换安排，协议长期有效，互换规模由原来的 5000 亿元人民币/5900 亿元港币扩大至 8000 亿元人民币/9400 亿元港币。这是中国人民银行第一次签署常备互换协议，可以为香港市场提供更加稳定、长期限的流动性支持，有利于稳定市场预期、增强市场内生发展动力，从而更好地发挥香港离岸人民币业务枢纽的功能。

12.4　人民币国际化的新机遇和未来方向

国际货币体系的稳定条件是储备货币国家的经济体量足够大，并且储备货币国家偿付能力增长率不低于非储备货币国家的实际产出增长率和储备货币实际收益率，而人民币国际化对于国际货币体系稳定具有不可替代的重要作用（范小云等，2014）。2021 年中国 GDP 占全球经济比重超过 18%。相比之下，人民币在全球外汇储备中的占比不到 3%，从目前中国实体经济体量和在全球贸易中的占比来看，人民币国际化具有充足的潜力。有研究表明，早在 2015 年左右人民币已经成为全球大多数国家，特别是与中国有密切经济往来国家的隐性"货币锚"（杨荣海和李亚波，2017）。俄乌冲突促使国际货币体系多元化，为人民币国际化提供了绝佳的机遇，中国经济正逐步克服新冠疫情等不利因素的影响，恢复经济增长活力。表现稳健的人民币被普遍看好，对全球投资者的吸引力将进一步增强。然而，随着世界经济即将进入衰退或滞胀期，全球贸易的发展前景暗淡，这也将阻碍人民币国际化进程。本节将分析人民币国际化面临的机遇、挑战与未来方向。

12.4.1　俄乌冲突背景下人民币国际化的新机遇

1. 以人民币结算购买大宗商品的机会提升

在资本账户未完全放开的条件下，积极推动大宗商品交易，活跃诸如人民币套息交易（何诚颖等，2018）等交易类型。一方面，在欧洲和美国实行制裁的背景下，目前非俄罗斯的大宗商品价格暴涨，这为中国以相对合理价格人民币结算购入俄罗斯大宗商品提供了较好的机会。另一方面，俄罗斯、伊朗等大宗商品出口国目前对美元资产的安全性产生了疑虑，这为中国推动大宗商品进口的人民币计价与结算提供了良好的机遇。2022 年 3 月，部分中国公司开始对进口的煤炭用人民币进行结算。2022 年 4 月，俄罗斯提出石油用人民币结算的可能性，以人民币出售俄罗斯石油和煤炭的协议已经具备，这是中国和俄罗斯在欧洲和美国实行制裁的背景下，努力保持贸易的有利选择。

2. 西方切断 SWIFT 系统行为有利于为 CIPS 的国际化与普及化提供窗口

西方因俄罗斯在乌克兰的特别军事行动将俄罗斯部分银行踢出 SWIFT 支付系统，影响以俄为中心的资金流。俄罗斯为此在金融等领域早已开展了应对工作并取得成效，包括自主研发的 SPFS。截至 2021 年 5 月，俄罗斯境内使用 SPFS 系统的金融机构大约是使用 SWIFT 的 1/5。截至 2022 年 2 月 3 日，来自中国、古巴、白俄罗斯、亚美尼亚、塔吉克斯坦、吉尔吉斯斯坦、哈萨克斯坦等国的 331 家金融机构使用俄罗斯 SPFS 系统。由于 SPFS 的国际参与机构相对较少，被踢出 SWIFT 系统的俄金融机构可能必须同时参与中国的 CIPS 系统或其他系统。

从技术和功能上讲，俄罗斯自主研发的 SPFS 和中国建立的 CIPS 都可以替代 SWIFT 系统。全世界的金融机构普遍使用 SWIFT 系统，更大程度上是因为金融机构多年来的使用习惯。自 2015 年上线运行以来，CIPS 保持安全稳定运行，境内外接入机构数量增多，类型更为丰富，系统的网络覆盖面持续扩大，业务量逐步提升。但是，2021 年 CIPS 日均处理业务 1.34 万笔，金额 3184 亿元，不到 SWIFT 的 1%，可见增长空间巨大。因此，在当前西方国家将 SWIFT "武器化" 对其他国家的威慑作用下，中国应积极推动扩大 CIPS 的参与主体与覆盖范围。

除此之外，CIPS 也正在通过研究作为支付系统的功能灵活性，探索更多可能，2021 年上线的标准收发器实现了与企业的直联，也同时新增了港币支付业务，支持港币结算框架下更为丰富的跨境金融市场业务，未来也可能在其他主权币种支付结算、超主权币种支付结算方面实现突破。新的贸易格局与国际金融市场格局正在形成，无论是人民币国际化还是 CIPS，未来俱可期。

3. 中国经济较快增长与持续对外开放吸引海外投资者积极配置人民币资产

迄今为止，中国经济的持续较快增长，中国政府对财政赤字、政府债务与货币供应的克制，人民币汇率的相对强劲表现，使得人民币资产对海外投资者的吸引力上升，人民币国债与金融债在一定程度上开始具备国际安全资产的特征。截至 2020 年末，境外主体持有境内人民币股票、债券、贷款以及存款等金融资产金额合计为 8.98 万亿元，同比增长 40.1%，境内金融市场股票和债券成为境外主体增配人民币金融资产的主要品种。

近年来，中国债券市场对外开放取得积极进展。截至 2022 年 4 月末，中国债券市场余额为 138.2 万亿元人民币，自 2016 年起稳居世界第二，共有 1035 家境外机构投资者进入中国债券市场，总持债规模为 3.9 万亿元人民币，较 2017 年末增长了 225%。2022 年 6 月 30 日，实施《关于进一步便利境外机构投资者投资中国债券市场有关事宜》，将境外机构投资国内债券的范围进一步扩充到交易所市场，且获准进入银行间债券市场的境外机构投资者可以直接或通过互联互通方式投资交易所债券市场，这将提升境外机构投资我国债券市场的意愿与动力，带动更多的资金进入我国债券市场，为我国金融市场的发展增添新动力。

2020 年以来，境内人民币汇率双向浮动，弹性显著增强。人民币对美元等全球主要货币有升有贬，人民币汇率弹性波动程度显著提升，推动外汇衍生品市场发展的政策也在推进。这将有助于增强中国外汇市场的韧性，从而可以承担更多的外部风险冲击。对外国投资者来说，外汇市场的交易成本也将有所减少，同时外汇市场的流动性也将进一步增强。2022 年人民币在 SDR 中的权重上升，再次提升了人民币的国际储备货币地位。这有利于长期投资者继续增加对中国金融市场的投资。不仅如此，中国股票和债券陆续被纳入全球指数。从 MSCI 指数发布12 个新的中国股票指数到 1099 只中国 A 股正式被纳入标普新兴市场全球基准指数，从彭博巴克莱全球综合指数纳入以人民币计价的中国国债和政策性银行债券到中国国债正式被纳入摩根大通全球新兴市场政府债券指数，乃至 2021 年 10 月29 日富时罗素世界政府债券指数（world government bond index，WGBI）正式纳入中国债券，也将有助于增强我国资本市场对外国投资者的吸引力。以上成就为我国积极打造全球人民币金融资产配置中心和财富管理中心提供了条件。

4. 中国加速贸易结构性改革有利于扩大人民币的使用范围

2020 年，东盟超过欧盟历史性成为我国第一大货物贸易伙伴，这为东亚经济一体化提供了条件。2020 年 11 月，东盟 10 国和中国、日本、韩国、澳大利亚、新西兰共 15 个亚太国家正式签署了《区域全面经济伙伴关系协定》（Regional Comprehensive Economic Partnership，RCEP）。与东盟国家相比，中国的经济总量不但大大超过东盟国家，中国人均 GDP 也明显高于大部分东盟国家。我国与RCEP 成员国贸易额占我国贸易总额的 1/3 左右，这种外贸结构的变化，对于支撑人民币进一步在周边国家的使用、提升人民币国际化水平具有较强的促进作用。2022 年 1 月 1 日，RCEP 生效首日，海关总署统计，我国出口企业申领原产地证书和开具原产地声明共 505 份，全国海关共验放协定项下的进出口货物货值超 2 亿元。

5. 东亚区域货币金融合作意识觉醒助推人民币区域化国际化进程

自 2000 年《清迈倡议》签署以来，东亚区域货币金融合作因各种复杂因素的干扰进展缓慢，面临的外界压力日益增大。一方面，近半个世纪以来美国经济高度金融化发展，不仅使全球范围内的"经济危机"由生产过剩危机转变为"金融危机"，而且使危机的核心正在从世界经济的外围地区过渡至核心地区，美国爆发货币金融危机将成为常态。另一方面，东亚同美国之间经济增长周期的差异较大，历史上美联储多次加息过程都使得东亚新兴经济体面临很多困境，此次美联储退出量化宽松（quantitative easing，QE）的过程同样如此。而且美联储退出政策的不确定性，使得东亚新兴经济体的货币政策面临更大压力。

在面临着疫情的巨大冲击、美联储货币政策调整可能带来的巨大风险，以及该地区产业链发展的现实需求下，积极推进东亚货币金融合作的再出发，不仅有助于该地区的货币金融稳定与经济增长，还对约束美元体系的"债务人逻辑"、恢复全球范围内的"债权人逻辑"具有十分重要的意义。俄乌冲突背景下，对俄罗斯金融制裁所展示出来的美元体系具有的让系统内国家难以避免或摆脱的巨大权力，对于存在地缘局势纷争且经济、金融联系日益紧密的东亚地区而言，无疑增加了新的不确定性。

东亚地区是贸易、投资和产业链的区域化发展最为深入且具有活力的地区，也是人民币各种货币职能尤其是计价、结算功能获得提升的重点地区。中国将利用此时机积极推动 RCEP 一体化大市场的形成，这将有助于中国进一步优化对外贸易和投资布局，在初步实现"人民币的亚洲化"（李晓等，2004）的基础上不断与国际高标准贸易投资规则接轨，构建更高水平的开放型经济新体制，这将为在东亚经济体中逐步以人民币计价和结算提供基础。

12.4.2　人民币国际化的挑战

人民币国际化任重而道远，当前还面临着不少挑战。

（1）人民币国际支付占比仍处于较低水平。受制于中国的政策制度和金融体系等结构性因素的不足，人民币在全球市场上使用的份额始终较低（彭红枫和谭小玉，2017）。据 SWIFT 的数据，2021 年 12 月～2022 年 1 月，虽然在全球支付货币中人民币作为支付结算货币的使用逐渐增加，但是在 2022 年 1 月全球货币支付占比中人民币的市场份额仅为 3.2%。

（2）人民币的储备货币职能与主要发达经济体相比有差距。人民币作为国际储备货币占比较低，距离美元、欧元的储备货币地位还有差距。此外，一种货币在东道国国际货币储备中获得的份额是东道国考虑机会成本、短缺成本、转换成本、收益率、交易需求等因素后的综合结果，且由于货币收益率存在惯性以及储备门槛和调整成本的存在，交易需求变动并不会立即带来货币储备变动（李军林等，2020）。

（3）人民币定价的基础仍不稳固。虽然中国在世界 500 强中的企业数量已经超过美国，但是我国部分企业呈现出大而不强的特点，相对于欧美企业而言，我国的企业定价权较低，这导致了我国企业在国际贸易中针对何种货币计价的谈判影响力不足。此外，我国出口企业的垂直专业化水平因素会影响企业对定价货币的选择以及汇率传递①水平（项后军和吴全奇，2015）。因此，企业应当提升自身在对外交易中决定计价结算货币的谈判能力（戴金平等，2021），人民币国际化的实体经济基础仍然需要加强。

（4）中国贸易水平"比上不足，比下有余"的结构性状况一定程度上加剧了人民币国际化的总体推进。"比上不足"方面，中国 GDP 总量虽然与欧盟相当，但人均 GDP 低于欧盟，在国际分工体系中的地位没有相对优势，要在中欧贸易中推动人民币国际化的难度较大。"比下有余"方面，中国积极推进与"一带一路"沿线国家的对外贸易，但中国的经济规模、币值稳定性、对外投资、贸易出口等因素均会影响人民币国际化的乘数效应水平（林乐芬和王少楠，2016），需政府部门与货币当局谨慎平衡与协调。

（5）从跨境支付系统来看，CIPS 当前交易币种仅为人民币与港币，从当前的全球跨境支付结算份额来看，CIPS 支付结算比例尚不足 5%，国际贸易、非贸易主要还是通过 SWIFT 系统发报。

（6）国际金融周期由松向紧快速逆转，叠加地缘局势冲击增加了我国跨境资本流出压力。当前，主要发达经济体央行加快加码收紧货币政策，叠加疫情反复、地缘局势冲突、能源粮食危机等的影响，世界经济增长动能转弱，可能导致风险资产的重新定价以及全球融资条件的重新收紧，引发金融市场大幅调整，影响市场信心和金融稳定，避险情绪上升的同时我国跨境资本流出压力加大。

12.4.3　人民币国际化的未来方向

为了把握人民币国际化的机遇，积极推动具有中国特色的人民币国际化路线（曹远征等，2018）的可持续发展的适宜政策如下。

（1）优化储备资产结构，降低储备资产安全性。中国应在减持美国国债的同时，增持其他形式的资产，可以增加对战略资源生产国的股权投资，如对中亚、阿拉伯国家油田的股权投资。由于国际储备管理具有成本和收益，货币当局还应当从降低贸易条件冲击、降低经常账户的调整速度来加强国际储备管理（Aizenman，2007）以促进动荡时期的国内宏观经济管理，减轻外部不利冲击的影响。

（2）通过稳慎的宏观调控政策确保中国经济稳定持续增长，积极促进国际贸易发展。经济政策不确定性会通过增强外汇市场预期波动影响境外主体持有人民币资产的需求（王爱俭等，2022）。当前，应该通过扩张性宏观政策和逆周期

---

① 汇率传递指汇率变动对一国进出口产品价格和国内价格的影响。

宏观审慎监管，确保中国经济的持续稳定增长，继续强化外国投资者对中国经济的信心。

（3）努力增强国内金融体系的韧性，提升国内金融市场的发达程度。现阶段推进人民币国际化的关键在于完善我国的制度体系和金融市场等结构性因素（彭红枫和谭小玉，2017）。货币当局需要构建发达的、具有广度和深度的国内金融市场，从而增强金融体系抵御风险的能力。

（4）适当扩大国债发行规模，尤其是应扩大离岸人民币国债发行规模，为有潜在需求的国家提供富有吸引力的替代性安全资产，支持离岸人民币市场健康有序发展。

（5）稳妥推进高质量的资本项目开放以及金融业的制度型开放，持续提升跨境贸易投资自由化、便利化水平。由于汇率弹性的增加与资本账户开放对当期人民币国际化具有显著的推进作用（彭红枫等，2017；张国建等，2017；王晓芳和鲁科技，2021），我国应进一步完善汇率市场化机制改革，需要逐渐实现金融业从通道型开放向制度型开放的转变。但应注意人民币国际化对不同类型与流向的资本流动的影响差异（阙澄宇和孙小玄，2022）、防范跨境资本流动大进大出风险，在完善金融监管体制基础上努力防范化解国内系统性金融风险，避免系统性金融风险爆发扰乱人民币国际化进程。

（6）深化对外货币合作、择机激活并扩大与特定国家签署的双边本币互换。双边本币互换可以通过提供人民币流动性、提升外界对人民币的信心以及增强人民币网络外部性等渠道推动人民币国际化（宋科等，2022）。我国货币当局还可进一步鼓励其他国家通过双边本币互换获得人民币资金后，用人民币向中国支付进口费用。

（7）在东亚地区积极推进区域货币金融合作。东亚地区是贸易、投资和产业链的区域化发展与人民币计价、结算货币职能获得提升的重点地区。应不断推动东亚各伙伴国将通过双边本币互换协议积累的流动性资源用于区域资本市场发展和区域货币合作（杨权，2010；陈若愚等，2021；李俊久，2022）。积极在 RCEP 框架内尝试并广泛利用人民币计算与结算，积极推动他国在中国发行"熊猫债"。

（8）加快建立国际社会公认的、安全运行的人民币支付清算体系等金融基础设施。通过不断加快与其他国家支付系统的连接，积极建设和推动 CIPS 的多边应用，并不断提升 CIPS 的稳定性与有效性，增强中国国际支付系统的独立运行能力和国际影响力。

（9）推动数字人民币发展、防范地缘局势风险。在美元体系下推动人民币国际化，人民币国际化不是为了摆脱甚至颠覆美元体系，而是为了降低该体系带来的风险。

12.5　本　章　小　结

俄乌冲突对世界能源、原材料以及粮食供应链产生重大冲击，加速了世界经济的下行压力及进入滞胀的可能。与此同时，俄乌冲突还增加了 2022 年以来美联储退出 QE 操作的难度和不确定性，稍有不当，美联储货币政策调整将对全球金融市场产生巨大负面外溢效应，很可能诱导全球经济衰退。2022 年以美国为首的西方国家采用阻止俄罗斯银行使用 SWIFT、冻结俄罗斯外汇储备的措施进行强力金融制裁，外汇储备的"武器化"严重破坏了各国对美元体系的信任，不但对俄罗斯经济和世界经济造成严重冲击，而且美欧等主要经济体大规模制裁俄罗斯之后，或将有更多的国家选择建立自己的备用支付体系，这将对全球金融体系带来深远影响。

俄乌冲突将促进国际货币体系出现新变局。首先，美国与部分欧洲国家冻结了俄罗斯的外汇储备与黄金储备，破坏了国际货币体系建立的国家信用，尤其严重破坏了迄今为止全球最重要安全资产（美国国债）的安全性，这将加剧各国推进储备资产多元化的进程。其次，面对美元非对称货币权力的弊端与风险，多国"去美元化"趋势明显，通过降低美元在全球储备资产中的比例、扩大本币结算方式减少使用美元资产，这将冲击美元的全球主导地位。再次，美欧等国对俄罗斯金融制裁将加剧大国金融对抗，全球金融合作进程变慢，金融多边主义被削弱，金融逆全球化趋势明显。最后，继全球不同国家之间的贸易争端以后，俄乌冲突阻碍了全球化进程，全球经济一体化进程正逐步向多极化、区域化、板块化转变，世界金融从中心化加快向多极化发展。

近年来，中国人民币国际化取得显著成就，经常项目人民币跨境使用进一步扩大、人民币跨境融资渠道进一步拓宽、双边货币合作稳步开展、人民币国际化基础设施进一步完善以及人民币 SDR 权重提升。但是，人民币与美元、欧元的储备货币地位还有差距，中国企业在国际贸易谈判中的定价权较低，CIPS 占全球跨境支付结算份额比例低，以及在全球经济滞胀风险加剧叠加国际金融周期加快逆转，人民币高水平国际化任重而道远。

因此，在未来的人民币国际化进程中，中国要在警惕人民币国际化给我国金融体系带来的冲击（彭红枫等，2015）[如人民币国际化将提升我国美元外汇储备，美元不断贬值会给我国造成福利损失，且长期可能稀释人民币国际化的程度（白钦先和张志文，2011）]、充分利用 G20 政策对话平台推动国际合作（张礼卿，2020）的基础上，充分利用有利的国际经济政治因素，争取更多的机会来推动人民币国际化的不断深化和发展，采取诸如提高储备资产安全性、加强宏观调控稳定经济和对外贸易发展、积极发展国际金融基础设施、加快离岸人民币金融中心建设、稳妥推进高质量的资本项目开放、积极通过 RCEP 推进东亚区域货币金融等措施持续稳慎推进人民币国际化、稳步推进人民币资本项目可兑换，争取在百年未有之大变局的背景下，在国际货币体系和国际金融治理过程中占有一席之地。

第13章 提升企业汇率风险管理能力

自布雷顿森林体系解体后，汇率浮动问题受到各国央行与跨国投资者的高度关注。随着国际一体化程度的加深，汇率波动也已成为企业面临的主要风险源之一。汇率的变化不仅会直接影响以外币为基础的企业的盈利水平和跨国经营企业的外币报表折算差额，给企业带来汇率交易风险与汇率折算风险，还会进一步间接影响企业的市场价值，给企业带来汇率经济风险。

自 2001 年 12 月 11 日我国正式加入 WTO 以来，我国企业快速融入全球化浪潮，尤其是随着近年来"一带一路"倡议的提出与"走出去"战略的加快实施，我国企业国际化程度不断增大，国际地位显著提高。然而，随着人民币汇率市场化改革的不断深入，人民币汇率由单边渐进升值转向双向宽幅波动，同时在 2018 年中美贸易摩擦、2020 年新冠疫情暴发等外部冲击的影响下，人民币对美元汇率一度"破 7"，人民币汇率可预测性大幅降低，人民币汇率双向宽幅波动成为新常态。中国企业在践行全球化战略、分享全球化红利的同时，面临的汇率风险愈加突出。特别是在 2015 年"8·11"汇改后，我国企业仍按照过去人民币汇率单边渐进升值的旧逻辑，导致其面临着严重的人民币汇率贬值风险，形成汇兑净亏损。可见，我国企业依然沉浸于人民币汇率单边渐进升值的汇率风险管理惯性之中，在汇率风险管理上仍保持着人民币净多头或外币净空头，人民币汇率转为双向宽幅波动后，我国企业人民币汇率风险管理效果欠佳。

综上所述，我国企业显著存在着汇率风险空前巨大与汇率风险管控水平有限的问题。2019 年 11 月 22 日，国家外汇管理局局长潘功胜在第十九届中国年度管理大会上强调"随着汇率形成机制逐步完善，人民币汇率弹性将不断增强，企业等市场主体要审慎安排资产负债货币结构，合理运用外汇衍生工具，加强汇率风险管理，适应市场环境的变化。企业汇率风险管理应立足服务主业，坚持'财务中性'原则"（潘功胜，2020）。因此，在人民币汇率双向波动及企业国际化程度日益加深的背景下，我国企业应加快提高汇率风险管理水平。这不仅影响企业短期经营的稳定性和"走出去"战略的稳步实施，同时也关乎我国企业外汇市场理性参与主体的培育、外汇市场的平稳健康发展和进一步推进人民币汇率市场化形成机制的改革。

13.1　我国企业面临的汇率风险

13.1.1　汇率交易风险

汇率交易风险是指企业以外币为基础的业务活动由于汇率的变化未来收入或支出折算为本币时存在的不确定性，这种不确定性导致的利得或损失将会直接影响企业的当期损益，体现在企业的利润表中的汇兑损益科目，因此汇兑损益科目可以作为企业汇率交易风险水平的衡量指标。值得注意的是，由于汇兑损益为损益类会计科目，企业汇兑损益科目为正，表明该会计报告期企业汇兑净亏损，反之则表明该会计报告期企业汇兑净盈利。如图 13-1 所示，2014 年以前在人民币汇率单边渐进升值的背景下，我国非金融类上市公司汇兑损益总额皆为负值，表明我国具有外汇交易需求的企业整体上持有人民币净多头或外币空头头寸，汇兑呈现出净盈利状况。在 2014 年人民币对美元汇率的小幅贬值背景下，我国企业汇兑净亏损 71.4062 亿元。2015 年"8·11"汇改后我国企业短期内尚未适应人民币汇率双向宽幅波动走势，具有外汇交易需求的企业整体上持有人民币净多头或外币空头头寸，在 2015 年人民币对美元汇率大幅贬值的背景下，我国非金融类上市企业汇兑净亏损额高达 398.2870 亿元，创下历史新高。随着人民币汇率双向波动成为新常态，我国企业汇率风险管理意识有所提高，近年来我国企业汇兑损益对净利润的影响明显下降，2016 年、2017 年、2018 年我国非金融类上市公司汇兑损益分别为 –61.1677 亿元、172.0588 亿元、64.7212 亿元，其绝对值占净利润之比分别为 0.44%、0.88%、0.32%。但是也应清醒地认识到，2015 年汇改后，我国非金融类上市公司已由 2014 年前的整体汇兑净盈利转变为整体汇兑净亏损，这说明我国非金融类上市公司的汇率风险管理能力偏低。

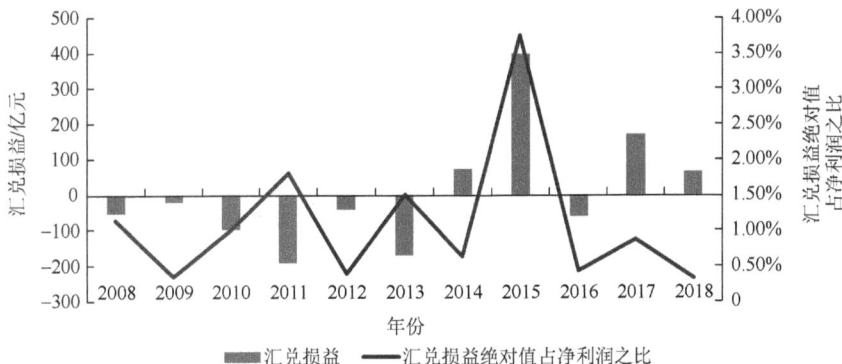

图 13-1　我国非金融类上市公司汇兑损益及其绝对值占净利润之比

资料来源：CSMAR 数据库

13.1.2　汇率折算风险

汇率折算风险是指在一定会计期间内由汇率的变化所导致的境外企业资产和负债折算为本国货币时所产生的不确定性。企业资产负债表中的外币报表折算差额科目是在会计报告期编制财务报表，将境外子公司以所在国货币编制的财务报表折算成以本币为记账货币的财务报表时，由于会计期间汇率的变化而形成的汇兑差额。因此，企业的外币报表折算差额可以作为企业汇率折算风险的衡量指标。由于现有数据库仅提供了 2013 年以前的企业外币报表折算差额的指标数据，本章以中证 800 指数成分股非金融类上市公司为样本，手工搜集补齐了 2010~2018 年的外币报表折算差额指标数据。如图 13-2 所示，2010 年我国中证 800 指数成分股非金融类上市公司外币报表折算差额的绝对值为 114.7973 亿元，占总资产之比为0.13%；2018 年我国中证 800 指数成分股非金融类上市公司外币报表折算差额的绝对值为 4.38 亿元，占总资产之比为 0.08%。从企业面临的汇率折算风险看，我国企业在境外设立子公司的资产与负债基本匹配，2015 年"8·11"汇改后我国企业面临的汇率折算风险并未显著提高。

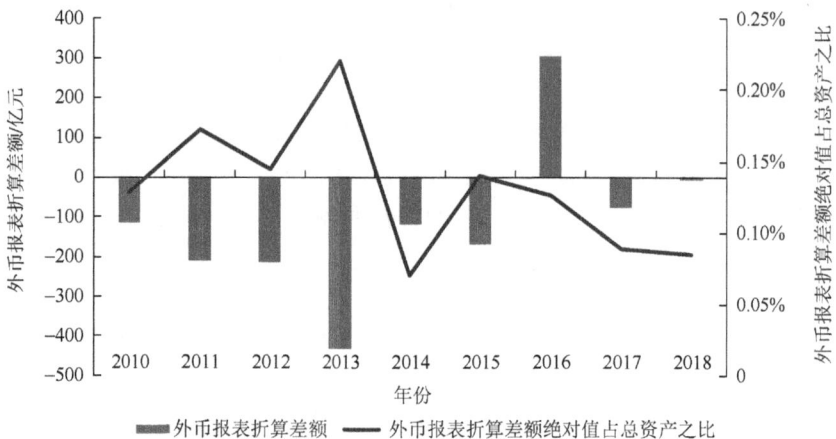

图 13-2　非金融类上市公司外币报表折算差额及其绝对值占总资产之比

资料来源：企业外币报表折算差额数据由作者手工搜集整理而得，企业总资产数据来源于 CSMAR 数据库

13.1.3　汇率经济风险

汇率经济风险是指汇率的变化给企业未来净现金流带来的不确定性。根据现金流量模型，企业未来现金流的现值即为企业的市场价值，所以学术界普遍认同

企业的汇率经济风险为企业市场价值对汇率变化的敏感性。根据第 10 章基于 NARDL 模型的企业汇率经济风险测度发现，在考虑非线性与非对称性后，我国存在显著汇率经济风险暴露的上市企业所占比例偏高，72.68%以上的上市企业的市场价值与人民币汇率指数间存在显著的长期协整关系。从长短期来看，48.21%的上市企业具有显著的长期汇率风险暴露，62.56%的上市企业具有显著的短期汇率风险暴露；从企业汇率经济风险的非对称性来看，与人民币贬值有利于上市企业市场价值提高相比，人民币升值对上市企业市场价值的负面影响更大。人民币汇率每升值 1%，上市企业市场价值平均降低 2.53%；人民币汇率每贬值 1%，上市企业市场价值平均提高 1.03%。可见，2015 年"8·11"汇改后，我国企业面临的汇率经济风险提高且情况较为复杂，企业市场价值受到人民币汇率指数影响的企业数量明显增多，同时具有非线性人民币汇率指数风险的上市企业占比显著提高。

13.2 我国企业汇率风险管理存在的主要问题

13.2.1 我国企业汇率风险管理难度加大

1. 人民币汇率市场化改革降低汇率可预测性

为了发挥弹性汇率在我国经济发展和国际收支中的稳定器作用，2005 年中国人民银行决定放弃盯住美元的固定汇率制度，逐步实施以市场供求为基础、参考一篮子货币进行调节、有管理的浮动汇率制度。2005 年 7 月 21 日，中国人民银行宣布人民币汇率市场化改革的方案，改革的主要内容包括：①在汇率制度选择上，将原来盯住美元的汇率制度转变为浮动汇率制度，具体而言，实行以市场供求为基础、参考一篮子货币进行调节、有管理的浮动汇率制度；②在人民币汇率调整上，根据中国人民银行对人民币合理均衡汇率的估算，人民币对美元汇率升值 2%；③在人民币汇率中间价报价上，每日人民币汇率中间价由"参考前一日银行间市场加权平均价确定"转变为"参考前一日收盘价确定"，人民币对美元汇率日波动幅度仍保持在±0.3%。自此，人民币汇率开启了"浮动时代"。为了进一步增加人民币汇率弹性，发挥市场在人民币汇率形成过程中的作用，2007 年 5 月 21 日中国人民银行宣布将银行间即期外汇市场人民币对美元汇率日波动幅度由±0.3%扩大至±0.5%。但是，受 2008 年全球金融危机的影响，为了避免人民币汇率大幅波动，中国人民银行决定自 2008 年 6 月开始人民币再次盯住美元，将人民币对美元汇率稳定在 6.82~6.86。直至 2010 年 6 月 19 日，中国人民银行再次决定推进人民币汇率形成机制改革，不断增强人民币汇率弹性，并分别于 2012 年 4 月 16 日、2014 年 3 月 17 日将银行间外汇市场人民币对美元汇率浮动区间由±0.5%

扩大至±1%、±2%。2015年8月11日，中国人民银行再次宣布对人民币汇率中间价报价机制进行改革，将中间价报价机制修改为参考前一日银行间外汇市场收盘价，并将当日人民币对美元汇率中间价一次性调贬1.86%。2015年12月11日，中国外汇交易中心发布人民币汇率指数，强调要加大参考一篮子货币的力度，维持人民币对一篮子货币的基本稳定。

　　与盯住美元的汇率制度不同，随着2005年人民币汇率形成机制市场化改革开启以及逐步深化，人民币汇率波动幅度逐渐扩大。统计数据显示，2005年7月21日汇改启动至2008年6月30日人民币汇率再次盯住美元期间，人民币对美元汇率升值17.13%，其中426个交易日升值，289个交易日贬值，区间振幅20.66%，最大升值17.13%，最大贬值0.54%；自2010年6月19日重启人民币汇率制度改革以来至2015年8月10日，人民币对美元汇率升值10.42%，其中646个交易日升值，603个交易日贬值，区间振幅12.05%，最大升值10.76%，最大贬值1.32%；自2015年8月11日至2018年12月28日，人民币对美元汇率贬值12.21%，其中383个交易日升值，444个交易日贬值，区间振幅11.83%，最大升值9.73%，最大贬值11.83%。可见，2015年"8·11"汇改后人民币对美元汇率由过去的单边渐进升值转向双向宽幅波动，人民币汇率有升有贬。此外，如图13-3和图13-4所示，从人民币对美元汇率年化波动率和人民币对美元汇率年度极差看，人民币汇率波动幅度显著增大，人民币汇率的可预测性显著降低。综上可知，随着人民币汇率形成机制市场化改革的逐步深化，人民币对美元汇率由长期单边渐进升值转向双向宽幅波动，人民币汇率的可预测性显著降低，这将显著提高我国企业所面临的汇率风险，增加我国企业汇率风险管理的难度。

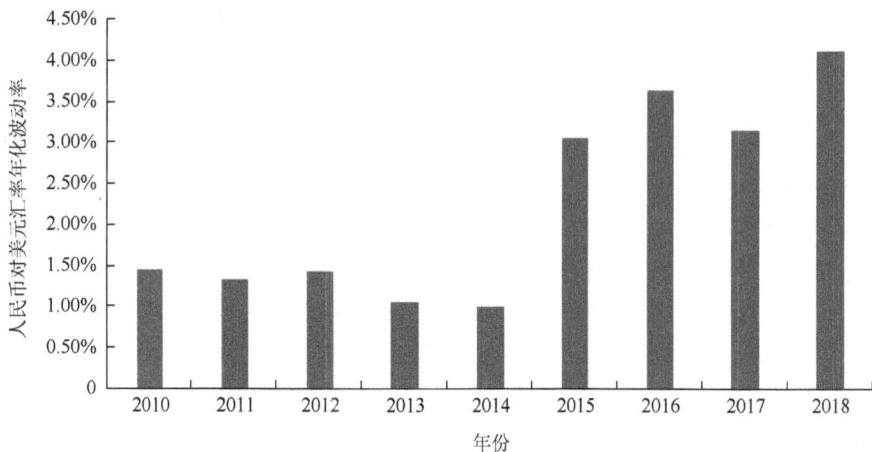

图13-3　人民币对美元汇率年化波动率

资料来源：Wind 数据库

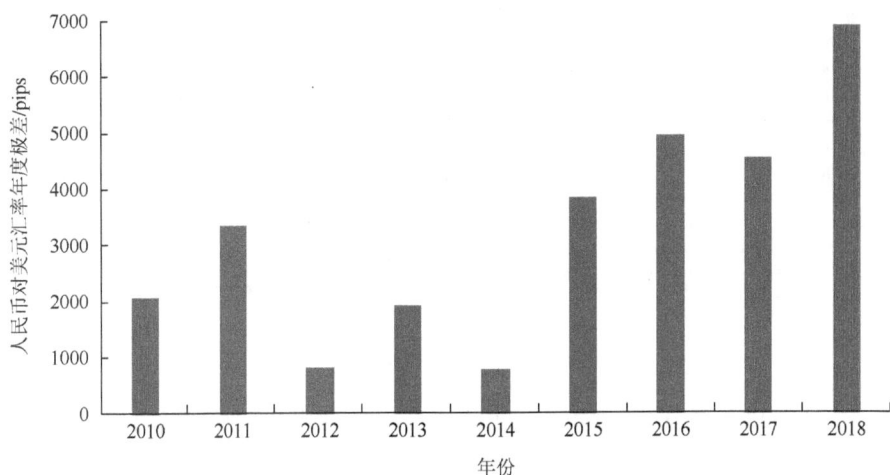

图 13-4　人民币对美元汇率年度极差

资料来源：Wind 数据库

2. 企业国际化程度提高伴随巨大汇率风险

企业国际化深度通常以企业的海外业务收入占营业总收入的比重来衡量（Hitt et al.，2006；杨忠和张骁，2009；邓新明等，2014；赵峰等，2019）。为了考察我国非金融类上市企业的整体国际化深度状况，本章剔除银行、保险、证券三个行业的上市企业后计算了全部非金融类上市企业海外业务收入以及占营业总收入之比。如图 13-5 所示，从企业国际化深度看，2010 年我国非金融类上市企业海外业务收入为 9476.7890 亿元，占非金融类上市企业营业总收入之比为6.57%；2020 年我国非金融类上市企业海外业务收入已高达 49 391.9620 亿元，占非金融类上市企业营业总收入之比达到 11.23%。可见，随着我国对外开放程度的不断加深，我国上市企业海外业务收入及其占营业总收入之比整体呈现出不断增长的趋势，说明海外市场在我国企业发展扩张过程中所占地位愈加重要。此外，如图 13-6 所示，从拥有海外业务收入的非金融类上市企业数量及其占比看，2020 年拥有海外业务收入的非金融类上市企业数量已达到 4137 家，与2010 年相比，增加 2146 家，占非金融类上市企业总数的 62.10%，说明超过半数的非金融类上市企业均具有海外业务收入。因此，随着我国企业国际化战略走向纵深，海外业务收入已成为我国企业营业总收入的重要组成部分，国际化深度加深，由于海外业务收入多以外币为计价和结算货币，在人民币汇率双向宽幅波动背景下，海外业务收入总额及其占比的不断上升势必会提高我国企业的汇率风险水平。

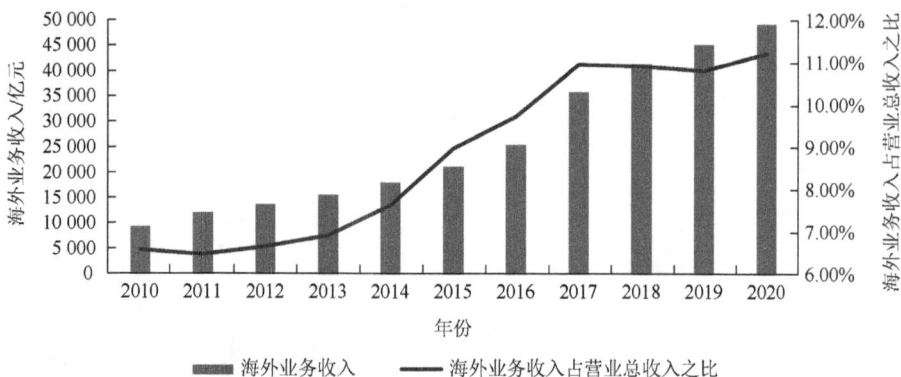

图 13-5 我国非金融类上市企业海外业务收入及其占营业总收入之比

资料来源：Wind 数据库

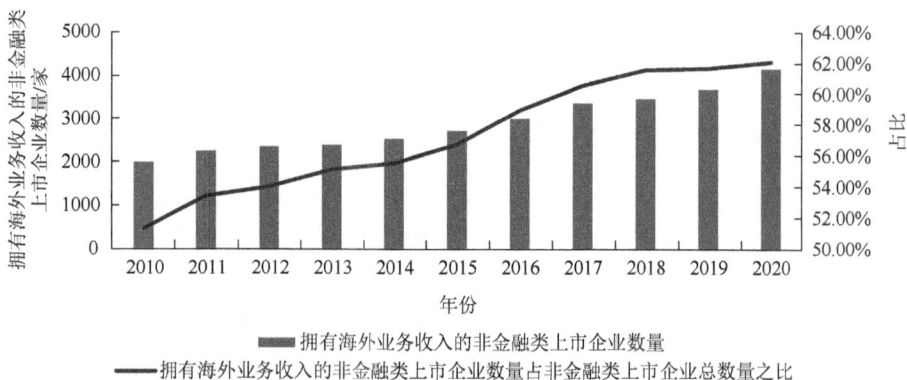

图 13-6 我国拥有海外业务收入的非金融类上市企业数量及其占比

资料来源：Wind 数据库

  企业国际化广度通常以企业海外子公司数量占子公司总数量的比值来衡量（Hitt et al.，2006；杨忠和张骁，2009；邓新明等，2014；赵峰等，2019）。为了考察我国企业国际化广度，本章计算了我国非金融类上市公司海外子公司数量及其占比。如图 13-7 所示，2010 年我国非金融类上市公司海外子公司数量为 1544 家，占上市公司子公司总数量的 7.37%；2018 年末我国非金融类上市公司海外子公司数量已高达 11 106 家，占上市公司子公司总数量的 12.31%。可见，无论是从我国非金融类上市公司海外子公司数量看，还是从我国非金融类上市公司海外子公司占比看，随着"一带一路"倡议等支持我国企业"走出去"战略的不断实施，我国上市企业走出去的步伐不断加快，企业国际化广度不断提高。与企业国际化深度不同，企业国际化广度的提升意味着企业拥有更大的海外子公司占比，这为企业通过调整经营策略对冲所面临的汇率风险提供了便利，如果一个企业的国际化广度越高，则意味着企业调整经营策略的灵活性越高。当本国货币对某国货币汇率出现大幅波动时，企业可以根据汇率变化对自身的影响灵活地调整原材料来源地、生产基地、销售市场再分配等经营策略，降低其所面临的本国货币对某国货币大幅波动引致的汇率风险。但同时，企业国际化广度的提升也给企业带来了更大的汇率折算风险。

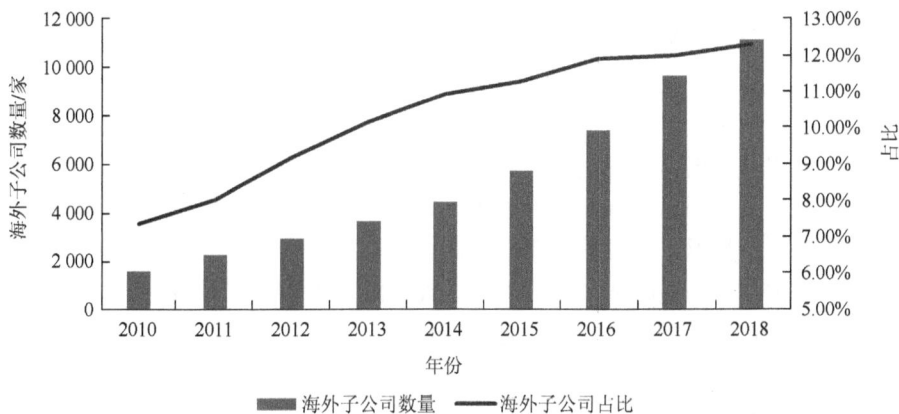

图 13-7　我国非金融类上市公司海外子公司数量及其占比

资料来源：CSMAR 数据库

13.2.2　我国企业汇率风险管理能力较弱

1. 企业使用汇率风险管理工具情况不理想

数据显示，2020 年我国超过半数的非金融类上市企业面临汇率交易风险。从我国企业运用外汇衍生品的总体情况来看，2019 年外汇衍生品市场总体规模为 17.76 万亿美元，以银行间交易为主，银行对客户外汇衍生品交易额仅为 0.69 万亿美元，占比仅为 3.89%，企业则更多地参与外汇现货交易，仅有约 15% 的上市企业使用了外汇衍生品，表明我国运用外汇衍生品进行汇率风险管理的非金融类上市企业占比依然偏低，不少面临人民币汇率风险的企业依然在外汇市场上"裸奔"，尚未积极应对自身所面临的汇率风险，企业汇率风险管理意识不强。从我国企业外汇衍生品的使用结构看，使用简单的外汇远期进行汇率风险管理的非金融类上市企业占比最高，而使用复杂型的外汇与货币互换合约、外汇期权的非金融类上市企业占比极低，表明我国非金融类上市企业对于复杂型汇率风险管理工具的认识与运用不足。受"中航油""中信泰富"等不合理使用外汇衍生品导致巨亏事件的影响，我国非金融类企业甚至对使用外汇衍生品持否定态度，不敢运用外汇衍生品进行汇率风险管理。外汇与货币互换合约、外汇期权等外汇衍生品虽然较为复杂，但具有成本低的特点，兼具防范利率风险等功能，非金融类上市企业提高复杂型外汇衍生品的运用能力不仅有助于低成本进行汇率风险管理，还可以更好地对冲汇率和利率风险。但从目前来看，我国企业对复杂型外汇衍生品的利用率还不够。

2. 部分企业依然存在外汇投机行为

自 2005 年开启人民币汇率市场化改革以来，人民币汇率在较长一段时期内呈现出单边渐进升值的趋势，在此背景下，企业通过持有远期人民币净多头或远期外币净空头就可以产生汇兑盈利，进而提高企业的盈利水平。然而，企业的这种行为本质上是一种投机行为，通过预判人民币的不断升值投机博取短期利益。随着我国经济和对外出口由高速增长迈向高质量发展阶段，相关部门坚定推进人民币汇率市场化改革和以增加汇率弹性优化经济结构的政策定位，人民币汇率单边渐进升值一去不复返，人民币汇率呈现出有升有贬、双向波动的新常态，人民币汇率走势可预测性明显减弱，企业对赌人民币汇率单边渐进升值走势，进行外汇投机，长期而言必然弊大于利。但是，2015 年"8·11"汇改后我国非金融类上市企业整体上已经从汇兑净盈利转变为汇兑净亏损，表明我国企业尚未适应人民币汇率有升有贬的双向波动新常态。

3. 企业汇率风险管理评价标准不够合理

由于非金融类企业在外汇市场上并不具有信息优势与比较优势，尤其是随着人民币汇率转向双向宽幅波动后可预测性显著降低，非金融类企业通过研判人民币汇率走势在外汇市场上投机将产生较大风险。但是，我国不少企业在制定汇率风险管理的评价标准时倾向于比较汇率风险管理方案来敲定汇率与到期汇率哪个更有优势，单纯考虑企业的汇率风险对冲方案是否给企业带来盈利或盈利的多少。然而，这本质上是在鼓励汇率风险管理人员通过研判人民币汇率走势在外汇市场上投机，这不仅与监管机构提倡的风险中性的汇率风险管理理念相悖，而且会给企业带来额外汇率风险，我国企业亟须树立风险中性的汇率风险管理理念，制定更加合理的企业汇率风险管理评价标准。

13.3　提升企业汇率风险管理能力的政策建议

13.3.1　政府机构层面

1. 大力发展境内外汇衍生品市场

虽然目前我国已经形成了包括外汇远期、外汇和货币掉期、外汇期权等基本完善的企业汇率风险管理工具体系，但是我国外汇衍生品市场交易规模依然偏低，整体发展依然滞后，尤其是实体企业参与外汇衍生品市场的积极性不高，这既有实体企业自身汇率风险管理意识不足和外汇衍生品使用经验缺乏的原因，也与我国外汇衍生品市场发展不够完善紧密相关。因此，要提高我国外汇市场服务企业汇率风险管理能力和效率，就要加快发展境内外汇衍生品市场，就目前而言要做好以下两个方面的工作：一方面，应加快完善外汇衍生品市场的基础设施建设。通过建立统一的外汇衍生品交易平台、优化外汇衍生品交易机制等提高企业运用外汇衍生品进行汇率风险管理的便利性和效率，降低企业汇率风险管理的成本。另一方面，不断丰富外汇衍生品市场的交易品种。当前我国外汇衍生品市场中的产品虽然可以基本满足企业的汇率风险管理需求，但是依然具有诸多局限性，如外汇远期合约灵活性不足、外汇期权费率偏高等，因此在防范风险的同时，应不断完善我国外汇衍生品市场品种，如适时推出外汇期货，创新推出无本金交割外汇远期等外汇衍生品品种。

2. 加快完善企业外汇衍生品信息披露制度

外汇衍生品既可以是企业汇率风险管理的工具，也可以作为企业在外汇市场投机的工具。对于非金融类上市企业而言，由于在判断人民币汇率走势上并不具有信息优势与比较优势，以外汇衍生品进行投机弊大于利，不仅不利于企业聚焦主营业务，而且可能会给我国经济和金融市场健康稳定发展带来不利影响。因此，相关政府监管部门在鼓励和支持企业积极运用外汇衍生品管理汇率风险的同时，应加快完善上市企业外汇衍生品使用的信息披露制度。虽然我国《企业会计准则》要求上市企业的衍生品使用行为应该在附注中披露风险产生的原因、衍生品类型、账面价值、公允价值以及公允价值变动损益等衍生品使用信息，但实际操作中，按照会计准则在会计报告附录中详细披露企业外汇衍生品使用信息的上市公司极少，这给监管部门监督企业的外汇衍生品使用行为带来了困难，也不利于以外部监督的方式促使企业以对冲动机使用外汇衍生品。因此，相关政府监管部门应该加快完善上市企业衍生品使用的信息披露制度，具体而言：一方面，加快制定上市企业运用外汇衍生品的信息披露标准，避免上市公司瞒报、误报、漏报衍生品使用信息的行为；另一方面，加快制定衍生品使用信息披露的奖惩制度，鼓励以对冲目的使用外汇衍生品的行为，打击以投机目的使用外汇衍生品的行为，对于不按照要求披露衍生品使用信息的上市企业给予严惩。

3. 不断扩大人民币跨境结算范围

多年来，我国企业的诸多跨境贸易以美元等外国货币作为主要结算货币，这显著增加了我国企业面临的汇率风险。2009 年中国人民银行、财政部等 6 部委联合发布了《跨境贸易人民币结算试点管理办法》（以下简称《管理办法》）。为贯彻落实《管理办法》，中国人民银行随后印发了《跨境贸易人民币结算试点管理办法实施细则》，为我国企业跨境贸易以人民币结算提供了可能。企业以人民币作为跨境贸易的结算货币，不仅操作流程简便，而且避免了使用外币结算带来的汇率风险，降低了企业的综合财务成本，深受跨境贸易企业的欢迎。但是，就目前来讲，与美元等主要国际结算货币相比，人民币汇率波动较大，以人民币作为结算货币的国际认可度依然不高，相关政府部门应稳步推进人民币国际化，不断提高人民币国际地位，不断扩大人民币跨境结算范围，逐步让我国企业的跨境贸易对手接受以人民币作为结算货币，从而降低我国企业所面临的汇率风险和综合财务成本。

13.3.2　金融机构层面

1. 加强企业汇率风险管理引导沟通

商业银行等金融机构既是企业汇率风险管理工具的提供者，又是企业汇率风险管理的服务者。当前人民币汇率已由单边渐进升值转向双向宽幅波动，但不少企业尚未及时转变汇率风险管理思路，企业应对人民币汇率双向波动的汇率风险管理意识依然不够，汇率风险管理能力依然偏低。商业银行等金融机构应该坚持监管部门提出的汇率风险中性原则，以自身拥有的数据资源优势和专业优势为基础，以帮助实体企业对冲汇率风险为目的，通过客户拜访、汇率风险管理产品宣讲、举办汇率风险管理座谈会等方式与面临汇率风险的企业加强沟通交流，引导企业加快树立风险中性的汇率风险管理理念，积极构建完善的汇率风险管理体系。

2. 强化汇率风险管理产品与服务创新

外汇衍生品是商业银行等金融机构支持企业做好汇率风险管理的重要载体。虽然目前我国已经形成了包含外汇远期结售汇、外汇掉期、外汇货币掉期、外汇期权的基本完善的汇率风险管理产品，但由于实体企业汇率风险管理意识偏低，企业汇率风险潜在需求尚未被充分挖掘，商业银行等金融机构在服务企业汇率风险管理时更多依赖于传统的线下服务模式，不仅导致服务实体企业汇率风险管理的单位成本偏高，还缩短了服务实体企业汇率风险管理的服务半径。因此，商业银行等金融机构应该按照实需原则，根据企业汇率风险管理的真实需求，创新推出适销对路的企业汇率风险管理产品，加大汇率风险管理产品与服务的创新力度，具体而言：一方面，创新企业汇率风险管理业务服务模式。远期结售汇是我国面临汇率风险的实体企业运用最为广泛的汇率风险管理工具，但其灵活性偏低、成本偏高，还需要缴纳较高比例的交易保证金，这成为部分面临汇率风险的中小企业的痛点。商业银行等金融机构可以通过创新推出授信额度担保、抵押担保、第三方担保等方式解决中小企业汇率风险管理过程中的痛点。另一方面，充分利用金融科技手段，扩大企业汇率风险管理的服务半径。商业银行等金融机构应依托自身的金融科技优势，通过网上银行、手机银行、电子交易平台等渠道为面临汇率风险的实体企业提供代客结售汇、远期结售汇等汇率风险管理服务，从而降低企业汇率风险管理的时间成本和经济成本。

3. 助力企业提高汇率风险管理水平

外汇衍生品与其他基础金融产品相比，复杂度高、风险偏大，不少实体企业对于运用外汇衍生品表现出"谈虎色变"的态度，这成为实体企业面临汇率风险时无动于衷和企业汇率风险管理简单粗放的主要原因。相对于缺乏汇率风险管理经验的实体企业，商业银行作为外汇衍生品的设计方和供给者，不仅对自身的汇率风险管理产品有清晰的认识，同时对于实体企业汇率风险管理的适用场景也更具有经验。因此，商业银行等金融机构在为实体企业提供汇率风险管理服务时要依托自己的专业知识优势，指导帮助实体企业识别和测度所面临的汇率风险，结合实体企业客户面临的汇率风险防范需求、汇率风险类型、汇率风险偏好程度，为其提供相匹配的汇率风险管理产品，并帮助企业做好汇率风险的监控与预警，助力我国企业提高汇率风险管理水平。

13.3.3　企业层面

1. 提高管理层对汇率风险管理的重视程度

企业管理者高度重视汇率风险管理是构建完善的汇率风险管理体系的关键。然而，目前我国企业管理者对企业面临的汇率风险依然不够重视，采取不问不管的消极应对策略，不少面临汇率风险的企业依然在外汇市场上"裸奔"。具体而言，从汇率交易风险来看，2020 年我国有超过半数的非金融类上市企业面临汇率交易风险；从汇率经济风险来看，全样本期内有 48.21% 的上市企业面临显著的长期非线性汇率经济风险，62.56% 的上市企业面临显著的短期非线性汇率经济风险，尤其是 2015 年 "8·11" 汇改后面临汇率经济风险的我国非金融类企业占比显著提高。然而，我国运用外汇衍生品的非金融类上市企业较少，这与面临汇率风险的非金融类企业占比不匹配，说明我国仍有不少非金融类企业对其所面临的汇率风险未采取任何措施。因此，在人民币汇率双向宽幅波动背景下，企业管理者应该高度重视企业汇率风险管理工作，提高对企业汇率风险管理的重视程度，加快构建完善的汇率风险管理体系。

2. 强化风险中性的企业汇率风险管理理念

正确的汇率风险管理理念是企业积极应对汇率风险，降低汇率变化对企业主营业务正常经营带来的严重冲击的前提。然而，当前我国有些企业在汇率风险管理过程中依然存在汇率风险管理理念不合理的现象，主要体现在有些企业在汇率风险管理的过程中依然存在投机行为，风险中性的汇率风险管理理念有待强化。风险中性的企业汇率风险管理体系是指企业进行汇率风险管理时应充分认识汇率走势有升有降、双向波动，非金融类的实体企业应该以风险对冲为目的进行汇率风险管理，面临汇率风险的非金融类实体企业既不在外汇市场上"裸奔"，也不利用外汇衍生品等汇率风险管理工具进行投机以谋取短期利益，即对面临汇率风险的项目既不存在严重的套期不足，也不进行严重的过度套期，而是力争将被套期项目和套期方案之间形成有效对冲，使得被套期项目与套期方案之间的盈亏达到基本平衡。2005 年"7·21"汇改后人民币对美元汇率在较长一段时间内呈现出单边渐进升值走势，企业面临人民币汇率风险的不确定性较小，导致不少企业保持人民币净多头或外币净空头头寸，以博取人民币单边升值所产生的汇兑净盈利，这本质上是一种投机行为，不符合风险中性的汇率风险管理理念。事实证明，随着 2015 年"8·11"汇改后人民币汇率由单边渐进升值转向双向宽幅波动，我国非金融类企业难以快速适应人民币汇率双向宽幅波动的新常态，导致由汇兑净盈利转为汇兑净亏损。因此，在人民币汇率双向宽幅波动的背景下，非金融类企业应该加快树立和强化风险中性的汇率风险管理理念，清醒地认识到在人民币汇率市场化形成机制下，人民币汇率有升有降，对赌人民币汇率单边走势久赌必输。企业管理者应高度重视企业汇率风险管理工作，做到不过度自信于判断人民币汇率未来走势，不以外汇市场投机谋取短期经济利益，针对自身面临的汇率风险，依据所能承受的波动范围做好汇率风险对冲工作，避免人民币汇率波动对企业主营业务正常经营带来严重冲击，聚焦主营业务，提高主营业务综合竞争力。

3. 重视企业汇率风险管理人才培养与引进

企业汇率风险管理人才是企业汇率风险管理的主体，决定着企业汇率风险管理水平的高低。与一般财务管理不同，企业汇率风险的识别与企业汇率风险管理工具的使用等相对更为复杂。从目前来看，由于企业汇率风险管理人才的缺乏，企业汇率风险管理能力偏低，一些企业在面临汇率风险时采取消极不作为的管理策略，认为外汇衍生品风险偏大、不敢使用，在企业汇率风险管理上表现出不求有功但求无过的消极态度。即便是部分企业进行了汇率风险管理，也主要是以简单直接的外汇远期协议等进行汇率风险管理，这不仅不利于完全对冲企业所面临的汇率风险，而且显著提高了企业汇率风险管理的成本。因此，对于面临汇率风险的企业应加强汇率风险管理人才的培养与引进力度。一方面，鼓励与支持企业汇率风险管理工作人员积极参加银行业金融机构、行业协会以及监管部门组织的企业汇率风险管理理论与实践培训班，不断提高企业汇率风险管理人员的业务能力，及时了解国家有关外汇衍生品等企业汇率风险管理产品的最新政策，及时掌握金融机构提供的汇率风险管理产品与运用方法。另一方面，国际主要发达经济体较早实行了浮动汇率制度，企业汇率风险管理由来已久，企业汇率风险管理人才相对丰富且富有经验，对于面临巨大汇率风险的企业，可以适当引进境外具有较强汇率风险管理能力和丰富的外汇衍生品交易经验的专业人才，从而弥补我国企业汇率风险管理人才不足的问题。

4. 综合运用经营对冲与金融对冲方法

经营对冲和金融对冲是企业汇率风险管理的主要方法，两种方法各具优势。企业国际化广度以经营对冲灵活性能有效降低企业汇率经济风险，即经营对冲对于企业汇率经济风险具有明显的降低作用。外汇衍生品作为企业主要的汇率风险管理工具，在企业汇率交易风险管理中的有效作用更是非常直接、明显的，在削弱人民币汇率变化对企业盈利水平和现金流稳定性冲击方面具有显著作用。此外，从投资者现金回报视角的研究也表明，企业的外汇衍生品使用不仅可以缓解企业的融资约束和提高投资者的现金股利回报，而且有助于提高企业的投资效率和市场价值。因此，建议企业综合运用经营对冲和金融对冲方法管理其所面临的汇率风险，具体而言：一方面，对于面临汇率交易风险的企业，可以主要运用外汇衍生品等金融对冲手段进行汇率风险管理，降低人民币汇率的大幅波动给企业盈利水平和现金流稳定性带来的严重冲击，提高企业盈利水平和现金流稳定性。另一方面，对于面临汇率经济风险的企业，应以经营对冲为主、金融对冲为辅的综合手段进行汇率风险管理。在条件允许时通过设立境外子公司，合理灵活调整原材料来源地、产品生产基地、商品销售市场等经营策略，削弱人民币对某国汇率大幅变化对企业市场价值的影响，降低企业所面临的汇率经济风险。

5. 构建汇率风险管理审批与监督机制

外汇衍生品是一把双刃剑，既可以作为企业汇率风险管理的工具，也可以作为企业在外汇市场投机的工具。由于外汇衍生品的高杠杆性，不合理地使用外汇衍生品将给企业带来巨大的汇率风险。尤其是对于在外汇市场上并不具有信息优势和比较优势的非金融类企业而言，以投机目的使用外汇衍生品会给企业带来额外的汇率风险，甚至给企业的正常经营带来严重冲击，导致企业破产概率的提高。因此，在构建完善的企业汇率风险管理体系时要构建严格的汇率风险管理审批与监督机制。具体而言，一方面，对于企业汇率风险管理方案要建立严格的审批机制，有效防范汇率风险管理过程中存在的严重的套保不足和过度套保问题，防止以汇率风险对冲的名义进行外汇投机，谨防给企业带来额外的汇率风险。另一方面，针对企业面临汇率风险的项目和企业的套期保值方案应建立定期的监测与监督机制，确保企业面临汇率风险的项目和企业的套期保值方案形成有效对冲，两者到期日基本匹配，避免两者之一提前到期导致另一者暴露在汇率风险之中。

6. 建立健全企业汇率风险管理体系

（1）企业汇率风险管理的目标设定。企业汇率风险管理的目标是企业如何看待人民币汇率波动、如何认识自身面临的汇率风险以及采取什么样的策略进行汇率风险管理的前提。在人民币汇率双向宽幅波动背景下，人民币汇率可预测性显著降低。我国企业汇率风险管理经验不足，尤其是非金融类企业在外汇市场上投机谋取短期利益更是风险巨大。因此，非金融类企业应该树立风险中性的汇率风险管理意识，以降低人民币汇率波动对企业现金流和主营业务的冲击为目标，坚持风险中性的汇率风险管理策略，构建风险中性的企业汇率风险管理体系。

（2）企业汇率风险管理的组织建设。企业汇率风险管理的组织是企业进行汇率风险管理的主体。缺乏明确的企业汇率风险管理组织和专业人员是我国一些企业面临汇率风险时无动于衷、消极应对的主要原因。要加强企业汇率风险管理，构建完善的汇率风险管理体系就需要建设明确的企业汇率风险管理组织，设置相对应的企业汇率风险管理岗位，并配备具有企业汇率风险管理能力的专业人员。由于不同企业面临的汇率风险复杂程度、汇率风险大小等各不相同，因此企业汇率风险管理的组织建设可以兼顾汇率风险管理的需求和成本灵活设置。目前主要的汇率风险管理组织包含以下几种类型。

第一，财务部门主导的企业汇率风险管理组织。财务部门主导的企业汇率风险管理组织是指企业不单独创建从事企业汇率风险管理的相应组织，而是将企业汇率风险管理融入企业的财务管理过程中。该类型企业汇率风险管理组织的优势是企业汇率风险管理成本较低，不足之处在于企业财务管理人员缺乏企业汇率风险管理的专业知识，企业汇率风险管理能力相对偏低，导致企业汇率风险管理比较粗放，不能及时合理地应对企业所面临的汇率风险。通常而言，对于面临较为简单的汇率风险的企业，可以采用该类型的企业汇率风险管理组织，为了保证企业汇率风险管理的及时性和合理性，企业可以通过明确汇率风险管理的具体人员、职责、管理流程等，弥补该类型企业汇率风险管理组织的管理粗放等问题。

第二，组建专业的企业汇率风险管理部门。组建专业的企业汇率风险管理部门是指企业在风险管理委员会或总经理之下创设专业的企业汇率风险管理部门，由该部门针对企业面临的汇率风险进行集中管理。与财务部门主导的企业汇率风险管理组织形式相比，专业的企业汇率风险管理部门通常拥有更加专业的汇率风险管理人才,对于企业外汇衍生品等企业汇率风险管理工具的使用经验更为丰富,企业汇率风险管理水平相对较高。该类型的企业汇率风险管理组织适用于自身面临汇率风险状况较为复杂和汇率风险程度较高的企业。

第三,设立从事企业汇率风险管理的子公司。设立从事企业汇率风险管理的子公司是指面临复杂严重的汇率风险的企业通过设立单独子公司集中管理所面临的汇率风险。该类型的企业汇率风险管理组织通常会在外汇市场比较发达的国际金融中心(如伦敦、纽约、中国香港、新加坡等)设立子公司,充分利用国际金融中心丰富的外汇衍生品市场以及较为宽松的外汇衍生品交易监管政策进行及时充分的汇率风险管理,该类型的企业汇率风险管理组织不仅拥有专业且经验丰富的企业汇率风险管理人才,而且可以与母公司进行风险隔离,因此企业汇率风险管理能力较强,通常适用于拥有较多面临汇率风险的子公司的企业集团,其通过单独设立从事汇率风险管理的子公司集中管理集团成员企业所面临的汇率风险,形成规模优势和成本优势。

(3)企业汇率风险管理的制度建设。企业汇率风险管理制度是企业汇率风险管理体系得以顺畅运行的重要保障。企业汇率风险管理制度是指通过制定企业汇率风险管理机构与岗位责任制度、企业汇率风险管理流程制度、企业汇率风险管理绩效评估与优化制度等一系列制度文件,企业的汇率风险管理有制度可依、有规范流程可以遵循。具体而言,企业汇率风险管理的制度建设应该包含以下几个主要部分。

第一,企业汇率风险管理机构与岗位责任制度。该制度旨在明确企业汇率风险管理的主体与责任,确保企业面临汇率风险时有相应的责任主体负责管理,出现问题时有责任主体可追究。

第二,企业汇率风险管理流程制度。该制度旨在规范企业汇率风险的识别、测度、管理、监测与预警等企业汇率风险管理的基本流程。该制度可以针对企业汇率风险的识别与测度方法、管理策略与工具选择、管理方案审批与执行、汇率风险监测与报告等进一步制定详细的相关制度或操作细则,以便企业汇率风险管理全过程有规章制度或流程可遵循。

第三,企业汇率风险管理绩效评估与优化制度。该制度旨在会计报告期或定期对企业的汇率风险管理效果进行综合评价,具体可以分为对企业汇率风险管理的效果和企业汇率风险管理人员履职情况的评价。

(4)企业汇率风险管理的流程构建。企业汇率风险管理的流程构建是企业汇率风险管理目标得以实现和企业汇率风险管理制度得以落实的关键,更是企业汇率风险管理主体日常工作的基本遵循和汇率风险管理体系构建的重点。企业应该以自身面临的汇率风险类型与来源分析为起点,构建风险中性的企业汇率风险管理流程,主要流程包含:企业汇率风险的类型分析→企业汇率风险的来源分析→

企业汇率风险的特征分析→企业汇率风险的测度→企业汇率风险的管理→企业汇率风险管理的效果评价。

（5）企业汇率风险管理的效果评价。企业汇率风险管理的效果评价是检验企业汇率风险管理效果和考核企业汇率风险管理人员的重要方面，也是进一步优化企业汇率风险管理工作的关键。但是，当前我国企业在汇率风险管理效果评价过程中依然存在倾向于比较套期保值方案来敲定汇率与到期日即期汇率孰优、单纯考察企业的汇率风险管理方案是否给企业带来了利润以及利润多少的非正确评价标准，这与企业汇率风险管理应该坚持的风险中性理念相悖。企业汇率风险管理的目标是防范汇率变动对企业产生的影响，降低汇率意外变化对企业主营业务的严重冲击，而不是以通过汇率风险管理提高企业盈利水平为目的。因此，在企业汇率风险管理效果评价的过程中，不应该仅单纯比较套期保值方案来敲定汇率与到期日即期汇率孰优，更不应该以汇率风险管理方案是否产生盈利以及产生盈利的多少作为评价标准，而应该统筹考虑企业面临汇率风险的项目和企业的套期保值方案，评价两者之间是否形成有效的对冲，两者之间是否构成盈亏基本平衡，以避免企业在汇率风险管理中存在严重的套保不足和过度套保问题。

13.4　本 章 小 结

本章先考察了我国企业面临的汇率交易风险、汇率折算风险和汇率经济风险的现状。然后，分析了我国企业汇率风险管理存在的主要问题，一是我国企业汇率风险管理难度加大，主要表现为人民币汇率市场化改革降低汇率可预测性、企业国际化程度提高伴随巨大汇率风险；二是我国企业汇率风险管理能力较弱，主要表现为企业使用汇率风险管理工具情况不理想、部分企业依然存在外汇投机行为、企业汇率风险管理评价标准不够合理。

对此，本章分别从政府机构层面、金融机构层面、企业层面就如何提高我国企业汇率风险管理水平提出对策与建议。具体而言，在政府机构层面：大力发展境内外汇衍生品市场；加快完善企业外汇衍生品信息披露制度；不断扩大人民币跨境结算范围。在金融机构层面：加强企业汇率风险管理引导沟通；强化汇率风险管理产品与服务创新；助力企业提高汇率风险管理水平。在企业层面：提高管理层对汇率风险管理的重视程度；强化风险中性的企业汇率风险管理理念；重视企业汇率风险管理人才培养与引进；综合运用经营对冲与金融对冲方法；构建汇率风险管理审批与监督机制；建立健全企业汇率风险管理体系。

参 考 文 献

白钦先，张志文. 2011. 外汇储备规模与本币国际化：日元的经验研究[J]. 经济研究，46（10）：137-149.

白晓燕，唐晶星. 2013. 汇改后人民币汇率形成机制的动态演进[J]. 国际金融研究，（7）：40-50.

曹远征，陈世波，林晖. 2018. 三元悖论非角点解与人民币国际化路径选择：理论与实证[J]. 国际金融研究，（3）：3-13.

陈琳，袁志刚，朱一帆. 2020. 人民币汇率波动如何影响中国企业的对外直接投资？[J]. 金融研究，（3）：21-38.

陈小亮，马啸. 2016. "债务-通缩"风险与货币政策财政政策协调[J]. 经济研究，51（8）：28-42.

陈晓莉，高璐. 2012. 中国上市金融机构外汇风险暴露：基于汇改后数据的经验分析[J]. 南开经济研究，（4）：141-152.

陈若愚，霍伟东，王维禹. 2021. 人民币国际化的制度安排与货币合作伙伴研究[J]. 财经科学，（5）：1-12.

陈雨露. 2015. "一带一路"与人民币国际化[J]. 中国金融，（19）：40-42.

陈雨露，罗煜. 2007. 金融开放与经济增长：一个述评[J]. 管理世界，（4）：138-147.

陈雨露，王芳，杨明. 2005. 作为国家竞争战略的货币国际化：美元的经验证据：兼论人民币的国际化问题[J]. 经济研究，40（2）：35-44.

陈运森，黄健峤. 2019. 股票市场开放与企业投资效率：基于"沪港通"的准自然实验[J]. 金融研究，（8）：151-170.

程棵，陆凤彬，杨晓光. 2012. 次贷危机传染渠道的空间计量[J]. 系统工程理论与实践，32（3）：483-494.

程天笑，刘莉亚，关益众. 2014. QFII与境内机构投资者羊群行为的实证研究[J]. 管理科学，27（4）：110-122.

戴金平，韩丰泽，甄筱宇. 2021. 人民币国际化能稳定中国进口价格吗？：基于汇率传递视角的研究[J]. 世界经济研究，（11）：77-89，136.

戴觅，徐建炜，施炳展. 2013. 人民币汇率冲击与制造业就业：来自企业数据的经验证据[J]. 管理世界，（11）：14-27，38，187.

戴鹏毅，杨胜刚，袁礼. 2021. 资本市场开放与企业全要素生产率[J]. 世界经济，44（8）：154-178.

邓贵川，彭红枫. 2019. 货币国际化、定价货币变动与经济波动[J]. 世界经济，42（6）：20-46.

邓新明，熊会兵，李剑峰，等. 2014. 政治关联、国际化战略与企业价值：来自中国民营上市公司面板数据的分析[J]. 南开管理评论，17（1）：26-43.

丁剑平，方琛琳，叶伟. 2018. "一带一路"区块货币参照人民币"隐性锚"分析[J]. 国际金融研究，（10）：23-32.

丁剑平，胡昊，叶伟. 2020. 在岸与离岸人民币汇率动态研究：基于美元因素和套利因素的视角[J]. 金融研究，（6）：78-95.

杜兴强，谭雪. 2017. 国际化董事会、分析师关注与现金股利分配[J]. 金融研究，（8）：192-206.

范小云，陈雷，王道平. 2014. 人民币国际化与国际货币体系的稳定[J]. 世界经济，37（9）：3-24.

方芳，蔡卫星. 2016. 银行业竞争与企业成长：来自工业企业的经验证据[J]. 管理世界，（7）：63-75.

冯燕妮，沈沛龙. 2020. 金融摩擦的测算与国际比较：基于 DSGE 乘数效应的分析[J]. 北京工商大学学报（社会科学版），35（1）：117-126.

谷任，朱琳慧. 2016. 汇率波动对企业价值的线性与非线性影响：基于两种非线性效应的研究视角[J]. 国际贸易问题，（11）：154-164.

郭飞. 2012. 外汇风险对冲和公司价值：基于中国跨国公司的实证研究[J]. 经济研究，47（9）：18-31.

郭飞，李庆华，刘坤鹏. 2020. 衍生品对冲降低了债券融资成本吗？[J]. 国际金融研究，（5）：87-96.

郭飞，王小平. 2009. 中国企业海外套期保值策略研究[J]. 经济学动态，（12）：42-45.

郭飞，肖浩，史永. 2014. 为什么人民币汇率波动的影响不显著？——基于美的电器的案例研究[J]. 管理世界，（10）：163-171.

郭飞，徐燕. 2010. 对冲和风险管理动机：中国上市公司衍生工具使用的实证研究[J]. 会计论坛，（1）：46-56.

郭飞，游绘新，郭慧敏. 2018. 为什么使用外币债务？——中国上市公司的实证证据[J]. 金融研究，（3）：137-154.

郭彦峰，黄登仕，魏宇. 2008. 人民币汇率形成机制改革后的股价和汇率相关性研究[J]. 管理学报，（1）：49-53.

韩国高，陈喻喆，高铁梅. 2011. 中、美、日实际均衡汇率模型的构建及实证研究[J]. 数量经济技术经济研究，28（1）：76-88.

韩剑. 2009. 流动性冲击与金融危机传染[J]. 上海金融，（4）：52-55.

郝项超，梁琪. 2019. 外汇风险对冲能否促进中国上市公司创新[J]. 世界经济，42（9）：151-172.

郝项超，梁琪，李政. 2018. 融资融券与企业创新：基于数量与质量视角的分析[J]. 经济研究，53（6）：127-141.

郝颖，谢光华，石锐. 2018. 外部监管、在职消费与企业绩效[J]. 会计研究，（8）：42-48.

何诚颖，王占海，吕秋红，等. 2018. 人民币套息交易：市场基础和收益风险特征[J]. 中国社会科学，（4）：67-88，205.

何枫，郝晶，谭德凯，等. 2022. 中国金融市场联动特征与系统性风险识别[J]. 系统工程理论与实践，42（2）：289-305.

胡根华. 2015. 人民币与国外主要货币的尾部相依和联动[J]. 统计研究，32（5）：40-46.

胡海峰，窦斌，王爱萍. 2020. 企业金融化与生产效率[J]. 世界经济，43（1）：70-96.

黄翰庭. 2017. "8.11汇改"后人民币汇率形成机制演进研究：基于货币篮子中货币权重变动的分析[J]. 价格理论与实践，（11）：107-110.

黄俊威. 2020. 融资融券制度与公司内部人减持：一种市场化治理机制的探索[J]. 管理世界，36（11）：143-167.

贾炜莹，陈宝峰. 2009. 我国上市公司风险管理动机的实证研究：基于衍生金融工具的运用[J]. 中国流通经济，23（8）：77-80.

江春，万鹏博. 2018. 中国非对称外汇风险暴露的实证研究：基于行业层面数据的分析[J]. 国际贸易问题，（7）：149-161.

江春，万鹏博.2020. 人民币汇率变动对公司短期和长期冲击的差异：基于自回归分布滞后模型的分析[J]. 国际商务（对外经济贸易大学学报），（5）：110-124.

江静.2014. 融资约束与中国企业储蓄率：基于微观数据的考察[J]. 管理世界，（8）：18-29.

姜付秀，石贝贝，马云飙.2016. 信息发布者的财务经历与企业融资约束[J]. 经济研究，51（6）：83-97.

鞠晓生，卢荻，虞义华.2013. 融资约束、营运资本管理与企业创新可持续性[J]. 经济研究，48（1）：4-16.

李常青，魏志华，吴世农.2010. 半强制分红政策的市场反应研究[J]. 经济研究，45（3）：144-155.

李春涛，刘贝贝，周鹏，等.2018. 它山之石：QFII 与上市公司信息披露[J]. 金融研究，（12）：138-156.

李春霞，张伟，沈小波.2020. 卖空机制能促进企业全要素生产率增长吗？[J]. 统计研究，37（9）：34-43.

李稻葵，刘霖林.2008. 人民币国际化：计量研究及政策分析[J]. 金融研究，（11）：1-16.

李建军，甄峰，崔西强.2013. 人民币国际化发展现状、程度测度及展望评估[J]. 国际金融研究，（10）：58-65.

李军林，胡树光，王瑛龙.2020. 国际储备货币：需求、惯性与竞争路径[J]. 世界经济，43（5）：3-22.

李俊久.2022. 人民币国际化的推进：历史逻辑、理论逻辑与现实逻辑[J]. 经济学家，（3）：66-76.

李蕾，韩立岩.2014. 价值投资还是价值创造？——基于境内外机构投资者比较的经验研究[J]. 经济学（季刊），13（1）：351-372.

李鲤.2019. 基于联动视角的外汇市场风险传染研究[D]. 长沙：湖南大学.

李鲤，张骥，邓海波，等.2021. 外汇市场风险传染强度及其影响因素研究[J]. 金融经济，（6）：42-51.

李立，田益祥，张高勋，等.2015. 空间权重矩阵构造及经济空间引力效应分析：以欧债危机为背景的实证检验[J]. 系统工程理论与实践，35（8）：1918-1927.

李梦，陈奉先.2017. 外汇衍生品、汇率风险暴露与企业价值：来自中国制造业上市公司的经验证据[J]. 金融经济学研究，32（6）：44-54.

李沁洋，许年行.2019. 资本市场对外开放与股价崩盘风险：来自沪港通的证据[J]. 管理科学学报，22（8）：108-126.

李晓，丁一兵.2009. 人民币汇率变动趋势及其对区域货币合作的影响[J]. 国际金融研究，（3）：8-15.

李晓，李俊久，丁一兵.2004. 论人民币的亚洲化[J]. 世界经济，（2）：21-34，79.

李瑶.2003. 非国际货币、货币国际化与资本项目可兑换[J]. 金融研究，（8）：104-111.

李志冰，杨光艺，冯永昌，等.2017. Fama-French 五因子模型在中国股票市场的实证检验[J]. 金融研究，（6）：191-206.

连立帅，朱松，陈超.2019a. 资本市场开放与股价对企业投资的引导作用：基于沪港通交易制度的经验证据[J]. 中国工业经济，（3）：100-118.

连立帅，朱松，陈关亭.2019b. 资本市场开放、非财务信息定价与企业投资：基于沪深港通交易制度的经验证据[J]. 管理世界，35（8）：136-154.

廖珂, 崔宸瑜, 谢德仁. 2018. 控股股东股权质押与上市公司股利政策选择[J]. 金融研究, (4): 172-189.

林乐芬, 王少楠. 2015. "一带一路"建设与人民币国际化[J]. 世界经济与政治, (11): 72-90, 158.

林乐芬, 王少楠. 2016. "一带一路"进程中人民币国际化影响因素的实证分析[J]. 国际金融研究, (2): 75-83.

林曙, 叶海春. 2014. 福兮祸之所伏: 发展中国家股票市场开放的增长效应再探究[J]. 金融研究, (11): 142-158.

凌爱凡, 杨晓光. 2012. 基于 Google Trends 注意力配置的金融传染渠道[J]. 管理科学学报, 15 (11): 104-116.

刘金全. 2000. 现代宏观经济冲击理论[M]. 长春: 吉林大学出版社.

刘立新, 李鹏涛. 2019. 汇率影响经济增长的逻辑、路径及实证分析[J]. 新金融, (3): 14-18.

刘粮, 陈雷. 2018. 外部冲击、汇率制度与跨境资本流动[J]. 国际金融研究, (5): 45-54.

刘树成. 2005. 现代经济辞典[M]. 南京: 凤凰出版社, 江苏人民出版社.

刘尧成, 徐晓萍. 2010. 供求冲击与我国经济外部失衡: 基于 DSGE 两国模型的模拟分析[J]. 财经研究, 36 (3): 102-112.

刘永余, 王博. 2015. 利率冲击、汇率冲击与中国宏观经济波动: 基于 TVP-SV-VAR 的研究[J]. 国际贸易问题, (3): 146-155.

鲁晓东, 连玉君. 2012. 中国工业企业全要素生产率估计: 1999—2007[J]. 经济学 (季刊), 11 (2): 541-558.

罗航, 江春. 2007. 人民币新汇率形成机制下的上市公司外汇风险暴露[J]. 中南财经政法大学学报, (4): 78-81.

罗琦, 李辉. 2015. 企业生命周期、股利决策与投资效率[J]. 经济评论, (2): 115-125.

罗棪心, 伍利娜. 2018. 资本市场开放对公司审计的影响: 基于"陆港通"背景的实证研究[J]. 审计研究, (5): 65-73.

吕江林, 李明生, 石劲. 2007. 人民币升值对中国股市影响的实证分析[J]. 金融研究, (6): 23-34.

孟庆斌, 宋烜, 宋祉健. 2019. 基于随机波动模型 (SV) 的人民币汇率风险预测[J]. 财会月刊, (24): 151-157.

倪克勤, 倪庆东. 2010. 人民币汇率、美元指数变动对上市公司的复合冲击: 基于深市行业数据的分析[J]. 西南金融, (3): 6-9.

倪庆东, 倪克勤. 2010. 汇改以来我国外汇风险暴露的行业特征: 基于深市行业指数的分析[J]. 金融理论与实践, (2): 60-63.

潘功胜. 2020. 双向波动、弹性增强的外汇市场环境[J]. 英才, (1): 19.

潘英丽, 吴君. 2012. 体现国家核心利益的人民币国际化推进路径[J]. 国际经济评论, (3): 99-109, 7.

彭红枫, 陈文博, 谭小玉. 2015. 人民币国际化研究述评[J]. 国际金融研究, (10): 12-20.

彭红枫, 谭小玉. 2017. 人民币国际化研究: 程度测算与影响因素分析[J]. 经济研究, 52 (2): 125-139.

彭红枫, 谭小玉, 祝小全. 2017. 货币国际化: 基于成本渠道的影响因素和作用路径研究[J]. 世界经济, 40 (11): 120-143.

彭红枫, 祝小全. 2019. 短期资本流动的多重动机和冲击: 基于 TVP-VAR 模型的动态分析[J]. 经济研究，54（8）：36-52.

钱雪松，康瑾，唐英伦，等. 2018. 产业政策、资本配置效率与企业全要素生产率：基于中国 2009 年十大产业振兴规划自然实验的经验研究[J]. 中国工业经济，（8）：42-59.

全怡，梁上坤，付宇翔. 2016. 货币政策、融资约束与现金股利[J]. 金融研究，（11）：63-79.

阙澄宇，孙小玄. 2022. 人民币国际化对跨境资本流动的影响：基于资本类型和流向的异质性研究[J]. 国际金融研究，（4）：67-77.

饶育蕾，许军林，梅立兴，等. 2013. QFII 持股对我国股市股价同步性的影响研究[J]. 管理工程学报，27（2）：202-208.

阮睿，孙宇辰，唐悦，等. 2021. 资本市场开放能否提高企业信息披露质量？——基于"沪港通"和年报文本挖掘的分析[J]. 金融研究，（2）：188-206.

石巧荣. 2011. 国际货币竞争格局演进中的人民币国际化前景[J]. 国际金融研究，（7）：34-42.

史金艳，杨健亨，李延喜，等. 2019. 牵一发而动全身：供应网络位置、经营风险与公司绩效[J]. 中国工业经济，（9）：136-154.

宋科，朱斯迪，夏乐. 2022. 双边货币互换能够推动人民币国际化吗：兼论汇率市场化的影响[J]. 中国工业经济，（7）：25-43.

苏冬蔚，林大庞. 2010. 股权激励、盈余管理与公司治理[J]. 经济研究，45（11）：88-100.

苏坤. 2015. 管理层股权激励、风险承担与资本配置效率[J]. 管理科学，28（3）：14-25.

孙立行. 2010. 基于人民币国际化视角的人民币汇率形成机制改革问题研究[J]. 世界经济研究，（12）：37-42，85.

谭小芬，金玥. 2017. 人民币汇率贬值与跨境资本流动[J]. 国际贸易，（7）：54-61.

唐雪松，蒋心怡，雷啸. 2019. 会计信息可比性与高管薪酬契约有效性[J]. 会计研究，（1）：37-44.

唐跃军，宋渊洋. 2010. 价值选择 VS.价值创造：来自中国市场机构投资者的证据[J]. 经济学（季刊），9（1）：609-632.

陶玲，朱迎. 2016. 系统性金融风险的监测和度量：基于中国金融体系的研究[J]. 金融研究，（6）：18-36.

田涛，商文斌，陈鹏. 2015. 美国量化宽松货币政策对人民币汇率的影响：基于 ARIMAX 模型的实证分析[J]. 贵州财经大学学报，（2）：1-11.

田巍，余淼杰. 2017. 汇率变化、贸易服务与中国企业对外直接投资[J]. 世界经济，40（11）：23-46.

王爱俭，刘泊静，刘浩杰. 2022. 经济政策不确定性、外汇市场预期与人民币国际化：基于境外主体持有人民币资产的视角[J]. 世界经济研究，（5）：80-91，136.

王聪，林桂军，王巍. 2018. 金融业市场化与民营企业出口[J]. 世界经济研究，（2）：74-83，135.

王纲金，徐梓双，谢赤. 2022. 中国金融机构关联性与系统性风险贡献研究：基于尾部风险溢出网络视角[J]. 管理科学学报，25（5）：109-126.

王国刚. 2014. 人民币国际化的冷思考[J]. 国际金融研究，（4）：3-14.

王红建，李茫茫，汤泰劼. 2016. 实体企业跨行业套利的驱动因素及其对创新的影响[J]. 中国工业经济，（11）：73-89.

王晋斌，厉妍彤，刘璐. 2022. 人民币具备避险货币的属性吗？——基于货币避险功能和对冲功能的实证研究[J]. 中国人民大学学报，36（2）：63-76.

王俊杰，仝冰. 2018. 货币政策规则设定、外生冲击与中国宏观经济波动：基于动态随机一般均衡模型的分析[J]. 当代财经,（6）：14-26.

王克敏, 刘静, 李晓溪. 2017. 产业政策、政府支持与公司投资效率研究[J]. 管理世界,（3）：
　　113-124, 145, 188.

王芍, 杨胜刚, 赵睿藜. 2021. 基于 NARDL 模型的"汇率暴露之谜"研究[J]. 商业研究,（5）：
　　53-62.

王晓芳, 鲁科技. 2021. 三元悖论非角点解与人民币国际化推进政策研究[J]. 世界经济研究,（10）：
　　25-38, 134.

王小鲁, 樊纲, 胡李鹏. 2019. 中国分省份市场化指数报告（2018）[M]. 北京：社会科学文献
　　出版社.

魏志华, 曾爱民, 李博. 2014. 金融生态环境与企业融资约束：基于中国上市公司的实证研究[J]. 会
　　计研究,（5）：73-80, 95.

文凤华, 杨鑫, 龚旭, 等. 2015. 金融危机背景下中美投资者情绪的传染性分析[J]. 系统工程理
　　论与实践, 35（3）：623-629.

吴舒钰, 李稻葵. 2018. 货币国际化的新测度：基于国际金融投资视角的分析[J]. 经济学动态,（2）：
　　146-158.

项后军, 吴全奇. 2015. 垂直专业化、计价货币与出口依市定价（PTM）行为研究[J]. 管理世
　　界,（4）：66-78.

谢赤, 贺慧敏, 王纲金, 等. 2021. 基于复杂网络的泛金融市场极端风险溢出效应及其演变研究[J].
　　系统工程理论与实践, 41（8）：1926-1941.

谢志华, 崔学刚, 杜海霞, 等. 2014. 会计的投资者保护功能及评价[J]. 会计研究,（4）：34-41, 95.

熊正德, 文慧, 熊一鹏. 2015. 我国外汇市场与股票市场间波动溢出效应实证研究：基于小波多
　　分辨的多元 BEKK-GARCH（1, 1）模型分析[J]. 中国管理科学, 23（4）：30-38.

徐国祥, 杨振建. 2013. 人民币分别与发达市场和新兴市场货币汇率波动传导效应研究：基于多
　　元 BEKK-MGARCH 模型的波动传导测试[J]. 金融研究,（6）：46-59.

徐思, 何晓怡, 钟凯. 2019. "一带一路"倡议与中国企业融资约束[J]. 中国工业经济,（7）：
　　155-173.

许从宝, 刘晓星, 石广平. 2016. 沪港通会降低上证 A 股价格波动性吗？——基于自然实验的证
　　据[J]. 金融经济学研究, 31（6）：28-39.

杨权. 2010. 全球金融动荡背景下东亚地区双边货币互换的发展：东亚金融合作走向及人民币角
　　色调整[J]. 国际金融研究,（6）：30-40.

杨荣海. 2021. 人民币国际化"双循环"程度测算：模型与实证[J]. 经济学家,（9）：89-99.

杨荣海, 李亚波. 2017. 资本账户开放对人民币国际化"货币锚"地位的影响分析[J]. 经济研究,
　　52（1）：134-148.

杨胜刚, 李海彤, 成程. 2021. 外汇风险对冲影响企业绩效吗？[J]. 经济管理, 43（4）：139-154.

杨胜刚, 李欢. 2018. 货币网络外部性视角下人民币国际化发展研究[J]. 湖南社会科学,（5）：
　　134-140.

杨甜婕, 邓富华. 2019. 基于 GARCH 模型的人民币汇率形成机制研究[J]. 中南财经政法大学学
　　报,（6）：113-120, 160.

杨雪峰. 2012. 人民币汇率形成机制的实证研究（2006—2011）[J]. 世界经济研究,（9）：35-40, 88.

杨忠, 张骁. 2009. 企业国际化程度与绩效关系研究[J]. 经济研究, 44（2）：32-42, 67.

杨子晖, 陈里璇, 陈雨恬. 2020a. 经济政策不确定性与系统性金融风险的跨市场传染: 基于非
    线性网络关联的研究[J]. 经济研究, 55 (1): 65-81.

杨子晖, 陈雨恬, 张平淼. 2020b. 股票与外汇市场尾部风险的跨市场传染研究[J]. 管理科学学
    报, 23 (8): 54-77.

杨子晖, 陈雨恬, 张平淼. 2020c. 重大突发公共事件下的宏观经济冲击、金融风险传导与治理
    应对[J]. 管理世界, 36 (5): 13-35, 7.

姚小义, 易静为. 2015. 跨境资本流动 "突然中断" 对人民币汇率的影响研究[J]. 金融与经
    济, (7): 10-14, 85.

尹力博, 柳依依. 2015. 黄金是稳定的避险资产吗? ——基于宏观经济不确定性的视角[J]. 国际
    金融研究, (7): 87-96.

余博, 管超. 2020. 外汇风险传染网络测度与影响机制分析: 基于静态和动态的双重视角[J]. 国
    际金融研究, (2): 87-96.

余永定. 2011. 再论人民币国际化[J]. 国际经济评论, 5: 3, 7-13.

张冲, 杨洁, 丁剑平. 2020. 人民币是避险货币吗? [J]. 国际金融研究, (5): 66-76.

张纯, 吕伟. 2007. 信息披露、市场关注与融资约束[J]. 会计研究, (11): 32-38, 95.

张纯, 吕伟. 2009. 信息环境、融资约束与现金股利[J]. 金融研究, (7): 81-94.

张国建, 佟孟华, 梅光松. 2017. 实际有效汇率波动影响了人民币国际化进程吗? [J]. 国际金融
    研究, (2): 64-75.

张洪辉, 章琳一. 2016. 产权差异、晋升激励与企业风险承担[J]. 经济管理, 38 (5): 110-121.

张惠琳, 倪骁然. 2017. QFII 持股如何影响企业创新: 来自上市企业专利及研发的证据[J]. 金融
    学季刊, (2): 1-29.

张金鑫, 王逸. 2013. 会计稳健性与公司融资约束: 基于两类稳健性视角的研究[J]. 会计研
    究, (9): 44-50, 96.

张礼卿. 2020. 新冠疫情背景下人民币国际化的新机遇[J]. 金融论坛, 25 (5): 3-6, 67.

张莉, 朱光顺, 李世刚, 等. 2019. 市场环境、重点产业政策与企业生产率差异[J]. 管理世界,
    35 (3): 114-126.

张瑞君, 徐展. 2016. 无外汇交易企业真的没有汇率风险吗? ——来自中国上市公司的实证研究[J].
    会计研究, (2): 22-28, 95.

张新民, 张婷婷, 陈德球. 2017. 产业政策、融资约束与企业投资效率[J]. 会计研究, (4):
    12-18, 95.

张谊浩, 沈晓华. 2008. 人民币升值、股价上涨和热钱流入关系的实证研究[J]. 金融研究, (11):
    87-98.

张志波, 齐中英. 2005. 基于 VAR 模型的金融危机传染效应检验方法与实证分析[J]. 管理工程
    学报, 19 (3): 115-120.

赵峰, 叶子, 李梦雨. 2017. 中国跨境投资企业的外汇风险对冲效果研究: 基于债务税盾的视
    角[J]. 北京工商大学学报 (社会科学版), 32 (1): 94-105.

赵峰, 祖博男, 程悦. 2019. 企业国际化是外汇风险对冲的动因吗[J]. 国际贸易问题, (8):
    157-174.

赵健宇, 陆正飞. 2018. 养老保险缴费比例会影响企业生产效率吗? [J]. 经济研究, 53 (10):
    97-112.

中国人民银行货币政策司. 2006. 2005 年第四季度中国货币政策执行报告[R/OL]. http://www.pbc. gov.cn/zhengcehuobisi/125207/125227/125957/126015/2887670/index.html[2022-02-06].

中国社会科学院经济研究所. 2005. 现代经济辞典[M]. 南京：凤凰出版社.

钟凯, 孙昌玲, 王永妍, 等. 2018. 资本市场对外开放与股价异质性波动：来自"沪港通"的经验证据[J]. 金融研究, (7)：174-192.

钟覃琳, 陆正飞. 2018. 资本市场开放能提高股价信息含量吗？——基于"沪港通"效应的实证检验[J]. 管理世界, 34 (1)：169-179.

周爱民, 韩菲. 2017. 股票市场和外汇市场间风险溢出效应研究：基于 GARCH-时变 Copula-CoVaR 模型的分析[J]. 国际金融研究, (11)：54-64.

周开国, 季苏楠, 杨海生. 2021. 系统性金融风险跨市场传染机制研究：基于金融协调监管视角[J]. 管理科学学报, 24 (7)：1-20.

周晓苏, 吴锡皓. 2013. 稳健性对公司信息披露行为的影响研究：基于会计信息透明度的视角[J]. 南开管理评论, 16 (3)：89-100.

周泽将, 罗进辉, 李雪. 2019. 民营企业身份认同与风险承担水平[J]. 管理世界, 35 (11)：193-208.

朱孟楠, 严佳佳. 2007. 人民币汇率波动：测算及国际比较[J]. 国际金融研究, (10)：54-61.

邹洋, 张瑞君, 孟庆斌, 等. 2019. 资本市场开放能抑制上市公司违规吗？——来自"沪港通"的经验证据[J]. 中国软科学, (8)：120-134.

Aabo T. 2006. The importance of corporate foreign debt in managing exchange rate exposures in non-financial companies[J]. European Financial Management, 12 (4)：633-649.

Aboody D, Hughes J, Liu J. 2005. Earnings quality, insider trading, and cost of capital[J]. Journal of Accounting Research, 43 (5)：651-673.

Ackerberg D A, Caves K, Frazer G. 2015. Identification properties of recent production function estimators[J]. Econometrica, 83 (6)：2411-2451.

Adler M, Dumas B. 1984. Exposure to currency risk: definition and measurement[J]. Financial Management, 13 (2)：41.

Aggarwal R, Demirgüç-Kunt A, Pería M S M. 2011. Do remittances promote financial development? [J]. Journal of Development Economics, 96 (2)：255-264.

Aizenman J. 2007. International reserves management and the current account[C]. National Bureau of Economic Research Working Paper 12734.

Aizenman J, Cheung Y W, Qian X W. 2020. The currency composition of international reserves, demand for international reserves, and global safe assets[J]. Journal of International Money and Finance, 102：102120.

Akerlof G A. 1970. The market for "lemons": quality uncertainty and the market mechanism[J]. The Quarterly Journal of Economics, 84 (3)：488-500.

Albuquerque R, Bauer G H, Schneider M. 2009. Global private information in international equity markets[J]. Journal of Financial Economics, 94 (1)：18-46.

Allayannis G. 1997. The time-variation of the exchange-rate exposure: an industry analysis[C]. New Orleans: 57th Annual American Finance Association Conference.

Allayannis G, Ihrig J. 2001. Exposure and markups[J]. The Review of Financial Studies, 14 (3)：

805-835.

Allayannis G, Ihrig J, Weston J P. 2001. Exchange-rate hedging: financial versus operational strategies[J]. American Economic Review, 91 (2): 391-395.

Allayannis G, Lel U, Miller D P. 2008. Corporate governance and the hedging premium around the world[C]. SSRN Electronic Journal, 1361222.

Allayannis G, Lel U, Miller D P. 2012. The use of foreign currency derivatives, corporate governance, and firm value around the world[J]. Journal of International Economics, 87 (1): 65-79.

Allayannis G, Weston J P. 2001. The use of foreign currency derivatives and firm market value[J]. The Review of Financial Studies, 14 (1): 243-276.

Angkinand A P, Sawangngoenyuang W, Wihlborg C. 2010. Financial liberalization and banking crises: a cross-country analysis[J]. International Review of Finance, 10 (2): 263-292.

Aretz K, Bartram S M. 2010. Corporate hedging and shareholder value[J]. Journal of Financial Research, 33 (4): 317-371.

Arnold M M, Rathgeber A W, Stöckl S. 2014. Determinants of corporate hedging: a (statistical) meta-analysis[J]. The Quarterly Review of Economics and Finance, 54 (4): 443-458.

Azimi M N. 2016. Assessing the exchange rate volatility as an external shock to Chinese economy[J]. International Journal of Economics and Finance, 8 (5): 277.

Bae K H, Chan K, Ng A. 2004. Investibility and return volatility[J]. Journal of Financial Economics, 71 (2): 239-263.

Bae K H, Ozoguz A, Tan H P, et al. 2012. Do foreigners facilitate information transmission in emerging markets? [J]. Journal of Financial Economics, 105 (1): 209-227.

Baig T, Goldfajn I. 1999. Financial market contagion in the Asian crisis[J]. IMF Economic Review, 46 (2): 167-195.

Ball R, Shivakumar L. 2005. Earnings quality in UK private firms: comparative loss recognition timeliness[J]. Journal of Accounting and Economics, 39 (1): 83-128.

Banerjee A, Dolado J, Mestre R. 1998. Error-correction mechanism tests for cointegration in a single-equation framework[J]. Journal of Time Series Analysis, 19 (3): 267-283.

Bartov E, Bodnar G M. 1994. Firm valuation, earnings expectations, and the exchange-rate exposure effect[J]. The Journal of Finance, 49 (5): 1755-1785.

Bartov E, Gul F A, Tsui J S L. 2000. Discretionary-accruals models and audit qualifications[J]. Journal of Accounting and Economics, 30 (3): 421-452.

Bartram S M. 2004. Linear and nonlinear foreign exchange rate exposures of German nonfinancial corporations[J]. Journal of International Money and Finance, 23 (4): 673-699.

Bartram S M. 2019. Corporate hedging and speculation with derivatives[J]. Journal of Corporate Finance, 57: 9-34.

Bartram S M, Bodnar G M. 2007. The exchange rate exposure puzzle[J]. Managerial Finance, 33 (9): 642-666.

Bartram S M, Brown G W, Conrad J. 2011. The effects of derivatives on firm risk and value[J]. Journal of Financial and Quantitative Analysis, 46 (4): 967-999.

Bartram S M, Brown G W, Fehle F R. 2009. International evidence on financial derivatives usage[J]. Financial Management, 38 (1): 185-206.

Bartram S M, Brown G W, Minton B A. 2010. Resolving the exposure puzzle: the many facets of exchange rate exposure[J]. Journal of Financial Economics, 95 (2): 148-173.

Baur D G, Lucey B M. 2010. Is gold a hedge or a safe haven? An analysis of stocks, bonds and gold[J]. Financial Review, 45 (2): 217-229.

Baur D G, McDermott T K. 2010. Is gold a safe haven? International evidence[J]. Journal of Banking & Finance, 34 (8): 1886-1898.

Beber A, Brandt M W, Kavajecz K A. 2009. Flight-to-quality or flight-to-liquidity? Evidence from the euro-area bond market[J]. The Review of Financial Studies, 22 (3): 925-957.

Beck T, Levine R, Levkov A. 2010. Big bad banks? The winners and losers from bank deregulation in the United States[J]. The Journal of Finance, 65 (5): 1637-1667.

Beck T, Levine R, Loayza N. 2000. Finance and the sources of growth[J]. Journal of Financial Economics, 58 (1/2): 261-300.

Bekaert G, Ehrmann M, Fratzscher M, et al. 2014. The global crisis and equity market contagion[J]. The Journal of Finance, 69 (6): 2597-2649.

Bekaert G, Harvey C R, Lundblad C. 2005. Does financial liberalization spur growth? [J]. Journal of Financial Economics, 77 (1): 3-55.

Bekaert G, Harvey C R, Lundblad C. 2011. Financial openness and productivity[J]. World Development, 39 (1): 1-19.

Benigno G, Benigno P. 2003. Price stability in open economies[J]. Review of Economic Studies, 70 (4): 743-764.

Benigno G, Benigno P, Nisticò S. 2012. Risk, monetary policy, and the exchange rate[J]. NBER Macroeconomics Annual, 26 (1): 247-309.

Bennett B, Stulz R, Wang Z X. 2020. Does the stock market make firms more productive? [J]. Journal of Financial Economics, 136 (2): 281-306.

Berkmen S P, Gelos G, Rennhack R, et al. 2012. The global financial crisis: explaining cross-country differences in the output impact[J]. Journal of International Money and Finance, 31 (1): 42-59.

Bhattacharya S. 1979. Imperfect information, dividend policy and the bird in the hand fallacy[J]. The Bell Journal of Economics, 10 (1): 259.

Bianchi J, Hatchondo J C, Martinez L. 2018. International reserves and rollover risk[J]. American Economic Review, 108 (9): 2629-2670.

Billio M, Getmansky M, Lo A W, et al. 2012. Econometric measures of connectedness and systemic risk in the finance and insurance sectors[J]. Journal of Financial Economics, 104 (3): 535-559.

Bodnar G M, Hayt G S, Marston R C. 1998. Wharton survey of financial risk management by US non-financial firms[J]. Financial Management, 27 (4): 70.

Bodnar G M, Wong M H F. 2000. Estimating exchange rate exposures: some "weighty" issues[C]. NBER Working Paper 7497.

Bolton P, Chen H, Wang N. 2011. A unified theory of tobin's q, corporate investment, financing, and risk management[J]. The Journal of Finance, 66 (5): 1545-1578.

Boucher C, Tokpavi S. 2019. Stocks and bonds: flight-to-safety for ever? [J]. Journal of International Money and Finance, 95: 27-43.

Bushman R M, Piotroski J D, Smith A J. 2004. What determines corporate transparency? [J]. Journal of Accounting Research, 42 (2): 207-252.

Bussière M, Chinn M, Ferrara L, et al. 2022. The new fama puzzle[J]. IMF Economic Review, 70 (3): 451-486.

Calvo G A. 1983. Staggered prices in a utility-maximizing framework[J]. Journal of Monetary Economics, 12 (3): 383-398.

Campbell J Y, Serfaty-de Medeiros K, Viceira L M. 2010. Global currency hedging[J]. The Journal of Finance, 65 (1): 87-121.

Campello M, Graham J R. 2013. Do stock prices influence corporate decisions? Evidence from the technology bubble[J]. Journal of Financial Economics, 107 (1): 89-110.

Campello M, Lin C, Ma Y E, et al. 2011. The real and financial implications of corporate hedging[J]. The Journal of Finance, 66 (5): 1615-1647.

Carter D A, Rogers D A, Simkins B J. 2006. Does hedging affect firm value? Evidence from the US airline industry[J]. Financial Management, 35 (1): 53-86.

Chan K, Menkveld A J, Yang Z S. 2008. Information asymmetry and asset prices: evidence from the China foreign share discount[J]. The Journal of Finance, 63 (1): 159-196.

Chan K, Yang J, Zhou Y G. 2018. Conditional co-skewness and safe-haven currencies: a regime switching approach[J]. Journal of Empirical Finance, 48: 58-80.

Chan M K, Kwok S. 2017. Risk-sharing, market imperfections, asset prices: evidence from China's stock market liberalization[J]. Journal of Banking & Finance, 84: 166-187.

Chang F Y, Hsin C W, Shiah-Hou S R. 2013. A re-examination of exposure to exchange rate risk: the impact of earnings management and currency derivative usage[J]. Journal of Banking & Finance, 37 (8): 3243-3257.

Chay J B, Suh J. 2009. Payout policy and cash-flow uncertainty[J]. Journal of Financial Economics, 93 (1): 88-107.

Chen J, King T H D. 2014. Corporate hedging and the cost of debt[J]. Journal of Corporate Finance, 29: 221-245.

Chen Q, Goldstein I, Jiang W. 2007. Price informativeness and investment sensitivity to stock price[J]. The Review of Financial Studies, 20 (3): 619-650.

Chen Y M. 1993. Price limits and stock market volatility in Taiwan[J]. Pacific-Basin Finance Journal, 1 (2): 139-153.

Chen Z A, Du J M, Li D H, et al. 2013. Does foreign institutional ownership increase return volatility? Evidence from China[J]. Journal of Banking & Finance, 37 (2): 660-669.

Cheng X, Chen H Y, Zhou Y G. 2021. Is the renminbi a safe-haven currency? Evidence from conditional coskewness and cokurtosis[J]. Journal of International Money and Finance, 113: 102359.

Chiang T C, Jeon B N, Li H M. 2007. Dynamic correlation analysis of financial contagion: evidence from Asian markets[J]. Journal of International Money and Finance, 26 (7): 1206-1228.

Chinn M D, Ito H. 2008. A new measure of financial openness[J]. Journal of Comparative Policy Analysis: Research and Practice, 10 (3): 309-322.

Chinn M, Frankel J. 2005. Will the Euro eventually surpass the dollar as leading international reserve currency? [C]. NBER Working Paper 11510.

Choe H, Kho B C, Stulz R M. 2005. Do domestic investors have an edge? The trading experience of foreign investors in Korea[J]. The Review of Financial Studies, 18 (3): 795-829.

Choi J J, Jiang C. 2009. Does multinationality matter? Implications of operational hedging for the exchange risk exposure[J]. Journal of Banking & Finance, 33 (11): 1973-1982.

Chow E H, Chen H L. 1998. The determinants of foreign exchange rate exposure: evidence on Japanese firms[J]. Pacific-Basin Finance Journal, 6 (1/2): 153-174.

Christophe S E. 1997. Hysteresis and the value of the U.S. multinational corporation[J]. The Journal of Business, 70 (3): 435-462.

Chue T K, Cook D. 2008. Emerging market exchange rate exposure[J]. Journal of Banking & Finance, 32 (7): 1349-1362.

Chung R, Firth M, Kim J B. 2002. Institutional monitoring and opportunistic earnings management[J]. Journal of Corporate Finance, 8 (1): 29-48.

Claessens S, Feijen E, Laeven L. 2008. Political connections and preferential access to finance: the role of campaign contributions[J]. Journal of Financial Economics, 88 (3): 554-580.

Clark E, Judge A. 2009. Foreign currency derivatives versus foreign currency debt and the hedging premium[J]. European Financial Management, 15 (3): 606-642.

Cohen B J. 1971. The Future of Sterling as an International Currency[M]. London: Macmillan.

Crabb P R. 2002. Multinational corporations and hedging exchange rate exposure[J]. International Review of Economics & Finance, 11 (3): 299-314.

Cruz P C, Gao Y N, Song L L. 2014. The People's republic of China's financial markets: are they deep and liquid enough for renminbi internationalization? [C]. Asian Development Bank Institute Working Papers 477.

Dadalt P, Gay G D, Nam J. 2002. Asymmetric information and corporate derivatives use[J]. Journal of Futures Markets, 22 (3): 241.

DeFond M L, Hung M, Li S Q, et al. 2015. Does mandatory IFRS adoption affect crash risk? [J]. The Accounting Review, 90 (1): 265-299.

Deng Y W, Hope O K, Wang C, et al. 2022. Capital market liberalization and auditors' accounting adjustments: evidence from a quasi-experiment[J]. Journal of Business Finance & Accounting, 49 (1/2): 215-248.

Diebold F X, Yilmaz K. 2014. On the network topology of variance decompositions: measuring the connectedness of financial firms[J]. Journal of Econometrics, 182 (1): 119-134.

Dominguez K M E, Hashimoto Y, Ito T. 2012. International reserves and the global financial crisis[J]. Journal of International Economics, 88 (2): 388-406.

Dong M, Hirshleifer D A, Teoh S H. 2016. Stock market overvaluation, moon shots, and corporate innovation[C]. SSRN Electronic Journal, 3094381.

Dowd K, Greenaway D. 1993. Currency competition, network externalities and switching costs:

towards an alternative view of optimum currency areas[J]. The Economic Journal，103（420）: 1180.

Dumas B. 1978. The theory of the trading firm revisited[J]. The Journal of Finance，33（3）: 1019-1030.

Dumas B，Lewis K K，Osambela E. 2017. Differences of opinion and international equity markets[J]. The Review of Financial Studies，30（3）: 750-800.

Edmans A. 2009. Blockholder trading，market efficiency，and managerial myopia[J]. The Journal of Finance，64（6）: 2481-2513.

Edmans A，Goldstein I，Jiang W. 2012. The real effects of financial markets: the impact of prices on takeovers[J]. The Journal of Finance，67（3）: 933-971.

Edwards S. 1998. Interest rate volatility，capital controls，and contagion[C]. NBER Working Paper 6756.

Eichengreen B，Rose A K，Wyplosz C. 1996. Contagious currency crises[J]. Social Science Electronic Publishing，98（3）: 1080.

Engle R，Hong C，Kane A. 1990. Valuation of variance forecast with simulated option markets[C]. NBER Working Paper 3350.

Fama E F. 1984. Forward and spot exchange rates[J]. Journal of Monetary Economics，14（3）: 319-338.

Fama E F，French K R. 2015. A five-factor asset pricing model[J]. Journal of Financial Economics，116（1）: 1-22.

Fang V W，Maffett M，Zhang B H. 2015. Foreign institutional ownership and the global convergence of financial reporting practices[J]. Journal of Accounting Research，53（3）: 593-631.

Fang V W，Tian X A，Tice S R. 2014. Does stock liquidity enhance or impede firm innovation? [J]. The Journal of Finance，69（5）: 2085-2125.

Fauver L，Naranjo A. 2010. Derivative usage and firm value: the influence of agency costs and monitoring problems[J]. Journal of Corporate Finance，16（5）: 719-735.

Fazzari S M，Hubbard R G，Petersen B C，et al. 1988. Financing constraints and corporate investment[J]. Brookings Papers on Economic Activity，1（1）: 141-195.

Ferreira M A，Massa M，Matos P. 2010. Shareholders at the gate? Institutional investors and cross-border mergers and acquisitions[J]. The Review of Financial Studies，23（2）: 601-644.

Ferreira M A，Matos P. 2008. The colors of investors' money: the role of institutional investors around the world[J]. Journal of Financial Economics，88（3）: 499-533.

Flandreau M，Jobst C. 2009. The empirics of international currencies: network externalities，history and persistence[J]. The Economic Journal，119（537）: 643-664.

Forbes K J，Rigobon R. 2002. No contagion，only interdependence: measuring stock market comovements[J]. The Journal of Finance，57（5）: 2223-2261.

Frankel J A，Wei S J. 1994. Yen bloc or dollar bloc: exchange rate policies of the East Asian economies[J]. Exchange Rate Policies of the East Asian Economies，（3）: 295-333.

Frankel R，Lee C M C. 1998. Accounting valuation，market expectation，and cross-sectional stock returns[J]. Journal of Accounting and Economics，25（3）: 283-319.

Fratzscher M. 2003. On currency crises and contagion[J]. International Journal of Finance & Economics, 8 (2): 109-129.

Fratzscher M. 2009. What explains global exchange rate movements during the financial crisis? [J]. Journal of International Money and Finance, 28 (8): 1390-1407.

Froot K A, Scharfstein D S, Stein J C. 1992. Herd on the street: informational inefficiencies in a market with short-term speculation[J]. The Journal of Finance, 47 (4): 1461-1484.

Galí J, Monacelli T. 2005. Monetary policy and exchange rate volatility in a small open economy[J]. The Review of Economic Studies, 72 (3): 707-734.

Galí J, Monacelli T. 2008. Optimal monetary and fiscal policy in a currency union[J]. Journal of International Economics, 76 (1): 116-132.

Gay G D, Lin C M, Smith S D. 2011. Corporate derivatives use and the cost of equity[J]. Journal of Banking & Finance, 35 (6): 1491-1506.

Géczy C, Minton B A, Schrand C. 1997. Why firms use currency derivatives[J]. The Journal of Finance, 52 (4): 1323.

Géczy C, Minton B A, Schrand C. 2007. Taking a view: corporate speculation, governance, and compensation[J]. The Journal of Finance, 62 (5): 2405-2443.

Gerlach S, Smets F. 1995. Contagious speculative attacks[J]. European Journal of Political Economy, 11 (1): 45-63.

Gertler M, Sala L C, Trigari A. 2008. An estimated monetary DSGE model with unemployment and staggered nominal wage bargaining[J]. Journal of Money, Credit and Banking, 40 (8): 1713-1764.

Gillan S L, Starks L T. 2003. Corporate governance, corporate ownership, and the role of institutional investors: a global perspective[J]. Journal of Applied Finance, 13 (2): 4-22.

Goldberg P K. 1995. Product differentiation and oligopoly in international markets: the case of the U. S. automobile industry[J]. Econometrica, 63 (4): 891.

Goldoost M, Najafizadeh S, Fakhrhosseini S, et al. 2019. Resilience of macroeconomic variables of the iranian economy against monetary policy shock based on the DSGE Mode[J]. Quarterly Journal of Applied Theories of Economics, 6 (2): 1-28.

Goldstein M. 1998. The Asian Financial Crisis: Causes, Cures, and Systemic Implications[M]. Washington: Institute for International Economics.

Graham J R, Rogers D A. 2002. Do firms hedge in response to tax incentives? [J]. The Journal of Finance, 57 (2): 815-839.

Grisse C, Nitschka T. 2015. On financial risk and the safe haven characteristics of Swiss franc exchange rates[J]. Journal of Empirical Finance, 32: 153-164.

Guay W, Kothari S P. 2003. How much do firms hedge with derivatives? [J]. Journal of Financial Economics, 70 (3): 423-461.

Habib M M, Stracca L. 2012. Getting beyond carry trade: what makes a safe haven currency? [J]. Journal of International Economics, 87 (1): 50-64.

Habib M M, Stracca L, Venditti F. 2020. The fundamentals of safe assets[J]. Journal of International Money and Finance, 102: 102119.

Hadlock C J, Pierce J R. 2010. New evidence on measuring financial constraints: moving beyond the KZ index[J]. The Review of Financial Studies, 23 (5): 1909-1940.

Hanlon M, Heitzman S. 2010. A review of tax research[J]. Journal of Accounting and Economics, 50 (2/3): 127-178.

Hartzell J C, Starks L T. 2003. Institutional investors and executive compensation[J]. The Journal of Finance, 58 (6): 2351-2374.

Henry P B. 2000. Stock market liberalization, economic reform, and emerging market equity prices[J]. The Journal of Finance, 55 (2): 529-564.

Hitt M A, Bierman L, Uhlenbruck K, et al. 2006. The importance of resources in the internationalization of professional service firms: the good, the bad, and the ugly[J]. Academy of Management Journal, 49 (6): 1137-1157.

Hope O K, Thomas W, Vyas D. 2011. Financial credibility, ownership, and financing constraints in private firms[J]. Journal of International Business Studies, 42 (7): 935-957.

Hossfeld O, MacDonald R. 2015. Carry funding and safe haven currencies: a threshold regression approach[J]. Journal of International Money and Finance, 59: 185-202.

Hsin C W, Shiah-Hou S R, Chang F Y. 2007. Stock return exposure to exchange rate risk: a perspective from delayed reactions and hedging effects[J]. Journal of Multinational Financial Management, 17 (5): 384-400.

Huang P, Huang H Y, Zhang Y. 2019. Do firms hedge with foreign currency derivatives for employees? [J]. Journal of Financial Economics, 133 (2): 418-440.

Huang W, Zhu T. 2015. Foreign institutional investors and corporate governance in emerging markets: evidence of a split-share structure reform in China[J]. Journal of Corporate Finance, 32: 312-326.

Huffman S P, Makar S D, Beyer S B. 2010. A three-factor model investigation of foreign exchange-rate exposure[J]. Global Finance Journal, 21 (1): 1-12.

Hutson E, Laing E, Ye M. 2019. Mutual fund ownership and foreign exchange risk in Chinese firms[J]. Journal of International Financial Markets, Institutions and Money, 60: 169-192.

Ito H, Kawai M. 2016. Trade invoicing in major currencies in the 1970s-1990s: lessons for renminbi internationalization[J]. Journal of the Japanese and International Economies, 42: 123-145.

Jensen M C, Meckling W H. 1976. Theory of the firm: managerial behavior, agency costs and ownership structure[J]. Journal of Financial Economics, 3 (4): 305-360.

Joe H. 2005. Asymptotic efficiency of the two-stage estimation method for copula-based models[J]. Journal of Multivariate Analysis, 94 (2): 401-419.

John K, Litov L, Yeung B. 2008. Corporate governance and risk-taking[J]. The Journal of Finance, 63 (4): 1679-1728.

Jorion P. 1990. The exchange-rate exposure of U.S. multinationals[J]. The Journal of Business, 63 (3): 331.

Kacperczyk M, Sialm C, Zheng L. 2005. On the industry concentration of actively managed equity mutual funds[J]. The Journal of Finance, 60 (4): 1983-2011.

Kaplan S N, Zingales L. 1997. Do investment-cash flow sensitivities provide useful measures of financing constraints? [J]. The Quarterly Journal of Economics, 112 (1): 169-215.

Karpoff J M, Lou X X. 2010. Short sellers and financial misconduct[J]. The Journal of Finance, 65 (5): 1879-1913.

Kaul A, Sapp S. 2006. Y_2K fears and safe haven trading of the U.S. dollar[J]. Journal of International Money and Finance, 25 (5): 760-779.

Kawai M, Pontines V. 2016. Is there really a renminbi bloc in Asia?: a modified Frankel-Wei approach[J]. Journal of International Money and Finance, 62: 72-97.

Kenen P. 1983. The role of the dollar as an international currency[J]. Occasional Paper, (13): 4-31.

Khan M, Watts R L. 2009. Estimation and empirical properties of a firm-year measure of accounting conservatism[J]. Journal of Accounting and Economics, 48 (2/3): 132-150.

Khurana I K, Martin X, Pereira R. 2006. Financial development and the cash flow sensitivity of cash[J]. Journal of Financial and Quantitative Analysis, 41 (4): 787-808.

Kim Y S, Mathur I, Nam J. 2006. Is operational hedging a substitute for or a complement to financial hedging? [J]. Journal of Corporate Finance, 12 (4): 834-853.

King M A, Wadhwani S. 1990. Transmission of volatility between stock markets[J]. The Review of Financial Studies, 3 (1): 5-33.

Kiymaz H. 2003. Estimation of foreign exchange exposure: an emerging market application[J]. Journal of Multinational Financial Management, 13 (1): 71-84.

Knetter M M. 1994. Is export price adjustment asymmetric?: evaluating the market share and marketing bottlenecks hypotheses[J]. Journal of International Money and Finance, 13 (1): 55-70.

Koke J, Renneboog L. 2005. Do corporate control and product market competition lead to stronger productivity growth? Evidence from market-oriented and blockholderbased governance regimes[J]. The Journal of Law & Economics, 48 (2): 475-516.

Krapl A, O'Brien T J. 2014. A comparison of FX exposure estimates with different control variables[J]. Applied Financial Economics, 24 (6): 437-451.

Krishnamoorthy A. 2001. The impact of industrial structure and the exchange-rate exposure of industry portfolio returns[J]. Global Finance Journal, 12 (2): 285-297.

Kunkler M, MacDonald R. 2015. Half-lives of currencies and aggregation bias[J]. Economics Letters, 135: 58-60.

Kunkler M, MacDonald R. 2019. The multilateral relationship between oil and G10 currencies[J]. Energy Economics, 78: 444-453.

Kwan F B, Reyes M G. 1997. Price effects of stock market liberalization in Taiwan[J]. The Quarterly Review of Economics and Finance, 37 (2): 511-522.

Kydland F E, Prescott E C. 1977. Rules rather than discretion: the inconsistency of optimal plans[J]. Journal of Political Economy, 85 (3): 473-491.

LaFond R, Watts R L. 2008. The information role of conservatism[J]. The Accounting Review, 83 (2): 447-478.

Larrain M, Stumpner S. 2017. Capital account liberalization and aggregate productivity: the role of firm capital allocation[J]. The Journal of Finance, 72 (4): 1825-1859.

Lau C K. 2016. How corporate derivatives use impact firm performance? [J]. Pacific-Basin Finance

Journal, 40: 102-114.

Lee J W. 2014. Will the renminbi emerge as an international reserve currency? [J]. The World Economy, 37 (1): 42-62.

Lee W Y, Solt M E. 2001. Economic exposure and hysteresis[J]. Global Finance Journal, 12 (2): 217-235.

Leland H E. 1998. Agency costs, risk management, and capital structure[J]. The Journal of Finance, 53 (4): 1213-1243.

Levinsohn J, Petrin A. 2003. Estimating production functions using inputs to control for unobservables[J]. The Review of Economic Studies, 70 (2): 317-341.

Li D H, Moshirian F, Wee T, et al. 2009. Foreign exchange exposure: evidence from the U.S. insurance industry[J]. Journal of International Financial Markets, Institutions and Money, 19 (2): 306-320.

Lin C H. 2011. Exchange rate exposure in the Asian emerging markets[J]. Journal of Multinational Financial Management, 21 (4): 224-238.

Lintner J. 1956. Distribution of incomes of corporations among dividends, retained earnings, and Taxes[J]. The American Economic Review, 46 (2): 97-113.

Luo H, Wang R. 2018. Foreign currency risk hedging and firm value in China[J]. Journal of Multinational Financial Management, 47/48: 129-143.

Luong H, Moshirian F, Nguyen L, et al. 2017. How do foreign institutional investors enhance firm innovation? [J]. Journal of Financial and Quantitative Analysis, 52 (4): 1449-1490.

Magee S. 2009. Foreign currency hedging and firm value: a dynamic panel approach[C]. SSRN Electronic Journal, 1150471.

Magee S. 2013. The effect of foreign currency hedging on the probability of financial distress[J]. Accounting & Finance, 53 (4): 1107-1127.

Mahieu R, Schotman P. 1994. Neglected common factors in exchange rate volatility[J]. Journal of Empirical Finance, 1 (3/4): 279-311.

Marston R C. 2001. The effects of industry structure on economic exposure[J]. Journal of International Money and Finance, 20 (2): 149-164.

Martin A D. 2000. Exchange rate exposure of the key financial institutions in the foreign exchange market[J]. International Review of Economics & Finance, 9 (3): 267-286.

Martin A D, Mauer L J. 2003. Exchange rate exposures of US banks: a cash flow-based methodology[J]. Journal of Banking & Finance, 27 (5): 851-865.

Masson P. 1998. Contagion: monsoonal effects, spillovers and jumps between multiple equilibria[C]. IMF Working Paper 142.

McKinnon R I. 1973. Money and Capital in Economic Development[M]. Washington: Brookings Institution.

Meade J E. 1952. External economies and diseconomies in a competitive situation[J]. The Economic Journal, 62 (245): 54-67.

Miller K D, Reuer J J. 1998. Firm strategy and economic exposure to foreign exchange rate movements[J]. Journal of International Business Studies, 29 (3): 493-513.

Miller M H, Modigliani F. 1961. Dividend policy, growth, and the valuation of shares[J]. The Journal of Business, 34 (4): 411.

Min B S, Smyth R. 2014. Corporate governance, globalization and firm productivity[J]. Journal of World Business, 49 (3): 372-385.

Ming L, Shen Y, Yang S G, et al. 2022. Contagion or flight-to-quality? The linkage between oil price and the US dollar based on the local Gaussian approach[J]. Journal of Futures Markets, 42 (4): 722-750.

Ming L, Zhang X R, Liu Q Q, et al. 2020. A revisit to the hedge and safe haven properties of gold: new evidence from China[J]. Journal of Futures Markets, 40 (9): 1442-1456.

Modigliani F, Miller M H. 1958. The cost of capital, corporation finance and the theory of investment[J]. The American Economic Review, 48 (3): 261-297.

Mondria J, Quintana-Domeque C. 2013. Financial contagion and attention allocation[J]. The Economic Journal, 123 (568): 429-454.

Morgan M G, Florig H K, DeKay M L, et al. 2000. Categorizing risks for risk ranking[J]. Risk Analysis, 20 (1): 49-58.

Moshirian F, Tian X, Zhang B H, et al. 2021. Stock market liberalization and innovation[J]. Journal of Financial Economics, 139 (3): 985-1014.

Mundell R A. 1961. A theory of optimum currency areas[J]. The American economic review, 51 (4): 657-665.

Myers S C, Majluf N S. 1984. Corporate financing and investment decisions when firms have information that investors do not have[J]. Journal of Financial Economics, 13 (2): 187-221.

Nain A. 2004. The strategic motives for corporate risk management[C]. SSRN Electronic Journal, 558587.

Ng L, Wu F, Yu J, et al. 2016. Foreign investor heterogeneity and stock liquidity around the world[J]. Review of Finance, 20 (5): 1867-1910.

Olley G S, Pakes A. 1996. The dynamics of productivity in the telecommunications equipment industry[J]. Econometrica, 64 (6): 1263.

Ozeki Y, Tavlas G S. 1992. The Internationalization of Currencies: An Appraisal of the Japanese Yen[M]. Washington, D. C.: International Monetary Fund.

Panousi V, Papanikolaou D. 2012. Investment, idiosyncratic risk, and ownership[J]. The Journal of Finance, 67 (3): 1113-1148.

Park D, Kim J. 2015. Financial derivatives usage and monetary policy transmission: evidence from Korean firm-level data[J]. Global Economic Review, 44 (1): 101-115.

Patro D K, Wald J K, Wu Y R. 2002. Explaining exchange rate risk in world stock markets: a panel approach[J]. Journal of Banking & Finance, 26 (10): 1951-1972.

Pesaran M H, Shin Y, Smith R J. 2001. Bounds testing approaches to the analysis of level relationships[J]. Journal of Applied Econometrics, 16 (3): 289-326.

Pourroy M. 2013. Inflation-targeting and foreign exchange interventions in emerging economies[C]. CES Working Paper 13074.

Ranaldo A, Söderlind P. 2010. Safe haven currencies[J]. Review of Finance, 14 (3): 385-407.

Richardson S. 2006. Over-investment of free cash flow[J]. Review of Accounting Studies, 11（2/3）: 159-189.

Ross S A. 1977. The determination of financial structure: the incentive-signalling approach[J]. The Bell Journal of Economics, 8（1）: 23.

Shapiro A C. 1975. Exchange rate changes, inflation, and the value of the multinational corporation[J]. The Journal of Finance, 30（2）: 485-502.

Shaw E S. 1973. Financial Deepening in Economic Development[M]. New York: Oxford University Press.

Shevchuk V. 2014. Shock-absorbing properties of the exchange rates in transformation economies: SVAR estimates[C]//Papiez M, Smiech S. The 8th Professor Aleksander Zelias International Conference on Modelling and Forecasting of Socio-Economic Phenomena. Cracow: Foundation of the Cracow University of Economics: 155-164.

Shin Y, Yu B, Greenwood-Nimmo M. 2014. Modelling asymmetric cointegration and dynamic multipliers in a nonlinear ARDL framework[C]//Sickles R C. Horrace W C. Festschrift in Honor of Peter Schmidt. Berlin: Springer, 281-314.

Shleifer A, Vishny R W. 1997. A survey of corporate governance[J]. The Journal of Finance, 52（2）: 737-783.

Smith C W, Stulz R M. 1985. The determinants of firms' hedging policies[J]. The Journal of Financial and Quantitative Analysis, 20（4）: 391.

Sohn S, Jiang N. 2016. Stock market liberalization and price discovery: evidence from the Shanghai-Hong Kong stock connect[C]. SSRN Working Paper 2850967.

Støve B, Tjøstheim D, Hufthammer K O. 2014. Using local Gaussian correlation in a nonlinear re-examination of financial contagion[J]. Journal of Empirical Finance, 25: 62-82.

Stulz R M. 1984. Optimal hedging policies[J]. The Journal of Financial and Quantitative Analysis, 19（2）: 127.

Stulz R M. 1996. Rethinking risk management[J]. Journal of Applied Corporate Finance, 9（3）: 8-25.

Stulz R M, Rohan G W. 1996. Identifying and Quantifying Exposures[M]. London: Risk Publications.

Tang B. 2015. Exchange rate exposure of Chinese firms at the industry and firm level[J]. Review of Development Economics, 19（3）: 592-607.

Tian G Y, Twite G. 2011. Corporate governance, external market discipline and firm productivity[J]. Journal of Corporate Finance, 17（3）: 403-417.

Tjøstheim D, Hufthammer K O. 2013. Local Gaussian correlation: a new measure of dependence[J]. Journal of Econometrics, 172（1）: 33-48.

Tung C Y, Wang G C, Yeh J. 2012. Renminbi internationalization: progress, prospect and comparison[J]. China & World Economy, 20（5）: 63-82.

Varela L. 2018. Reallocation, competition, and productivity: evidence from a financial liberalization episode[J]. The Review of Economic Studies, 85（2）: 1279-1313.

Vygodina A V. 2006. Effects of size and international exposure of the US firms on the relationship between stock prices and exchange rates[J]. Global Finance Journal, 17（2）: 214-223.

Williamson R. 2001. Exchange rate exposure and competition: evidence from the automotive industry[J]. Journal of Financial Economics, 59 (3): 441-475.

Wooldridge J M. 2009. On estimating firm-level production functions using proxy variables to control for unobservables[J]. Economics Letters, 104 (3): 112-114.

Wurgler J. 2000. Financial markets and the allocation of capital[J]. Journal of Financial Economics, 58 (1/2): 187-214.

Xiong Z D, Han L J. 2015. Volatility spillover effect between financial markets: evidence since the reform of the RMB exchange rate mechanism[J]. Financial Innovation, 1 (1): 1-12.

Xu N H, Chan K C, Jiang X Y, et al. 2013. Do star analysts know more firm-specific information? Evidence from China[J]. Journal of Banking & Finance, 37 (1): 89-102.

Yang J A, Zhou Y G, Wang Z J. 2010. Conditional coskewness in stock and bond markets: time-series evidence[J]. Management Science, 56 (11): 2031-2049.

Ye M, Hutson E, Muckley C. 2014. Exchange rate regimes and foreign exchange exposure: the case of emerging market firms[J]. Emerging Markets Review, 21: 156-182.

Yoon A S. 2017. Credibility of disclosures in weak enforcement institutions: evidence from Shanghai-Hong Kong connect[D]. Harvard: Harvard Business School.